Eva Leitzke-Ungerer (ed.)

FILM IM FREMDSPRACHENUNTERRICHT

Literarische Stoffe, interkulturelle Ziele,
mediale Wirkung

ibidem-Verlag
Stuttgart

Bibliografische Information der Deutschen Nationalbibliothek
Die Deutsche Nationalbibliothek verzeichnet diese Publikation in der
Deutschen Nationalbibliografie; detaillierte bibliografische Daten sind im
Internet über http://dnb.d-nb.de abrufbar.

Bibliographic information published by the Deutsche Nationalbibliothek
Die Deutsche Nationalbibliothek lists this publication in the Deutsche Nationalbibliografie;
detailed bibliographic data are available in the Internet at http://dnb.d-nb.de.

∞

Gedruckt auf alterungsbeständigem, säurefreien Papier
Printed on acid-free paper

ISSN: 1862-2909

ISBN-10: 3-89821-925-9
ISBN-13: 978-3-89821-925-9

© *ibidem*-Verlag
Stuttgart 2009

Alle Rechte vorbehalten

Das Werk einschließlich aller seiner Teile ist urheberrechtlich geschützt. Jede Verwertung außerhalb der engen Grenzen des Urheberrechtsgesetzes ist ohne Zustimmung des Verlages unzulässig und strafbar. Dies gilt insbesondere für Vervielfältigungen, Übersetzungen, Mikroverfilmungen und elektronische Speicherformen sowie die Einspeicherung und Verarbeitung in elektronischen Systemen.

All rights reserved. No part of this publication may be reproduced, stored in or introduced into a retrieval system, or transmitted, in any form, or by any means (electronic, mechanical, photocopying, recording or otherwise) without the prior written permission of the publisher. Any person who does any unauthorized act in relation to this publication may be liable to criminal prosecution and civil claims for damages.

Printed in Germany

Inhaltsverzeichnis

VORWORT

EINFÜHRUNG

EVA LEITZKE-UNGERER
Film im Fremdsprachenunterricht:
Herausforderungen, Chancen, Ziele 11

GERHARD LAMPE
Bauformen audiovisuellen Erzählens – am Beispiel
von Alfred Hitchcocks *Die Vögel* 33

TEIL I: FILM UND LITERATUR

CAROLA SURKAMP
Literaturverfilmungen im Unterricht:
Die Perspektive der Fremdsprachendidaktik 61

MARTINA BENDER
Dramatischer Text und Film. Didaktische Potenzen
des intermedialen Übertragungsprozesses
in *¡Ay, Carmela!* von José Sanchis Sinisterra/Carlos Saura 81

FRANK SCHÖPP
„Normalement, le livre est meilleur que le film" –
Literaturverfilmungen im Französischunterricht der Oberstufe
am Beispiel von *Je vais bien, ne t'en fais pas* 97

ACHIM HESCHER
Racism, Intercultural Encounters and Political Correctness
in Metin Hüseyin's film *Anita and Me*. A Didactic Approach 117

DANIEL REIMANN
Italienische Jugendliteratur und ihre Verfilmung:
Tre metri sopra il cielo und *Notte prima degli esami* 137

ANKE WORTMANN
Melodrama und Politik. Eine Lektüre von Viscontis Film *Senso*
mit Studierenden der Romanistik 153

TEIL II: FILM UND INTERKULTURELLES LERNEN

ADELHEID SCHUMANN
Interkulturelles Lernen mit Filmen im Fremdsprachenunterricht 171

INEZ DE FLORIO-HANSEN
Der italienische Film und sein Publikum:
Überlegungen zu Rezeptionsästhetik und Inter-/Transkulturalität 187

STEFANO SASSO
Die italienische Gesellschaft der letzten vierzig Jahre
in *La meglio gioventù* von Marco Tullio Giordana 205

ANDREAS GRÜNEWALD
Sehen und Verstehen:
Analyse referenzsemantischer Zeichen in Spielfilmen 221

GABRIELE BLELL & CHRISTIANE LÜTGE
Gendered Views & Sounds: Zu *Gender*-Aspekten bei der Arbeit
mit *Teenage*-Filmen im Fremdsprachenunterricht 241

URSULA VENCES
Bilder sagen mehr als Worte: Ein interkulturelles Filmprojekt
mit Schülern aus Deutschland und Nicaragua 259

TEIL III: NEUE FILMGATTUNGEN FÜR DEN FREMDSPRACHENUNTERRICHT

EVA BURWITZ-MELZER
Film Puzzles: Episodenfilme im Fremdsprachenunterricht 277

ULRIKE C. LANGE
Auf der Suche nach dem filmischen Erzähler:
Paris je t'aime im Französischunterricht 295

ANDREA RÖSSLER
Überraschende Begegnungen der kurzen Art:
Zum Einsatz von Kurzspielfilmen im Fremdsprachenunterricht 309

HELENE DECKE-CORNILL
Story of a Beautiful Country: Ein Dokumentarfilm
aus dem Neuen Alten Südafrika 327

NANCY GRIMM
The Corporation: Zum reflektiert-kritischen Einsatz von
Dokumentarfilmen im Englischunterricht 343

UWE KÜCHLER
Screening the Green, Greening the Screen:
Umweltfilme im Fremdsprachenunterricht 359

MICHAEL FRINGS & JENS F. HEIDERICH
*Découvrir Saint-Denis à travers un clip
du slameur Grand Corps Malade* 379

JOCHEN WILLWER
Tout yeux, tout oreilles –
Musikvideoclips zu Bénabar im Französischunterricht 399

RANDI GUNZENHÄUSER & ANGELA HAHN
Sitcoms und Pragmatik 419

AUTORINNEN UND AUTOREN 435

ÜBERSICHT ÜBER DIE BEITRÄGE NACH SPRACHEN 439

Vorwort

Der vorliegende Band ist das Ergebnis einer Tagung, die im November 2008 an der Martin-Luther-Universität Halle-Wittenberg stattfand. Rund 25 Fremdsprachendidaktikerinnen und -didaktiker aus Schule und Hochschule stellten ihren Beitrag zum Film im Fremdsprachenunterricht einem interessierten Publikum aus Kollegen und Studierenden der Hallenser Anglistik und Romanistik sowie zahlreichen Lehrerinnen und Lehrern aus Halle und Umgebung vor. Dafür, dass auf diese Weise eine Art Brückenschlag gelang – zwischen anglistischer und romanistischer Fachdidaktik sowie zwischen akademischer und schulischer Ausbildung – sei allen Teilnehmern an dieser Stelle herzlich gedankt.

Mein besonderer Dank gilt der Philosophischen Fakultät II der Universität Halle-Wittenberg für ihre großzügige finanzielle Förderung der Tagung und der vorliegenden Publikation. Danken möchte ich ferner der Gesellschaft der Freunde und Förderer der Martin-Luther-Universität Halle-Wittenberg sowie dem Unternehmen Total Fina Elf, die die Tagung jeweils durch eine Zuwendung unterstützt haben. Am guten Gelingen der Tagung waren in Halle Dr. Martina Bender, Jean Fahrtmann, Anja Giesecke, Alla Klimenkowa und Cornelia Streckenbach maßgeblich beteiligt; ihnen möchte ich an dieser Stelle herzlich danken. Anja Giesecke danke ich darüber hinaus für die kompetente Unterstützung bei der Formatierung des vorliegenden Bands, Jean Fahrtmann für das zuverlässige Korrekturlesen.

Den Herausgebern der Reihe „Romanische Sprachen und ihre Didaktik", Dr. Michael Frings und Prof. Dr. Andre Klump, danke ich für die Aufnahme des Bands in diese Reihe.

Halle an der Saale, im September 2009   Eva Leitzke-Ungerer

Einführung

Film im Fremdsprachenunterricht: Herausforderungen, Chancen, Ziele

Eva Leitzke-Ungerer

Das Thema ‚Film im Fremdsprachenunterricht' hat in der fachdidaktischen Forschung seit Jahren Konjunktur. Auch die Lehrpläne und Rahmenrichtlinien fast aller Bundesländer beziehen den Film und die durch Filmarbeit zu erreichenden Ziele explizit ein. Wie steht es aber mit der Akzeptanz in der Unterrichtspraxis? Hier werden Filme mittlerweile sicher häufiger eingesetzt als noch vor zehn oder zwanzig Jahren. Trotzdem scheint die Arbeit mit Filmen im Fremdsprachenunterricht noch immer eine Ausnahme, eine Besonderheit zu sein, scheinen die „Berührungsängste" vieler Lehrerinnen und Lehrer, die schon vor Jahren konstatiert wurden (vgl. dazu Wilts 2001: 210-212), nach wie vor zu bestehen. Nach einer neueren Umfrage (Thaler 2007a: 12) wird Film von 78% der Lehrkräfte „gelegentlich bis selten", von 16% „nie" und „häufig" nur von 6% eingesetzt.

Diese Situation ist bedauerlich. Denn Film ist in unserer von (Bild-)Medien dominierten Welt ständig präsent. Im Fall von Kindern und Jugendlichen zeigt sich dies vor allem daran, dass das ‚Filmschauen' (und zunehmend auch das ‚Filmdrehen' mittels Handy oder Camcorder) einen großen Teil ihrer Freizeit füllt. Die Schule – und damit auch der Fremdsprachenunterricht – hat daher die Aufgabe, die Schülerinnen und Schüler zu einem bewussten und kritischen Umgang mit Filmen anzuleiten.

Ein Fremdsprachenunterricht, der sich in Bezug auf Filmarbeit zurückhält, verkennt aber noch einen weiteren Aspekt: er ignoriert das didaktische Potential von Filmen und damit die Chancen, die dieses Medium für das Erlernen einer Fremdsprache bietet. Dieses Potential soll im Folgenden kurz umrissen werden; zugleich ist die Darstellung der Versuch einer Bestandsaufnahme der aktuellen fremdsprachendidaktischen Diskussion zum Film.

Auch der vorliegende Band versteht sich als Beitrag zu dieser Diskussion. Abschließend werden deshalb seine Ziele und Schwerpunkte skizziert, ebenso werden die Beiträge der einzelnen Autorinnen und Autoren kurz vorgestellt.

1. Fremdsprachliche Zielkompetenzen im Rahmen von Filmbildung

Film ist ein komplexes Medium, das sich verschiedener Zeichensysteme bedient, um Bedeutung zu vermitteln, nämlich visueller, sprachlicher und außersprachlich-akustischer Zeichen. Mit anderen Worten: Für den Film sind Bild, Sprache und Ton konstitutiv, wobei es im Normalfall – also etwa für den Zuschauer im Kino – wenig ergiebig ist, diese drei Ebenen voneinander zu trennen; entscheidend ist vielmehr ihr Zusammenspiel (vgl. Hickethier 2001: 24-25). Für die Filmarbeit im Fremdsprachenunterricht erweist sich dieses **Zusammenwirken von Bild, Sprache und Ton** als großer Vorteil, da hierdurch das Verstehen erleichtert werden kann: Was man sprachlich nicht verstanden hat, erschließt sich häufig über das Bild (sowie ggfs. auch über Musik oder Geräusche); umgekehrt können schwer deutbare filmische Bilder durch den gesprochenen Text verständlicher werden.[1]

‚Verstehen' ist auch der Schlüsselbegriff, wenn es um die Frage geht, welche **sprachlich-kommunikativen Fertigkeiten** im Fremdsprachenunterricht durch die Arbeit mit Filmen gefördert werden. Festzuhalten ist zunächst einmal, dass die vier Grundfertigkeiten angesprochen werden, wenn auch in unterschiedlichem Maß, und dass der fünften Fertigkeit des (Hör-)Seh-Verstehens eine herausragende Rolle zukommt.

An erster Stelle stehen die **rezeptiven Fertigkeiten**, denn Filme oder Filmszenen werden in der Regel zunächst einmal ‚geschaut' und damit rezipiert. Wichtig ist, dass die Rezeption von Filmen kein passiver Vorgang ist, sondern eine höchst aktive Verstehens- und Verarbeitungsleistung; der Vorwurf, Filmarbeit fördere eine passive Konsumentenhaltung der Schüler und damit eine „Einwegkommunikation", ist nicht haltbar (vgl. Wilts 2001: 212, 2003: 5).

Da Film ein audio-visuelles Medium ist, geht es bei der Rezeption nahezu ausschließlich um Hörverstehen und (Hör-)Seh-Verstehen. In den letzten Jahren ist das **Hörverstehen** in der fremdsprachendidaktischen Forschung gegenüber dem Seh-Verstehen etwas in den Hintergrund getreten (eine Ausnahme bildet etwa Thaler 2007b). Dies ist aus meiner Sicht bedauerlich, da die Sprache nun einmal ein konstitutives Element von Filmen darstellt. Hinzu kommt, dass die Sprache im Film vor allem in den gesprochenen Dialogen der Figuren präsent ist; die Filmrezeption bietet den Lernern somit die Möglichkeit der Begegnung mit authentischer mündlicher Kommunikation. Hörverstehen im Fall von Filmen erfordert daher das Erfassen und Dekodieren gesprochener Sprache inklusive ihrer typischen Erscheinungsformen (Einsatz von Rhythmus und Intonation, hohes Sprechtempo, Auslassungen, dialektale Färbung etc.). Erleichtert wird das Verstehen häufig, wenn auch nicht immer (vgl. Anm. 1) durch die schon erwähnte mehrkanalige Informationsaufnahme: Der Schüler hört nicht nur Dialoge, sondern er sieht auch etwas, von der Gestik und Mimik der Personen bis hin zur gesamten, in den filmischen Bildern festgehaltenen Situation. **Hör-Seh-Verstehen** umfasst demnach die Fähigkeit, „fremdsprachliche Inhalte bildgestützt verstehend zu hören und zu sehen" (Blell/Lütge 2008: 128).

Dass das **Seh-Verstehen** in jüngster Zeit als eigene Fertigkeit so sehr in den Vordergrund gerückt ist, hat mit der eingangs angesprochenen Dominanz der Bildmedien in unserer heutigen Gesellschaft zu tun, aber auch mit der herausragenden Rolle, die das Visuelle im Fall des Films spielt. Auf diesen Zusammenhang hat Inge Schwerdtfeger im Rahmen ihres anthropologisch-narrativen Ansatzes schon bemerkenswert früh – 1989 – hingewiesen und mit Bezug auf die fremdsprachliche Filmdidaktik für die Verzahnung von „Sehen und Verstehen" (Schwerdtfeger 1989) plädiert. Seh-Verstehen ist allerdings eine Fähigkeit, die zunächst unabhängig vom Fremdsprachenerwerb zu betrachten ist. Als eine Teilfertigkeit von Medienkompetenz wird Seh-Verstehen häufig als „Wahrnehmungs- und Differenzierungskompetenz" im Umgang mit statischen oder bewegten Bildern definiert; diese „aktive Bildwahrnehmung und -differenzierung" erfordert „weitaus vielschichtigere Sinnbildungs- und Verstehensprozesse als alltägliche Praktiken des Sehens" (Blell/Lütge 2004: 402-404, 2008: 127, vgl. auch Thaler 2007b: 13). Aus rezeptionsästhetischer Perspektive betrachtet, ergibt sich Seh-Verstehen (im Übrigen analog zum Text-Verstehen) aus der komplexen Interaktion zwischen dem kulturell geprägten Welt- und Erfahrungswissen des Betrachters (Seidl spricht von „kulturellem Sehen", 2007: 4), seinen Einstellungen und Erwartungen einerseits und den im Bild zum Ausdruck kommenden kulturellen Vorstellungen und Codes andererseits. Das Medium Film steuert dabei den Sinnbildungs- und Verstehensprozess des Rezipienten durch seine spezifischen Mittel, von denen viele (wenn auch nicht alle) so angelegt sind, dass sie den *Blick* des Zuschauers lenken: Kameraeinstellungen und -perspektiven, Farben, Licht, Schnitt und Montage. Eine Schulung des Seh-Verstehens im Unterricht bedeutet daher, den Schülern diese Sinnbildungsprozesse bewusst zu machen und ihre *visual literacy* zu entwickeln. Dies beinhaltet aber auch, dass ihnen grundlegendes Wissen über die Ausdrucksmittel des Films sowie deren Funktion und Wirkung vermittelt werden muss (dass dies im Fremdsprachenunterricht eine ungleich höhere Anforderung darstellt als in anderen Fächern, steht außer Frage).

Wie steht es aber mit dem ‚klassischen' **Leseverstehen**? Kann es im Rahmen der Filmrezeption ebenfalls gefördert werden? Die Antwort heißt hier: Jein. Leseverstehen im herkömmlichen Sinn bezieht sich auf das Verstehen von Sprache, von gedruckten Texten. Insofern spielt es bei der Filmrezeption eine marginale Rolle; es kommt eigentlich nur in den – im Film relativ seltenen – Momenten zum Tragen, in denen schriftliche Texte wie etwa ein Brief eingeblendet werden. Das Leseverstehen kann aber sehr wohl im Rahmen von Filmarbeit gefördert werden, und zwar durch die Einbeziehung von Zusatztexten. Zu denken ist hier vor allem an das Drehbuch oder an den literarischen Ausgangstext im Fall der Literaturverfilmung, oder an sonstige Texte mit Bezug zum Film (Texte, die Hintergrundwissen enthalten; Rezensionen; Interviews mit dem Regisseur, etc.).

Neben den rezeptiven Fertigkeiten werden durch die Arbeit mit Film aber auch die **produktiven Fertigkeiten Sprechen und Schreiben** geschult. Dies gelingt oft sehr viel leichter und unkomplizierter als bei der Textarbeit, denn Filme besitzen nicht nur ein großes Motivations-, sondern auch ein hohes kommunikatives „Aufforderungspotential" (Wilts 2001: 215, 2008: 5): Schüler äußern sich in der Regel gerne zu den Filmen, die sie gesehen haben. Dies hat u.a. damit zu tun, dass Filme Geschichten erzählen, die mit der Lebenswirklichkeit der Lerner, ihren Problemen, Wünschen und Sehnsüchten zu tun haben und dass der Film diese Geschichten plurimedial erzählt, in dem schon erwähnten Zusammenspiel von Bild, Sprache und Ton. Dem Film gelingt es damit vermutlich noch besser als dem literarischen Text, die Illusion von Wirklichkeit zu erzeugen, den Zuschauer in seinen Bann zu ziehen, ihn zum Lachen und zum Weinen zu bringen. Wenn etwas aber so intensiv erlebt wird wie ein Film und wenn die Themen des Films für die Schüler von Bedeutung sind, dann besteht bei ihnen auch das Bedürfnis, über das Erlebte und das Gesehene zu sprechen oder zu schreiben. Der Fremdsprachenunterricht muss die Äußerungen natürlich in geeigneter Weise kanalisieren; dies ist aber eine Frage der Methodik (vgl. dazu Abschnitt 2).

Der Einsatz von Filmen im Fremdsprachenunterricht fördert aber nicht nur die sprachlich-kommunikativen Grundfertigkeiten bzw. Kompetenzen, sondern auch die **interkulturelle Kompetenz**. Filme sind authentische Produkte der Zielkultur und ermöglichen die Begegnung mit der fremden Lebenswelt und ihren Menschen, mit anderen Lebensentwürfen, Normen und Werten. Hier kommt wiederum die soeben angesprochene suggestive Kraft des Mediums zum Tragen, denn in noch stärkerem Maß als der literarische Text „fordert [der Film] seine Zuschauer auf, sich auf die Reise in andere Welten und Kulturen zu begeben" und zu einer „empathische[n] Wahrnehmung des Anderen" zu gelangen (Wilts 2008: 4). Interkulturelles Lernen umfasst darüber hinaus auch die kritische Auseinandersetzung mit der im Film konstruierten fiktionalen Welt und die Fähigkeit zur Reflexion über kulturelle Ähnlichkeiten und Unterschiede sowie über Phänomene kultureller Hybridisierung.

Damit ist bereits angedeutet, dass bestimmte Filme auch die Möglichkeit des transkulturellen Lernens eröffnen. In Anlehnung an Wolfgang Hallet (2002) verstehe ich unter **transkultureller Kompetenz** die Fähigkeit, sich an „transkulturellen und globalen Diskursen" zu beteiligen (Hallet 2002: 47), d.h. sich zu Fragestellungen von globalem Interesse kompetent zu äußern. Ein Beispiel, das auch für Schüler von Interesse sein dürfte, ist der Diskurs über den Klimawandel. Auf dieses und andere ökologische Probleme nimmt etwa der Film *An Inconvenient Truth* (Gore/Guggenheim, USA 2006) Bezug, der im Beitrag von Uwe Küchler im vorliegenden Band behandelt wird.

Die Ausführungen zum inter- und transkulturellen Lernen machen deutlich, dass die Arbeit mit Filmen auch zur Ausbildung der **Analysekompetenz** im Umgang mit Themen und ihren medialen Repräsentationsformen entscheidend beiträgt. Wie im Fall des Seh-Verstehens handelt es sich hier nicht um eine fremdsprachenspezifische Kompetenz; die Analysekompetenz ist auch nicht an das Medium Film gebunden. Sie kann jedoch im Rahmen der fremdsprachlichen Filmarbeit gefördert werden, wenn die Filme so ausgewählt werden, dass ihre Inhalte und Themen sowie ihre filmische Umsetzung genügend Anhaltspunkte für eine kritische Analyse und Bewertung bieten.

Ähnlich wie im Literaturunterricht zielt Analysekompetenz darauf ab, dass die Schüler Inhalt, Form und Funktion zueinander in Beziehung setzen. Dazu benötigen sie eine Einführung in die schon erwähnten filmspezifischen Ausdrucksmittel und deren Funktion. Es hat also wenig Sinn, den Lernern nur die fremdsprachlichen Ausdrücke und Erklärungen für ‚Vogelperspektive' und ‚Froschperspektive' zu vermitteln, ohne ihnen an einem Filmbeispiel Funktion und Wirkung dieser filmischen Kunstgriffe vor Augen zu führen. Ziel ist zum einen die Entwicklung von **filmästhetischer Analysekompetenz**: Die Schüler sollten die spezifisch ästhetisch-künstlerische Funktion von filmischen Mitteln erkennen und analysieren können. Eng damit verbunden ist die Ausbildung von **medienkritischer Analysekompetenz**. Sie zielt insbesondere darauf ab, dass die Lerner ein Bewusstsein für die manipulative Kraft filmischer Mittel entwickeln. So sollten sie z.B. in der Lage sein, ein Phänomen wie das der Sympathielenkung zu erkennen und die dazu eingesetzten künstlerischen Mittel wie z.B. die oben erwähnten Kameraperspektiven zu benennen und in ihrer Wirkung zu beschreiben.

Seit einigen Jahren bündelt man die Kompetenzen, die im Umgang mit Film im Fremdsprachenunterricht erworben werden können, unter dem Begriff *film literacy*. Filmkompetenz in diesem umfassenden Sinn beinhaltet *alle* im vorliegenden Text beschriebenen Kompetenzen (vgl. Blell/Lütge 2004: 404, Leitzke-Ungerer 2008: 127, Nünning/Surkamp 2006: 245f., 275). In der vielzitierten „Filmkompetenzerklärung" des Berliner Kongresses *Kino macht Schule* (2003), die unter Filmkompetenz die Fähigkeit versteht, die „Codes bewegter Bilder zu dechiffrieren"[2], wird hingegen der analytischen Kompetenz ein besonderer Stellenwert zuerkannt.

Da diese Schwerpunktsetzung einen einseitig kognitiv-analytischen Zugang zu Filmen zu favorisieren scheint (vgl. Blell/Lütge 2008: 129), zeichnet sich in der gegenwärtigen fremdsprachendidaktischen Diskussion die Tendenz ab, dem Aspekt des **Filmerlebens** mehr Bedeutung einzuräumen, als es bisher der Fall war. Filmerleben betont die „suggestive Kraft des Films, die Faszination, die von den bewegten Bildern ausgeht" (Decke-Cornill/Luca 2007: 19), hebt also die Tatsache hervor, dass Filme zuallererst unsere Gefühle ansprechen. Diese Komponente darf im Unterricht auf keinen Fall zu kurz kommen.[3]

Stellen Filmkompetenz und Filmerleben somit konträre Konzepte dar? Nein. Filmerleben setzt zwar auf einen affektiv-emotionalen, subjektbezogenen Umgang mit Film; dieser stellt aber häufig eine gute Ausgangsbasis dar, wenn erste Eindrücke analytisch hinterfragt werden sollen. Umgekehrt lässt sich Filmkompetenz – als Summe aus dem Sehverstehen, den sprachlich-kommunikativen, inter- und transkulturellen, filmästhetischen und medienkritischen Kompetenzen – nicht auf einen ausschließlich kognitiv-analytischen Umgang mit Film reduzieren; vielmehr spielen hier Gefühle als „Mittel des Erkennens" (vgl. Blell/ Lütge 2008: 127) und die Faszination des Mediums Film ebenfalls eine Rolle.

Als ‚letzter Stand' der Diskussion zu den Zielen und der Legitimation der Filmarbeit im (Fremdsprachen-)Unterricht kann schließlich festgehalten werden, dass Filmkompetenz und Filmerleben in das umfassende Konzept der **Filmbildung** integriert werden (vgl. Blell/Lütge 2008: 126-129 sowie zur „pluralen Bildung im Fremdsprachenunterricht" grundlegend Küster 2003). Dass der Erwerb von Filmkompetenz ein zentraler Bestandteil des schulischen Bildungs- und Erziehungsauftrags ist, wird aber etwa auch an der oben erwähnten Filmkompetenzerklärung (Berlin 2003) deutlich, denn diese bezeichnet die Fähigkeit, bewegte Bilder zu verstehen und zu analysieren, ausdrücklich als „Bildungsziel".

2. Methodische Aspekte

Die eingangs vermutete Skepsis vieler Lehrerinnen und Lehrer gegenüber der Arbeit mit Filmen hängt oft auch mit einer gewissen methodischen Unsicherheit zusammen. Wie soll man Filme im Fremdsprachenunterricht einsetzen? Wie lassen sich Fertigkeiten und Kompetenzen schüler- und handlungsorientiert fördern und wie hält man gleichzeitig die Faszination durch das Medium Film aufrecht?

Von Seiten der Fremdsprachendidaktik liegen dazu klare Leitlinien und detaillierte Handlungsempfehlungen vor. Eine Auswahl soll im Folgenden kurz vorgestellt werden. An dieser Stelle (vgl. Anm. 4) sei auch auf aktuelle Publikationen und Projekte verwiesen, die besonders praxisorientierte Vorschläge zum Filmeinsatz enthalten.[4]

Bild ohne Ton – Ton ohne Bild

Für den Film ist, wie bereits angedeutet, das Zusammenwirken von Bild, Sprache und Ton bzw. von visueller Ebene (Bild; Sprache in Schriftform) und auditiver Ebene (gesprochene Sprache, Musik und Geräusche) konstitutiv. Diese Ebenen sollten eigentlich nicht getrennt voneinander betrachtet werden (vgl. Hickethier 2001: 24-25). Um bestimmte didaktische Ziele zu erreichen, ist es aber durchaus sinnvoll, jeweils eine Ebene und damit einen Wahrnehmungskanal auszublenden und die Aufmerksamkeit auf die jeweils andere Ebene zu richten.

Filme erzählen ihre Geschichten mit Bildern; zentral ist daher das Verfahren ‚Bild ohne Ton'. Es schult das Seh-Verstehen, zugleich aber auch das Sprechen und Schreiben, da die Lerner das visuell Wahrgenommene in Sprache fassen sollen.[5] Das Verfahren fördert aber auch die Kreativität, da ausgehend vom visuellen Kanal Hypothesen zur auditiven Ebene (Dialoge, Musik, Geräusche) angestellt und diese wiederum versprachlicht werden können (z.B. durch das Verfassen von Dialogen oder eine Diskussion über passende Musik und Geräusche).

Durch das komplementäre Verfahren ‚Ton ohne Bild' erfolgt eine intensive Schulung des Hörverstehens. Hier geht es aber nicht darum, jedes Detail zu verstehen, was angesichts der mit den Merkmalen mündlicher Sprache behafteten Dialoge ohnehin unmöglich ist. Die Lerner sollen hier vielmehr eine gewisse „Frustrationstoleranz" entwickeln (Wilts 2001: 217-218, 2003: 5) und sich die Bedeutung aus dem Gesamtzusammenhang erschließen. Auch dieses Vorgehen birgt kreatives Potential, da ausgehend von der auditiven Ebene über die Visualisierung im Film spekuliert werden kann.

Analytische Verfahren – kreative Verfahren

Bei der Arbeit mit Filmen kann auf analytische und kreativ-produktive Methoden zurückgegriffen werden, die in gleicher oder ähnlicher Weise beim Umgang mit Texten, insbesondere literarischen Texten Verwendung finden (vgl. Nünning/Surkamp 2006: 250f.).[6] Wichtig ist, dass beide Zugangsformen abwechselnd bzw. einander ergänzend eingesetzt werden und dass den für den Film konstitutiven Ebenen Bild, Sprache und Ton sowie ihrem Zusammenspiel Rechnung getragen wird. Analytische und kreative Aufgabenstellungen sollten daher im Anschluss an die oftmals notwendige Konzentration auf eine der Ebenen (z.B. *Analyse* der Kameraeinstellungen: *visuelle* Ebene; *Erfinden* eines Dialogs zwischen Filmfiguren: *auditiv-sprachliche* Ebene) die Aufmerksamkeit der Schüler auf das Gesamtkunstwerk lenken. Dies kann geschehen, indem z.b. das Zusammenwirken von Kameraeinstellungen, Handlung und Musik untersucht wird bzw. der von den Schülern erstellte Dialog in Bezug auf seine ‚Passung' zur visuellen und musikalischen Umsetzung der Filmszene betrachtet wird.

Im Rahmen eines analytischen Vorgehens können Aspekte wie Handlungsverlauf und -struktur, Figurenzeichnung, Raum- und Zeitdarstellung, die Erzählweise sowie die filmspezifischen Ausdrucksmittel untersucht werden (vgl. Nünning/Surkamp 2006: 248-266). Die filmischen Mittel sollten in der Fremdsprache, in Auswahl und an Beispielen vermittelt werden. Als Beispiele dienen Filmszenen; rein visuelle Mittel können vielfach auch anhand von Comics veranschaulicht werden. Ähnlich wie bei der Arbeit mit literarischen Texten ist es von zentraler Bedeutung, dass die Schüler die filmischen Mittel nicht nur kennen, sondern in Bezug auf ihre Funktion und Wirkung analysieren.

Zu den kreativen Methoden gehören, abgesehen von den oben genannten Möglichkeiten ‚Bild ohne Ton' und ‚Ton ohne Bild', u.a. folgende Verfahren: die Füllung von Leerstellen in der Figurendarstellung oder in der Handlung (z.B. bei Filmen mit offenem Ausgang: Schreiben und Verfilmen einer zusätzlichen Schlussszene) sowie die Umformung der Fiktion (z.B. Schreiben eines alternativen Filmendes mit anschließender Verfilmung in Eigenregie). Im Fall von Literaturverfilmungen kann vom Buch ausgehend in ähnlicher Weise kreativ gearbeitet werden, indem die Schüler eine geeignete Passage des literarischen Texts selbst filmisch umsetzen.[7] Dies ist zugleich ein Beispiel für die Möglichkeit, kreative und analytische Verfahren zu kombinieren: Das kreative Endprodukt, die von den Schülern gestaltete Filmszene, kann mit der Originalszene aus dem Film anhand der oben genannten Analysekriterien verglichen werden.

Vor dem Sehen – während des Sehens – nach dem Sehen

Das ebenfalls aus der Textarbeit bekannte phasenbezogene Vorgehen, das Verstehens- und Sinnbildungsprozesse vor, während und nach der Beschäftigung mit dem Text in die Wege leitet, kann auch auf die Arbeit mit Filmen übertragen werden. Jeder Phase kommen dabei typische Funktionen zu (vgl. Nünning/ Surkamp 2006: 82): die *pre-viewing*-Phase dient dem Aufbau von Erwartungshaltungen und der Aktivierung von sprachlichem, kulturellem oder filmbezogenem Vorwissen; in der *while-viewing*-Phase erfolgt die analytische und kreativ-produktive Auseinandersetzung mit dem Film, seinen Themen und seiner künstlerischen Form; in der *post-viewing*-Phase steht die Gesamtdeutung im Vordergrund. Im Rahmen der hier skizzierten analytischen und kreativen Herangehensweisen kann in den drei Phasen mit ganz unterschiedlichen Einzelverfahren gearbeitet werden (vgl. dazu Surkamp 2004: 6-8 und Wilts 2003: 7).

Blockverfahren – Sequentielles Verfahren – Sandwichverfahren

Filme können im Unterricht in unterschiedlich ‚portionierter' Weise gezeigt werden: im Blockverfahren, im sequentiellen oder Intervallverfahren sowie im sog. Sandwichverfahren, wobei auch Misch- und Kombinationsformen möglich sind (Burger 1995: 595f.; vgl. Nünning/Surkamp 2006: 267-268). Beim Blockverfahren sehen die Schüler den Film als Ganzes (oder in zwei bis drei längeren Blöcken), rezipieren ihn also ähnlich wie im Kino. So positiv sich dieses Verfahren auf das Filmerleben auswirkt, so hat es aus didaktischer Sicht große Nachteile. Insbesondere ist eine Diskussion oder Erarbeitung von Fragen und Einzelaspekten nur im Anschluss an die Filmbetrachtung möglich, einer Phase, in der der Film und seine Wirkung zunehmend verblassen. Da der gesamte Film schon bekannt ist, erübrigen sich auch alle methodischen Verfahren, mittels derer die Lerner über eine zuvor ausgeblendete Ebene oder über im Film nicht näher ausgeführte Elemente spekulieren können. Das Zeigen ausgewählter Filmszenen im sequentiellen oder Intervallverfahren ist dagegen sehr gut geeignet, Spannung und Neugier aufrecht zu erhalten und gleichzeitig eine intensive Auseinandersetzung mit dem Film herbeizuführen. Da dieses Verfahren aber auch eine gewisse ‚Zerstückelung' des Films beinhaltet, sollte dieser zum Abschluss noch einmal *en bloc* gezeigt werden. Im Idealfall werden die Lerner den Film dann ‚mit anderen Augen sehen' und vielleicht auch noch intensiver erleben. Das Sandwichverfahren ist ein Vorgehen, bei dem abwechselnd mit Filmsequenzen und ergänzenden Texten wie z.b. Auszügen aus dem Drehbuch gearbeitet wird. Das Verfahren bietet sich insbesondere im Fall von Literaturverfilmungen an, da hier die Arbeit mit ausgewählten Passagen aus Buch und Film die intermedialen Transformationsprozesse am besten sichtbar macht. Grundsätzlich sollten Drehbuch, literarische Vorlage und andere Texte aber mit Zurückhaltung verwendet werden, damit sich bei der Filmarbeit nicht die den üblichen Fremdsprachenunterricht prägende „Textfixiertheit" ergibt (Wilts 2003: 9).

3. Zielsetzungen des vorliegenden Bands

Im Folgenden werden die Ziele und Schwerpunkte des Bands kurz vorgestellt.

Vertiefung von theoretischen Konzepten

Die Beiträge nehmen, wenn auch mit unterschiedlicher Akzentsetzung, auf die zentralen Konzepte der Filmbildung, der Filmkompetenz und des Filmerlebens Bezug. Innerhalb dieses theoretischen Rahmens werden grundlegende Fragestellungen konzeptionell weiter vertieft; dazu gehören insbesondere: Methoden der Filmanalyse (GERHARD LAMPE), intermediale Übertragungsprozesse bei der Literaturverfilmung (CAROLA SURKAMP, MARTINA BENDER), interkulturelles und transkulturelles Lernen mit Filmen (ADELHEID SCHUMANN, INEZ DE FLORIO-HANSEN), Hör-Seh-Verstehen aus neurophysiologischer und sprachlerntheoretischer Sicht (ANDREAS GRÜNEWALD). Einige Artikel diskutieren darüber hinaus ausgewählte theoretische Ansätze wie z.B. *Gender fashioning* (GABRIELE BLELL & CHRISTIANE LÜTGE) oder *Environmental literacy* (UWE KÜCHLER).

Enge Verbindung von Theorie und Unterrichtspraxis

Es ist ein besonderes Anliegen des vorliegenden Bands, Theorie und Praxis eng miteinander zu verknüpfen. Alle Beiträge zeigen an jeweils einem konkreten Filmbeispiel auf, wie sich die theoretischen Konzepte im Unterricht der jeweiligen Fremdsprache verwirklichen lassen; fast alle Beiträge enthalten ausformulierte Aufgabenstellungen in der Zielsprache. Eine ganze Reihe von Aufsätzen enthält auch Zusatzangebote für die Unterrichtspraxis. Zu nennen sind hier insbesondere die Bereitstellung eines Erwartungshorizonts (ULRIKE LANGE, zu einem Kurzfilm aus *Paris je t'aime*; MICHAEL FRINGS & JENS HEIDERICH, zum Videoclip *Saint Denis*; JOCHEN WILLWER, zum Videoclip *Dis-moi oui*), von Filmanalysevokabular (DANIEL REIMANN, zum Italienischen), von Schülerarbeiten (FRANK SCHÖPP, zu *Je vais bien, ne t'en fais pas*; URSULA VENCES, zu einer Schüler-Filmproduktion), von Drehbuch-Transkriptionen (ANDREA RÖSSLER, zum Kurzfilm *El columpio*; RANDI GUNZENHÄUSER & ANGELA HAHN, zur Sitcom *Coupling*) und von Sequenzanalysen (GERHARD LAMPE, zu *Die Vögel*; ACHIM HESCHER, zu *Anita and Me*; ANDREAS GRÜNEWALD, zu *Machuca*).

Erschließung neuer Filmgattungen für den Fremdsprachenunterricht

Ein weiterer Schwerpunkt des Bands liegt auf der Erweiterung des filmischen Gattungsspektrums, das für den Fremdsprachenunterricht als besonders geeignet angesehen wird. Als Alternativangebot zu Spielfilm und Literaturverfilmung werden in Einzelbeiträgen die spezifischen Merkmale und das didaktische Potential der folgenden Genres erläutert und an Beispielen dargestellt: Episodenfilm (EVA BURWITZ-MELZER, ULRIKE LANGE), Kurzfilm (ANDREA RÖSSLER), Dokumentarfilm (HELENE DECKE-CORNILL, NANCY GRIMM, UWE KÜCHLER), Doku-Drama (STEFANO SASSO), Sitcom (RANDI GUNZENHÄUSER & ANGELA HAHN) sowie der in der romanistischen Didaktik bisher wenig beachtete Musikvideoclip (MICHAEL FRINGS & JENS HEIDERICH; JOCHEN WILLWER).

Vier Fremdsprachen: Englisch, Französisch, Spanisch und Italienisch

Der Band enthält Beiträge zum Einsatz von Filmen im Englisch-, Französisch-, Spanisch- und Italienischunterricht (vgl. dazu auch die Übersicht am Ende des Buches).

Hochschuldidaktische Perspektive

Der Schwerpunkt liegt auf dem schulischen Fremdsprachenunterricht. Zwei Beiträge (STEFANO SASSO, ANKE WORTMANN) beziehen sich jedoch ausdrücklich auf den Unterricht mit Studierenden der Romanistik und erweitern das Spektrum somit um die hochschuldidaktische Perspektive.

4. Gliederung des Bands und Vorstellung der Einzelbeiträge

Die Einteilung des Bands orientiert sich an der im Untertitel angedeuteten Gliederung. An die EINFÜHRUNG, die auch den medienwissenschaftlichen Grundlagenartikel von GERHARD LAMPE umfasst, schließen sich in TEIL 1 die Beiträge an, die sich mit Literaturverfilmungen beschäftigen. TEIL 2 befasst sich mit dem Verhältnis von Film und interkulturellem Lernen. TEIL 3 stellt neue Filmgattungen für den Fremdsprachenunterricht vor (Episodenfilm, Kurzfilm, Dokumentarfilm, Musikvideoclip und Sitcom). Die im Untertitel ebenfalls angesprochene „mediale Wirkung" stellt ein grundlegendes Konzept von Film und Filmdidaktik dar und wird in allen Beiträgen thematisiert.

Einführung: Medienwissenschaftlicher Grundlagenartikel

Der Grundlagenartikel von GERHARD LAMPE gibt einen Überblick über zentrale filmische Ausdrucksformen und ihre mediale Wirkung. In Analogie zu Ansätzen der literarischen Erzähltheorie bezeichnet LAMPE die filmischen Mittel als „Bauformen audiovisuellen Erzählens", verweist aber zugleich auf die Grenzen der Übertragbarkeit der Kategorien, denn Film funktioniert anders als Sprache. Am Beispiel von Szenen aus Alfred Hitchcocks Klassiker *Die Vögel* (*The Birds*, USA 1963) werden methodische Grundlagen der Filmanalyse skizziert und auf drei Ebenen konkretisiert: Narration und Dramaturgie, Realisierungs- und Regiekonzepte (diese umfassen u.a. die Lenkung des Zuschauers durch Verfahren, für die Hitchcock berühmt ist: Surprise, Suspense und Mystery), schließlich Ton und Musik. GERHARD LAMPE ist Medienwissenschaftler, kein Fremdsprachendidaktiker; seine packende Analyse von *The Birds* bietet gleichwohl einen Anreiz, diesen Film auch einmal im Englischunterricht zu behandeln.

Teil 1: Film und Literatur

Im einleitenden Beitrag setzt sich CAROLA SURKAMP mit dem im Fremdsprachenunterricht häufig noch ein Schattendasein führenden Genre der Literaturverfilmung auseinander. Der gängigen Praxis, Literaturverfilmungen im Hinblick auf ihre Werktreue gegenüber dem literarischen Text zu bewerten, setzt die Autorin den Begriff der Transformation entgegen. Mit diesem Konzept und seinen Unterkategorien kann der Medienwechsel vom Text zum Film differenziert erfasst werden; zugleich wird der Eigenständigkeit der beiden künstlerischen Ausdrucksformen Rechnung getragen. Im Fremdsprachenunterricht können die Transformationsprozesse mit Hilfe von analytischen und kreativ-produktiven Methoden untersucht werden; auch gibt es verschiedene Möglichkeiten, Lese- und Filmbetrachtungsphasen miteinander zu kombinieren.

Die fünf sich anschließenden Beiträge zu Literaturverfilmungen thematisieren alle in der einen oder anderen Form diese Transformationsprozesse und die Möglichkeiten ihrer Erarbeitung im Unterricht. Die folgenden Ausführungen konzentrieren sich daher auf die Vorstellung der literarischen Texte und der Filme.

Der Beitrag von MARTINA BENDER setzt insofern einen besonderen Akzent, als hier kein Roman, sondern ein Drama die ‚Vorlage' für den Film bildet. Das im Jahr 1987 uraufgeführte Theaterstück ¡Ay, Carmela! von José Sanchis Sinisterra gehört in den Kontext des – in Spanien derzeit höchst aktuellen – gesellschaftlichen Erinnerungsdiskurses, mit dem versucht wird, die traumatischen Erfahrungen der Diktatur der Franco-Zeit aufzudecken und zu verarbeiten. Während im Drama die tragische Geschichte des Variété-Künstlerpaars Carmela und Paulino, das zwischen die politischen Fronten des Bürgerkriegs gerät, auf unterschiedlichen Ebenen der Fiktion erzählt und somit eine hochkomplexe Struktur geschaffen wird, folgt der Film von Carlos Saura (1990) einem linear-chronologischen, gleichwohl nicht minder spannenden Handlungsverlauf.

FRANK SCHÖPP problematisiert in besonders dezidierter Weise die so häufig anzutreffende Einstellung von Schülern, wonach das Buch immer besser sei als der Film, und setzt ihr die Arbeit mit dem Film *Je vais bien, ne t'en fais pas* entgegen (Loiret 2006, nach dem Roman von Olivier Adam, 1999). Thema von Buch und Film ist die verzweifelte Suche einer jungen Frau nach dem jüngeren, von ihr sehr geliebten Bruder, der nach einem Streit mit dem Vater das Haus verlassen hat und seitdem spurlos verschwunden ist. Die Suche nach dem Bruder gerät zu einem Selbstfindungsprozess der Protagonistin, an dessen Ende der Bruder zwar für immer verloren ist, sie selbst jedoch eine neue, glücklichere Beziehung zu ihren nächsten Mitmenschen aufgebaut hat.

Im Beitrag von ACHIM HESCHER zum Jugendroman *Anita and me* (Syal 1996) und seiner Verfilmung durch Metin Hüseyin (2002) spielen unter anderem interkulturelle Lernziele wie die Sensibilisierung für unterschiedliche Repräsentationen von kultureller und ethnischer Alterität eine wichtige Rolle. Erzählt wird eine *story of initiation*, die im Film komödienhafte Züge annimmt: Die Geschichte der neunjährigen Meena, die zu Beginn der 1970er Jahre in den englischen Midlands als Kind indischer Immigranten aufwächst und in ihrer Umgebung sowohl Fremdenfeindlichkeit als auch Akzeptanz erfährt. Erzählt wird aber auch eine *teenage romance*, die Freundschaft Meenas mit Anita, ihrem Vorbild und Alter Ego.

Gleich mit mehreren Jugendromanen und ihrer Verfilmung befasst sich DANIEL REIMANN in seinem Beitrag zum Italienischunterricht. Der Film *Tre metri sopra il cielo* (Lucini 2004), nach dem Bestseller von Federico Moccia (1992), besticht vor allem durch sein Spannungspotential; die Liebesgeschichte zwischen der aus gutbürgerlicher Familie stammenden Babi und dem Motorradfan Step gleicht einer italienischen West-Side-Story. Dagegen motivieren die Filme *Notte prima degli esami* und *Notte prima degli esami oggi* (Brizzi 2006 bzw. 2007, nach den Romanen von Luca e Claudia bzw. Luca e Azzurra, 2006 bzw. 2007) vor allem durch Leichtigkeit und Witz. Sie erzählen vom Leben prüfungsgestresster und meist unglücklich verliebter Schüler einer italienischen Abiturklasse. Die drei Filme bieten aber auch genügend Anlässe zur Reflexion und Kommunikation, um in einer Unterrichtsreihe zu *I giovani* mit Gewinn behandelt zu werden.

ANKE WORTMANN beschließt diesen Teil mit einem Beitrag zur Hochschuldidaktik. Sie zeigt am Beispiel von Viscontis Meisterwerk *Senso* (1954, nach der Novelle von Camillo Boito, 1882), wie der Film mit Studierenden der Italianistik sowohl aus medien- und literaturwissenschaftlicher als auch aus landeskundlich-kulturwissenschaftlicher Sicht analysiert werden kann. Der Film verbindet auf raffinierte Weise die Darstellung einer historischen Epoche, des italienischen *Risorgimento*, mit der Reflexion über eben diese Epoche; beides bettet er in eine melodramatisch inszenierte Liebesgeschichte ein. Studierende können diese Zusammenhänge u.a. durch die Analyse bestimmter künstlerischer Mittel und der Figurenkonzeption oder durch die Diskussion politischer und filmkritischer Positionen zum Film untersuchen.

Teil 2: Film und interkulturelles Lernen

ADELHEID SCHUMANN stellt im einleitenden Beitrag die Frage nach dem interkulturellen Potential von Filmen. Sie geht von der Vorstellung aus, dass interkulturelles Lernen eine persönlichkeits- und eine kompetenzorientierte Dimension hat und in Fremdsprachenlernern die Fähigkeit ausbilden soll, sich mit Menschen anderer Sprach- und Kulturgemeinschaften verständigen zu können. Das audio-visuelle Medium Film kann in diesem Zusammenhang vor allem zur Wahrnehmungsschulung genutzt werden, und zwar auf den Ebenen der visuellen, der auditiven und der ästhetischen Rezeption. Dass interkulturelles Verstehen von Filmen somit einen komplexen Wahrnehmungsvorgang beinhaltet, der die filmischen Mittel als eine kulturelle Form der Weltdeutung auffasst, zeigt die Autorin an einer Episode aus dem Film *Paris je t'aime* (Carné 2006).

Das besondere Interesse von INEZ DE FLORIO-HANSEN gilt dem interkulturellen Lernen im Italienischunterricht, und hier wiederum der Frage nach dem italienischen Filmpublikum und dessen Rezeptionsgewohnheiten (beispielsweise seiner Beziehung zum *cinema d'autore*). Zur Beantwortung dieser Frage rekurriert die Autorin nicht nur aus theoretischer Sicht auf Ansätze der Rezeptionsästhetik und des inter- und transkulturellen Lernens, sondern verknüpft diese mit konkreten Aufgabenstellungen für Italienischlerner. Am Beispiel von drei ‚Autorenfilmen' (Viscontis *Il Gattopardo*, 1963, Fellinis *Amarcord*, 1973, und De Sicas *Ladri di biciclette*, 1948) wird gezeigt, wie Schüler der Wirkung dieser Klassiker auf das italienische Publikum von damals und heute (und natürlich auch auf sie selbst) nachspüren können. Das dazu nötige Hintergrundwissen liefern u.a. die von der Autorin zusammengestellten Internetdokumente.

Das von STEFANO SASSO entwickelte Unterrichtskonzept zum Film *La meglio gioventù* (Giordana 2003) richtet sich an Studierende der Italianistik, die bereits über eine sehr gute Sprachkompetenz verfügen. Der sechsstündige Film thematisiert die politische und soziokulturelle Entwicklung in Italien über einen Zeitraum von rund 40 Jahren (1966-2003); als Doku-Drama bettet er diese jedoch in die fiktive Geschichte der Familie Carati ein. Das Besondere des hochschuldidaktischen Ansatzes des Autors liegt darin, dass er mit seinen Studierenden ein methodisches Vorgehen praktiziert, das dem an einer italienischen Universität vergleichbar ist, und von der kritischen Auseinandersetzung mit ausgewählter

Sekundärliteratur über das Verfassen von Essays zu den im Film angesprochenen Themen bis zur Diskussion von Schlüsselszenen aus dem Film reicht.

ANDREAS GRÜNEWALD setzt sich in seinem Beitrag mit dem Hör- und dem Seh-Verstehen und mit der dabei stattfindenden Analyse referenzsemantischer Zeichen in Spielfilmen auseinander. Die im Rahmen des Hör- und des Seh-Verstehens gleichzeitig ablaufenden *top-down-* bzw. *bottom-up-*Prozesse (Verarbeitung von Welt- und Erfahrungswissen bzw. von sprachlicher oder visueller Information) werden detailliert beschrieben. Am Beispiel des chilenischen Films *Machuca* (Wood 2004) zeigt der Autor, wie die Lerner referenzsemantische Zeichen des Films dekodieren können. Damit sind die visuellen und auditiven Mittel gemeint, mit denen auf die außerfilmische Wirklichkeit – in diesem Fall: Chile in den letzten Monaten der Allende-Regierung und die Zeit unmittelbar nach dem Militärputsch durch Pinochet (1973) – Bezug genommen wird.

Mit der Thematisierung von *Gender*-Aspekten im Rahmen der Arbeit mit *Teenage*-Filmen eröffnen GABRIELE BLELL und CHRISTIANE LÜTGE eine weitere interessante Perspektive. Nach einem Blick auf Querverbindungen zwischen Neuer Frauenbewegung (derzeit: *Third Wave Feminism*) und feministischer Filmwissenschaft (insbesondere Laura Mulveys Kritik am „männlichen Blick") formulieren die Autorinnen ihr didaktisches Anliegen: Englischlerner sollen in der Auseinandersetzung mit den jugendlichen Protagonistinnen und Protagonisten von Filmen wie *Little Miss Sunshine* (Dayton/Faris 2006), *Whale Rider* (Caro 2003) oder *Brokeback Mountain* (Lee 2005) erkennen, dass *Gender* ein soziales Konstrukt zur Repräsentation von kulturellen Unterschieden zwischen den Geschlechtern ist. Von besonderem Interesse ist dabei die Frage, wie unterschiedliche Frauen- und Männerbilder durch die Bilder und die Musik der Filme konstruiert werden.

Einen wiederum neuen Akzent setzt URSULA VENCES mit ihrem Erfahrungsbericht über ein Filmprojekt von Schülern aus Deutschland und Nicaragua. Im Zentrum steht hier nicht die Rezeption, sondern die Produktion von Filmen: Spanischlerner der zehnten Klasse eines deutschen Gymnasiums und Schüler aus Nicaragua filmen ihr häusliches und familiäres Umfeld und stellen diese ‚Selbstbilder' einander vor. Mit diesem einzigartigen Projekt wird interkulturelles Lernen in besonderem Maß gefördert: Vorstellungen in den Köpfen der Lerner werden korrigiert (so assoziieren Schüler aus Nicaragua mit *una casa pobre* etwas anderes als deutsche Schüler), Einstellungen ändern sich, und Empathie entfaltet sich.

Teil 3: Neue Filmgattungen für den Fremdsprachenunterricht

Den Auftakt bildet hier der Beitrag von EVA BURWITZ-MELZER zum Episodenfilm. Dieser stellt aufgrund seiner puzzleartigen Struktur eine Herausforderung für jeden Rezipienten dar und verlangt daher auch ein besonderes methodisches Vorgehen im Unterricht. Zwei Arten von Episodenfilmen lassen sich unterscheiden, je nachdem, ob die Episoden voneinander unabhängig sind und lediglich durch eine gemeinsame Thematik zusammengehalten werden, oder ob sie miteinander verzahnt sind. Typ II wird ausführlich am Beispiel des amerikanischen Films *Crash* (Haggis 2004) beschrieben, für den auch ein an einem umfassenden Kompetenzmodell orientierter Unterrichtsvorschlag entwickelt wird.

Im Mittelpunkt des Beitrags von ULRIKE LANGE steht der Film *Paris je t'aime* (Carné 2006). Der aus 18 etwa fünfminütigen Episoden bestehende Film spielt mit typisch französischen Stereotypen und stellt aufgrund seiner inhaltlichen und formalen Vielfalt, aber auch wegen der Kürze der Einzelfilme eine sehr gute Möglichkeit dar, sich dem Thema ‚Paris' sowohl analytisch als auch kreativ zu nähern. Am Beispiel von vier Episoden („Place des fêtes", „Quais de Seine", „Montmartre" und „Bastille") entwickelt die Autorin ein methodisches Vorgehen, das insbesondere auf das Erkennen und Beschreiben der narrativen Dimension der einzelnen Filme abzielt.

Während *Paris je t'aime* aus einzelnen, zum Episodenfilm verknüpften Kurzfilmen besteht, liegt mit dem spanischen Werk *El columpio* (Fernández Armero 1993) ein einzelner Kurzspielfilm vor, der, wie ANDREA RÖSSLER in ihrem Beitrag ausführt, ein typischer und auch besonders interessanter Vertreter seiner Gattung ist. Das bisher in der Fremdsprachendidaktik noch viel zu wenig beachtete Genre ist inhaltlich und strukturell der Kurzgeschichte vergleichbar: Thematisiert werden einerseits Alltags-, andererseits Grenzsituationen und außergewöhnliche Ereignisse, die auf formal-ästhetischer Ebene extrem verdichtet werden. Es ist – neben der ‚äußeren Kürze' (*El columpio* hat eine Laufzeit von ca. 9 Minuten) – vor allem diese ‚innere Kürze', die im Unterricht eine intensive Auseinandersetzung ermöglicht. Die Autorin zeigt dies an einem Unterrichtsszenario zu *El columpio*, das auf die Schulung filmästhetischer Kompetenzen und auf die Füllung der im Film angelegten Leerstellen ausgerichtet ist.

Die folgenden drei Beiträge beschäftigen sich mit einer weiteren besonderen Gattung, dem Dokumentarfilm, und zeigen anhand von Beispielen für den Englischunterricht, wie sich Schülerinnen und Schüler kritisch mit diesem – von Laien oft als besonders objektiv empfundenen – Genre, aber auch mit der Thematik des jeweiligen Films auseinandersetzen können. Alle Filmbeispiele bieten Anlass zur kritischen Reflexion gesellschaftspolitischer Gegebenheiten und Probleme. Im Beitrag von HELENE DECKE-CORNILL geht es um den in Südafrika spielenden Film *Story of a Beautiful Country* (Matabane 2004), der auf der Basis von Interviews mit jungen Südafrikanern einen Blick auf das Land zehn Jahre nach den ersten demokratischen Wahlen wirft. NANCY GRIMM stellt den Film *The Corporation* (Achbar/Abbott, USA 2003) vor, der seine Fundamentalkritik am Neo-Kapitalismus der westlichen Welt im Rahmen einer spannenden, ebenfalls mittels Interviews dargestellten Auseinandersetzung zwischen Befürwortern und prominenten Gegnern des Systems wie z.B. Noam Chomsky zum Ausdruck bringt. In beiden Beiträgen ist es aber auch ein Anliegen der Autorinnen, die Spezifik des Dokumentarfilms genauer zu erfassen. UWE KÜCHLER hingegen beschäftigt sich nicht nur mit einem Dokumentarfilm (*An Inconvenient Truth*, Gore/Guggenheim, USA 2006), sondern auch mit einem Hollywood-Thriller (*The Day after Tomorrow*, Emmerich, USA 2004). Beide Filme, wiewohl unterschiedliche Genres und damit auch unterschiedliche Darstellungsweisen repräsentierend, haben ein gemeinsames Thema – die Zerstörung der Umwelt durch den Menschen – und ein gemeinsames Anliegen – die Ausbildung von *environmental literacy*, d.h. der Fähigkeit, Umweltprobleme zu erkennen und sich mit ihnen kritisch auseinanderzusetzen.

Als nächstes folgen zwei Beiträge, die sich mit Musikvideoclips befassen, einem Genre, das bisher vor allem mit Blick auf den Englischunterricht untersucht wurde. In den beiden Artikeln steht dagegen der Französischunterricht im Zentrum. MICHAEL FRINGS und JENS HEIDERICH stellen den Clip *Saint Denis* von Grand Corps Malade vor, der im Kontext der Pariser Slam-Szene entstanden ist, und gehen u.a. dem Phänomen *Poetry Slam* auf den Grund. JOCHEN WILLWER präsentiert nach einer gattungstypologischen Betrachtung den Clip *Dis-lui oui* von Bénabar. Der Schwerpunkt der beiden Beiträge liegt auf der Unterrichtspraxis. Vorgestellt und aus der Lehrerfahrung reflektiert wird jeweils eine Unterrichtssequenz, die nicht nur konkrete Aufgabenstellungen, sondern u.a. auch Hinweise auf den jeweiligen Erwartungshorizont enthält.

Den Abschluss bildet der Beitrag von RANDI GUNZENHÄUSER und ANGELA HAHN, die sich am Beispiel der britischen Serie *Coupling* (Dennis 2001) ebenfalls mit einem besonderen Genre, der Sitcom, befassen. Die spezifische Komik der *situation comedy* ergibt sich allerdings weniger aus der Situation als solcher als vielmehr aus den Fehlinterpretationen und Missverständnissen, Norm- und Tabuverletzungen der handelnden Personen. Die Autorinnen setzen diese sich immer auch sprachlich manifestierenden Grenzüberschreitungen der Akteure in Beziehung zu ausgewählten Prinzipien der linguistischen Pragmatik wie etwa den Griceschen Konversationsmaximen; dieser Ansatz kann z.B. im Leistungskurs Englisch nachvollzogen werden. Aber auch für weniger fortgeschrittene Schüler stellen Sitcoms eine ausgezeichnete Lerngelegenheit dar, da sie eine Vielzahl von Sprechanlässen bieten und die interkulturelle Kompetenz fördern.

---

[1] Bild, Sprache und Ton müssen in ihrer Aussage aber nicht konform gehen. In der Filmwissenschaft (vgl. Beicken 2004: 52-53, Hickethier 2001: 95) spricht man von der „Bild-Ton-" oder „Bild-Wort-Schere", die geschlossen sein kann (Bild, Sprache und Ton stützen sich in ihrer Aussage) oder unterschiedliche Öffnungsgrade bis zum ‚Auseinanderklaffen' aufweisen kann.

[2] Quelle: www.bpb.de/veranstaltungen/FPTJ94,0,0,Filmkompetenzerkl%E4rung.html, Aufruf 01.09.09.

[3] Zu der hier im Hintergrund stehenden grundsätzlichen Frage der Interaktion von Kognition und Emotion beim Lernen von (Fremd-)Sprachen vgl. u.a. die Beiträge in Börner/ Vogel (2004) sowie Volkmann (2009).

[4] Zu nennen sind hier insbesondere:
(a) Themenhefte von Zeitschriften wie z.B.: „Teaching Films", Der fremdsprachliche Unterricht Englisch 68/2004; „Le cinéma", Der fremdsprachliche Unterricht Französisch 91/2008; „Spielfilme", Der fremdsprachliche Unterricht Spanisch 4/2006; „Film im Unterricht", Praxis Fremdsprachenunterricht 6/2004 und 1/2007.
(b) Die von Andreas Grünewald (2006f.) herausgegebene Reihe „Cinemateca – Filmhefte für den Spanischunterricht" (www.andreasgruenewald.de/filmhefte/index.html, Aufruf 01.09.09).
(c) Die neuen Oberstufenlehrwerke für den Spanischunterricht, die jeweils ein eigenes Kapitel zur Filmarbeit enthalten: Enfoques (Gehendges et al., Bamberg: Buchner, 2004:

367-384), Punto de vista (Steveker et al., Berlin: Cornelsen, 2006: 58-63), Rutas (Klink/ Schattschneider, Paderborn: Schöningh, 2007: 302-318). In den neuen Oberstufenlehrwerken für Französisch (Ballin et al., Horizons, Stuttgart: Klett 2009 sowie Jorißen et al., Parcours plus, Berlin: Cornelsen 2009) findet sich dagegen kein eigenes Kapitel zum Film. Parcours plus enthält (auf vier Seiten) aber zumindest filmsprachliches Vokabular sowie einen Textausschnitt und Aufgaben zu einer Literaturverfilmung.

(d) Länderübergreifende Film-Projekte wie z.B. das Jugendkulturfestival *Cinéfête* (www.kultur-frankreich.de/cinefete, Aufruf 01.09.09) oder das Kooperationsprojekt KINEMA (www.kinema.fr, Aufruf 01.09.09), die auch Unterrichtsmaterialien zur Verfügung stellen.

(e) Bibliografien: Günter Burger (2009f.) bietet eine ständig aktualisierte Bibliografie zu Film (Schwerpunkt Spielfilm) im Englisch-, Französisch-, Spanisch- und Italienischunterricht (www.fremdsprache-und-spielfilm.de/Filme.htm, Aufruf 01.09.09).

[5] Dass dies, zumal im Fremdsprachenunterricht, kein leichtes Unterfangen ist, hat Lutz Küster hervorgehoben: „Inwieweit ist das Medium einer *fremden* Sprache geeignet, die ohnehin schwer fassbaren ästhetischen Erfahrungen zu begleiten und ihnen Ausdruck zu verleihen?" (Küster 2003: 243). Möglichkeiten, diesem Problem zu begegnen, sind aber u.a. die Schulung der Bildbetrachtungskompetenz durch den Dreischritt Beschreibung – Analyse – Interpretation sowie die vorherige Vermittlung von Wortschatz zur Bildbeschreibung, zur jeweiligen Thematik und zu den filmischen Mitteln.

[6] Thaler (2007a) unterscheidet zwischen geschlossenen und offenen Aufgaben bzw. Lernarrangements. Auch wenn damit die mehr oder weniger starke Steuerung durch die Aufgabenstellung bzw. die Lehrperson gemeint ist, lassen sich seine Vorschläge für geschlossene und offene Übungen (2007a:12-13) auch als – im Übrigen sehr interessante und variantenreiche – Modellsammlung für analytische bzw. kreative Herangehensweisen sehen.

[7] Über die dazu notwendigen Zwischenschritte informieren u.a. Compte (1993: 101-129) und Fiedler (1990).

Literaturverzeichnis

Beicken, Peter (2004). Wie interpretiere ich einen Film? Stuttgart: Reclam.

Blell, Gabriele/Lütge, Christiane (2004). Sehen, Hören, Verstehen und Handeln: Filme im Fremdsprachenunterricht. In: Praxis Fremdsprachenunterricht 6, 402-405.

Blell, Gabriele/Lütge, Christiane (2008). Filmbildung im Fremdsprachenunterricht: neue Lernziele, Begründungen und Methoden. In: Fremdsprachen lehren u. lernen 37, 124-140.

Börner, Wolfgang/Vogel, Klaus (Hg.) (2004). Emotion und Kognition im Fremdsprachenunterricht. Tübingen: Narr.

Burger, Günter (1995). Fiktionale Filme im fortgeschrittenen Fremdsprachenunterricht. In: Die Neueren Sprachen 94/6, 592-608.

Compte, Carmen (1993). La vidéo en classe de langue. Paris: Hachette.

Decke-Cornill, Helene/Luca, Renate (2007). Filmanalyse und/oder Filmerleben? Zum Dualismus von Filmobjekt und Zuschauersubjekt. In: Dies. (Hg.). Jugendliche im Film – Filme für Jugendliche. Medienpädagogische, bildungstheoretische und didaktische Perspektiven. München: kopaed, 11-30.

Fiedler, Eckhard (1990). Die Umsetzung eines Romanauszugs in ein Filmskript. In: Praxis des neusprachlichen Unterrichts 37/4, 384-393.

Hallet, Wolfgang (2002). Fremdsprachenunterricht als Spiel der Texte und Kulturen. Intertextualität als Paradigma einer kulturwissenschaftlichen Didaktik. Trier: WVT-Verlag.

Hickethier, Knut (2001). Film- und Fernsehanalyse. Stuttgart: Metzler.

Küster, Lutz (2003). Plurale Bildung im Fremdsprachenunterricht. Interkulturelle und ästhetisch-literarische Aspekte von Bildung an Beispielen romanistischer Fachdidaktik. Frankfurt/M.: Lang.

Leitzke-Ungerer, Eva (2008). „A mi vida le falta ese mismo trozo ..." – Pedro Almodóvars Spielfilm *Todo sobre mi madre* im Spanischunterricht der Sekundarstufe II. In: Vences, Ursula (Hg.). Sprache – Literatur – Kultur. Vernetzung im Spanischunterricht. Berlin: edition tranvía, 118-141.

Nünning, Ansgar/Surkamp, Carola (2006). Englische Literatur unterrichten 1. Grundlagen und Methoden. Seelze-Velber: Kallmeyer.

Seidl, Monika (2007). Visual Culture. In: Der fremdsprachliche Unterricht Englisch 87, 2-7.

Schwerdtfeger, Inge C. (1989). Sehen und Verstehen. Arbeit mit Filmen im Unterricht Deutsch als Fremdsprache. Berlin: Langenscheidt.

Surkamp, Carola (2004). *Teaching Films:* Von der Filmanalyse zu handlungs- und prozessorientierten Formen der filmischen Textarbeit. In: Der fremdsprachliche Unterricht Englisch 68, 2-12.

Thaler, Engelbert (2007a). Film-based Language Learning. In: Praxis Fremdsprachenunterricht 1, 9-14.

Thaler, Engelbert (2007b). Schulung des Hör-Seh-Verstehens. In: Praxis Fremdsprachenunterricht 4, 12-17.

Volkmann, Laurenz (2009). „Affekt" und „Emotion". In: Praxis Fremdsprachenunterricht 4, 60-61.

Wilts, Johannes (2001). Grundzüge einer Spielfilmdidaktik für den Französischunterricht. Neusprachliche Mitteilungen aus Wissenschaft und Praxis 54, 210-221.

Wilts, Johannes (2003). Vom bewegten Bild zum bewegten Klassenzimmer. Der fremdsprachliche Unterricht Französisch 2, 4-11.

Wilts, Johannes (2008). C'est du cinéma!. Der fremdsprachliche Unterricht Französisch 91, 2-9.

Bauformen audiovisuellen Erzählens am Beispiel von Alfred Hitchcocks *Die Vögel*

Gerhard Lampe

0. Was ist ‚Filmsprache'?

Unabhängig von der Sprache, in der ein Film produziert oder synchronisiert oder untertitelt wird, gibt es eine vorgeschaltete ‚Sprache' des Films oder seine ‚Grammatik' und ‚Semantik'; mit diesen und anderen Metaphern werden die Regelwerke audiovisueller Medienerzeugnisse oft bedacht. Viele Schichten eines Filmes bleiben dem analysierenden Rezipienten allerdings verschlossen, wenn er sich nur auf die lernzielorientierte Ebene von hörbaren Monologen, Dialogen, Erzählerkommentaren usw. verwiesen sieht. Oft missraten Interpretationen deshalb nur zu getarnten Übungen des Fremdsprachenunterrichts. Es käme jedoch darauf an, auch den kinematographischen Dimensionen gerecht zu werden und dabei zu „begreifen, was uns ergreift", wie es der Germanist Emil Staiger in seinem der werkimmanenten Interpretation verpflichteten Lehrbuch *Grundbegriffe der Poetik* formuliert (vgl. Staiger 1951). Ich möchte mit diesem Literaturhinweis nicht unpolitischen, Gesellschaftliches ausklammernden Analysemethoden der 1950er Jahre das Wort reden, sondern nur Staigers frühen Ansatz in Erinnerung rufen, weil er ein Bewusstsein dafür geschaffen hat, dass „Inhalte" ohne „Formen" zumindest nicht in Erscheinung treten können und zumeist sogar von diesen gesteuert werden. Der Literaturwissenschaftler Eberhard Lämmert konnte hieran anknüpfen: Seine systematischen Untersuchungen zu *Bauformen des Erzählens* (vgl. Lämmert 1955) haben neue Wege zu Erzähltheorien geebnet und zugleich innovative, von Formen ausgehende Analysen literarischer Werke präzisiert. – Mit dem vorliegenden Beitrag Bauformen audiovisuellen Erzählens zu thematisieren, ist deshalb zunächst nichts als ein Querverweis, der beim Medienwechsel von Literatur zu Film analoge Verstehensprozesse plausibler machen soll.

Die eingangs angeführten Sprachvergleiche hinken allerdings, denn Filme funktionieren anders als gesprochene oder gar Schrift-Sprachen. Ihre Regelwerke und Mechanismen der Bedeutungskonstruktion sind nur bedingt mit Kriterien der Sprachwissenschaft begreifbar, weshalb Zeichentheorien angesichts von Filmanalysen rasch mit ihrer Weisheit am Ende sind. Die ‚Sprache' des Films weist noch nicht einmal Merkmale im Sinne des „sprachlichen Zeichens" auf, wie es u.a. Christian Metz (vgl. Metz 1972) unter Bezug auf Ferdinand de Saussures *Grundfragen der allgemeinen Sprachwissenschaft* (Saussure 1967 [1917]) behauptet hat, da Film Kommunikation nicht z.B. in eine Kette von Lautfolgen umwandelt, denen durch Sozialisation eine auf Wirklichkeit verweisende Bedeutung zugewiesen werden muss (darin zeigt sich ja der Charakter des sprachlichen Zeichens); vielmehr kann Film Kommunikation vergleichsweise unmittelbar abbilden. Zwar gibt es Fälle, in denen Bilder einen Zeichencharakter annehmen, doch lassen sich enkodierte Bedeutungen besser mit Hilfe der „literarischen Rhetorik" erklären (wie Heinrich Lausberg sie seit den 1950er Jahren in seinen *Elementen* und dem *Handbuch* als „Grundlegung der Literaturwissenschaft" systematisiert hat; vgl. Lausberg 1969 [1949]) und durch Analyse der Funktionsleistungen von Figuren wie Metapher, Symbol, Metonymie usw. begreifen.

Allerdings stellt Film nicht eine bloße technische Reproduktion von ‚natürlicher' Wirklichkeit dar, sondern er konstruiert eine ‚kultürliche' Realität, da die Abbildungen auf Seiten der Produktion durch Technik, Ästhetik und Dramaturgien von Kamera, Ton und Schnitt und auf Seiten der Rezeption durch habitualisierten Mediengebrauch determiniert werden: Was ein Film wie erzählt, kann er nur mit bestimmten (und also bestimmbaren) Mitteln bewerkstelligen – in Abhängigkeit vom Formelvorrat des Zuschauers. Deshalb möchte ich in diesem Kontext ‚Sprache', ‚Grammatik' und ‚Semantik' durch Anführungszeichen als Metaphern kennzeichnen.

Genauer gesagt, handelt es sich auch nicht einmal um eine universell gültige Film-‚Sprache', sondern um die Gebräuche filmischer Erzähl- und Gestaltungsweisen, wie sie sich in der 1920er Jahren im klassischen Studiosystem Hollywoods herausbildeten und seitdem zunehmend global auftreten und verstanden werden; selbst im rebellischen ‚New Hollywood' der 1970er Jahre wurden sie bekräftigt, auch und gerade wenn Drehbuchautoren wie David Newman und Robert Benton mit den Konventionen brachen und in *Bonny and Clyde* (USA

1967, Regie: Arthur Penn) keine Happy Ends mehr produzierten oder Regisseure wie Dennis Hopper mit *Easy Rider* (USA 1969) aus den Studios ausbrachen und in den mythischen Landschaften des Western Road Movies inszenierten oder Kameraleute wie Owen Roizman in *French Connection* (USA 1971, Regie: William Friedkin) aus der Hand drehten.

Das dialektische Verhältnis zwischen dem ‚alten' und ‚neuen' Hollywood zeigt aber nicht nur, wie sich trotz Brüchen Gemeinsamkeiten kinematographischer Darstellungen halten und herausbilden, von denen im Folgenden detaillierter die Rede sein wird; es verdeutlicht zugleich immanente Abhängigkeiten, die für eine von mir sehr geschätzte Methode der Filmanalyse eine besonders große Rolle spielen: Der sog. ‚Neoformalismus' nämlich achtet bei der Analyse einzelner Filme stets auf den historischen Kontext und „perzeptuelle Normen" (Thompson 1995: 41), die als unterschiedliche Erfahrungen vor allem auf drei Ebenen fokussiert werden:

> Der Neoformalismus bezeichnet Normen der Erfahrung als *Hintergründe [backgrounds]*, denn einzelne Filme werden innerhalb des übergreifenden Kontextes solcher früherer Erfahrungen gesehen. Es gibt drei grundlegende Arten von Hintergründen. Zunächst einmal ist die Alltagswelt zu nennen, denn ohne ein Wissen über sie wären wir gar nicht in der Lage, referentielle Bedeutung zu erkennen, und es wäre uns unmöglich, Geschichten, das Verhalten von Figuren und andere elementare Verfahren des Films zu verstehen. Darüber hinaus brauchen wir unser Alltagswissen, um zu begreifen, wie der Film symptomatische Bedeutungen hinsichtlich unserer Gesellschaft hervorbringt. Der zweite Hintergrund umfaßt andere Kunstwerke: Von Kindesbeinen an sehen und hören wir eine große Anzahl von Kunstwerken und lernen allmählich, deren Konventionen zu verstehen. Die Fähigkeit, eine Handlungslinie zu verfolgen, den filmischen Raum von Einstellung zu Einstellung zu erfassen oder die Wiederholung musikalischer Themen in einer Sinfonie zu bemerken, ist keineswegs angeboren. Der dritte Hintergrund besteht im Wissen um den praktischen Gebrauch von Filmen (als Werbung, als Reportage oder als Mittel zur rhetorischen Überzeugung usw.), hinsichtlich dessen wir den künstlerischen Gebrauch des Films im Kino als etwas Verschiedenes begreifen.
>
> (Thompson 1995: 41f.)

Film ist ein hochkomplexes Gestaltungssystem, und es kommt darauf an, sich dieser „Hintergründe" im neoformalistischen Sinn bewusster zu werden, wenn man regelrecht analysieren will. Besonders naheliegend und reizvoll ist es für den Unterricht, die von Thompson so bezeichnete „referentielle Bedeutung" von filmischer Realität und Alltagswelt und -wissen des Rezipienten zu vergleichen. Hier braucht es hauptsächlich pädagogisches Geschick. Angesichts des zweiten und dritten Hintergrunds – also in Bezug auf audiovisuelle Gestaltungs- und Genrekonventionen – kommt man jedoch schwerlich ohne zusätzliche fachwissenschaftliche Systematisierungen aus, wie sie zahlreich als medienwissenschaftliche Einführungen vorliegen[1] und auch als Zusammenfassungen für den Unterricht auf vielen Bildungsservern zusammengestellt worden sind.[2] Hinzu kommen spezielle Arbeiten, die die erwähnten Hintergründe näher beleuchten: Aspekte des Drehbuchschreibens[3], der Szenenauflösung[4], der Montage[5], des Sounddesigns[6], der Filmmusik[7], der emotionalen Filmgestaltung[8] usw. Nicht zuletzt sei auf Sachlexika verwiesen, die erste Orientierungen geben und weiterführende Hinweise liefern[9].

In den folgenden Abschnitten skizziere ich methodische Grundlagen von Filmanalysen am Beispiel von Szenen aus Alfred Hitchcocks *Die Vögel* (1963) auf drei Ebenen, die jedoch im Text nicht immer voneinander getrennt werden:

- Narration und Dramaturgie: Handlungs- und Aktschemata und Funktionen von Exposition, Wende- und Höhepunkten; Genrefragen;
- Realisierungs- und Regiekonzepte: Auflösungsmuster (180°-Schema, Handlungsachsen/Kameraachsen, Kamerabewegungen, Kadrierungen, Perspektiven; Bildgestaltung (Motiv und Set, Licht); kognitive und emotionale Lenkung (Surprise, Suspense, Mystery); Unterschiede zwischen Plot und Story; Montageformen: intra- und transszenische Verknüpfungen (Schnittfolgen);
- Aspekte der Gestaltung und Wirkung von Ton und Musik.

1. Narrative und dramaturgische Muster

Hitchcocks *Die Vögel* (USA 1963) gilt als Meilenstein des modernen Kinos. Ungeheuerliche Tierdressuren, eine für damalige Verhältnisse sensationelle Tricktechnik, der legendäre Soundtrack, das einzigartige Spiel mit der Dramaturgie des Horrorfilms ließen das Werk zu einem Kassenschlager werden. Die ‚besondere Begebenheit', von der der Film erzählt, sind die sich permanent – bis zu Mordattacken – steigernden Angriffe von Vögeln auf Menschen. Damit hat Drehbuchautor Salvatore Lombino (Pseudonym: Evan Hunter) ein Motiv aus der gleichnamigen Kurzgeschichte von Daphne du Maurier aus dem Jahre 1952

Formen audiovisuellen Erzählens am Beispiel von Hitchcocks *Die Vögel* 37

übernommen. Die übrige Story, d.h. Charaktere, Handlungen, Dramaturgie und das Spiel mit Genrekonventionen sind eigenständig entwickelt.

Die Geschichte spielt in Kalifornien, sie beginnt in einer Zoohandlung in San Francisco und verlagert ihre einzelnen Akte rasch nach Bodega Bay, wo sie mehr aufhört als endet, denn zum Schluss sind weder die Handlungslinien entwirrt, noch werden Erklärungen für die Horrorszenen deutlich, und so lösen sich auch nicht die vielschichtigen Spannungen zwischen Zivilisation und Natur, Stadt und Land, den Geschlechtern und auf der Dramenkurve.

In der Zoohandlung lernen wir zunächst die hauptsächlichen Protagonisten kennen und gehen sofort einer *Love Story* aus dem Milieu der *Upper Class* auf den Leim: Die gutaussehende Verlegerstochter Melanie Daniels (Tipi Hedren) hält sich als Kundin in *Davidson's Pet Shop* auf und beginnt mit dem attraktiven Anwalt Mitch Brenner (Rod Taylor) zu scherzen. Sie gibt sich als Verkäuferin des Ladens aus, den Mitch betritt, um seiner kleinen Schwester Cathy (Veronica Cartwright) Sperlingspapageien, so genannte *Love Birds*, als Geburtstagsgeschenk zu kaufen (vgl. Abb. 1). Mitch kennt Melanie jedoch aus einer Auseinandersetzung wegen einer banalen Sachbeschädigung vor Gericht, bei der ihn geärgert hat, dass Melanie wegen der Prominenz ihrer Familie ungeschoren davon kam. Deshalb geht er auf Melanies Spiel ein, führt sie, die *Love Birds* nicht kennt, regelrecht vor, stellt sie am Ende bloß und verlässt den Laden unverrichteter Dinge. Melanie will sich rächen, kauft selber solche Vögel, um sie an Mitch auszuliefern, dessen Adresse sie in Erfahrung bringt.

 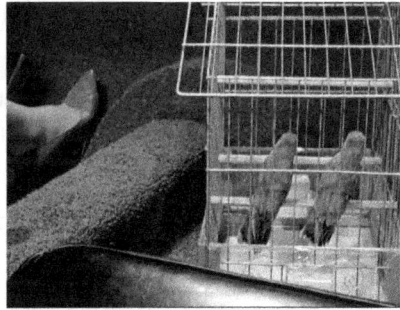

Abb.1: Melanie und Mitch necken sich vor einem Käfig mit Kanarienvögeln (00:05:22)[10]

Abb. 2: Melanie transportiert die *Love Birds* im Sportcoupé nach Bodega Bay (00:10:46)

Damit ist eine erste Exposition geliefert, denn wir kennen die Hauptcharaktere: Melanie ist verwöhnt und arrogant, treibt gern ihr Spiel auf Kosten anderer. Mitch ist, wie er sie am Ende der Szene belehrt, für ‚Gleichheit vor dem Gesetz'. Deshalb spielt er mit, und nach der Logik der Exposition empfinden wir seinen Spott als gerechte Bestrafung. Aus Melanies Revancheversuch sehen wir zugleich, dass mehr im Spiel ist: Wir können durchaus erwarten, Zeugen einer neckischen Zähmung zu werden und dass beide nach Irrungen und Wirrungen endlich ein Paar werden.

Der Versuch, das Vogelpärchen vor der Tür von Mitchs Stadtwohnung abzustellen, scheitert jedoch, da Mitch das Wochenende im Landhaus seiner Familie in Bodega Bay verbringt. Also muss Melanie mit ihrem Sportcoupé in Mitchs Heimatdorf fahren, wenn sie ihren Spaß haben will (vgl. Abb. 2). Das Landhaus der Brenners liegt auf der anderen Seite der Bucht, und so setzt Melanie mit einem kleinen Motorboot über, um den Käfig mit den *Love Birds* im Haus abzustellen. Um nicht entdeckt zu werden, rudert sie das letzte Stück. Ihr Plan gelingt zunächst, da niemand zu Hause zu sein scheint. Sie stellt die Vögel im Wohnzimmer ab, in dem wir später zwei großartige Horrorszenen erleben werden, verlässt das Haus und fährt wieder über die Bucht zurück nach Bodega Bay. Vom Boot aus beobachtet sie neugierig, ob Mitch, der sich in der Scheune aufgehalten hat und nun ins Wohnhaus geht, das Resultat ihres Besuchs bemerkt und wie er darauf reagiert. Mitch kombiniert sofort und sieht durchs Fernglas Melanie im Boot, die erschrickt, als sie Mitchs Plan bemerkt, mit dem Auto die Bucht zu umrunden und vor ihr im Hafen von Bodega Bay anzukommen und sie abzufangen. Sie wirft den Motor an, und ein Wettrennen beginnt, realisiert als für Verfolgungsgeschichten übliches Montagemuster des rasanten Cross Cutting: Zwischen den unterschiedlichen Charakteren und ihren verschiedenen Fahrzeugen wird temporeich hin- und hergeschnitten (Editor: George Tomasini). Unser kinematographisches Hintergrundwissen sagt uns, dass sie sich begegnen werden, unklar ist nur – und das erzeugt endlich einmal Spannung – wer von beiden zuerst am Anleger ankommt.

Bislang hat uns die Geschichte eher gelangweilt: Keine Killerbestien in Sicht, und die *Love Story* kommt auch nicht recht voran. Jetzt wird unser Interesse geweckt, weil die zweite Begegnung unseres Traumpaars unausweichlich ist. Wie wird Mitch sich verhalten? Wird er Melanie ein weiteres Mal verspotten wollen, oder wird er ihr sanfter begegnen?

Wir haben hier fast ein Viertel des 119-minütigen Films hinter uns gebracht. Nichts hat man bislang von den Vögeln gesehen, mit Ausnahme des Vorspanns und einem drei Sekunden kurzen Zwischenschnitt bei 00:02:05, einem Point of View Melanies, die auf *Davidson's Pet Shop* zugeht und sich freundlich lächelnd umdreht, als jemand hinter ihr her pfeift: Man sieht und hört aus ihrer Position einen Vogelschwarm am dunstigen Himmel San Franciscos. Anschließend zeigt uns Hitchcock Melanies Reaktion: Ihr Lächeln ist verschwunden, wir sehen in ein besorgtes Gesicht – eine Vorausdeutung auf eine Strafe für rollenkonformes sexistisches Verhalten?

Auch in der Szene in der Bodega Bay vergeht Melanie das Lächeln: Als Melanie nur noch wenige Meter vom Anleger und dem (in der Untersicht des ankommenden Bootes) überlegenen Mitch entfernt ist, also kurz vor dem Ende dieses dramaturgischen Bogens, erfolgt endlich, bei exakt 00:25:47, der erste Vogelangriff, als plötzlich eine Möwe quasi ‚wie aus heiterem Himmel' – um an ein seit der Antike gebräuchliches Mittel zu erinnern – auf Melanie herabstürzt und sie am Kopf verletzt (vgl. Abb. 3). Mitch springt zu Melanie ins Boot und hilft ihr beim Ausstieg (vgl. Abb. 4).

Die lange Parallelmontage von Melanie und Mitch ist hier, mit dem geforderten physischen Kontakt von Protagonist und Antagonist, zum Ende gekommen. Das Ergebnis fällt allerdings anders als erwartet aus. Mitch berührt Melanie, wie es die Regel des Cross Cutting verlangt, aber er schließt sie nicht (als mögliche

Abb. 3: Eine Möwe verletzt Melanie am Kopf (00:24:27)

Abb. 4: Mitch berührt die verletzte Melanie (00:24:59)

Geliebte) in die Arme, sondern schleppt eine Verletzte ins nahe Hafenrestaurant, um sie zu verarzten. Der erste Vogelangriff hat also denkbare Fortschritte in der Paarbildungsgeschichte zunichte gemacht, jedenfalls hinsichtlich ihrer erotischen Komponente. Denn fortan regiert Thanatos, und die Fronten haben sich verschoben: Melanie und Mitch agieren nicht mehr als Protagonist und Antagonist in einer Komödie, sondern reagieren – zur kooperativen Gegenwehr gezwungen – auf die Attacken der Vögel, die mit dieser Szene als die neuen Gegenspieler in einer potentiellen Tragödie eingeführt werden. Nicht nur Möwen, auch Finken, Sperlinge und besonders Raben als die Boten des Todes beherrschen die Szenen und bedrohen die Liebe und das Leben. Akt für Akt steigern die Vögel die Brutalität ihrer Angriffe: Sie töten den Farmer Ben Forsett, überfallen Cathys Geburtstagsgäste, sie greifen Schulkinder an, lassen eine Tankstelle explodieren, terrorisieren die Brenners in ihrem Wohnzimmer (zweimal), und bei einem letzten Angriff gelingt es ihnen fast, Melanie auf dem Dachboden zu ermorden. Im quälend langen, fast achtminütigen Schluss rechnen wir jederzeit mit dem Schlimmsten: Cathy, Mitch und ihre Mutter Lydia (Jessica Tandy) beschließen mit der schwerverletzten und bandagierten Melanie die Flucht aus Bodega Bay, Mitch trägt Melanie über die Schwelle des Hauses hinaus (eine Umkehrung des Hochzeitsbrauchs!), sie schleichen sich durch ein Heer von Vögeln, die das Landhaus belagern und jederzeit zum finalen Angriff übergehen können, ins Auto und fahren – die im Käfig eingesperrten *Love Birds* mitnehmend – langsam in ein gespenstisches Mondlicht davon, das Robert Burks als Director of Photography im *low key*-Stil, also dunkel wie im *film noir*, realisiert hat (vgl. dazu Abb. 5 und Abb. 6).

„Warum tun sie das, die Vögel?" fragt Cathy während des zweiten Wohnzimmer-Angriffs. Liegt es daran, dass die Menschen in der Stadt die „gefiederten Freunde" „in Käfigen halten", wie Mitch eingangs im *Pet Shop* bedauert? Hat es eine Katastrophe gegeben, die die Natur aus der Ordnung gebracht hat? Keiner weiß es, weder Mitch noch Lydia Brenner oder Melanie. Auch wir, die Zuschauer, wissen es nicht, was ja immerhin eine Variante der Erzählens und der Spannungssteuerung sein könnte, um auf das Suspense genannte typische Verfahren Hitchcocks vorauszudeuten.

Formen audiovisuellen Erzählens am Beispiel von Hitchcocks *Die Vögel* 41

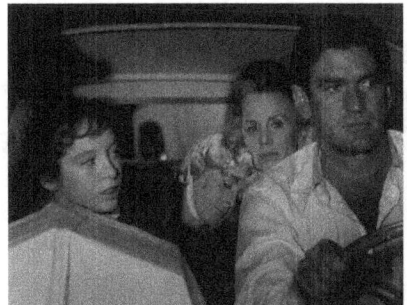 

Abb. 5 (01:53:49) und Abb. 6 (01:54:06):
Filmschluss – Die Brenners und Melanie entkommen den Vögeln

Hitchcock bricht nicht nur mit den Genrekonventionen des Horrorfilms, wenn er keine Erklärungen für das Schreckliche liefert und seine Zuschauer lediglich vage spekulieren lässt. Auch das Ende der *Love Story* bleibt offen: Ob Melanie und Mitch ein Paar werden, interessiert gar nicht mehr. Die Liebesgeschichte hat Hitchcock längst mehr abgehakt als zu Ende erzählt: Beiläufig, fast exakt in der Mitte des Films (00:59:33), küsst Mitch Melanie zart auf den Nacken und nimmt sie in den Arm. Völlig unspektakulär sind sie das erwartete Paar geworden, das in der zweiten Hälfte des Films im Überlebenskampf unterzugehen droht. Hitchcock mischt nicht nur die Genres Liebes- und Horrorfilm. Auch Versatzstücke anderer Genres lassen sich angeben: Ein familiäres Psychodrama ist ein zweiter Mittelpunkt der (elliptischen) Geschichten. Es geht darum, dass Mitch sich vom verstorbenen Vater (sein Porträt in Öl hängt im Wohnzimmer) und seiner dominanten Mutter emanzipieren muss. Im Rahmen dieses *Coming to Age*-Musters werden auch andere Anpassungsnöte geschildert und als Beziehungsstörungen problematisiert, etwa dass Lydia Brenner als Mutter zu lernen hat, eine andere Frau an der Seite ihres Sohns zu akzeptieren. So gesehen, werden wir am Schluss Zeugen einer versöhnlichen Geste, als Lydia Melanie (im Auto) nicht mehr als Konkurrentin ablehnt, sondern sie geradezu liebevoll anlächelt und zärtlich umarmt und womöglich als Mitchs künftige Frau akzeptiert.

Man sieht: Hitchcock führt uns oft in die Irre – nicht nur unter dem Aspekt der Narration, auch dramaturgisch. Er kalkuliert unsere Erwartungshaltungen ein, um sie permanent zu durchkreuzen und uns damit erst recht zu verstören.

Dies betrifft nicht nur Genrekonventionen, sondern auch formale Strukturen des Dramas. Bevor wir diese Punkte thematisieren, ist der Blick auf eine abstrakte Systematisierung des klassischen Dramenschemas hilfreich (vgl. Abb. 7). Diese Schematisierung fasst die klassischen Modelle und Begriffe der Dramenstruktur (nach Aristoteles, Gotthold Ephraim Lessing, Gustav Freytag usw.) und deren Adaptionen im *Classical Paradigm* des Hollywood-Kinos der 1930er Jahre zusammen (z.b. Field 1992, Vale 1987): Basis der Handlungen sind Konflikte zwischen Protagonisten und Antagonisten, woraus die einzelnen Phasen in Form von (zumeist) fünf Akten und der Spannungsbogen (innere gekrümmte Linie in Abb. 7) resultieren, die sämtlich unsere Aufmerksamkeit steuern. Nach der Exposition (Akt 1) leitet das erregende Moment des Plot Point 1 zur Konfrontation und Kollision unterschiedlicher Intentionen oder Interessen über (Akt 2). Dieser erste Wendepunkt kann durch eine Handlung ausgelöst werden, und auf jeden Fall löst er Handlungen aus. Denn ein Drama lebt von Handlungen und spielt im Präsens. Handlungen haben ein Ziel, also ein Ende, und wenn es einen Anfang und ein Ende gibt, dann gibt es auch eine Mitte, wie Aristoteles in seiner *Poetik* zusammenfasste – nur nicht in der üblichen Reihenfolge, wie modernere Dramaturgen anmerken würden. Die initiierten Handlungen steuern also auf ihren Höhepunkt zu (Akt 3), der möglichst nicht in der zeitlichen Mitte liegt (die Darstellung ist systematischen und grafischen Zwängen geschuldet).

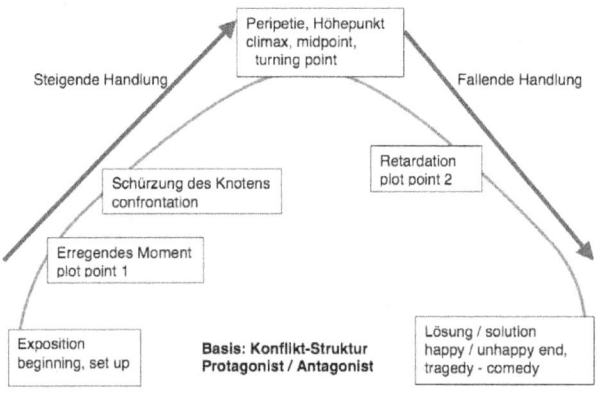

Abb. 7: Schaubild zum klassischen Dramenschema

Terminologisch ‚steigt' die Handlung (Linie mit Pfeil in Abb. 7) bis zu diesem Gipfel, danach ‚fällt' sie, und auch die Spannung sinkt, da eine Lösung erkennbar wird (Akt 4). An diesem Punkt verändert der retardierende Plot Point 2 die Handlungs- und Spannungskurve ein letztes Mal und stellt die Lösung in Frage oder rückt sie in weite Ferne, bevor am Ende das Erregungsniveau wieder auf dem Nullpunkt der Exposition anlangt (Akt 5). Tragödie und Komödie funktionieren strukturell gleich, sie unterscheiden sich bekanntlich nur in der Lösung (im glücklichen bzw. unglücklichen Ende), manchmal auch in der Mischung der Tragikomödie, die den Zuschauer mit einem lachenden und einem weinenden Auge zurücklässt.

Diesem Dramenschema folgt ein klassischer Film, makroskopisch betrachtet, zunächst als ganze Sequenz. Wie können wir dieses Schema des *Classical Paradigm* in *Die Vögel* wiedererkennen? *Die Vögel* bestehen aus wenigstens zwei verschränkten Filmen, so dass eine Analyse kompliziert wird, weil die Strukturen des Liebes- und des Horrorfilms voneinander zu separieren wären. Schauen wir noch einmal auf den Anfang zurück, so wird die Struktur des Liebesfilms klar: Die Exposition ist mit dem erregenden Moment beendet, als Melanie den Entschluss fasst, sich an Mitch zu rächen. Mit anderen Worten: hier markiert Plot Point 1 in einer konkreten Handlung einen Wendepunkt: Als Mitch den *Pet Shop* verlässt, folgt Melanie ihm unbemerkt auf die Straße, um das Kennzeichen des Wagens zu notieren, in dem Mitch davonfährt, um so seine Adresse zu recherchieren. Melanie wird Mitch wiederbegegnen, so viel ist klar. Deshalb sind die folgenden Subsequenzen bis zum Wiedersehen am Anleger in Bodega Bay eigentlich eine lange Parallelmontage. Die Handlung dieser Geschichte steigt bis zu einem ersten Höhepunkt, der kurz vor dem ersten Möwenangriff gesetzt ist. Bis hierher ist nicht klar, wer aus dem Wettrennen als Sieger, wer als Verlierer hervorgeht. Als die Lösung deutlich wird, dass Mitch gewonnen hat, bricht diese Handlungslinie ab. Die verzögernde Initialattacke der Möwe hat also die Funktion eines Plot Point 2, jedenfalls bezogen auf die Liebesgeschichte. Für die Horrorgeschichte erleben wir mit dem buchstäblich effektvollen Sturzflug (vgl. Abb. 3) jedoch den Plot Point 1, den Wendepunkt, der neue Charaktere und Konflikte ins Spiel des Dramas bringt, das ja, aus dem Griechischen stammend, nichts als Handlung heißt.

Hitchcock zerrt ständig und bewusst an unseren Nerven. Niemals können wir ahnen, was auf uns zukommt. Konzentrieren wir uns noch einmal und makroskopisch auf die Horrorgeschichte, indem wir uns Verteilung und Intensität der Angriffe bewusst werden (vgl. dazu die Sequenzgraphik in Korte 1987: 53; dort Abb. 10). Erst nach 25 Minuten erfolgt der erste Angriff, und bis zum zweiten werden wir ähnlich lange auf die Folter gespannt. Diese zweite Attacke allerdings ist deutlich länger als die erste und steigert die Spannung. Die dritte Attacke jedoch lässt uns kaum Zeit zum Atemholen, sie folgt rasch und unerwartet und ist wiederum länger als die zweite. Immer länger und brutaler werden die Angriffe, wenn man vom letzten Gefecht absieht, jedoch lassen sie sich schlecht in Erwartungsrhythmen einsortieren. Auch fällt es schwer, einen Höhepunkt zu markieren. Die Spannung beginnt eigentlich erst in den letzten Sekunden des Films zu fallen, sie stürzt gewissermaßen aus großer Höhe und plötzlich ab, so dass am Schluss Höhepunkt, Plot Point 2 und das Ende, das aber keine Lösung oder gar Erlösung darstellt, zusammenfallen. Man sieht, aufs Ganze bezogen: Hier regiert die Kalkulation des Unkalkulierbaren, die diesen Film für die frühen 1960er Jahre so einzigartig und modern macht, weil er mit den filmischen Mitteln – autoreferentiell – selber spielt.

Hitchcocks Spiel mit Genrekonventionen und den Bauformen des Erzählens setzt schon mit einem früheren Film aus dem Jahre 1960 ein. Über *Psycho* sagte Hitchcock, was in *Die Vögel* auf die Spitze getrieben wird:

> Worauf es mir ankam, war, durch eine Anordnung von Filmstücken, Fotografie, Ton [...] das Publikum zum Schreien zu bringen. Ich glaube, darin liegt eine große Befriedigung für uns, die Filmkunst zu gebrauchen, um eine Massenemotion zu schaffen. [...] Es war der reine Film, der die Zuschauer erschüttert hat.
>
> (Truffaut 1973: 275).

Was mit *Psycho* als Experiment mit dem „reinen Film" begann, ist mit *Die Vögel* ausgereift: Der Schrecken ist längst nicht mehr Produkt einer grausigen Geschichte – etwa der des pathologischen Frauenmörders Norman Bates, dessen Schizophrenie am Ende des Films als Ursache der Psycho-Pathologie geradezu wissenschaftlich erklärt wird – sondern verdankt sich dem Einsatz filmischer Mittel als solchen. Dies betrifft nicht nur Narration, Genrekonventionen und Dramenschemata, sondern sämtliche Elemente der Kinematografie, von denen im Folgenden die von Hitchcock angesprochenen Aspekte der Fotografie und des Tons noch kurz angerissen werden.

2. Realisierungs- und Regiekonzepte

Wie fotografiert wird, ist zunächst von dramaturgischen Entscheidungen vorgeprägt. Wenn eine Szene nicht als Plansequenz (also ungeschnitten) realisiert, sondern ‚aufgelöst' wird, werden zuerst die Kamerapositionen im Rahmen des sog. „180°- oder Handlungsachsen-Schemas" (Beller 1993: 10) festgelegt, um die Orientierung im Raum zu gewährleisten (vgl. Abb. 8). Das Schema empfiehlt bestimmte Kamerapositionen mit ihren typischen Ausrichtungen der Kameraachsen auf die Handlungsachsen, die von darauf befindlichen Akteuren definiert werden: Master Shot, Shot und Reverse Shot, Over Shoulder, Point of View.

Dazu kommen andere dramaturgische Ebenen: die der Kadrierungen und der Perspektiven (vgl. Lampe 2002). Der aus dem Französischen übernommene Ausdruck Kadrierung (cadre ‚Bildrahmen') bezeichnet eine Typologie von Begriffen, die in der deutschen Terminologie zwar logische Brüche aufweist (‚halbtotal' ist näher als ‚total', dagegen ist ‚halbnah' weiter als ‚nah'), aber dennoch den gebräuchlichen Standard zur schrittweisen Klassifizierung von Distanzen darstellt. Hier wird, bezogen auf die Maßeinheit der menschlichen Figur,

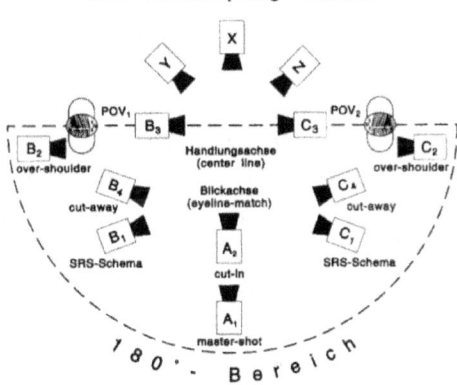

Abb. 8: 180°- oder Handlungsachsen-Schema (nach Beller 1993: 10)

unterschieden zwischen ‚supertotal' (auch als ‚Panorama' und ‚weit' bezeichnet: Landschaft/Umgebung, in der der Mensch verschwindet), ‚total' (Person in ihrer Umgebung), ‚halbtotal' (Person von Kopf bis Fuß), ‚amerikanisch' (im Kontext des Western entwickelt, um angeschnallte Revolver zu zeigen: vom Oberschenkel bis zum Kopf), ‚halbnah' (von der Hüfte aufwärts), ‚nah' (von der Brust aufwärts), ‚groß' (Kopf) und ‚Detail' (Mund, Augen usw.). Kadrierungen setzen nicht bloß den Rahmen der Bildausschnitte, sie tangieren auch den Beobachterstatus, indem sie soziale und psychische Distanzen definieren (die Kadrierungen ‚nah' bis ‚Detail' z.b. können die – kulturell variablen – Grenzen der Intimität überschreiten bzw. bedeuten sie).

Bei den Kameraperspektiven wird unterschieden zwischen Normalsicht (‚auf gleicher Augenhöhe'), Untersicht (Froschperspektive) und Aufsicht (Vogelperspektive), die den Betrachter in ein letztlich sozial relevantes Verhältnis setzen (unterschiedliche Ebenen von Autorität und Macht), das in Kombination mit der Lichtgestaltung psychische Dimensionen erlangen kann (z.b. rufen unten platzierte Lichtquellen auf Gesichtern eine dämonische Wirkung hervor und lösen Angst aus).

Hinzu kommen Kamerabewegungen: Schwenken (horizontal, vertikal – auch als Neigen bezeichnet – und in der Kombination beider diagonal), Rollen (Drehen um die Kameraachse) und die (damit kombinierbaren) Fahrten (z.B. Dolly: Zu- und Rückfahrt; Parallelfahrt; Verfolgungsfahrt; Orbit: Umkreisung), die die Aufmerksamkeit fokussieren, das Geschehen dramatisieren oder den Beobachterstatus konfigurieren (Parallelfahrten z.B. verstärken die Identifikation mit einem Charakter, Rollen z.B. dient der Verwirrung oder verfremdenden Desillusionierung).

Aus der Kombination dieser Elemente ergeben sich nahezu unendliche Möglichkeiten, vor allem wenn sie mit Entscheidungen darüber verknüpft werden, welche Arten der Informationsgabe und unterschiedlichen Spannungssteuerung gewählt werden: 1. Surprise, 2. Suspense oder 3. Mystery (vgl. Mikos 2003: 135f.): Sind sowohl Akteure als auch Zuschauer von einem Geschehen überrascht (1)? Weiß nur der Zuschauer etwas, aber kein Akteur oder genauer: wenigstens einer nicht (2)? Oder sieht oder hört lediglich ein Akteur etwas, das dem Zuschauer oder auch einem weiteren Akteur (noch) verborgen bleibt und also ein Rätsel ist (3)?

Ein Musterbeispiel für Surprise haben wir bei Hitchcock schon im ersten Vogelangriff erlebt: Weder Melanie noch Mitch noch irgendein Zuschauer ahnt etwas. Deshalb erschrecken wir wie Melanie und mit Melanie, die im Zentrum des Bildes positioniert ist, in halbnaher Kadrierung (vgl. Abb. 3).

Ein Musterbeispiel für Suspense finden wir in der Szene, die dem vierten Vogelangriff unmittelbar vorausgeht (01:06:18-01:09:01): Melanie besucht Mitchs ehemalige Freundin, Annie Hayworth (Suzanne Pleshette), an ihrem Arbeitsplatz, der Bodega Bay School. Melanie betritt den Klassenraum, in dem eine Grundschulklasse ein unschuldiges Lied trällert, wird aber herauskomplimentiert, bis das Lied zu Ende gesungen sein wird.

Dieser Kinderchor liefert übrigens – um schon einmal die Ebene von Sound und Musik anzudeuten – eines der wenigen Musikstücke im Film. Denn in *Die Vögel* wird gänzlich auf Filmmusik im engeren Sinn und die Mittel der sog. ‚Hollywood-Symphonie' verzichtet, und insofern kann man hier von „diegetischer Musik" [11] (Flückiger 2001: 100f.) in reinster Form sprechen: Sie stammt aus der Szene selber. Allerdings – und nur unter diesem Aspekt soll sie hier erwähnt sein – hat sie auch dramaturgische Funktionen: In der vor der Schule spielenden Szene ist das Lied – im Volumen abgesenkt – ständig zu hören. Es handelt sich um das Volkslied *Risselty-rosselty now, now, now*. Während Melanie in die Schule geht, hören wir diese Zeilen, außerdem am Ende, als sie die Bedrohung wahrnimmt:

> I married my wife in the month of June / Risselty-rosselty now, now, now! / I brought her home by the light of the moon / Risselty-rosselty, hey bom-bosselty / Nicklety, knacklety, rustical quality / Willaby-wallaby now, now, now! / She combed her hair but once a year / Risselty-rosselty now, now, now! / At every rake she shed a tear / Risselty-rosselty now, now, now!

Das Lied bedeutet nicht nur einen ironischen Kommentar zur Liebesgeschichte; von Kindern gesungen, stellt *Risselty-rosselty* auch einen fabelhaften Kontrast zwischen der heilen und schützenden Welt drinnen und der bedrohlichen Situation draußen dar und unterstreicht somit das im Suspense-Verfahren Erzählte: Melanie nimmt vor der Schule auf einer Bank Platz und zündet sich eine Zigarette an. Im Hintergrund erkennen wir ein Spielgerüst, auf das nach und nach immer mehr Vögel fliegen, die sich offenbar zum nächsten Angriff sammeln. Von größter Bedeutung für die Spannungssteuerung und ihre Wirkung auf den Zuschauer ist die Entscheidung Hitchcocks für die Art der Informationsgabe: Nur wir, die Zuschauer, wissen um die Gefahr, in der Melanie schwebt (vgl. Abb. 9-20 auf der folgenden Doppelseite).

Mit dem Ende des Schwenks sind wir allerdings doch davon überrascht (Surprise), wie massenhaft die Killerschar inzwischen geworden ist. Der Wechsel in der Kameraperspektive (wir sehen das Gerüst jetzt normalsichtig) ist durch die folgende Handlung begründet: Melanie erhebt sich, fast starr vor Entsetzen, und flüchtet in die Schule. Wie Hitchcock diese vorläufig gelingende Flucht realisiert (nach dieser Szene fallen die Vögel über die Kinder, Melanie und Annie her), ist filmpsychologisch ebenfalls signifikant: Die Kamera fährt hinter und neben Melanies Lauf in die Schule mit, unterschnitten von als Dolly-Rückfahrten gestalteten Rückschauen auf die Vögel. Durch diese Identifikation der Zuschauer mit Melanie wird die Angstanspannung gesteigert, die sich erst löst, als Melanie die Tür zur Schule hinter sich schließt.

Betrachten wir Bildgestaltung und Schnittfolge zusammenfassend, so fällt auf, dass Hitchcock minimalistisch erzählt, d.h. er setzt auf die Differenz von Story und Plot. Als Plot wird bezeichnet, was auf der Leinwand sichtbar und im Kinosaal hörbar ist, während Story die Ergänzung der Geschichten in der Rezeption meint, was auf eine Konstruktion der Story erst durch tätige Mithilfe des Zuschauers hinausläuft (vgl. Mikos 2003: 106f., 128f.).

Hitchcock präsentiert uns auf der Ebene der Bilder Verkürzungen (nur einmal zeigt sich uns ein überblickender Master Shot, ansonsten sehen wir in Shots nur Melanie, in Reverse Shots nur Vögel), die wir ergänzen müssen. Ebenso liefern uns die verwendeten Montageformen konzentrierte Ausschnitte aus dem Geschehen und bewirken nicht zuletzt durch die sprunghaften, aber systematischen Kadrierungswechsel (vgl. Abb. 11, 13, 15 und 17 als *cut ins*), dass wir die Lücken zwischen den Plots rasch auffüllen. So zeigen auch die in diesem Abschnitt untersuchten Arrangements des Sichtbaren (Kamerapositionen, -perspektiven, -bewegungen, Bildkadrierungen und Montageformen – in der Kombination mit den darin verpackten und variabel eingesetzten Informations- und Spannungsreglern Surprise, Suspense und Mystery), dass Hitchcock wiederum, hier durch

Verwendung ‚reiner' visueller Mittel, die beabsichtigten Emotionen – Schrecken und Angst – erzielt hat.

3. Aspekte der Gestaltung und Wirkung von Ton und Musik

Dass Hitchcock auch auf der Tonebene Mittel im Sinne des „reinen Films" nutzte (vgl. obiges Zitat aus Truffaut 1973: 275), um Massenemotionen zu evozieren, sei abschließend skizziert.

Üblicherweise unterscheidet man bei Analysen der auditiven Ebenen zwischen Ton und Musik. Ton wird in Sprache und Geräusche differenziert. Der alternative und gebräuchlichere Ausdruck für Tongestaltung ist *Sound Design*. Dieser Begriff signalisiert zugleich eine noch im analogen Zeitalter intendierte ästhetische Funktion: Geräusche repräsentieren nicht bloß Wirklichkeit, sondern haben auch narrative Funktionen und verkörpern regelrecht emotionale Werte.

Spätestens seit den 1960er Jahren bildet *Sound Design* eine Verbindung zwischen Klangelementen und Dramaturgie. Zuvor wurde diese Relation hauptsächlich durch symphonische Kompositionen hergestellt (vgl. Flückiger 2001: 28f.). Der Klang steht also gewissermaßen auf der Grenze zwischen Geräuschen und Musik. Vereinfacht ausgedrückt, werden nicht-periodische Schwingungsvorgänge als tonale oder breitbandig auftretende Geräusche verstanden, denen die Akustik jedoch in bestimmten Fällen (wenn Frequenzbereiche stärker ausgeprägt sind) durchaus Tonhöhen (tonale Geräusche) und Klangfarben (breitbandige Geräusche) zusagt. Klänge werden durch periodische Schwingungen gekennzeichnet, denen man Klangspektren und Klangfarben zuordnen kann, allerdings in den Disziplinen Akustik und Musik begrifflich unterschiedlich streng verwendet (Klänge heißen in der Musik z.B. zusammenklingende Töne); gemeinsam und für Analysen praktikabel ist, dass Klänge und (musikalische) Töne nach Höhe, Stärke, Dauer und Klangfarbe (mitschwingende Teiltöne) einigermaßen problemlos differenziert werden können.

Für unsere Zwecke gilt es vor allem herauszuarbeiten, wie in *Die Vögel* Beziehungen zwischen Materialien und ihren Klängen im Sinne der Akustik gestaltet und durch Töne im Sinne der (elektronischen) Musik zu einer Gesamtkomposition ergänzt wurden.

Abb. 9: Melanie wartet vor dem Gerüst (01:07:07) Abb. 10: Der erste Vogel (01:07:12)
Master Shot, amerikanisch, leicht untersichtig Master Shot, amerikan., leicht untersichtig / Schnitt

Abb. 11: Melanie raucht (01:07:25) Abb. 12: Weitere Vögel auf dem Gerüst (01:07:28)
Shot, amerikanisch, leicht aufsichtig / Schnitt Reverse Shot, halbtotal, leicht untersichtig / Schnitt

Abb. 13: Melanie raucht (01:07:32) Abb. 14: Weitere Vögel kommen (01:07:39)
Shot, halbnah, normalsichtig / Schnitt Reverse Shot, halbtotal, leicht untersichtig / Schnitt

Formen audiovisuellen Erzählens am Beispiel von Hitchcocks *Die Vögel*

Abb. 15: Melanie raucht (01:07:41)
Shot, nah, normalsichtig / Schnitt

Abb. 16: Das Gerüst füllt sich (01:07:52)
Reverse Shot, halbtotal, leicht untersichtig / Schnitt

Abb. 17: Blick über die falsche Schulter (01:08:01)
Shot, groß, normalsichtig

Abb. 18: Melanie sieht etwas, was wir nicht sehen
Mystery / Schnitt (01:08:20)

Abb. 19: Vogel im Flug ... (01:08:21)
Point of view Melanie, untersichtig

Abb. 20: ... landet auf dem Gerüst (01:08:32)
Normalsichtig / Schnitt auf Melanie

Die Idee, für den Soundtrack von *Die Vögel* auf jegliche Musikuntermalung zu verzichten und stattdessen nur gestaltete Geräusche und Klänge zu verwenden, war 1963 originell. Hitchcock war mit den Entwürfen seines ‚Hauskomponisten' Bernard Herrmann nicht zufrieden. Nach intensiver Suche stieß er in Berlin auf Oskar Sala, der mit dem Trautonium – einer Mischung von Orgel und Synthesizer – neue Klänge und Formen von Musik ausprobierte und nun Kompositionen zu Vogelschreien und Flügelschlägen kreierte. Damit hielt die „Konkrete Musik" in den Film Einzug (vgl. Bagde 2000). Die Credits weisen Herrmann deshalb lediglich als *Sound Supervisor* aus, und Oskar Sala und Remi Gassman stehen für den *Sound*, wobei Gassman die Mischung von Salas Kompositionen und dem Direktton (Waldon O. Watson and William Russell) bewerkstelligte. Natürliche Vogelstimmen wurden in *Die Vögel* allerdings nicht verwendet.

Beispielhaft analysieren lassen sich die akustischen und musikalischen Schichten des frühen analogen *Sound Design* in der Gestaltung der Szene, die den zweiten Angriff der Vögel auf die in ihrem Wohnzimmer das Schrecklichste erwartenden Brenners zeigt (01:32:56-01:41:50), den sechsten Angriff insgesamt. Die knapp neunminütige Subsequenz beginnt mit einer dreieinhalbminütigen Exposition. Sie ist vergleichsweise lang, da sie mehr als ein Drittel der Szene in Anspruch nimmt, aber funktional nur einen Akt abgibt. Die Szene startet mit einem Schwenk durch das Wohnzimmer – von der Mutter, die auf einem Stuhl in der Zimmerecke hockt, über Melanie und Cathy, die, auf dem Sofa kauernd, sich an den Händen halten, auf Mitch, der an der Terrassentür steht und prüft, ob die Bretter, mit denen die Tür zum Schutz vor den Vögeln vernagelt sind, fest sitzen. Mitch als Protagonist (er ist aktiv – Mutter, Schwester und Geliebte sind passiv) prüft noch andere Angriffspunkte oder genauer -flächen: den Kamin und die Fenster in der Küche beispielsweise. Diese Exposition ist zugleich auch eine akustische und auch deshalb so lang geschnitten: Mitch schlägt auf die Bretter in der Türöffnung, zieht an den Rollos vor den Fenstern, ruckelt an einem Schrank; der Zweck dieser Aktionen besteht auch darin, die Zuhörer mit der Charakteristik der Klänge dieser Gegenstände und ihrer Materialität vertraut zu machen, die wir bald in Aktionen wiedersehen und -hören werden.

Das Warten wird unerträglich, die Anspannung wird auch physisch spürbar: Cathy beginnt hysterisch zu atmen, ihr wird schlecht, und Melanie führt sie in die Küche. Kaum sind sie zurück im Wohnzimmer, setzt Hitchcock den Plot Point 1: In einer Totalen sehen wir alle Brenners (inklusive Vater Brenner im Porträt in Öl) und Melanie, wie sie angespannt nach oben oder ins Leere blicken (vgl. Abb. 21). Der obere Bildrand ist dunkel abgeschattet, was auf die Angreifer vorausdeutet. Da vernehmen wir die ersten Vogelstimmen, anfangs nur leise und fast melodiös, eher tonal, in mittleren Frequenzen und kurz, doch dann rasch anschwellend, mit hohem Schalldruck, länger dauernd und mit unterschiedlichen Frequenzspektren: Vogelschrei und Flügelschlagen durchdringen einander. Der Sinn ist folgender: den Beginn von Akt 2, den befürchteten Auftritt der Antagonisten, die Konfrontation hören wir nur, d.h. Töne übernehmen eine Rolle und zwar durchaus im dramentheoretischen Sinn. Das Spektrum der Vogelgeräusche fokussiert sich immer deutlicher auf schneidend hohe und stakkatoähnliche Frequenzen. Cathy stürzt zur Mutter, die Cathys Ohren vor den schmerzhaften Geräuschpegeln mit ihren Händen schützt, Melanie kriecht in die Sofakissen, nur Mitch reagiert aktiv, indem er weitere Scheite ins Kaminfeuer wirft. Hier wird die Gegenwehr auch akustisch bedeutet: Tiefe, dunkle Töne charakterisieren die Klangfarbe des Holzes. Andere diegetische Geräusche von Seiten Lydias, Cathys oder Melanies sind wie ausgeblendet, wir hören ab jetzt nur die gestalteten Klänge, die von Mitch gewissermaßen instrumentiert werden.

Bald sehen wir auch Vögel, angekündigt durch weitere hohe Frequenzen: Lärm von berstendem Glas lässt Mitch zum Fenster stürzen, um zu verhindern, dass Möwen eindringen (vgl. Abb. 22). Mitch ist in seinem Kampf gegen die

Abb. 21: Warten auf den sechsten Vogelangriff (01:36:39)

Abb. 22: Möwen dringen durch das Fenster ein (01:37:26)

Abb. 23: Möwen zerstören eine Tür (01:39:24)   Abb. 24: Mitch vernagelt die Tür (01:39:45)

unerträglich hohen und scharfen Töne, die ihn offensichtlich schmerzen und verletzen, so wie das Glas und die Schnäbel, die seine Hände bluten machen, erfolgreich: Er kann den Fensterladen, den die Möwen geöffnet hatten, wieder schließen, und dieses Schließen wirkt akustisch wie ein Herunterpegeln von Dynamik und Frequenzen der Vogelgeräusche. Dieser Kampf auch der Töne und dieser Etappensieg werden sogleich ein zweites Mal demonstriert, als die Möwen auf die gleiche Weise das Oberlicht bersten und zersplittern lassen. Die Konfrontation steigert sich, als Vögel unter ohrenbetäubendem, hochfrequentem Lärm die Haustüre zu zerschreddern drohen (vgl. Abb. 23). Mitch schleppt zunächst eine Garderobe vor die Tür, was wiederum den akustischen Effekt hat, dass Lautstärke und hohe Frequenzen abgesenkt werden. Dann holt er Hammer und Stifte und nagelt die Garderobe am Türrahmen fest (vgl. Abb. 24). Dieses Hämmern ist wie ein schneller Herzschlag rhythmisiert, und es klingt sehr dumpf, d.h. wiederum tritt die menschliche Gegenwehr als dunkler, angstvoller Klang gegen die schrillen Attacken der Vögel an.

Die Konfrontation erreicht ihren Höhepunkt, als das Licht ausgeht und aus dem hell ausgeleuchteten, *high key*-Ambiente des bieder eingerichteten Wohnzimmers eine dunkle *low key*-Höhle wird (vgl. Abb. 25). Dieser Effekt bewirkt, dass die Zuschauer sich auf ihren Hörsinn konzentrieren und den Überlebenskampf noch stärker als zuvor in seinen akustischen Dimensionen erleben müssen. Als die Vögel beginnen, die Tür zum Treppenhaus zu zerstören (sie sind offensichtlich ins Haus eingedrungen), scheint der Kampf für die Brenners und

Abb. 25: Das Licht geht aus (01:40:00)   Abb. 26: Mitch hört, dass die Vögel abziehen (01:40:23)

Melanie verloren. Doch kaum zeichnet sich diese düstere, tragische Lösung ab, setzt Hitchcock einen spiegelbildlich exakten Plot Point 2 (man beachte die Fokussierung auf das Ohr): Mitch hört, dass die Geräusche abschwellen, und spricht es aus: „Sie ziehen ab!" (vgl. Abb. 26). Unerwartet gibt es eine glückliche Lösung, doch die Vögel bereiten sich – wie die nachfolgende Szene zeigt – nur auf den nächsten, noch schrecklicheren Angriff vor.

Kommen wir zum Schluss: Auch die Analyse der Tongestaltung zeigt, dass Hitchcock Mittel des „reinen Films" gebraucht, um Massenemotionen zu erzeugen, das Publikum womöglich zum Schreien zu bringen, ganz sicher zu erschüttern, um an die oben zitierte Antwort aus dem langen Interview mit Truffaut (1973: 275) zu erinnern. Die Mischungen aus Geräuschen und Klängen können sich ganz allein auf die minimalistisch eingesetzten akustischen Grundlagen konzentrieren, die es erlauben, Angst und Schrecken zu erzeugen. Zielsicher wählt der Film die Materialien, die die Frequenzen des bedrohlichen Schreckens erzeugen, nämlich schrille Schreie und berstendes Glas, denen er dumpf pochende, von der Angst geführte Schläge gegenüberstellt. Vor allem Dank der Pionierarbeit Oskar Salas werden hier komponierte Klänge erzeugt, die natürliche Geräusche mehr als nur optimieren, nämlich zu autonomen Klanggebilden ästhetisieren. Salas Kompositionen benötigen keine Noten und Musikinstrumente, wie sie sonst gebräuchlich sind, um etwa mittels der Leitmotivtechnik antagonistische Grundgefühle zu markieren und evozieren. Auf den seit *King Kong* (USA 1933) und durch den Filmkomponisten Max Steiner üblichen *Score*, die Unterstreichung der intendierten Emotionen durch Filmmusik, kann Hitchcock völlig verzichten, weil Salas ‚Konkrete Musik' nicht die Umwege von Melodien, Harmonien und zugehörigen Instrumentenklischees gehen muss. Dass Sala in seinen Stücken allerdings andere musikalische Mittel anwendet – etwa Elemente der Polyphonie, des Rhythmus, der Klangfarben und der Dynamik – steht auf einem anderen Blatt und würde den Rahmen dieser Skizzen zu Bauformen audiovisuellen Erzählens sprengen.

[1] Faulstich (1994 u.ö.), Hickethier (1996 u.ö.), Kuchenbuch (2005), Mikos (2002), Monaco (1980 u.ö.), Schwab (2006).
[2] So z.B. auf den Bildungsservern www.mediaculture-online.de (Baden-Württemberg, Aufruf 01.09.09) oder www.learn-line.nrw.de (Nordrhein-Westfalen, Aufruf 01.09.09), wo sich auch der empfehlenswerte Kurs „Medien in den Fächern Ästhetik und Kommunikation" von Johann Bischoff und Bettina Brandi (FernUniversität Hagen) findet (vgl. www.learnline.nrw.de/angebote/mksu/aesthetik/aesthetik1.pdf).
[3] Benke (2002), Bonitzer/Carrière (1999 u.ö.), Vale (1987 u.ö.).
[4] Katz (1989 u.ö.).
[5] Beller (1993 u.ö.).
[6] Flückiger (2001 u.ö.).
[7] Bullerjahn (2001), Rabenalt (2005), Maas (2001 u.ö.).
[8] Mikunda (2002).
[9] Koebner (2002), Schanze (2002): darin z.B. Basisartikel von Gerhard Lampe zu Montage/Schnitt, Filmsprache und Filmtheorie.
[10] Dieses Bildzitat und alle weiteren Bildzitate aus *Die Vögel* stammen aus Hitchcock (2001 [1963]). Aus Platzgründen kann dies nicht bei jedem Bildzitat genannt werden.
[11] Diegese ist ursprünglich ein Begriff der Erzähltheorie. Er hilft zu bestimmen, ob etwas innerhalb oder außerhalb von Beobachterperspektiven steht. Vor allem bei der Analyse von Filmton (Geräusche, Sprache, Musik) ist die Unterscheidung gebräuchlich geworden: Klingt etwas in der Handlung oder kommt es von außerhalb?

Literaturverzeichnis

Bagde, Peter (2000). Oskar Sala – Pionier der elektronischen Musik. Göttingen: Satzwerk.

Beller, Hans (1993 u.ö.). Aspekte der Filmmontage – Eine Art Einführung. In: Beller, Hans (Hg.). Handbuch der Filmmontage. München: T&R-Verlagsunion, 9-32.

Benke, Dagmar (2002). Freistil. Dramaturgie für Fortgeschrittene und Experimentierfreudige. Bergisch Gladbach: Bastei Lübbe.

Bonitzer, Pascal/Carrière, Jean-Claude (1999 u.ö.). Praxis des Drehbuchschreibens. Berlin: Alexander.

Bullerjahn, Claudia (2001). Grundlagen der Wirkung von Filmmusik. Augsburg: Wißner.

Faulstich, Werner (1994 u.ö.). Einführung in die Filmanalyse. Tübingen: Narr.

Field, Syd (1992 u.ö.). Drehbuchschreiben für Fernsehen und Film. München: List.

Flückiger, Barbara (2001 u.ö.). Sound Design. Die virtuelle Klangwelt des Films. Marburg: Schüren.

Hickethier, Knut (1996 u.ö.). Film- und Fernsehanalyse. Stuttgart: Metzler.

Hitchcock, Alfred (2001 [1963]). Die Vögel [The Birds]. Universal (DVD).

Katz, Steven Douglas (1998 u.ö.). Shot by Shot: die richtige Einstellung. Zur Bildsprache des Films. Frankfurt/M.: Zweitausendeins.

Koebner, Thomas (Hg.) (2002). Reclams Sachlexikon des Films. Stuttgart: Reclam.

Korte, Helmut (1987). Möglichkeiten und Bedingungen der Systematischen Filmanalyse. In: Korte, Helmut. Systematische Filmanalyse in der Praxis. Braunschweig: HBK Materialien, 11-73.

Kuchenbuch, Thomas (2005). Filmanalyse. Theorien – Methoden – Kritik. Wien: Böhlau.

Lämmert, Eberhard (1955). Bauformen des Erzählens. Stuttgart: Metzler.

Lampe, Gerhard (2002). Basisartikel zu Filmsprache, Filmtheorie, Montage/Schnitt. In: Schanze 2002, 104f., 110f., 265f.

Lausberg, Heinrich (1969 [1949]). Elemente der Literarischen Rhetorik. Ismaning: Hueber.

Lausberg, Heinrich (1990 [1960]). Handbuch der Literarischen Rhetorik. Grundlegung der Literaturwissenschaft. Ismaning: Hueber.

Maas, Georg (2001 u.ö.). Thema Musik. Filmmusik. Arbeitsheft für den Musikunterricht in der Sekundarstufe I an allgemein bildenden Schulen. Leipzig: Klett.

Metz, Christian (1972). Semiologie des Films. Frankfurt/M.: Suhrkamp.

Mikos, Lothar (2003 u.ö.). Film- und Fernsehanalyse. Konstanz: Universitätsverlag.

Mikunda, Christian (2002). Kino spüren. Strategien der emotionalen Filmgestaltung. Wien: WUV/Universitätsverlag.

Monaco, James (1980 u.ö.). Film verstehen. Kunst, Technik, Sprache, Geschichte und Theorie des Films und der Medien. Reinbek: Rowohlt.

Rabenalt, Peter (2005). Filmmusik. Form und Funktion von Musik im Kino. Berlin: Vistas.

Saussure, Ferdinand de (1967 [1917]). Grundfragen der allgemeinen Sprachwissenschaft. Berlin: de Gruyter.

Schanze, Helmut (Hg.) (2002). Metzler Lexikon Medientheorie – Medienwissenschaft: Ansätze – Personen – Grundbegriffe. Stuttgart: Metzler.

Schwab, Ulrike (2006). Erzähltext und Spielfilm. Zur Ästhetik und Analyse der Filmadaption. Berlin: LitVerlag.

Staiger, Emil (1951). Grundbegriffe der Poetik. Zürich: Atlantis.

Thompson, Kristin (1995). Neoformalistische Filmanalyse: Ein Ansatz, viele Methoden. In montage/av – Zeitschrift für Theorie & Geschichte audiovisueller Kommunikation 4/1/1995, 23-62.

Truffaut, François (1973 u.ö.). Mr. Hitchcock, wie haben Sie das gemacht? München: Heyne.

Vale, Eugene (1987 u.ö.). Die Technik des Drehbuchschreibens für Film und Fernsehen. München: T&R-Verlagsunion.

Film und Literatur

Literaturverfilmungen im Unterricht:
Die Perspektive der Fremdsprachendidaktik

Carola Surkamp

Dass Filme ein hohes Lehr- und Lernpotenzial für den Fremdsprachenunterricht besitzen, ist innerhalb der Fremdsprachendidaktik kein Geheimnis mehr. Seit einigen Jahren boomt die Filmdidaktik: Es sind zahlreiche theoretische Veröffentlichungen zum Thema erschienen[1], und Lehrende können für ihre Unterrichtsplanung auf ein reichhaltiges Angebot an Unterrichtsmaterialien zur Arbeit mit Filmen zurückgreifen. Der Einsatz des Genres der Literaturverfilmung erfolgt jedoch im Fremdsprachenunterricht bislang immer noch recht unreflektiert. Wie meine Befragungen von Studierenden zu Beginn eines jeden Semesters immer wieder zeigen, ist die gängige Praxis vielerorts häufig noch, nach der Behandlung eines Dramas oder Romans quasi als Bonbon am Ende einer Unterrichtseinheit die Verfilmung des Textes zu zeigen. Und das, obwohl seit langem gefordert wird, Filme bei ihrem Einsatz im Fremdsprachenunterricht als eigenständige Kunstwerke zu betrachten.

In den Lehrplänen der Bundesländer für den Fremdsprachenunterricht ist wenig Konkretes bzw. Hilfreiches zu Literaturverfilmungen zu finden. Verfilmungen werden bisweilen unter der Rubrik ‚Medien/Materialien/Texte für den Fremdsprachenunterricht' aufgeführt. Sie sollen primär dazu eingesetzt werden, den Kontrast zwischen verschiedenen Medien, also zwischen Buch und Film aufzudecken, um somit die Medienkompetenz der Lernenden zu schulen. Worin dieser Kontrast zwischen Buch und Film im Einzelnen bestehen und wie man ihn im Unterricht aufdecken kann, wird jedoch nicht ausgeführt. Wie viele Studierende bestätigen, kommt es in der Unterrichtspraxis dann häufig dazu, dass bei der Behandlung einer Literaturverfilmung das Kriterium der ‚Werktreue' im Vordergrund steht. Es wird also danach gefragt, inwiefern sich die Verfilmung am zugrunde liegenden literarischen Werk ausgerichtet hat. Dabei gibt es im Hinblick auf Literaturverfilmungen sehr viel sinnvollere Untersuchungsaspekte als diesen (vgl. z.B. Surkamp 2005).

Der vorliegende Beitrag widmet sich in zweierlei Hinsicht dem innerhalb der Fremdsprachendidaktik vernachlässigten Bereich der Literaturverfilmung. Zum einen erfolgt eine theoretische Auseinandersetzung mit dem Genre der Literaturverfilmung und mit der Frage, aus welchen Gründen dieses Genre auch im Fremdsprachenunterricht zum Einsatz kommen sollte. Zum anderen werden didaktische und methodische Vorschläge für die Arbeit mit Literaturverfilmungen unterbreitet, die sowohl dem der Verfilmung zugrunde liegenden literarischen Text als auch dem Film als Kunstwerk Rechnung tragen. Ausgehend von der Annahme, dass Literaturverfilmungen vor allem dann ihr Potenzial für den fremdsprachlichen Unterricht entfalten, wenn versucht wird, Buch und Film zu behandeln, geht es folglich um beide Medien. Dies mag ein ehrgeiziges Ziel sein, da die Behandlung von zwei mitunter komplexen Werken eine Menge Zeit in Anspruch nehmen und die Lernenden inhaltlich wie sprachlich auch überfordern kann. Es gibt jedoch Möglichkeiten, diese Anforderungen zu bewältigen.

1. Was ist eine Literaturverfilmung?
Definitionsversuch und Charakteristika

Lange Zeit war es in der Literaturwissenschaft gängige Praxis, das Verhältnis zwischen literarischem Text und seiner Verfilmung als ‚Adaption' zu bezeichnen, also als Anpassung der Textvorlage an die besondere Darstellungsästhetik des Films. Eine Literaturverfilmung galt als gelungen, wenn im Film möglichst viele Übereinstimmungen mit der literarischen Vorlage zu finden waren. Problematisch ist diese Sichtweise, weil das Kriterium der Werktreue nicht als deskriptives, sondern als wertendes Kriterium begriffen wird und dem literarischen Text als Prätext von vornherein ein höherer Stellenwert zukommt als der Verfilmung.

Mit Beginn der 1970er Jahre fand jedoch ein Paradigmenwechsel statt (vgl. Bohnenkamp 2005: 17). Literaturverfilmungen wurden als „produktive Rezeption eines Ausgangstextes unter spezifischen medialen Bedingungen" (Bogner 2008: 478) verstanden und als „Transformation eines Textsystems von einem Zeichensystem in ein anderes Zeichensystem" charakterisiert (Schneider 1981: 27). Kennzeichnend für diesen Paradigmenwechsel ist die Verwendung des Begriffs ‚Transformation'. Dieser impliziert, dass die Verfilmung nicht länger als dem literarischen Prätext nachrangig angesehen, sondern als eigenständiges ästhetisches Kunstwerk betrachtet wird. Heutzutage steht daher bei der Untersuchung von Literaturverfilmungen der Medienwechsel im Vordergrund. Untersucht wird die „Frage nach dem Vorgehen der Übertragung bzw. Transformation und nach der Art der Bezugnahme auf den literarischen Prätext" (Bohnenkamp 2005: 16). Die Analyse des Wechsels vom Medium Text zum Medium Film wird dabei „als Chance betrachtet, den medialen Differenzen auf die Spur zu kommen und den ‚Mehrwert' eines solchen Transfers zu erkennen und zu beschreiben" (ebd.).

Der Bezug zum literarischen Ausgangstext kann bei einer Literaturverfilmung unterschiedlich ausfallen. Sandra Poppe (2007: 92f.) differenziert beispielsweise zwischen fünf verschiedenen Transformationstypen:

1. Stofforientierte Transformation: Die Verfilmung übernimmt aus dem Prätext Story oder Thema; Gemeinsamkeiten zwischen Text und Film gehen nicht über eine ähnliche Figuren- bzw. Handlungsgestaltung hinaus (Beispiel: viele der Verfilmungen von Mary Wollstonecraft Shelleys *Frankenstein*).

2. Handlungsorientierte Transformation: Die Verfilmung setzt Story und Plot sowie Figuren und Rahmen der Handlung in enger Anlehnung an den Prätext um; weniger berücksichtigt wird die besondere Erzählstruktur der Vorlage (Beispiel: Richard Brooks Verfilmung von Joseph Conrads *Lord Jim* aus dem Jahr 1965, in der Marlow als Erzähler keine Rolle spielt).

3. Analoge Transformation: Neben Story und Plot wird auch die besondere Erzählweise des Prätextes filmisch umgesetzt (Beispiel: Louis Malles' Transformation von Raymond Queneaus *Zazie dans le métro* aus dem Jahr 1960[2]).

4. Interpretierende Transformation: Dieser Transformationstyp weicht insofern vom dritten ab, als er die literarische Vorlage weitergehend interpretiert und sich dadurch auch etwas von ihr entfernt (Beispiel: Karel Reisz' Verfilmung von *The French Lieutenant's Woman von* 1982[3]).

5. Freie Transformation: Die Verfilmung verändert Kontext, Handlung und Figurenkonstellation des Prätextes; nur einzelne Aspekte bleiben gleich (Beispiel: Jacques Rivettes *La belle noiseuse* von 1992, eine Transformation von Balzacs Erzählung *Le chef d'œuvre inconnu*).

Die Unterscheidung verschiedener Transformationstypen ist insofern auch für die Fremdsprachendidaktik wichtig, als sie hilft, den Unterrichtsgegenstand zu bestimmen sowie Kriterien für die Text- und Filmauswahl festzulegen. Darüber hinaus ergeben sich aus einer solchen Differenzierung Untersuchungsaspekte für den konkreten Einsatz von Literaturverfilmungen im Unterricht.

Dass der Medienwechsel vom Buch zum Film nicht mit einer einfachen ‚Umsetzung' gleichzusetzen ist, liegt vor allem daran, dass es aufgrund der medienspezifischen Besonderheiten von Filmen zwangsläufig zu Veränderungen im Hinblick auf die Darstellungsverfahren der literarischen Textvorlage und deren Funktions- bzw. Wirkungspotenzial kommt. So besteht ein offensichtlicher Unterschied zwischen Text und Film „im höheren Abstraktionsgrad des verbalsprachlichen Zeichens gegenüber der notwendigen Konkretheit visueller Repräsentation" (Bohnenkamp 2005: 31). Während z.B. der Hinweis auf ‚ein großes Haus' im literarischen Text „auf alle Konkretisierung verzichten und dem Leser damit ‚Leerstellen' zur eigenen Konkretisierung überlassen [kann]" (ebd.), muss die Umsetzung ins Visuelle im Film ein bestimmtes Haus zeigen. Ähnliches gilt für die Figurendarstellung: Während der Leser bzw. die Leserin eines literarischen Textes für die mit Worten dargestellten Figuren eigene innere Bilder entwerfen kann, konkretisiert der Film durch den Einsatz bestimmter Schauspielerinnen und Schauspieler die Figuren zwangsläufig (vgl. ebd.: 32).

Weitere wesentliche Unterschiede zwischen Prätext und Verfilmung sind auf die unterschiedlichen Produktions- und Rezeptionsbedingungen der beiden Medien zurückzuführen (vgl. ebd.: 33). So erfordert z.B. die begrenzte Länge des Kinofilms in der Regel Kürzungen der literarischen Vorlage. Und auch der historische oder kulturelle Abstand des Films zur Vorlage kann durch die Übertragung des Stoffes in andere Zeiten oder Kontexte Veränderungen nach sich ziehen.

Eine wichtige Rolle beim Vergleich der Wirkungsmöglichkeiten unterschiedlicher Medien spielt auch die Frage, ob es sich bei der literarischen Vorlage um einen dramatischen oder einen narrativen Text handelt. Wenn wir vom Aufführungstext ausgehen, dann haben Drama und Film die Plurimedialität sowie die Kollektivität von Produktion und Rezeption gemeinsam, d.h., der Film ist dem Theater strukturell eng verwandt. Allerdings gibt es auch einen wesentlichen

Unterschied: Bei einer Theaterinszenierung „muss bzw. kann der Zuschauer in jeder Phase der Aufführung neu entscheiden, wohin er blicken will" (Fielitz 1999: 199), und alle Personen einer Szene sind gleichzeitig präsent (vgl. ebd.); im Film hingegen wird der Blick des Zuschauers durch die Kameraposition und -führung gelenkt und der Gesamteindruck einer Szene kann ihm verwehrt bleiben. In dieser Hinsicht ähneln Filme also eher Erzähltexten, da sie wie diese über ein vermittelndes Kommunikationssystem verfügen: „Der Betrachter eines Films wie der Leser eines narrativen Textes wird nicht, wie im Drama, mit dem Dargestellten unmittelbar konfrontiert, sondern über eine perspektivierende, selektierende, akzentuierende und gliedernde Vermittlungsinstanz – die Kamera bzw. den Erzähler" (Pfister 1994: 48).

Aber auch wenn der Film als ‚erzählendes Medium' betrachtet wird, so bestehen doch erhebliche Unterschiede in den Erzählweisen von schriftsprachlichen und audiovisuellen narrativen Texten. Der filmische Text bedient sich nicht nur sprachlicher, sondern auch außersprachlich-akustischer und optischer Codes. Trotz dieser Vielzahl an Ausdrucksmöglichkeiten des Mediums Film stellt die audiovisuelle Umsetzung der erzählerischen Besonderheiten einer Kurzgeschichte oder eines Romans bisweilen eine besondere Herausforderung dar, vor allem wenn es um die Gestaltung der Erzählperspektive oder die Darstellung von Bewusstseinsinhalten geht. Darauf wird im folgenden Abschnitt noch detaillierter eingegangen.

2. Untersuchungsschwerpunkte beim Einsatz von Literaturverfilmungen

Vor allem in der Deutschdidaktik hat die literaturwissenschaftliche Betonung des Medienwechsels zur Herausbildung neuer Untersuchungsschwerpunkte beim Einsatz von Literaturverfilmungen geführt. So nennt z.B. Anne Bohnenkamp (vgl. 2005: 34) die folgenden drei Aspekte: a) Vergleich von literarischer Vorlage und filmischer Bearbeitung unter den Gesichtspunkten Story, Handlung oder Plot; b) Vergleich von Prätext und Verfilmung im Hinblick auf Aussage oder Botschaft; c) Vergleich von Text und Film bezüglich der jeweils gewählten Vermittlungsformen und Darstellungsverfahren. Es ist jedoch nicht sinnvoll, die Aspekte Inhalt, Form und Wirkung bzw. Funktion in dieser Weise voneinander zu trennen, denn schließlich sind sie innerhalb eines Werkes aufs Engste miteinander verknüpft, und Lernende erkennen insbesondere dann die Notwendigkeit auch formaler Analysen, wenn ihnen verdeutlicht wird, dass Darstellungsverfahren mit Bedeutung aufgeladen sein können.[4] Werden hingegen bei der Beschäftigung mit einer Literaturverfilmung die filmspezifischen Mittel isoliert betrachtet, dann ist dies für Lernende ebenso ermüdend wie jahrelang der traditionelle Literaturunterricht mit seinem Schwerpunkt auf der Textanalyse.

Besonders fruchtbar im Hinblick auf die Ausbildung von Medienkompetenzen ist die Beschäftigung mit einer Literaturverfilmung im Unterricht daher, wenn der Transformationsprozess selbst im Mittelpunkt der Betrachtung steht, dabei aber nicht nur die Frage nach den unterschiedlichen formalen Mitteln der Medien gestellt wird, sondern auch die nach deren Wirkungs- und Funktionspotential. Es sollte also z.b. die Frage gestellt werden, wie unterschiedlich die Medien Buch und Film vorgehen können, um etwa Informationen zu vergeben, Spannung zu erzeugen oder die Sympathie der Leser bzw. Zuschauer zu wecken. Welche Untersuchungsschwerpunkte sich beispielsweise im Falle von Romanverfilmungen anbieten, soll im Folgenden dargelegt werden (vgl. auch Nünning/Surkamp 2009: 256f.).

Zu den Kennzeichen von Erzähltexten gehört das Vorhandensein einer Erzählinstanz, die die Welt der Figuren vermittelt. Eines der grundsätzlichen Probleme bei der Verfilmung eines Romans besteht folglich darin, was mit der Erzählinstanz geschehen soll, d.h., wie die von ihr vergebenen Informationen filmisch vermittelt werden können. Dafür kommen verschiedene Verfahren in Frage: Eine Möglichkeit besteht darin, das Beschriebene zu zeigen, wie dies häufig bei Raum- oder Figurendarstellungen geschieht. Der Kamera kommt dann eine der Funktionen zu, die die Erzählinstanz im narrativen Text innehat, denn sie bestimmt, was die Rezipienten wahrnehmen. Beschreibende Passagen können aber auch wegfallen oder in Dialog und Handlung umgesetzt, also dramatisiert, werden. Daneben gibt es als weitere Möglichkeit, um Erzählerinformationen im Film zu realisieren, das *voice-over*-Verfahren. Bei dieser Technik hören die Zuschauer eine Stimme, die oft einer der Figuren zugeordnet werden kann, auch wenn die jeweilige Figur nicht sprechend gezeigt wird. Für die Ich-Erzählsituation gibt es neben dem *voice-over*-Verfahren als weitere Möglichkeit, die

Erzählsituation des narrativen Textes filmisch umzusetzen, die ‚subjektive Kamera'. Bei dieser Methode nimmt die Kamera den Blickwinkel einer Figur ein. Bisweilen weisen auch Verwacklungen und Unschärfen auf die Subjektivität des Kamerablicks hin. Charakteristisch für schriftsprachliche Erzähltexte ist des Weiteren die grundsätzliche Möglichkeit eines Einblicks in die Bewusstseinsvorgänge der Figuren, in deren Wahrnehmungen, Gedanken und Gefühle. Die Darstellung solcher Bewusstseinsinhalte stellt eine der schwierigsten Aufgaben bei der filmischen Umsetzung von Erzähltexten dar. Grundsätzlich kommen für die filmische Realisierung figuraler Bewusstseinsinhalte vor allem die folgenden Möglichkeiten in Betracht: Bewusstseinsinhalte können a) ausgespart werden, b) durch Mimik und Gestik der Schauspielerinnen und Schauspieler ausgedrückt werden, c) von einer Stimme als *voice-over* gesprochen werden, d) durch Montage dargestellt werden, e) als Dialog oder f) als subjektive Kamera umgesetzt werden. Diese Techniken können natürlich auch auf verschiedene Weisen kombiniert und abwechselnd eingesetzt werden. Dabei erfüllen sie von Film zu Film unterschiedliche Funktionen. Insbesondere die subjektive Kamera kann zur Identifikation mit einer Figur anregen, aber auch Spannung erzeugen, z.B. im Thriller, wenn sie den Blickwinkel des Opfers (oder auch des Täters) einnimmt. Welches dieser Verfahren gewählt wird, wirkt sich nachhaltig auf das Bild aus, das die Zuschauer von den Figuren erhalten. Es ist auch deshalb von großer Bedeutung, weil die einzelnen Methoden einen unterschiedlichen Grad an Eindeutigkeit aufweisen. Werden Bewusstseinsvorgänge durch Mimik zum Ausdruck gebracht, wobei oft das Gesicht des Schauspielers bzw. der Schauspielerin in Großaufnahme gezeigt wird, kann der Interpretationsspielraum z.B. wesentlich größer ausfallen als bei der *voice-over*-Technik, die verbal explizit Aufschluss über die inneren Vorgänge einer Figur geben kann.

3. Gründe für den Einsatz von Literaturverfilmungen im Fremdsprachenunterricht

Warum nun sollten Literaturverfilmungen auch im Fremdsprachenunterricht zum Einsatz kommen? Ein erster Grund dafür ist die Einsicht, dass die Beschäftigung mit Literaturverfilmungen – wenn sie denn den hier skizzierten Vorschlägen folgt – zur Ausbildung von Medienkompetenz beiträgt. Dies ist eine fächerübergreifende Aufgabe, der sich der Fremdsprachenunterricht nicht entziehen kann bzw. nicht entziehen sollte. Die Lernenden erhalten die Möglichkeit, gattungs- bzw. medienspezifisches Wissen sowie Kenntnisse über Transformationsprozesse zu erwerben. Die vergleichende Betrachtung von Buch und Film hat gegenüber der bloßen Konzentration auf ein Medium im Unterricht den Vorteil, dass die Charakteristika des einzelnen Mediums sehr viel deutlicher hervortreten. Stiller spricht von einer „wechselseitigen Erhellung" (1990: 6) der beiden Medien, die im Unterricht nicht gegeneinander ausgespielt, sondern den Lernenden einen kompetenten und bewussten Umgang mit unterschiedlich medial vermittelten Texten ermöglichen sollten. Franz-Josef Albersmeier legt überzeugend dar, wie wichtig die Berücksichtigung „der jeweiligen Medienspezifizität" für eine „Systematik der Literatur/Film-Beziehungen" (1995: 238) und vor allem – dies ist im Kontext Schule wichtig – für eine medienadäquate Rezeption ist.

Für den Einsatz von Literaturverfilmungen im Fremdsprachenunterricht spricht des Weiteren, dass dadurch die narrativen Kompetenzen der Lernenden gefördert werden können.[5] Durch die Aufdeckung der medienspezifischen Besonderheiten von Buch und Film und die Beschäftigung mit den Fragen, wie ein Roman erzählt und welche narrativen Mittel dem Film zur Verfügung stehen, können Schülerinnen und Schüler Einsichten in erzählerische Vermittlungsstrategien erlangen. Im Sinne einer Grundbildung, wie sie bildungspolitisch gefordert wird, ist es wichtig, dass Lernende die Erzählgenres, denen sie zuhauf in ihrem Alltag begegnen, nicht einfach konsumieren, sondern sich auch rational und kritisch mit ihnen auseinander setzen und ihre Konventionen bzw. ihre ‚Machart' durchschauen. Sehr aufschlussreich für Jugendliche ist beispielsweise allein schon die Einsicht, dass es von demselben Ereignis oft viele verschiedene Geschichten gibt: Die erzählerische Vermittlung, die Perspektivierung und die mediale Inszenierung bestimmen die Darstellung und Wirkung des Geschehens.

Im Hinblick auf die Ausbildung literarischer Kompetenzen ist die Beschäftigung mit Literaturverfilmungen deshalb wertvoll, weil dadurch ein Bewusstsein für die Transformation als einer Lesart des zugrunde liegenden Textes geschaffen werden kann, die auch abhängig vom Produktions- und Rezeptionskontext ist. Literaturverfilmungen gelten zu Recht als eigenständige Kunstwerke. Dennoch stellen sie immer auch eine Interpretation des Prätextes dar. Das Bewusstsein dafür zu schärfen, dass es von derselben Vorlage ganz unterschiedliche Darstellungen, von denselben Ereignissen ganz unterschiedliche Geschichten geben kann, gelingt insbesondere dann, wenn zu einem literarischen Text unterschiedliche Verfilmungen vorliegen, die einander gegenübergestellt werden. Ein Vergleich divergierender filmischer Umsetzungen von Shakespeares *Hamlet* beispielsweise (vgl. Bauer 2008) kann Lernenden erstens das Spektrum der Möglichkeiten vor Augen führen, einen literarischen Text filmisch zu inszenieren. Zweitens werden sie auf diese Weise für die Kontextgebundenheit jeder Verfilmung sowie für den Wandel von Darstellungskonventionen sensibilisiert. Und drittens kann ihnen verdeutlicht werden, dass es (aufgrund der Offenheit bzw. Polyvalenz literarischer Texte) die ‚eine wahre' Interpretation eines literarischen Textes nicht gibt. Gerade im Fall von literarisch als ‚hochwertig' geltenden Texten, wie sie Shakespeares Dramen darstellen, tendieren Schülerinnen und Schüler (und auch manche Lehrende) dazu, nach eben dieser einen ‚richtige' Interpretation zu suchen. Die Beschäftigung mit mehreren filmischen Interpretationen kann ihnen helfen, den Respekt vor dem literarischen Text etwas abzulegen und zu einer eigenen Lesart zu kommen.

Die Auseinandersetzung mit verschiedenen Verfilmungen zu einer literarischen Vorlage kann darüber hinaus dem aktiven und kritischen Lesen dienen und dadurch die Lesekompetenz Lernender fördern. Vor allem die Kontrastierung verschiedener filmischer Umsetzungen kann dazu führen, dass der Prätext mit größerer Aufmerksamkeit gelesen wird, da die Schülerinnen und Schüler herausfinden möchten, warum beispielsweise eine bestimmte Szene von einem Regisseur so und nicht anders umgesetzt worden ist (vgl. Coursen 1997: 45).

Im Falle von Dramen ermöglicht die Beschäftigung mit einer Verfilmung außerdem die Berücksichtigung der Aufführungsdimension im Unterricht. Im Gegensatz zu lyrischen und narrativen Texten sind Dramen keine ‚fertigen' Texte, sondern erfahren erst in der konkreten szenischen Umsetzung eine ihrer vielen möglichen Realisierungen. Doch nicht immer ist im Unterrichtsalltag ein Theaterbesuch möglich. Der Einsatz einer Literaturverfilmung kann daher verhindern, dass Dramen nur als Lesetexte behandelt werden: Durch den Film können sowohl die akustische Dimension (d.h. Stimmen, Geräusche, Musik, Stille) als auch die optischen Signale des Aufführungstextes (d.h. Räume, Aussehen der Figuren, Gestik, Mimik, räumliche Gruppierung und Bewegung der Spieler) als zusätzliche Bedeutungsebenen für das Stück zum Tragen kommen.

Zwei weitere Gründe für den Einsatz von Literaturverfilmungen lassen sich aus genuin fremdsprachendidaktischer Perspektive nennen. So können Literaturverfilmungen im Fremdsprachenunterricht dazu beitragen, dass durch die konkrete Visualisierung von Schauplätzen, Figuren und Ereignissen Verstehenslücken bei den Lernenden geschlossen werden, die sich bei der Lektüre der literarischen Vorlage ergeben haben. Aber auch eine umgekehrte Verstehenshilfe ist möglich:

> Der – zweifellos frustrierenden – Erfahrung der sprachlichen Überforderung kann bei der Beschäftigung mit einer Romanverfilmung zumindest partiell dadurch entgegengewirkt werden, dass solche Filmpassagen, die eine besondere Herausforderung an das Hörverstehen darstellen, durch die vorhergehende Beschäftigung mit dem literarischen Text ‚vorbereitet' werden. Auf diese Weise kann es den Lernenden ermöglicht werden, dem Handlungsverlauf im Film auch dann zu folgen, wenn sie hinsichtlich der gesprochenen Sprache Verständnisprobleme haben.

(Gymnich 2009: 224)

Die Verwendung von Literaturverfilmungen als Unterrichtsgegenstand kann ferner authentische Sprechanlässe im fremdsprachlichen Klassenzimmer schaffen. Nach der Lektüre eines literarischen Textes haben Lernende in der Regel ein inneres Bild vom Geschehen, den Figuren und den Schauplätzen entwickelt. Wenn sie dann die Verfilmung betrachten, in der eine visuelle Festlegung dieser im Text relativ offenen Bauformen stattfindet, wird die besondere filmische Gestaltung von den mit dem Text vertrauten Lernenden sofort wahrgenommen. Ihre spontanen Reaktionen auf diese Erfahrung können in der Fremdsprache formuliert werden. Eine solche Schilderung erster Eindrücke, bestätigter oder enttäuschter Erwartungen über die filmische Umsetzung, ist jedoch mehr als nur ein Sprechanlass: Sie stellt eine erste interpretatorische Annäherung an den Film und damit rückwirkend auch an die Textvorlage dar (vgl. Bauer 2008: 46f. sowie Kamp 2006: 125).

4. Didaktische und methodische Vorüberlegungen zum Einsatz von Literaturverfilmungen

Setzt man sich zum Ziel, im Unterricht eine Literaturverfilmung einzusetzen und dabei nicht nur den Film, sondern auch die literarische Vorlage zu betrachten, so stellt sich zunächst die Frage nach geeigneten Kriterien für die Film- und Textauswahl. Neben allgemeinen Kriterien – wie z.b. der Frage nach der Angemessenheit der in Text und Film behandelten Themen sowie deren Bezug zur Lebenswelt der Lernenden – lassen sich auch Kriterien aufstellen, die für die Auswahl einer Literaturverfilmung spezifisch sind. So bieten sich für eine kombinierte Arbeit mit Text und Film am ehesten solche Literaturverfilmungen an, die einen engen inhaltlichen Bezug zwischen literarischem Text und Film aufweisen, wie es bei der handlungsorientierten und analogen Transformation der Fall ist (vgl. Güther 2008: 33, Poppe 2007: 92). Dieses Kriterium sollte vor allem dann eine Rolle spielen, wenn eine Literaturverfilmung auch dazu verwendet wird, das Leseverständnis der Lernenden zu unterstützen. Soll der Schwerpunkt hingegen bzw. zusätzlich auf der Betrachtung des Medienwechsels liegen, ist für die Filmauswahl darüber hinaus die Frage wichtig, ob die Verfilmung filmtechnische Besonderheiten aufweist, ob sie also in formaler Hinsicht für einen Vergleich mit dem Prätext interessant ist (vgl. Gymnich 2009: 222).

Für die Arbeit mit Text und Film ist weiterhin die Frage zu klären, wie die notwendigen Lese- und Sehphasen am besten miteinander kombiniert werden. Hierfür gibt es mehrere Möglichkeiten. So können erst Passagen aus dem Text gelesen werden, um dann die jeweiligen Filmsequenzen dazu im Vergleich zu zeigen (vgl. Gymnich/Nünning 1998: 367). Diese Reihenfolge lässt sich mit der Entstehung einer Literaturverfilmung begründen: Der Film ist auf Basis des schon vorhandenen Textes entstanden, und genau dieser Transformationsprozess soll ja Gegenstand des Unterrichts sein. Es ist aber auch das genau umgekehrte Vorgehen möglich und sinnvoll: Ausgehend von einer bestimmten Filmszene können die Lernenden z.B. in einer produktionsorientierten Schreibaufgabe dazu aufgefordert werden, eine der Szene zugrunde liegende Romanpassage zu verfassen und einen angemessenen Erzählstil für das Dargestellte zu finden. Ein solches Vorgehen schärft das Bewusstsein für die unterschiedlichen Darstellungsverfahren beider Medien.

Beide Vorgehensweisen deuten darauf hin, dass die Arbeit mit Literaturverfilmungen in der Regel im sog. ‚Sandwichverfahren' erfolgt, bei dem abwechselnd mit Filmsegmenten und Auszügen aus der literarischen Vorlage gearbeitet wird (vgl. Burger 1995: 595f., Nünning/Surkamp 2009: 267). Für dieses Verfahren bieten sich die folgenden Möglichkeiten an (vgl. Güther 2008: 36f.):

1. Der Text wird in einzelne Handlungsabschnitte unterteilt, denen analoge Abschnitte der Verfilmung zugeordnet werden. Nacheinander wird dann ein Handlungsabschnitt im Roman oder Drama gelesen und danach die jeweilige Sequenz der Verfilmung gezeigt, dann wieder eine Textpassage gelesen etc.

2. Text und Verfilmung werden in längere und kürzere Blöcke aufgeteilt. Einige Teile werden nur kursorisch gelesen und angesehen, ausgewählte Szenen hingegen im Detail analysiert und miteinander verglichen. Zum detaillierten Vergleich von Passagen aus Text und Verfilmung eignen sich oft insbesondere die Anfangs- und Schlussszenen (vgl. Groene 1985: 140). Die Konzentration auf den Filmanfang bzw. auf Schlüsselszenen ist auch eine Möglichkeit, mehrere Verfilmungen zu einem Prätext in den Unterricht einzubeziehen (vgl. Bauer 2008), da diese ja aus Zeitgründen nicht alle ganz angesehen werden können.

3. Sowohl aus der literarischen Vorlage als auch aus dem Film kommen nur ausgewählte Ausschnitte zum Einsatz; weder Buch noch Film werden also ganz rezipiert. Bei einem solchen Vorgehen muss natürlich darauf geachtet werden, dass Handlungsstruktur, Figurenkonstellationen und Wechsel der Schauplätze von den Schülerinnen und Schülern noch nachvollzogen werden können.

4. Der literarische Text wird ganz gelesen und zu ausgewählten Passagen werden analoge Filmausschnitte gezeigt.

5. Der gesamte Film wird gezeigt und zu ausgewählten Szenen wird die literarische Vorlage als Vergleich herangezogen. Dieses Verfahren bietet sich besonders bei umfangreichen oder (sprachlich und formal) anspruchsvollen Texten an, eignet sich aber auch für die Arbeit mit Filmen, zu denen im Nachhinein ein Buch verfasst wurde (also z.B. für den Film *Bend It Like Beckham*).

5. Methoden und Aufgaben für einen modernen fremdsprachlichen Literatur- und Filmunterricht

Die für einen Vergleich von Roman und Verfilmung genannten Untersuchungsschwerpunkte (vgl. Abschnitt 2) können im Unterricht analytisch erschlossen werden. Da Filme neben spezifisch cineastischen auch dramatische und narrative Elemente enthalten, kann dabei auf vertraute Verfahren der Textanalyse zurückgegriffen werden (vgl. Nünning/Surkamp 2009: 250f.).[6] Darüber hinaus besteht jedoch die Notwendigkeit eines „eigenständigen, von literaturwissenschaftlichen Kategorien unabhängigen Analyseinstrumentariums, das sich als unverzichtbar erweist, um die Mediendifferenzen als solche zu beschreiben und zu reflektieren" (Bohnenkamp 2005: 18).[7] Die Analyse des Medienwechsels vom Buch zum Film darf allerdings nicht bei der Aufdeckung der unterschiedlichen Erzähl- bzw. Darstellungsweisen der beiden Medien stehen bleiben, sondern sollte vor allem deren jeweiliges Wirkungs- und Funktionspotential bestimmen. Um dies leisten zu können, bedarf es womöglich auch der Einbeziehung der spezifischen Entstehungs- und Rezeptionskontexte von Buch und Film.

Damit die Lernenden sich bei der Analyse text- bzw. filmspezifischer Darstellungsverfahren nicht auf zu viele Details auf einmal konzentrieren müssen, ist es sinnvoll, arbeitsteilige Lese-, Seh- und Höraufträge zu erteilen (vgl. Güther 2008: 39). Jeweils eine Kleingruppe kann sich z.B. auf den Handlungsverlauf, die Erzählsituation, Techniken der Raumdarstellung oder den Einsatz von Musik konzentrieren. Eine solche arbeitsteilige Aufgabe kann auch darin bestehen, dass eine Gruppe eine Passage aus der literarischen Vorlage liest, eine zweite Gruppe die entsprechende Szene ohne Ton anschaut (*silent viewing*) und eine dritte Gruppe die Filmszene nur hört (*sound only*). Anschließend versuchen die Lernenden dann, das Geschehen auf Basis des jeweiligen Materials ganz im Sinne einer *information gap activity* gemeinsam in der Fremdsprache zu rekonstruieren (vgl. ebd.: 40).

Eine andere Möglichkeit, die Lernenden für medienspezifische Unterschiede zwischen Buch und Film zu sensibilisieren, besteht in kreativen, handlungs- und produktionsorientierten Herangehensweisen. Eine für Schülerinnen und Schüler erfahrungsgemäß äußerst motivierende Aufgabe besteht darin, in die Rolle von Filmemachern zu schlüpfen, indem sie Überlegungen zur Verfilmung der literarischen Vorlage, z.B. einer Kurzgeschichte, anstellen, um dann am Ende vielleicht sogar ihren eigenen kleinen Film zu drehen (vgl. Güldner 1996). Das Drehen eines Films bietet sich aufgrund des damit verbundenen Aufwandes jedoch eher für eine Projektwoche an als für den Unterrichtsalltag, vorausgesetzt natürlich, die Schule verfügt über die entsprechende technische Ausrüstung.

Folgende Teilaufgaben können bei der Vorbereitung einer Verfilmung bzw. als etwas außergewöhnliche *pre-viewing activities* vor der Betrachtung einer Literaturverfilmung bewältigt werden (vgl. Nünning/Surkamp 2009: 271f.):

- Die Lernenden erörtern, welche Probleme sich bei der Verfilmung des Textes ergeben könnten, und suchen nach Lösungen;
- sie überlegen, welche Szenen sich besonders gut für die Verfilmung eignen und wo Umformungen, Ergänzungen oder Auslassungen notwendig werden;
- sie entscheiden, welche Schauspielerinnen und Schauspieler für die einzelnen Rollen geeignet wären und warum;
- sie machen sich Gedanken über die Gestaltung des Filmanfangs, über *establishing shots*, über die Figuren, Schauplätze und Dialoge;
- sie bearbeiten einen schriftlichen Dialog der Vorlage, indem sie den miteinander sprechenden Figuren eine bestimmte Gestik, Mimik und Körpersprache geben und die Szene außerdem mit Geräuschen und Musik unterlegen;
- sie überlegen, wie viele Einstellungen für die Verfilmung einer bestimmten Szene notwendig sind und welche Einstellungsgrößen, Kameraperspektiven und Kamerabewegungen zur Erreichung welcher Wirkungen einzusetzen sind;
- sie finden sich in Gruppen zu einzelnen Mini-Produktionseinheiten zusammen, die jeweils Instruktionen vom Regisseur (dargestellt von einem Schüler bzw. einer Schülerin) darüber erhalten, wie eine bestimmte Szene umgesetzt werden soll (z.B. dass die Szene aggressiver oder weniger aggressiv gespielt werden soll als im Buch dargestellt). Die unterschiedlichen Versionen werden daraufhin der Klasse vorgeführt, und die anderen Gruppen müssen erraten, welche Änderungen jeweils vorgenommen wur-

den. Abschließend wird diskutiert, wie diese Szene am besten filmisch umgesetzt werden kann (vgl. Collie/Slater 1987: 127f.);
- sie setzen die literarische Vorlage um:
  1. in ein Exposé (enthält außer der Charakterisierung der Hauptfiguren eine kurze Darstellung des Hauptproblems sowie einige wichtige Szenen und Dialogpassagen),
  2. ein *film treatment* (d.h. eine detaillierte Zusammenfassung der Handlung in Prosaform),
  3. ein *shooting script* (enthält den kompletten Dialog und die Beschreibungen aller Einstellungen, Kameraführungen, Schauplätze und Sound-Effekte),
  4. ein *storyboard* (comicähnliche Serie von gezeichneten Rahmen mit einem Rahmen pro Einstellung; die Beschreibung der Handlung und die Dialoge stehen unter dem Rahmen; vgl. Teasley/Wilder 1997: 69, Stempleski/Tomalin 2001: 63f., 74, Fiedler 1990);
- sie entwerfen in Gruppen einen Trailer zu ihrem Film, z.B., indem sie repräsentative und spannungserweckende Dialogausschnitte aus dem Buch zusammenstellen und diese dann als Rollenspiel umsetzen (vgl. Collie/Slater 1987: 77f., 121f.). Unterschiede zwischen den einzelnen Trailer-Entwürfen sollten als Diskussionsanlass im Plenum genutzt werden.

Die vorgestellten kreativen Aufgaben bei der Arbeit mit Filmen können dazu beitragen, dass Schülerinnen und Schüler Medienkompetenz aktiv erwerben. So werden z.B. bei der Vorbereitung zur Produktion eines eigenen Films die Merkmale des Mediums nicht analytisch erschlossen, wie das im Unterricht im Allgemeinen üblich ist. Die Lernenden müssen vielmehr überlegen,

> wie sich ein literarischer Text in die Sprache des Films übersetzen lässt und welche Rolle dabei der Text spielen soll. Was bleibt als Text erhalten oder wird in einen Dialog umgeformt, und wie wird dann der Text mit Bildern und Geräuschen verbunden? Lässt sich die Aussage auch ohne Text, nur durch Bilder und Geräusche, gestalten?

> (Güldner 1996: 62)

Auf diese Weise kann es zu lebhaften Diskussionen beispielsweise über die filmische Umsetzung der Erzählsituation in einer Kurzgeschichte kommen (vgl. Groene/Kieschke 1986: 5), so dass das Interpretationsgespräch zum „Inszenierungsgespräch" (Fiedler 1990: 393) wird. Wenn die Lernenden sich selbst als Drehbuchautoren versuchen, werden sie schnell erkennen, dass Dialoge und Handlungen von Figuren zwar potenziell unverändert in einem Film übernommen werden können, die Umsetzung von beschreibenden Passagen oder Bewusstseinsvorgängen aber ungleich komplizierter ist, dass in solchen Fällen der Film also ‚freier' mit der literarischen Vorlage umgehen muss. Überlegungen zur Verfilmung eines literarischen Textes eignen sich besonders für eine Gruppenarbeit, da bei der Diskussion in der Gruppe verschiedene Umsetzungsmöglichkeiten mit ihren Vor- und Nachteilen gegeneinander abgewogen werden können.

Wenn die Lernenden ihre Ideen für die Verfilmung einer bestimmten Erzählsituation sodann mit dem Original bzw. der Lösung der ‚Profis' vergleichen, können die besonderen Stilmittel einer Literaturverfilmung und ihr Wirkungspotenzial sehr viel schärfer herausgearbeitet werden als bei einem rein analytischen Zugang zum Film. Da die Lernenden sich selbst schon mit der audiovisuellen Umsetzung der Erzählsituation beschäftigt, das Für und Wider einzelner Darstellungsverfahren diskutiert und deren Wirkungspotenzial kommunikativ ausgehandelt haben, suchen sie im Falle von Unterschieden zwischen der Originalversion und ihren eigenen Vorstellungen nach Begründungen für die Wahl eines bestimmten Stilmittels. Die filmische Umsetzung eines Textes erscheint bei einem solchen Vorgehen im Unterricht folglich nicht als bloße Transformation eines literarischen Werkes in ein anderes Medium, sondern als weitere Deutung des Textes, die Anlass zu Diskussionen gibt.

6. Fazit

Die Beschäftigung mit Literaturverfilmungen bietet vielfältige Möglichkeiten der Auseinandersetzung mit den medienspezifischen Unterschieden von literarischen Vorlagen und ihren Verfilmungen sowie deren jeweiligen Wirkungs- und Funktionspotenzialen. Bei einem sowohl analytischen als auch handlungsorientierten Einsatz von Literaturverfilmungen, der Buch und Film in die Betrachtung einbezieht, wird daher die Medienkompetenz der Lernenden wesentlich erweitert. Denn wie auch Bohnenkamp betont, kann gerade die Beobachtung und Reflexion des Medienwechsels „einen Beitrag leisten zur Förderung eines bewussten und differenzierten Umgangs mit der ‚Sprache' der bewegten Bilder wie mit derjenigen der literarischen Tradition" (2005: 38).

Ein moderner Fremdsprachenunterricht, der mit Literaturverfilmungen arbeiten möchte, sollte daher die folgenden, im vorliegenden Beitrag aus literaturwissenschaftlicher und (fremdsprachen-)didaktischer Perspektive begründeten Forderungen berücksichtigen:

1. Literaturverfilmungen sollten als eigenständige ästhetische Kunstwerke betrachtet und als solche im Unterricht auch behandelt werden.

2. Die Betonung sollte auf dem parallelen Einsatz beider Medien liegen, d.h., im Mittelpunkt der Betrachtung sollte der Transformationsprozess stehen – und zwar sowohl in inhaltlicher als auch in formaler Hinsicht.

3. Beim Vergleich zwischen Text und Verfilmung sollte das Kriterium der Werktreue – wenn überhaupt – nicht wertend, sondern beschreibend bzw. analysierend verwendet werden.

4. Eine Literaturverfilmung sollte als eine Lesart des verfilmten Werkes begriffen werden – abhängig von Regisseur, Zeit und Kontext ihrer Entstehung (vgl. Boyum 1985: 45f., Goetsch 1988: 55f., Stam 2000: 57). D.h., die oftmals grundsätzlich geäußerte, aber keineswegs haltbare Kritik an Literaturverfilmungen, die besagt, die Vielschichtigkeit des literarischen Werkes würde durch die Verfilmung auf eine bestimmte Interpretation eingeengt (vgl. Buchloh/Groene 1983: 260), sollte dadurch produktiv genutzt werden, dass die durch die Verfilmung hervorgebrachte Lesart selbst zum Gegenstand des Unterrichts wird.

Damit all diese Forderungen in Zukunft im Unterricht berücksichtigt werden können, steht auch die Fremdsprachendidaktik an den Hochschulen vor einigen Aufgaben:

1. Die Entwicklung einer Methodologie zum Einsatz von Literaturverfilmungen im Fremdsprachenunterricht steht bislang noch aus. Im vorliegenden Beitrag konnten nur erste Überlegungen vorgestellt werden. Für die weitere Entwicklung wäre sicherlich eine interdisziplinäre Zusammenarbeit hilfreich – und zwar sowohl der Fremdsprachendidaktiken untereinander als auch zwischen den Didaktiken und der Literatur- bzw. Filmwissenschaft.

2. Des Weiteren müssen konkrete Unterrichtsmodelle zu einzelnen Literaturverfilmungen für den Fremdsprachenunterricht entworfen werden, die auch bzw.

insbesondere den Transformationsprozess berücksichtigen und Lehrenden den Einsatz von Literaturverfilmungen mit einem Fokus auf dem Medienwechsel erleichtern.

[1] Vgl. zuletzt Blell/Lütge (2008) sowie Nünning/Surkamp (2009) für eine Überblicksdarstellung.

[2] Vgl. hierzu auch Poppe (2007: 93): „Queneaus Text zeichnet sich besonders durch seine Sprache (écriture fonetik [sic!], Wortneuschöpfungen, Stilmischung, usw.) aus, für die Malle durch eigene Mittel (Zeitraffer, Schriftinserts, Manipulation des Tons, Montage, usw.) filmische Äquivalente geschaffen hat. Dabei geht es nicht einfach um die Bebilderung des Textes, sondern um die Kreation einer eigenen filmischen Gestaltung, die Stil, Aussage und Bedeutung der literarischen Vorlage durch die Mittel des neuen Mediums transportiert."

[3] Vgl. konkreter zu diesem Beispiel Poppe (2007: 93): „Reisz setzt Fowles' konjunktivisches Spiel mit verschiedenen Romanenden und Lesererwartungen dadurch um, dass er von Anfang an sowohl die im Text erzählte Liebesgeschichte zwischen Sarah und Charles als auch die während der fiktiven Dreharbeiten entstehende Affäre zwischen den beiden Darstellern zeigt. Dadurch entsteht eine ähnliche Störung des *Make Believe* wie im Text."

[4] Im Film kann z.B. eine Aufnahme mit Obersicht ein Gefühl der Überlegenheit über die so dargestellte Figur vermitteln, da diese aus der Vogelperspektive heraus kleiner erscheint als in Wirklichkeit. Und die Großaufnahme des Gesichts einer Figur, die deren Gefühle und Bewusstseinsvorgänge durch die stark sichtbare Mimik sehr deutlich werden lässt, kann eine besondere Nähe zwischen dem Zuschauer und dieser Figur hervorrufen und damit sympathielenkend und identitätsstiftend wirken. Auch die Musik kann zum Bedeutungsträger werden, wenn sie zur Spannungserzeugung oder als Gliederungssignal eingesetzt wird, als Mittel der Betonung und Untermalung fungiert, Gefühle evoziert oder in leitmotivischer Verwendung zur Charakterisierung einer Figur beiträgt.

[5] Zur Auseinandersetzung mit dem Konzept der ‚narrativen Kompetenz', wie es hier verstanden wird, vgl. insbesondere Nünning/Nünning (2007).

[6] Teasley/Wilder (1997: Kap. 2) haben mit ihrer Unterscheidung literarischer, dramatischer und cineastischer Aspekte einen für den Unterricht sehr gut geeigneten dreigeteilten Bezugsrahmen für die Untersuchung von Filmen entwickelt.

[7] Für ein solches filmspezifisches Analyseinstrumentarium vgl. Nünning/Surkamp (2009: 253-256).

Literatur

Albersmeier, Franz-Josef (1995). Literatur und Film. Entwurf einer praxisorientierten Textsystematik. In: Zima, Peter von (Hg.). Literatur intermedial. Musik – Malerei – Photographie – Film. Darmstadt: Wiss. Buchgesellschaft, 235-268.

Bauer, Anike (2008). Shakespeare unterrichten. Hamletverfilmungen im Englischunterricht. Unveröffentlichte Staatsexamensarbeit. Göttingen: Universität Göttingen.

Blell, Gabriele/Lütge, Christiane (2008). Filmbildung im Fremdsprachenunterricht. Neue Lernziele, Begründungen und Methoden. Fremdsprachen lehren und lernen 37, 124-140.

Bogner, Ralf Georg (2008). Medienwechsel. In: Nünning, Ansgar (Hg.). Metzler Lexikon Literatur- und Kulturtheorie. Stuttgart: Metzler, 478.

Bohnenkamp, Anne (2005). Literaturverfilmungen als intermediale Herausforderung. In: Dies. (Hg.). Literaturverfilmungen. Stuttgart: Reclam, 9-38.

Boyum, Joy Gould (1985). Double Exposure. Fiction into Film. New York: Universe Books.

Buchloh, Paul/Groene, Horst (1983). Englischsprachige Literatur im Film. Philologische Methoden der Filmanalyse. In: Groene, Horst et al. (Hg.). Medienpraxis für den Englischunterricht. Technische Medien und Massenmedien im Fremdsprachenunterricht. Paderborn: Schöningh, 256-281.

Burger, Günter (1995). Fiktionale Filme im fortgeschrittenen Englischunterricht. Die Neueren Sprachen 94/6, 592-608.

Collie, Joanne/Slater, Stephen (1987). Literature in the Language Classroom. A Resource Book of Ideas and Activities. Cambridge: Cambridge University Press.

Coursen, Herbert R. (1997). Teaching Shakespeare with Film and Television. Westport: Greenwood Press.

Fiedler, Eckard (1990). Die Umsetzung eines Romanauszugs in ein Filmskript. Praxis des neusprachlichen Unterrichts 37/4, 384-393.

Fielitz, Sonja (1999). Drama. Text und Theater. Berlin: Cornelsen.

Goetsch, Paul (1988). Thesen zum Vergleich von literarischen Werken und ihren Verfilmungen. In: Friedl, Bettina/Weber, Alfred (Hg.). Film und Literatur in Amerika. Darmstadt: Wiss. Buchgesellschaft, 45-64.

Groene, Horst (1985). Zum Einsatz von Literaturverfilmungen im Englischunterricht der Sekundarstufe II. Grundsatzüberlegungen und Erfahrungsbericht. In: Buchloh, Paul (Hg.). Literatur und Film. Studien zur englischsprachigen Literatur und Kultur in Buch und Film II. Kiel: Kieler Verlag Wissenschaft und Bildung, 133-164.

Groene, Horst/Kieschke, Klaus (1986). Literaturverfilmung im Englischunterricht der Sekundarstufe II. Frank R. Stocktons *The Lady or the Tiger?* Praxis des neusprachlichen Unterrichts 33/1, 3-12.

Güldner, Gerhard (1996). Vom Text zum Film. Schüler drehen Videofilme nach literarischen Vorlagen. Praxis Deutsch 23/140, 62-67.

Güther, Helga (2008). Literaturverfilmungen im Englischunterricht am Beispiel von Philip Roths *The Human Stain*. Unveröffentlichte Staatsexamensarbeit. Göttingen: Universität Göttingen.

Gymnich, Marion (2009). Romanverfilmungen im Englischunterricht. In: Hallet, Wolfgang/Nünning, Ansgar (Hg.). Romandidaktik. Trier: Wiss. Verlag Trier, 221-237.

Gymnich, Marion/Nünning, Ansgar (1998). ‚Der Film zum Buch' oder ‚Das Buch zum Film'? Vorschläge zum Einsatz von Romanverfilmungen im Englischunterricht der Sekundarstufe II. Fremdsprachenunterricht 42/51, 367-373.

Kamp, Werner (2006). Shakespeare im Film. In: Petersohn, Roland/Volkmann, Laurenz (Hg.). Shakespeare didaktisch I. Neue Perspektiven für den Unterricht. Tübingen: Stauffenburg, 119-134.

Nünning, Ansgar/Nünning, Vera (2007). Erzählungen verstehen – verständlich erzählen. Dimensionen und Funktionen narrativer Kompetenz. In: Bredella, Lothar/Hallet, Wolfgang (Hg.). Literaturunterricht, Kompetenzen und Bildung. Trier: Wiss. Verlag Trier, 87-106.

Nünning, Ansgar/Surkamp, Carola (2009). Die Arbeit mit Literatur in anderen Medien I: Film. In: Dies. Englische Literatur unterrichten. Grundlagen und Methoden. Seelze-Velber: Kallmeyer/Klett, 245-275.

Pfister, Manfred (1994). Das Drama. München: Fink.

Poppe, Sandra (2007). Visualität in Literatur und Film. Eine medienkomparatistische Untersuchung moderner Erzähltexte und ihrer Verfilmungen. Göttingen: Vandenhoeck & Ruprecht.

Schneider, Irmela (1981). Der verwandelte Text. Wege zu einer Theorie der Literaturverfilmung. Tübingen: Niemeyer.

Stam, Robert (2000). Beyond Fidelity. The Dialogics of Adaptation. In: Naremore, James (Hg.). Film Adaptation. New Brunswick: Rutgers University Press, 54-76.

Stempleski, Susan/Tomalin, Barry (2001). Film. Resource Books for Teachers. Oxford: Oxford University Press.

Stiller, Hugo (1990). Texte und ihre Verfilmungen. Vorteile einer Medienkombination für das textverarbeitende Lerngespräch im fortgeschrittenen Englischunterricht. Der fremdsprachliche Unterricht Englisch 24/99, 4-10.

Surkamp, Carola (2005). Literaturverfilmung einmal anders. Aufgabenorientiertes Lernen mit Stephen Daldrys The Hours. In: Müller-Hartmann, Andreas/Schocker-v. Ditfurth, Marita (Hg.). Aufgabenorientierung im Fremdsprachenunterricht. Task-Based Language Learning and Teaching. Tübingen: Narr, 287-298.

Teasley, Alan B./Wilder, Ann (1997). Real Conversations. Reading Films with Young Adults. Portsmouth: Heinemann.

Dramatischer Text und Film.
Didaktische Potenzen des intermedialen Übertragungsprozesses in ¡Ay, Carmela! von José Sanchis Sinisterra/Carlos Saura

Martina Bender

Teatro y cine han de complementarse, haciendo el trabajo adecuado cada uno de ellos.
(Federico García Lorca[1])

Menschliches Verhalten in extrem zugespitzten Entscheidungssituationen zu erproben, gehört seit jeher zu den zentralen Topoi künstlerischen Gestaltens. Bei der Modellierung von existenziellen Konflikten und Dilemmata individuellen oder gesellschaftlichen Wollens findet es in deren Unauflöslichkeit eine zumeist tragische Ausformung. Exemplifiziert am Typus des Künstlers, der sich unter dem Eindruck moralischer und politischer Indoktrination zu einer daseinsbestimmenden Entscheidung gedrängt sieht, erhält diese Konstellation besondere Brisanz, impliziert sie doch die grundsätzliche Frage nach dem Verhältnis von Kunst und Macht.

Eine derartige Problematik kennzeichnet den Stoff der *Elegía de una guerra civil*, die der spanische Dramatiker José Sanchis Sinisterra unter dem Titel *¡Ay, Carmela!* im Jahre 1987 auf die Bühne brachte. Die auffällig intensive, dabei durchaus auch ablehnende Rezeption des Stückes[2] zeigt, wie sehr der 1940 geborene Autor an die Tabuzonen einer offenkundig unbewältigten Bewusstseins- und Gefühlslage der postdiktatorialen spanischen Gesellschaft rührte.[3] Ähnliche Wirkung zeigte die 1990 auch kommerziell sehr erfolgreich anschließende filmische Adaption des Theaterstückes, mit der dem Drehbuch-Regie-Duo Rafael Azcona/Carlos Saura die nicht minder eindringliche Darstellung des Schicksals eines an der Brutalität des Bürgerkrieges zerbrechenden Schauspieler-Paares gelang.

Mit der Ansiedlung des Geschehens in der Gefechtszone der Ebrofront, wo im Frühjahr 1938 kriegsentscheidende Kämpfe ausgetragen wurden, sind die Figuren in beiden Versionen einer Konfrontation mit dem Bedrohungspotenzial militärischer Gewalt ausgesetzt und folglich zu Reaktionen und Haltungen von existenzieller Relevanz gezwungen. Situiert zwischen Positionen politischer Neutralität und parteiergreifender Stellungnahme folgen sie Impulsen egoistischen Selbsterhaltungstriebes ebenso wie sie sich zu solidarischer Empathie fähig zeigen.

Das je eigene mediale Profil von Theater und Film bedingt selbstverständlich eine grundlegend verschiedenartige ästhetische Formung des Stoffes, wobei sich in der vergleichenden Betrachtung der beiden Kunstwerke deren jeweilige narrative Fassung als besonders auffällige Differenz erweist. So erscheint die weitgehend kohärent und logisch geordnete Erzählweise des Films als deutlicher Kontrapunkt zur strukturellen Dispersität der literarischen Vorlage, die im Wesentlichen auf der antimimetischen Dekonstruktion kontinuierlicher Handlungs- und Diskursformationen beruht.

Von der durch ihre narratologische Alterität markierten Spannung zwischen filmischer Repräsentation und Dramentext sollte ein didaktischer Impuls ausgehen, der Schüler im Spanisch-Unterricht der Oberstufe zu einem konstruktivistischen Umgang mit beiden Medien befähigt. Dies bedeutet, sich nicht auf die kontrastive Analyse beider Fassungen zu beschränken, sondern einen kommunikativen Akt des wechselseitigen De- bzw. Rekonstruierens anzustreben. Dabei ginge es also um die produktive Aneignung der jeweils medienspezifisch realisierten sprachlichen Repräsentanz und ihres komplementären Zusammenspiels. Theoretische Fundierung würde ein solches Herangehen in der Konzeptualisierung von „Intermedialität als transformativem Verfahren" (Paech 1998: 15) finden, mit dem „[...] Elemente, Strukturen und spezifische Kontexte eines Mediums auf ein anderes übertragen und in diesem sichtbar gemacht werden, wobei das Ausgangsmedium im Zielmedium als markierte Form erscheint" (Mecke 2008: 254).

1. Soziopolitische und mentalitätsgeschichtliche Determinationen im epistemologischen Feld der spanischen Postmoderne

Das Drama um die fronterprobten Kleinkunstdarsteller Carmela und Paulino findet seinen ereignisgeschichtlichen Hintergrund im spanischen Bürgerkrieg, der als radikale Aktualisierung des gesellschaftsstrategischen Topos der *Dos Españas* in seinen politischen und mentalen Konsequenzen für das gesamte 20.

Jahrhundert bestimmend sein sollte. Insofern handelt es sich um ein historisches Motiv von unmittelbarer Wirkung bis in die spanische Gegenwart, womit auch der hermeneutische Horizont des Entstehungszeitraumes der beiden Werke in besonderer Weise zum Tragen kommt. Dieser Bezugsrahmen wird durch ein Spannungsverhältnis determiniert, welches zusammengefasst darin besteht, dass sich das Land beim Eintritt in die neunziger Jahre in einer Phase gesellschaftlicher *transición* befand, die vom kollektiv einvernehmlichen Gestus der Verdrängung gekennzeichnet war und eine entsprechende Gegenbewegung einzig im kultursoziologischen Bereich künstlerisch-literarischer Intellektuellenkreise zuließ.

Indem nach dem Ende der Franco-Diktatur keine wirkliche Aufarbeitung angestrebt und stattdessen ein *pacto del olvido* geschlossen wurde, erlegte sich die spanische Gesellschaft eine in höchstem Maße prekäre historische Charge auf, die auf der weitgehenden politischen, juristischen und diskursiven Ausblendung einer Generationen übergreifenden Langzeiterfahrung beruhte. So wurde der Dialog über das Verhältnis von Siegern und Verlierern, von Tätern und Opfern, Kampf und Resignation oder Aufbegehren und Anpassung gewissermaßen programmatisch verhindert. Seit den späten 1980er Jahren zeigte sich allerdings, wie trügerisch der vordergründig funktionale Erfolg dieser Amnesie bei der Etablierung eines demokratischen Systems war. Denn nunmehr wurde aus kaum verdeckter Verschleppung einer Auseinandersetzung mit kollektiv wie individuell verursachter historischer Schuld die offenkundige Potenzierung einer Konfliktlage, die in politische Defizite und individualpsychologische Dauerfolgen mündete und ihren Ausdruck im mentalen Status eines *desencanto* fand. Um Korrektur und die nachhaltige Initiierung einer offensiven Erinnerungsdebatte bemüht, waren es vor allem die Vertreter des neuen historischen Romans, die die Konfrontation mit diesem Phänomen suchten. Mit mehr oder weniger als postmodern bestimmbarem Habitus entwickelten Autoren wie Manuel Vázquez Montalbán, Juan und Luis Goytisolo, Javier Marías oder Antonio Muñoz Molina erzählerische Konzepte eines *hacer memoria*, in denen der Bürgerkrieg als nationales Trauma von umfassender Gegenwärtigkeit erkenntlich und in seiner Koppelung an die Reflexion über das geschichtlich handelnde Subjekt und dessen Biografie darstellbar wurde. Mit diesem dezidiert ethischen Signum wurde eine spezifisch spanische Variante von Postmoderne generiert, von der gesagt werden kann, dass sie kaum im Bewegungsraum von Sinn und Spiel eines schlicht affirmativen *anything goes* des Schreibens wahrnehmbar ist und sich auch nicht in metafiktionaler Selbstreferentialität verliert, sondern in einer Sphäre ansetzt, wo sich Literatur an der Geschichte und dem Versuch ihrer sprachlichen Vergegenwärtigung abarbeitet. Über die thematische Privilegierung der Aufarbeitung der Franco-Ära und der darin eingeschlossenen – zumeist scheiternden – Identitätssuche trat dabei vor allem der Prozess des Erinnerns und dessen Analyse in den Vordergrund. Nach Muñoz Molina fungiert der Ort des Erzählens somit als Fokus, von dem aus Vergangenheit und Gegenwart, Realität und Identität als Möglichkeiten vor Augen stehen, die sie als Produkte fiktionaler Narration sind. Insofern sie damit allerdings als Resultate eines durchaus subjektiven (Re)konstruktionsprozesses durchschaubar werden, impliziert dies ihre erkenntniskritische Relativierung, was wiederum zu der Einsicht führt, dass es im Widerstreit der Diskursarten letztlich keine einzig zutreffende oder endgültige historische Wahrheit geben kann.[4]

Obgleich insgesamt von geringerer Dichte und Orientierungskraft als der Roman, liefert auch das spanische Theater signifikante Beiträge zur Belebung eines die Diktatur evozierenden gesellschaftlichen Erinnerungsdiskurses. Mit *¡Ay, Carmela!* liegt ein dramatisches Angebot vor, das in seiner Funktionalität als Gedächtnisträger ebenfalls im Feld einer nationalspezifischen Postmoderne situierbar ist.

2. Intermedialität als Theorem und transformatives Verfahren

Wenn von der Alterität zwischen dramatischem Text und dessen filmischer Transformation die Rede ist, kann im Fallbeispiel *¡Ay, Carmela!* von einer sehr spezifischen Relation ausgegangen werden. Sie erschöpft sich ganz sicher nicht in der bei Literaturverfilmungen häufig anzutreffenden Konstellation eines bezüglich seiner Sinnhorizonte und ästhetischen Potenziale recht vielschichtigen und komplizierten Ausgangsmaterials, das in der cineastischen Adaption reduktiv vereinfacht dem Rezeptionsstatus ‚Verständlichkeit/ Massentauglichkeit' angepasst wird.[5]

¡Ay, Carmela! kennzeichnet ein wesentlich problematischeres, komplexeres, dabei in gewisser Weise interaktives Beziehungssystem, so dass von narratologischer Alterität zu sprechen dem Verhältnis zwischen beiden Werkfassungen im Grunde nicht gänzlich gerecht wird und als die eigentliche Dimension transtextueller Kopplung stattdessen ein intermedialer Zwischenraum angenommen werden sollte. Diesen in seiner Spezifik näher zu bestimmen, erfordert zunächst eine Charakterisierung der literarischen Vorlage, deren textstrukturelle Qualität offenbar von besonderer Relevanz für den gegebenen Zusammenhang ist. In formaler Hinsicht traditionell in zwei Akte und einen Epilog gegliedert, präsentiert sich der durchgängig auf zwei Personen beschränkte, dabei fast ausschließlich dialogisch und sequenziell organisierte Diskurs auf der Aussageebene als hochgradig fragmentarisch und unbestimmt. Hinzu kommt der Verzicht auf eine klare Definition seiner Raum-Zeit-Referentialität, wodurch insgesamt der Eindruck mangelnder handlungslogischer Koordination und auffälliger struktureller Inkohärenz zwischen den szenischen Einheiten entsteht. Mit dem metaphorischen Konstrukt des *teatro dentro del teatro* wird eine weitere Fiktionsebene etabliert, auf der die Schauspieler-Figuren als Darsteller ihrer eigenen (irrealen) Existenz[6] erscheinen. Insofern markant desillusionistisch konfiguriert, erfährt der Text auch eine metatheatralische Perspektivierung[7], durch die der Akt literarischer Produktion durchschaubar und die Relativität und Kontingenz menschlichen Handelns im historischen Prozess besonders deutlich wird (Pérez Bowie 2004: 287-288). Angesichts des frequenten Einsatzes von Vor- und Rückblenden, schnellen Schnitten, sowie der Parallelisierung oder Überschichtung von Zeit- und Fiktionsebenen wird deutlich, dass sich der Autor zu diesem Zweck auch spezifisch filmischer Formulierungen und Techniken bedient.

Eine derart brüchige Montage des szenischen Materials legt nahe, in ihr das Resultat eines (natürlich imaginativ) vorausgegangenen Dekonstruktionsvorgangs zu sehen, zumal der Text innerhalb der Szenen deutlich identifizierbare Elemente eines kontinuierlich und logisch disponierbaren Plots und ebenso profilierte Figurencharakteristiken enthält. So erfährt der Leser bzw. Zuschauer sukzessiv und zuweilen irritierend unvermittelt, was dem bedingungslos auf den Überlebenskampf fixierten, dabei politisch unbedarften Paulino gemeinsam mit seiner Frau und dem stummen Gustavete, einem von traumatischen Kriegserfahrungen gezeichneten Jungen, in franquistischer Gefangenschaft widerfährt: Als *Carmela y Paulino, variétés a lo fino* bei ihrem musikalischen Fronteinsatz im republikanischen Lager soeben noch gefeiert, sieht sich die *compañía teatral* in den Fängen der gegnerischen Seite der Bedrohung ihrer Hinrichtung ausgesetzt. Dieser kriegerischen Logik zu entkommen, steht das Angebot, mit einem unterhaltsam-patriotischen Programm zur Huldigung Spaniens und seines Caudillo aufzutreten, so den ‚Kreuzzug und die ruhmreiche Erhebung' („la Cruzada, el Glorioso Alzamiento", Sanchis Sinisterra 1991: 202) der *tropas nacionales* sowie der mit ihnen verbündeten deutschen und hier insbesondere italienischen Faschisten zu feiern. Die Rettungschance ergreifend, setzt Paulino, der einstige Jesuitenzögling, alle Mittel eines kompromisslosen, um totale Anpassung bemühten Opportunismus ein, während seine Frau Carmela, wesentlich stärker dem menschlichen Impuls existenziellen Mitgefühls folgend, Stellung bezieht und es letztlich verweigert, in der krönenden Abschlussnummer die Republik symbolisch zu liquidieren und gleichzeitig eine Gruppe inhaftierter Interbrigadisten, die dieser *velada artística, patriótica y recreativa* am Vorabend ihrer geplanten Exekution gezwungenermaßen beiwohnt, in zynischer Weise zu verhöhnen. So werden beide Haltungen einer extremen Tauglichkeitsprüfung unterzogen, in deren Ergebnis Carmela den Tod findet und Paulino in die alsdann unbestimmte Leere seines Daseins entlassen wird. Genau von diesem Punkt faktischer ‚Nicht-Existenz' der Figuren ausgehend, sieht sich der Rezipient des Dramentextes zu einer retrospektiv angelegten (Re)konstruktionsleistung veranlasst, indem er in der Manier einer *re-escritura* die diskursiven Bruchstücke der zerstörten Identitäten zusammenfügt und dabei wohl auch seinem anthropologisch fundierten Bedürfnis nach Herstellung von Kohärenz und Sinnhaltigkeit folgt. Wenn der somit vom Theaterzuschauer oder Leser erzielte Ergebnisstand weitgehend der stringenten Chronologie der Filmerzählung entspricht, ermöglicht dies die These, dass das (hypothetisch gesetzte) Resultat einer konstruktiv sinnstiftenden Dramenlektüre in der filmischen Repräsentation der Handlung aufgeht. Diese Übertragung vollzieht sich freilich in dem Gesamtkontext einer wesentlich umfassenderen intermedialen Transformation, so dass neben der in ihrer Besonderheit diskutierten formal-strukturellen Modifikation Unterschiede etwa in der Präsenz bzw. Gewichtung der Episoden, in der Modellierung der Figuren und nicht zuletzt in der Disposition des Sinnangebots etabliert werden.

Insgesamt induziert der Wechsel der Medien eine qualitative Alterität, die in ihrer äußersten Konsequenz eine deutliche Differenz des je eingeschriebenen Bedeutungshorizontes markiert. So wäre im direkten Vergleich der Status des dramatischen Textes als eine auf metaphysisch-phantasmagorischer Ebene angesiedelte Fiktion zu kennzeichnen, die sinnfällig in der Vorgabe wird, dass Carmela zu Beginn zwar bereits tot, gleichwohl aber problemlos in der Lage ist, jegliche räumliche wie existenzielle Begrenzung zu überschreiten. Damit ist jedoch ebenso denkbar, sie nicht in diesseitig fassbarer Materialität, sondern als die unterbewusst angelegte Dialogpartnerin des sinnierend im Diesseits zurückgebliebenen Paulino zu konzeptualisieren. Jedenfalls wirkt der nahezu handlungsfrei und auf leerer Bühne[8] produzierte Diskurs auch für den Rezipienten als eine dezidiert reflexive Vorgabe[9], keineswegs jedoch als mimetisch gestütztes Angebot zur Identifikation. Statt dessen verfügt er allerdings über ein hoch sublimiertes intertextuelles Verweissystem, will man in ihm neben der expliziten Ehrerbietung für Federico García Lorca und Antonio Machado beispielsweise auch die Transgression der epistemologischen und sozioreligiösen Koordinaten des barocken Weltmodells bzw. dessen phantasmagorischer Auslegung durch die spanische Romantik oder die Inspiration durch das dramaturgische Konstrukt der *representación doble* des cervantinischen *Retablo de las maravillas* erkennen.

Demgegenüber ist die Filmfassung ganz diesseitig und eindimensional im historisch-realen Raum situiert. Überaus handlungs- und aktionshaltig, von rationaler und emotionaler Plausibilität, erscheint das imaginierte Resultat der Rekonstruktion des Dramas als dessen *narración desproblematizada*. Offenkundige Indikatoren hierfür sind vor allem die Veränderungen der *dramatis personae* insofern, als die im Zwei-Personen-Diskurs des Stückes nur erinnernd evozierten weiteren Spielpartner nunmehr die greifbare Körperlichkeit wahrhaftiger Akteure annehmen, wie sich am Beispiel der Figur des italienischen Teniente besonders plastisch erkennen lässt.[10] Die chronologische Linearität der in reallebensweltlichem Dekorum situierten Handlung stützt diesen Effekt. Auch das Verhältnis zwischen den Protagonisten weist deutliche Unterschiede auf. Während Paulino und Carmela im Film trotz ihrer divergierenden Stellungnahmen bis zum Augenblick der Katastrophe in emotionaler Nähe verbunden sind, reagieren sie in der Bühnenfassung tendenziell eher als Kontrahenten aufeinander, so dass ihr Dialog über weite Passagen einem Duell der Daseinsformen gleichkommt. Damit wird jedoch keineswegs ausgeschlossen, dass für die filmische Variante vielfach wortgetreu aus dem Drama zitiert wird.

Als vorläufiges Fazit ließe sich also konstatieren, dass das Verhältnis von Theaterstück und Film als eine intermediale Figuration von Differenz fassbar ist, die u.a. auf der (scheinbar paradoxen) Konstellation beruht, dass beide insofern ‚zusammenfallen', als die Lektüre des einen die Re- bzw. Dekonstruktion des jeweils anderen einschließt. Wenn zudem in der Gestalt des dramatischen Textes die Anwendung eines spezifisch kinematographischen Instrumentariums erkennbar ist, während der Film die volle Ausnutzung der ihm medial inhärenten Mittel zurückzuweisen scheint[11], verbinden sich die Kunstwerke in der dynamischen Mischung einer *ars combinatoria* als das beispielhafte „[...] Zusammenspiel der Kombinationen, Überlagerungen, Interferenzen und Kontrastierungen von Elementen unterschiedlicher medialer Herkunft" (Link-Heer 1994: VII). Das so erzeugte konzeptionelle Miteinander, dessen (ästhetische) Brechungen und Verwerfungen neue Dimensionen des Erlebens und Erfahrens eröffnen (Müller 1996: 16), kann schließlich als der hierbei zur Entfaltung kommende Zwischenraum intermedialer Übertragungsprozesse definiert werden.

Abb. 1: Teniente: «… para que sigas aprendiendo» (Saura 2006, Kap. 4, 00:26:55)

Abb. 2: Carmela: «Oiga ¿Esto, es una cárcel, verdad?»
(Saura 2006, Kap. 4, 00:27:58)

3. Didaktische Umsetzung. Szenische Komplementarität als Anreiz zu sprachlicher Produktion

Die didaktische Potenzialität dieser besonderen Form diskursiver Interdependenz soll an einer szenischen Sequenz verdeutlicht werden, die für den Handlungsverlauf und die Sinngebung vor allem der Filmfassung von strategischer Bedeutung ist. Zu ihrer situativen Kontextualisierung seien zunächst einige inhaltliche Komponenten des ausgewählten Materials benannt: Nach ihrer Verhaftung und einem ersten Verhör werden Paulino, Carmela und Gustavete in der als Gefängnis missbrauchten Schule des beinahe völlig zerstörten aragonesischen Ortes Belchite festgesetzt (Saura 2006, Kap. 4, 00:27:10-00:29:02; vgl. Abb. 1 und Abb. 2).

Durch Mitgefangene erfahren sie von bereits erfolgten und voraussehbaren Repressalien gegenüber Anhängern der Republik und auch von der bevorstehenden Hinrichtung einer Gruppe kriegsgefangener Interbrigadisten (vgl. Abb. 3). In der Reaktion insbesondere auf dieses Detail legen beide Protagonisten ihre für den weiteren Gang des Geschehens kennzeichnende Verhaltensdisposition an: während Carmela eine wohl naive, instinktiv jedoch politisch-moralisch integere Anteilnahme am Schicksal anderer[12] zum Ausdruck bringt, zieht sich Paulino sofort auf die Position opportunistischer Neutralität[13] zurück.

Abb. 3: Mujer: «Les han cogido prisioneros...» /
Hombre: «Todos extranjeros. Cada uno de una leche.» (Saura 2006, Kap. 4, 00:28:20)

Mit dem Ortswechsel vom kalt verregneten Schulhof in das Innere eines Klassenraumes befinden sich Carmela und einer der Interbrigadisten vor einer Landkarte, um einander ihre jeweilige Identität und Herkunft verständlich zu machen (Saura 2006, Kap. 5, 00:30:15-00:31:58). Eine gewisse Komik erzeugend, versetzt sich Carmela dabei in die Rolle einer Lehrerin, indem sie die Aussprache des Wortes *España* sowie die Akzentuierung ihres Vornamens besonders eindringlich demonstriert und in ihren Kommentaren die Wörter *aprender* und *entender/ comprender* leitmotivisch aufruft (vgl. Abb. 4 und Abb. 5).

Abb. 4: Carmela: « Tú polaco, yo española de aquí ...» (Saura 2006, Kap.5, 00:30:09)

Abb. 5: Carmela: «No, Ess-paaa-ña... ña, ña, ña.» (Saura 2006, Kap.5, 00:31:01)

Der verwundete polnische Kämpfer wiederum zeigt sich als überaus gelehriger Schüler, wobei er nicht nur gekonnt nachahmt, sondern den Namen und damit auch die Person Carmelas unmittelbar mit dem berühmten Kampflied der republikanischen Truppen assoziiert, indem er es gemeinsam mit einigen Kameraden sogleich intoniert:

PAULINO: Pero, ¿tú entiendes lo que dice?

CARMELA: Hombre, claro ... Dice que es de aquí de Polonia ...Tú polaco, yo española de aquí ... de España. A ver, dilo tú ... España.

POLACO: ... Isss ... pan ... jaaa ...

CARMELA: No, Ess-paaa-ña ... ña, ña, ña.

POLACO: Esssspaaña ... ña, ña. ... ña.

CARMELA: No, no, no, no ... España.

POLACO: España.

CARMELA: ¡Muy bien! ¿Has visto? En seguida lo ha aprendido.

PAULINO: Sí, muy listo, ya lo veo ya.

CARMELA: Yo. Car-me-la.

POLACO: Carr-me-la.

CARMELA: Sí hijo, sí, pero más suavecito ...

CARMELA: Más dulce ... Carmela.

POLACO: Carmela.

CARMELA: Eso es.

POLACO: Ay Carmela, Ay Carmela ...

(Azcona/Saura 1999: 32-33)

Der gewaltsame, Unheil verheißende Befehl des plötzlich eindringenden Cacique unterbricht die Harmonie dieser Szenerie in schärfstem Kontrast und bildet den Auftakt einer extrem dramatischen Zuspitzung, die ihren expressiven Höhepunkt in der auf die willkürliche Auswahl der Opfer folgenden Hinrichtung erreicht (vgl. Abb. 6).

Während das Drehbuch die Geschehnisse im Klassenraum in ihrer Schlüsselfunktion innerhalb des narrativen Verlaufes positioniert, finden sich die entsprechenden Passagen in der literarischen Textvariante zwar mit partiell wortgleicher Übereinstimmung, dabei jedoch völlig gegenläufig in der das gesamte Stück beschließenden letzten Replik des Epilogs. So ändert sich auch ihre Bedeutung, denn nunmehr dient die (erinnerte) ‚Sprachübung' nicht mehr zur Benennung der Herkunft und des Geburtslandes, sondern zur Vergewisserung über den Ort des Sterbens:

CARMELA: *(Sigue muy divertida)* Por lo menos, así, ya sabréis decir dónde habéis muerto ... A ver, tú, polaco: di Belchite ... Sí, eso es ... Belchite ... ¿Y Aragón, sabéis decirlo? ... Aragón ... No: Aragón ... Así: Aragón ... España sí que lo decís bien, ¿verdad? ... No ... *(Risueña)* Así, no ... Así ... España ... ña ... Sí es muy facil ... España ... España ...

(Sanchis Sinisterra 1991: 263-264)

Abb. 6: Cacique: «¡Todo el mundo arriba!» (Saura 2006, Kap. 5, 00:31:51)

Im angeführten Beispiel ergeben sich zahlreiche diskursive oder szenische Verbindungen zwischen den beiden Textfassungen, deren jeweilige Repräsentanz eine zusätzliche Bedeutungs- und Erklärungsebene gewinnt, setzt man ihr den komplementären Kontext hinzu. So erhält etwa die im Drehbuch positiv konnotierte Feststellung Carmelas zur Verstehensmöglichkeit über Sprachgrenzen hinweg – „[...] En seguida lo ha aprendido" – sofort eine tragische Dimension, wird sie in ihrer am Ende der literarischen Vorlage inszenierten Entsprechung gespiegelt. Hier ruft Carmela als Bedingung des *entenderse* auf, dass sie mit den bereits füsilierten Interbrigadisten den Aufenthalt im Jenseits gemein hat und beide, wenngleich ursprünglich verschiedene Sprachen sprechend, einander verstehen, da die Zugehörigkeit zu Spanien als Ort ihres Todes sie auch idiomatisch vereint:

> CARMELA: ¡Oye! ¿Y cómo es que nos entendemos? ... Porque vosotros, no sé en qué me habláis, pero yo os entiendo ... ¿Y a mí me entendéis? ¡Ay, qué gracia! (*Ríe.*) A ver si resulta que ... como habéis muerto en España, pues ya habláis el español ... ¡Qué occurencia! ... Lo mismo que al nacer en un país ... ¡Pues eso!

(Sanchis Sinisterra 1999: 263)

So sei angedeutet, in welcher Weise Filiationen von Sprache und Bedeutung im Status ihrer intermedialen Relationierung und Transformation aufzuspüren sind und als erfolgversprechender Impuls zu sprachlichem Handeln nutzbar gemacht werden können. Dabei darf freilich niemals aus dem Blick geraten, dass es sich bei der Passage zwischen den Kunstgattungen zunächst vorrangig um eine ästhetische Erfahrung transmedialer Überschreitung handelt, was durchaus auch die Anerkenntnis der Widersetzlichkeit des Unsagbaren einschließt. Insofern sollte gerade der Sprachunterricht keineswegs darauf hinauslaufen, den Film mit Hilfe des literarischen Textes zu ‚erklären'. Gleichwohl erscheint die im engeren Sinne transtextuelle Verflechtung der beiden Fassungen in besonders intensiver Weise gegeben, womit sich ein weites Feld methodischer Möglichkeiten der intermedialen Zusammenschau eröffnet. Es reicht von der Identifikation reziprok situierter lexikalischer Spuren, der Re-Formulierung nonverbaler filmischer Elemente, über die sprachliche Kompensation semantischer Leerstellen und Frakturen bis zu komplexen Formen eigenständig-kreativer Sprachproduktion. In jedem Fall dürfte es zu einem Zugewinn an fremdsprachlicher Kompetenz führen, dem Anreiz direkter Partizipation bei der Konstitution von intermedialen Erzählungen zu folgen und damit aktiv das Intermedium hypertextueller Imagination nicht nur zu erfassen und mit seinen Übergängen zu erfahren, sondern in seiner kommunikativen Materialität selbst zu erschaffen. So kann der Sprachunterricht auch als ein Ort verstanden werden, an dem im Sinne einer „medialen Anthropologie der Imagination"[14] (Reck 1996) das Subjekt in den Fokus der Medienrelationen gelangt.

Der unterrichtlichen Praxis bleibt es vorbehalten, diese Annahme in ihrer Wirksamkeit zu überprüfen.

---

[1] García Lorca, Federico (1935). Federico García Lorca parla per als obrers catalans. L'Hora. Tercer Época. Palma de Mallorca.

[2] Vgl. die Kritiker- und Pressestimmen in: Sanchis Sinisterra (1991: 267-308). Apéndice documental.

[3] Dazu die Erläuterung des Autors: „¡Ay, Carmela! nació para activar la memoria histórica de la joven democracia española, ávidamente abierta hacia el futuro, en el cincuenta aniversario del inicio de la Guerra Civil, una dramática desgarradura que casi nadie parecía querer recordar." (Martinez 2004: 89)

[4] So folgt auch hier auf den Verlust von konsensueller Einheit und Totalität die Anerkenntnis jener irreduziblen Pluralität der Sprachformen, die von Jean-François Lyotard als Leitmotiv und elementare Konstellation der „condition postmoderne" beschrieben wurde. Vgl. Lyotard (1979 und vor allem 1983).

[5] Carlos Saura verweist diesbezüglich auf konzeptionell begründete Unterschiede, wenn er etwa über die ausschließlich real-körperliche Modellierung ‚seiner' Carmela im Vergleich zur literarischen Fassung aussagt: „La única objeción que yo tenía a la obra era ese personaje que baja del cielo y que si en el teatro está justificado porque es una unidad espacio-temporal, en cine me parecía que eso era un disparate." (Entrevista a Carlos Saura. In: Dirigido por 179. Abril 1990, 71-72, zit. aus Pérez Bowie 2004: 289).

[6] „El espacio en el que se plasman las evocaciones de Paulino es el teatro, como lo reconoce el mismo personaje; esto produce su sospecha acerca de la *verdad* de lo que vive." (Sosa 2004: 199)

[7] Zu diesem Zusammenhang bemerkt Pérez Bowie: „El propio lugar de la acción, un escenario vacío, propicia el desencadenamiento de la reflexión metateatral que se desarrolla en paralelo a la transfiguración de ese lugar desolado en un espacio mágico mediante la palabra de los dos personajes que lo ocupan [...]." (Pérez Bowie 2004: 287)

[8] Die das Dekorum anzeigende Regieanweisung schreibt vor: „Escenario vacío" (Sanchis Sinisterra 1991: 189).

[9] Auch in dem von Marcela Beatriz Sosa angenommenen Sinn: „[...] la narratividad de *¡Ay, Carmela!*, que parece la de una historia policial donde el rompecabezas del crimen se reconstruye totalmente al final." (Sosa 2004: 193)

[10] „Alors qu'Amelio Giovanni de Ripamonte n'était dans la pièce de Sanchis Sinisterra qu'un actant qui se manifestait uniquement par les brusques variations de lumière qui

traduisaient son irritation, Carlos Saura en a fait un personnage fondamental du film, l'incarnation même de l'idéologie fasciste." (Larraz 2000: 41)

[11] Ein Verhältnis, das zu kennzeichnen wäre als „intermedialer Chiasmus, der literarische Verfahren und Diskurse auf den Film und filmische Techniken auf die Literatur überträgt." (Mecke 1999: 119, Anm. 89)

Außerdem ließe sich darin eine Affirmation der von Franz-Josef Albersmeier vorgeschlagenen typologischen Klassifikation von Literatur-Film-Beziehungen erkennen. Albersmeier unterscheidet drei Hauptformen: „literarische/ theatralische Filme"; „filmische Literatur/ filmisches Theater"; „wechselseitige Einflüsse zwischen Literatur, Theater, Film". (Albersmeier 1995: 235-268)

[12] Dazu der Kommentar des Autors: „No se trata, realmente, de una elección ideológica, sino de un impulso sentimental y quizás también moral. Pero igual lo paga con la muerte." (Martinez 2004: 85)

[13] Paulino: „[...] los que somos inocentes. No tenemos nada que temer" (Azcona/Saura 1999: 32); „ [...] Nosotros no somos rojos, somos buenos españoles." (Azcona/Saura 1999: 35)

[14] Eine neue Medienanthropologie, die nach Reck in der menschlichen Fähigkeit begründet ist, „zwischen dem Realen, Symbolischen und Imaginären liegende Artefakte zu entwickeln." (vgl. Roloff 2007: 29)

Literaturverzeichnis

Albersmeier, Franz-Josef (1995). Literatur und Film. Entwurf einer praxisorientierten Textsemantik. In: Zima, Peter V. (Hg.). Literatur intermedial. Musik. Malerei. Photographie. Film. Darmstadt: Wiss. Buchgesellschaft, 35-268.

Azcona, Rafael/Saura, Carlos (1999). ¡Ay, Carmela! Un film de Carlos Saura. Dialogues français et españols N°. 486. Paris: L'Avant-Scène.

Larraz, Emmanuel (2000). ¡Ay, Carmela! Le théâtre à l'écran. In: Larraz, Emmanuel (Hg.). ¡Ay, Carmela!. Voir et lire Carlos Saura (II). Hispanistica XX. Centre d'Etudes et de Recherches hispaniques du XXe siècle. Dijon: Université de Bourgogne, 31-46.

Link-Heer, Ursula (1994). Vorwort. In: Dies./Roloff, Volker (Hg.). Luis Buñuel: Film-Literatur. Intermedialität. Darmstadt: Wissenschaftliche Buchgesellschaft, VII-XII.

Lyotard, Jean-François (1979). La condition postmoderne. Paris: Editions de minuit.

Lyotard, Jean-François (1983). Le Différend. Paris: Editions de minuit.

Martinez, Monique (2004). J. Sanchis Sinisterra. Una dramaturgia de las fronteras (con apostillas del autor). Ciudad Real: Ñaque Editora.

Mecke, Jochen (1999). Im Zeichen der Literatur: Literarische Transformationen des Films. In: Ders./Roloff, Volker (Hg.). Kino-/(Ro)Mania. Intermedialität zwischen Film und Literatur. Tübingen: Stauffenburg, 97-123.

Mecke, Jochen (2008). Intermedialität und Hypermedialität: einige Überlegungen zu Cervantes' und Orson Welles' Don Quijote. In: Paech, Joachim/Schroeter, J. (Hg.). Intermedialität: Analog/Digital. Theorien – Methoden – Analysen. München, 239-260.

Müller, Jürgen E. (1996). Intermedialität. Formen moderner kultureller Kommunikation. Münster: Nodus Publikationen.

Paech, Joachim (1998). Mediales Differenzial und transformative Figurationen. In: Helbig, Jörg (Hg.). Intermedialität. Theorie und Praxis eines interdisziplinären Forschungsgebiets. Berlin: E. Schmidt, 14-31.

Pérez Bowie, José Antonio (2004). Las servidumbres naturalistas del cine. In: Floeck, Wilfried/Vilches de Frutos, María Francisca (Hg). Teatro y sociedad en la España actual. Frankfurt/M.: Vervuert, 283-302.

Reck, Hans-Ulrich (1996). Inszenierte Imagination – zu Programmatik und Perspektiven einer historischen Anthropologie der Medien. In: Müller-Funk, Wolfgang/Reck, Hans-Ulrich (Hg.). Inszenierte Imagination. Beiträge zu einer historischen Anthropologie der Medien. Wien: Springer.

Roloff, Volker (2007). Intermedialität, Traumspiele und Mediensynästhesie. Anmerkungen zu aktuellen Fragen. Grenzgänge. Beiträge zu einer modernen Romanistik 14, Heft 27, 28-38.

Sanchis Sinisterra, José (1991). ¡Ay, Carmela!. In: Sanchis Sinisterra, José. Ñaque o de piojos y actores. ¡Ay, Carmela!. Madrid: Ediciones Cátedra, 185-308.

Saura, Carlos (2006). ¡Ay, Carmela!. Iberoamericana Films Internacional (DVD).

Sosa, Marcela Beatriz (2004). Las fronteras de la ficción. El teatro de José Sanchis Sinisterra. Valladolid: Universidad de Valladolid.

„Normalement, le livre est meilleur que le film" –
Literaturverfilmungen im Französischunterricht der Oberstufe
am Beispiel von *Je vais bien, ne t'en fais pas*

Frank Schöpp

1. Einleitung

An vielen Schulen ist es sowohl im Deutsch- als auch im Fremdsprachenunterricht gängige Praxis, Filme im Anschluss an die detaillierte Besprechung eines Romans, einer Novelle oder eines Dramas als Belohnung für das Durchhaltevermögen der Schüler während der Literaturarbeit zu zeigen. Falls überhaupt eine Beschäftigung mit dem Film stattfindet, die über das bloße Betrachten desselben hinausgeht, erschöpft sich die Auseinandersetzung häufig im Festhalten der Unterschiede zwischen dem literarischem Werk und der filmischen Realisierung. Unvermeidlich bleibt damit die Diskussion auf der inhaltlichen Ebene stehen, sodass ein negatives Urteil auf Schülerseite vorprogrammiert ist: Das Buch ist besser als der Film! Hinter einem solchen, in der schulischen Praxis nach wie vor üblichen Vorgehen steht die Annahme, dass

> das mit symbolischen Zeichen arbeitende Sprachkunstwerk eine aktive Rezeptionshaltung des Lesers fordere, während das Bild-dominierte Darstellungsverfahren des ikonischen Mediums Film grundsätzlich eine passive Konsumhaltung fördere.
>
> (Bohnenkamp 2005: 10)

Dafür, dass Schüler tatsächlich oftmals zu passiven Konsumenten des Mediums Film werden, sind sie jedoch keineswegs selbst verantwortlich. Vielmehr ist ihre Passivität eine logische Konsequenz der Einstellung ihrer Lehrer zu Literaturverfilmungen. Wenn Unterrichtende fürchten, die Berücksichtigung von Literaturverfilmungen stünde der Hinführung der Schüler zu einem kompetenten und genussvollen Umgang mit Büchern im Wege und zudem von der prinzipiellen Höherschätzung des literarischen Originals sowie der daraus resultierenden Zweitrangigkeit aller aus dem Original abgeleiteten Werke ausgehen, wird im Unterricht von vornherein eine nähere Beschäftigung mit Literaturverfilmungen, auf welcher Untersuchungsebene auch immer, unmöglich: Da die Frage des künstlerischen Niveaus eines Werks am Medium festgemacht wird, muss der Roman, die Novelle oder das Drama das ‚eigentlich Interessante' sein; der künstlerische Wert einer Literaturverfilmung erfährt damit keine Würdigung. Im Unterschied zu Martin (2008: 133), der zufolge

> der Vergleich Buch/literarischer Text – Film nur dann wirklich sinnvoll zu sein [scheint], wenn entweder eine größere Diskrepanz zwischen beiden vorliegt […] oder aber, wenn die ästhetische Seite des Films stärker in das Zentrum der Betrachtung gerückt wird,

wird im Rahmen dieses Beitrags ein Verständnis von Literaturverfilmungen vertreten, dessen Augenmerk sich in erster Linie auf den Vorgang des Medientransfers richtet. Es geht demnach bei der Behandlung einer Literaturverfilmung im Unterricht vorrangig um „das Verhältnis von literarischem Vorwurf und filmischer Antwort, die als einander wechselseitig erhellend betrachtet werden können" (Bohnenkamp 2005: 16).

Ziel der folgenden Ausführungen ist es, die Sinnhaftigkeit einer bewussten Auseinandersetzung mit Literaturverfilmungen im Fremdsprachenunterricht aufzuzeigen[1] und in der Praxis tätige Kollegen zu ermutigen, das Potenzial des Genres der Literaturverfilmung für den eigenen Unterricht nutzbar zu machen. Am Beispiel des französischen Romans *Je vais bien, ne t'en fais pas* von Olivier Adam (1999) und der Verfilmung durch Philippe Lioret (2006) werden praxiserprobte Vorschläge für die Arbeit mit Literaturverfilmungen unterbreitet, die sowohl das Buch als auch den Film als eigenständiges Kunstwerk betrachten.[2]

2. Ziele der Arbeit mit Literaturverfilmungen

Ein wesentliches Ziel der nachfolgend vorgestellten Unterrichtsreihe, die in einem Leistungskurs der Jahrgangsstufe 12 durchgeführt wurde, besteht in der Erkenntnis der Lernenden, dass eine Literaturverfilmung nicht einfach eine mit Bildern untermalte Textvorlage ist. Auch die Vorstellung, wonach eine Verfilmung eine möglichst genaue Umsetzung eines literarischen Werkes ist, gilt es zu hinterfragen und zu korrigieren. Obwohl Oberstufenschüler eine Reihe von Literaturverfilmungen kennen, scheinen sie über die Gründe für die von ihnen festgestellten Unterschiede zwischen Buch und Film nur selten nachzudenken. Es bleibt in der Regel bei der bloßen Feststellung, dass „der Film ja ganz anders ist".

Ein weiteres Ziel betrifft die Ebene der schülerseitigen Haltung gegenüber Filmen. Um einer möglichen Enttäuschung über den Film auf Schülerseite vorzubeugen, sollten die Lernenden eine Erwartungshaltung entwickeln, die gerade auf Unterschiede achtet und gespannt verfolgt, wie bestimmte Szenen oder Handlungen der Textvorlage filmisch umgesetzt werden. Damit sie einen Film auch tatsächlich analysieren können, müssen die Schüler selbstverständlich die wichtigsten Stilmittel des Mediums Film kennen lernen (Filmmusik kann z.B. drohende Ereignisse vorwegnehmen, obwohl noch keine Gefahr im Film zu sehen ist). In der Folge finden sie diese Stilmittel dann in konkreten Filmszenen wieder und erklären ihre Wirkungsweise. Zwei wesentliche, eng miteinander verknüpfte Ziele bestehen schließlich darin, die Schüler zu einer beobachtend-analysierenden Haltung während des Ansehens eines Films zu motivieren und ihre Wahrnehmungskompetenz zu schulen. Gleichsam als übergeordnetes Ziel der Unterrichtsreihe steht das Erfassen von Literaturverfilmungen als eigenständigen Kunstwerken, die mit spezifischen Mitteln arbeiten.

3. Warum *Je vais bien, ne t'en fais pas*?

Bei der Auswahl einer Literaturverfilmung, deren literarische Vorlage ebenfalls Bestandteil der Unterrichtsreihe sein soll, gilt es einige Vorüberlegungen anzustellen, damit die sich über mehrere Wochen erstreckende Arbeit mit Buch und Film auch tatsächlich mit Freude und Engagement bewältigt wird und es nicht zu Frustration und Langeweile kommt. Zwar ist die Auswahl an französischen Produktionen groß, doch nicht alle Literaturverfilmungen eignen sich gleichermaßen zur Behandlung im Unterricht. *Je vais bien, ne t'en fais pas* ist ein in Frankreich ausgesprochen bekannter und beliebter Film. Auf einer von Internetnutzern vorgenommenen Abstimmung auf *allocine.fr* landete der Film auf Platz eins der Rubrik *Le meilleur film 2006 selon les spectateurs*[3]; er erhielt außerdem zahlreiche Preise und Auszeichnungen.

Ein noch wichtigeres Auswahlkriterium ist jedoch die Frage, ob der Film einen Bezug zur Lebenswirklichkeit junger Erwachsener aufweist und ob das

Abb. 1: Lili versteht die Passivität ihrer Eltern wegen Loïcs Verschwinden nicht
(Lioret 2006, Kap. 3, 00:14:48)

Thema ein großes Identifikationspotenzial bietet. Beides kann im vorliegenden Fall eindeutig bejaht werden. Thema von Buch und Film ist die verzweifelte Suche einer jungen Frau (im Buch Claire, im Film Lili) nach ihrem Bruder Loïc, der in der Folge eines Streits mit dem Vater das elterliche Haus verlassen hat und von dem seither jede Spur fehlt. Dass die Eltern das Verschwinden des Sohnes scheinbar ruhig hinnehmen (vgl. Abb. 1), macht die Protagonistin zunächst wütend, später verfällt sie in tiefe Depressionen. Traumatisiert vom Verlust ihres Bruders, wird sie magersüchtig und verliert die Lebenslust, bis eines Tages eine Postkarte von Loïc eintrifft (vgl. Abb. 2). Die Hauptbotschaft dieser Karte, ‚Keine Sorge, mir geht's gut' (vgl. Filmtitel), rettet der Protagonistin das Leben, sie wird wieder gesund und setzt fortan alles daran, ihren Bruder zu finden.

Mit Blick auf die Lehrpläne der einzelnen Bundesländer lassen sich mit *Je vais bien, ne t'en fais pas* die ‚klassischen' thematischen Kernbereiche, wie beispielsweise *Education, La condition humaine, Rapports humains, Amour – amitié, Situations extrêmes, La mort* abdecken.

Auch der Roman eignet sich hervorragend zur Behandlung in Grund- und Leistungskursen, da er sowohl hinsichtlich seines Umfangs als auch der sprachlichen Schwierigkeit für Oberstufenschüler angemessen ist. Die Reclam-Ausgabe erleichtert außerdem durch die Übersetzung schwieriger Vokabeln am Fuß einer jeden Seite die Lektüre.

Von Bedeutung ist ferner, dass Olivier Adam, geboren 1974, ein in Frankreich äußerst erfolgreicher Schriftsteller ist. Sein Erzählungsband *Passer l'hiver* wurde 2004 mit dem *Prix Goncourt de la Nouvelle* ausgezeichnet.

4. Vorgehen bei der Behandlung des Romans und des Films im Unterricht

Die Behandlung eines Romans und seiner Verfilmung im Unterricht lässt sich in vier Phasen unterteilen. Begonnen wird die Reihe mit einer Phase der ‚Arbeit mit dem Roman' (4.1), auf die die wichtige Phase der ‚Sensibilisierung für die Verfilmung der literarischen Vorlage' (4.2) folgt. Erst danach wird der Film ein erstes Mal vorgeführt. Unter Berücksichtigung der in den beiden vorherigen Arbeitsphasen gewonnenen Erkenntnisse findet nun die ‚Arbeit mit dem Film' (4.3) statt, bei der es darum geht, die ‚Übersetzung' des Romans in den Film nachzuvollziehen. Die ‚Bewertung der filmischen Realisierung' und die individuelle ‚Beantwortung der Frage nach der Präferenz von Buch oder Film' (4.4) schließen die Reihe ab.

Abb. 2: Lilis Vater Paul liest eine Karte von Loïc vor, ihre Mutter Irène ist den Tränen nahe (Lioret 2006, Kap. 7, 00:49:39)

4.1 Arbeit mit dem Roman

Nachdem die Schüler den Roman vollständig gelesen hatten und zu Beginn der Unterrichtsreihe die ersten Leseeindrücke im Plenum gesammelt wurden, erhielten die Lernenden die Aufgabe, sich in Kleingruppen mögliche Formen der Beschäftigung mit dem Roman zu überlegen. Dieses autonomiefördernde Verfahren bewirkt auf Schülerseite eine deutlich höhere Motivation zur Arbeit mit literarischen Texten als ein hauptsächlich vom Lehrer gesteuertes Vorgehen. Interessanterweise ergab das Zusammentragen der von den Schülern vorgeschlagenen Ideen zur Beschäftigung mit dem Buch eine bunte Mischung sowohl analytisch-reflektierender als auch kreativer Fragestellungen. Während eine Gruppe den Wunsch äußerte, das Verhältnis der Personen untereinander näher zu betrachten und somit nah am Text zu arbeiten, zogen andere Gruppen Formen der kreativen Textarbeit vor. Besonderes Interesse zeigten die Lerner am Füllen von Leerstellen: Einige Schüler suchten Antworten auf die Frage nach dem Grund von Loïcs Tod, andere konstruierten das Telefonat zwischen Claires Mutter Irène und ihrer Großmutter, in dem die Großmutter von Loïcs Verschwinden erfährt. Auch stilistischen Fragestellungen wurde nachgegangen. So stellte eine Gruppe die These auf, dass die teils sehr kurzen Erzählsequenzen fragmentarisch zersetzt wirken und sich daher perfekt mit Claires Seelenzustand decken. Als Ergänzung der von den Schülern gewählten Aufgaben kann die Lehrkraft zu den angesprochenen Themen Zusatzmaterialien in Form von Bildern oder Texten bereitstellen, beispielsweise Sachtexte zum Thema ‚Anorexie'.

Es soll an dieser Stelle allerdings auch auf die oftmals ignorierte Gefahr hingewiesen werden, der Beschäftigung mit Literatur durch ein Zuviel an gut gemeinten Analysen und Interpretationen einen bitteren Beigeschmack zu geben, was auf Schülerseite zu einer ablehnenden Haltung gegenüber der Behandlung literarischer Texte führt. Es ist also durchaus sinnvoll, sich als Lehrer während der Unterrichtsvorbereitungen hin und wieder die Worte Butzkamms (2004: 350) in Erinnerung zu rufen:

> Die Schüler lesen Primärliteratur, aber verlangt wird von ihnen eine andere Textsorte: Sekundärliteratur. Wir sollten unsere Schüler nicht zu Sachbearbeitern der Literatur, sondern zu Lesern und Genießern von Literatur heranbilden. Also: weniger analysieren und tranchieren, mehr lesen und genießen […].

4.2 Vom Buch zum Film – Sensibilisierung für die Verfilmung der literarischen Vorlage

Oberstufenschüler haben in der Regel eine Vielzahl von Büchern gelesen, deren Verfilmung sie ebenfalls gesehen haben: *About a boy, Au revoir les enfants, Das Parfum, Dead Poets Society, Der Herr der Ringe, Der Name der Rose, Harry Potter* und *Krabat* sind nur einige Titel, die in der Lerngruppe spontan genannt wurden. Zu Beginn dieses Abschnitts der Unterrichtsreihe ist es wichtig, die Schüler über ihre individuellen Erfahrungen mit Literaturverfilmungen reflektieren zu lassen, etwa mit der Aufgabenstellung: *Avez-vous déjà vu une adaptation cinématographique d'un livre que vous aviez lu auparavant? Si oui, quelle était votre impression après avoir regardé le film?*

Die Antworten der Schüler belegen deutlich, dass sich ihr Fokus beim Vergleich eines Films mit seiner literarischen Vorlage nahezu ausschließlich auf der Inhaltsebene bewegt.

- *Il y a souvent beaucoup de différences entre le livre et le film.*
- *Souvent, il y a de grandes différences concernant la fin.*
- *Le film contient souvent des passages qui n'étaient pas dans le livre.*
- *Il y a beaucoup de descriptions détaillées dans le livre, mais pas assez de temps pour montrer ces détails dans le film.*

Auffallend ist, dass sich die Schüler nach dem Betrachten einer Literaturverfilmung, deren literarische Vorlage im Unterricht zuvor gelesen wurde, häufig enttäuscht zeigen. Vielfach war in der Lerngruppe das im Titel dieses Beitrags enthaltene Zitat zu hören: „Normalement, le livre est meilleur que le film!" Die auf den Einstieg folgende Suche nach den Gründen für obiges Urteil macht deutlich, dass die Schüler beim Ansehen eines Filmes permanent den geschriebenen Text als Vergleichsfolie heranziehen. Sie haben sich die Protagonisten in Aussehen und Verhalten sowie die Beziehungen der Personen untereinander anders vorgestellt, und auch die Schauplätze entsprechen nicht den Bildern, die beim Lesen in ihren Köpfen entstanden sind. Die vollständige Trennung im Kopf der Rezipienten zwischen dem Roman als einem Medium und der Verfilmung als einem anderen Medium scheint kaum möglich zu sein.

Wesentlich für die bevorstehende Arbeit mit der Verfilmung ist demnach die Beantwortung der Frage, wie auf Schülerseite eine andere Erwartungshaltung in

Bezug auf die Verfilmung des Romans aufgebaut werden kann. In diesem Zusammenhang bietet es sich an, einige Fragen gemeinsam zu erörtern:
- Wie kann Literatur überhaupt im Film umgesetzt werden?
- Welche Mittel hat der Film?
- Wo stößt der Film im Vergleich zur Literatur an seine Grenzen?
- Wo eröffnet der Film neue Möglichkeiten?

Als Ergebnisse dieser Arbeitsphase sind u.a. folgende Aspekte denkbar:
- Literatur und Film sind zwei eigenständige ästhetische Zeichensysteme, die verschiedene Ausdrucksweisen besitzen. Während Literatur mit geschriebener Sprache arbeitet, verwendet der Film Bilder, Geräusche, Musik und gesprochene Sprache.
- Das negative Urteil nach dem Anschauen einer Literaturverfilmung beruht oft auf der Feststellung des Publikums, die Handlung sei verstümmelt oder es fehlten einzelne Handlungsstränge. Erkennen die Lernenden aber, dass ein 300 Seiten langer Roman sich in vielen Fällen nicht in einen maximal zwei Stunden dauernden Kinofilm umsetzen lässt und dass Kürzungen daher notwendig sind, ändert sich auch ihre Erwartungshaltung an den Film.
- Die Bewertung einer literarischen Verfilmung durch den Zuschauer hängt häufig davon ab, wie sehr die während der Lektüre entstandenen individuellen Bilder mit jenen der filmischen Umsetzung übereinstimmen. Da der Regisseur sich bei der Verkörperung der literarischen Gestalten für den Einsatz bestimmter Schauspieler entscheiden muss, die die Figur zwangsläufig konkretisieren, sollte der Zuschauer darauf gefasst sein, dass er mit einer ihm ‚fremden' Konstruktion von Personen und Orten leben muss, die mit seiner Vorstellung unter Umständen wenig gemein hat.
- Inhaltliche Veränderungen, wie etwa das Hinzunehmen neuer Personen oder der Ausbau von im Buch nur angedeuteten Handlungssträngen, sind vom Regisseur bzw. Drehbuchautor bewusst getroffene Entscheidungen, die als Interpretation der literarischen Vorlage zu verstehen sind. Hier gilt es deutlich zu machen, dass eine Umsetzung des Medi-

ums Literatur in ein anderes Medium, z.B. einen Fotoroman oder eben eine Verfilmung, immer eine Interpretation der Vorlage bedeutet. Auch die Klärung des Begriffs der *adaptation cinématographique*, im Deutschen Adaption oder Adaptation, kann in diesem Zusammenhang hilfreich sein. Der Begriff erweist sich nämlich insofern als nicht unproblematisch, als das lateinische Etymon *adaptare* ‚anpassen' bedeutet. Bezogen auf den hier interessierenden Kontext der Künste laufen Formulierungen wie ‚filmische Adaption' bzw. *adaptation cinématographique* immer Gefahr, auf Grund ihrer Alltagssemantik lediglich als Anpassung verstanden zu werden, was die bereits erwähnte Hochschätzung der literarischen Vorlage und die damit einhergehende Abwertung der Adaption iimpliziert. Es ist daher wichtig, für metasprachliche Klarheit zu sorgen und die Adaption eines Werkes der Kunst durch eine andere Kunstgattung oder eine andere Kunstform als ein grundsätzlich dem ‚Ausgangswerk' ebenbürtiges Werk zu betrachten.

Zur weiteren Sensibilisierung der Schüler für die Verfilmung des Romans eignen sich besonders Texte, in denen sich der Drehbuchautor bzw. der Regisseur zu seiner Arbeit äußert. Im vorliegenden Fall wurden drei verschiedene Texte in Gruppen bearbeitet.

1. Eine Gruppe untersuchte ein Interview[4], das der Regisseur Philippe Lioret wenige Tage vor der *César*-Verleihung 2007 gegeben hatte. Die Schüler fanden dabei heraus, was ihn zur Verfilmung des Romans von Olivier Adam bewegt hat.

En ce qui concerne *Je vais bien, ne t'en fais pas*, ce qui a été vraiment le déclencheur c'est d'avoir imaginé un regard entre Loïc, le frère de Lili qui est parti, et son père, lequel regard a probablement été le même que celui qu'on a pu échanger, mon père et moi, il y a quelques années, un soir où il y avait entre nous cette incapacité à communiquer. D'avoir retrouvé ça dans le roman d'Olivier m'a décidé à adapter son livre et à en faire le film.

2. Eine andere Gruppe untersuchte das Presseheft zum Film[5] und stieß dabei auf aufschlussreiche Äußerungen des Regisseurs.

[...] je suis tombé en arrêt devant ce roman très court *Je vais bien, ne t'en fais pas*, l'un des premiers livres d'Olivier. Le sujet m'emballait, mais, traité de façon très littéraire, je ne voyais pas le film qu'on pouvait en tirer. Pourtant, les semaines qui ont suivi, je n'ai cessé d'y penser et j'ai passé le plus clair de mon temps à imaginer l'histoire à ma façon. En voiture, dans mon lit, sous la douche, j'ai démonté entièrement le livre et essayé d'en reconstruire le film. Un soir, à table, j'ai raconté à Marie, ma femme, l'histoire telle que je la voyais, [...]. Elle était si emballée que ça a balayé mes dernières hésitations. J'ai rappelé Olivier le lendemain. J'y allais sur des œufs car il est toujours délicat de raconter à un auteur sa propre histoire « revue et corrigée », avec des personnages en plus, d'autres en moins. Mais Olivier n'a pas ce genre de coquetterie. Il aime profondément le cinéma et sait très bien qu'un livre doit toujours être tortillé dans tous les sens pour devenir un film.

3. Die dritte Arbeitsgruppe schließlich setzte sich mit einer Passage aus dem Werk *La Dramaturgie* des französischen Filmemachers Yves Lavandier[6] auseinander, in dem der Autor „Quelques pistes techniques pour l'adaptation" liefert. Aus Platzgründen können hier nur einige seiner Ratschläge für die *adaptation* wiedergegeben werden.

1 – D'abord, commencer par s'interroger sur ses motivations. Si l'on veut faire partager son enthousiasme pour un livre [...] il ne faut pas l'adapter au théâtre ou au cinéma, il faut pousser les gens à le lire. Mais on peut être sensible au point de vue ou à l'un des points de vue du roman. La première étape consiste donc à identifier ce qui attire l'auteur dramatique et les raisons de cette attirance.

2 – Avoir conscience qu'un roman est, en général, beaucoup trop long pour faire une œuvre dramatique de deux heures. Il faut se faire à l'idée qu'on ne pourra pas tout raconter et que des coupes franches seront nécessaires.

4 – Hitchcock et d'autres suggèrent de lire le livre une ou deux fois puis de le mettre de côté, quitte à y revenir beaucoup plus tard, quand le squelette de l'œuvre sera bien avancé.

8 – Enlever des scènes entières du roman plutôt que les garder toutes en les raccourcissant.

Die Präsentation der in den Gruppen erarbeiteten Erkenntnisse erfolgte im Plenum und führte zu einer lebhaften Diskussion der Schüler untereinander. Besonders überrascht zeigten sie sich über die Äußerung Liorets „un livre doit toujours être tortillé dans tous les sens pour devenir un film", verdeutlicht sie doch, dass es bei der Verfilmung einer literarischen Vorlage offensichtlich nicht darum geht, den geschriebenen Text inhaltlich möglichst genau in einen Film umzusetzen. Das primäre Ziel dieser Arbeitsphase, nämlich die Erkenntnis, dass die Verfilmung eines Romans nicht lediglich eine mit Bildern untermalte Textvorlage ist, sondern dass „der Vorgang der ,**Ver**filmung' [...] notwendigerweise **Ver**schiebung und **Ver**änderung [impliziert], die es als produktiven Prozess zu untersuchen gilt" (Bohnenkamp 2005: 16; Hervorhebungen im Original), wurde damit erreicht.

Die zu erwartende Diskrepanz zwischen Buch und Film sollte in der Folge produktiv genutzt werden, indem die Schüler beispielsweise Überlegungen darüber anstellen, wie die Hauptdarsteller des Films aussehen könnten und welche Passagen des Romans gekürzt oder weggelassen werden könnten. Es bietet sich daher an, die Schüler zu Hause auch die beiden von ihnen nicht bearbeiteten Texte lesen zu lassen und ihnen im Anschluss die folgende Aufgabe zu stellen: *Après avoir lu l'extrait de l'interview du réalisateur ainsi que le texte de Philippe Lioret vous avez sûrement des attentes plus concrètes quant à l'adaptation du roman. Décrivez-les en tenant également compte des conseils de Lavandier.*

Die in der folgenden Unterrichtsstunde präsentierten Texte der Lernenden ließen allesamt darauf schließen, dass ihrer Erstellung eine intensive Reflexionsphase vorausgegangen war. Ein Textauszug aus der Hausaufgabe einer Schülerin sei hier stellvertretend wiedergegeben.

A mon avis, Philippe Lioret va se concentrer sur les relations familiales, par exemple sur la relation entre Loïc et son père parce qu'il a vécu la même chose avec son propre père. Pour ça il faut qu'il enlève beaucoup d'autres scènes, je peux m'imaginer qu'il laisse tomber plusieurs scènes au Shopi [=le supermarché] ou peut-être celle avec le psychopathe qui crie après Claire.

4.3 Arbeit mit dem Film

Da die im Zusammenhang mit der Sensibilisierung für die Verfilmung der literarischen Vorlage bearbeiteten Aufgaben eine ideale Vorbereitung auf den Film darstellen, sind an dieser Stelle keine weiteren *activités préparatoires* erforderlich.

Von den beiden bei Wilts (2003) vorgeschlagenen Vorgehensweisen im Umgang mit Spielfilmen, dem sequenziellen Verfahren und dem Blockverfahren, empfiehlt sich letzteres für den Umgang mit Literaturverfilmungen, deren literarische Vorlage zuvor Gegenstand des Unterrichts war. Den Lernenden, die relativ konkrete Erwartungen an den Film haben, wird der Film dabei in Gänze vorgeführt, sie verfolgen gespannt die filmische Antwort auf den Roman und überprüfen ihre Hypothesen bezüglich der im Film auffallenden Veränderungen. Dieses Vorgehen gesteht den Lernenden eine größere Autonomie im Umgang mit dem Film zu und erlaubt ihnen für die weitere Unterrichtsarbeit die selbstständige Benennung von Aspekten, die sie näher untersuchen möchten.

In dieser Phase der Unterrichtsreihe besteht eine wesentliche Aufgabe der Lehrkraft darin, darauf zu achten, dass die Arbeit mit dem Film nicht als ‚Kür' zur weiterhin als zentral angesehenen ‚Pflicht der Textarbeit' verstanden wird. Nun gilt es, die unterschiedlichen Medien zueinander in Beziehung zu setzen, also die ‚Übersetzung' des Romans in den Film genau nachzuvollziehen. Selbstverständlich darf sich die Aufmerksamkeit dabei nicht ausschließlich auf das Erzählte, also die Handlung richten; vielmehr sollte sich das Interesse auf alle Ebenen der beiden Werke gleichermaßen richten, auf das Erzählte, auf die Botschaft oder Aussage, auf das Medienspezifische und auf das jeweilige Zeichenmaterial, wie es sich der sinnlichen Wahrnehmung darbietet. Einzelne Passagen können dabei durchaus transkribiert werden, eine Textfixiertheit sollte aber in jedem Fall vermieden werden.

Unmittelbar vor dem Anschauen des Films kann es sinnvoll sein, einen kleineren Beobachtungsauftrag zu stellen. Da die Schüler nach der Formulierung ihrer Hypothesen in Bezug auf die filmische Umsetzung des Romans jedoch ohnehin mit großer Spannung den Film verfolgen und ihren Blick auf Parallelen bzw. Unterschiede zum Buch richten, sollte von einer zu großen Zahl von Beobachtungsaufträgen abgesehen werden. Auch eine Reihe der bei Wilts vorgeschlagenen *activités simultanées*, etwa „in die Fiktion eingreifen, sie umformen" (Wilts 2003: 7) sind für das Genre der Literaturverfilmung eher ungeeignet. Im Einzelfall mag es interessant sein, Fragen der „Kameraeinstellung, -fahrt und -perspektive" (ebd.) einer genauen Analyse zu unterziehen; im Fall von *Je vais bien, ne t'en fais pas* jedoch verbietet die folgende Passage des unter 4.2 erwähnten Interviews des Regisseurs diese Art der Beschäftigung mit dem Film:

> *Je vais bien, ne t'en fais pas* n'a reçu aucune nomination pour les Césars techniques. Ni pour la photo, ni pour le son, ni pour les décors ... Pour tout vous dire on s'en félicite presque! Car ce que j'ai demandé aux gens avec qui j'ai fait ce film c'est qu'on ne voit par leur travail. Je ne voulais pas qu'on dise « T'as vu la lumière comme elle est belle ! » Si l'on voit le film une seconde sous cet axe, c'est foutu. Pour un film comme *Je vais bien, ne t'en fais pas*, la meilleure déco c'est celle qui ne se voit pas[7].

Im Mittelpunkt der *activités d'approfondissement* stehen Aktivitäten, die auf einen Vergleich des Romans mit der Verfilmung hinauslaufen. Nicht fehlen sollte in diesem Zusammenhang ein Strukturvergleich des Romans und der Verfilmung, der u.a. fragt, wie der Handlungsverlauf aussieht, ob Passagen umgestellt sind und dadurch gegebenenfalls ein anderes Gewicht erhalten (vgl. beispielsweise die nur im Film vorkommenden Szenen in der psychiatrischen Klinik), wo Buch und Film beginnen und enden, ob im Film Personen aus dem Roman fehlen oder ob neue Personen hinzugekommen sind. Ein solcher Vergleich kann zum einen auf die Eigenart der beiden Medien hinweisen, zum anderen zeigt er aber auch deutlich die Interpretation des Regisseurs und seine eigene Schwerpunktsetzung. Auch die Frage, wie einzelne Personen in Buch und Film jeweils dargestellt werden, verspricht interessante Erkenntnisse.

Im weiteren Verlauf hat sich der Vergleich ausgewählter Passagen des Buchs mit deren filmischer Umsetzung als sehr erhellend und kommunikationsfördernd erwiesen. Stellvertretend für Aufgaben dieses Typs sei hier ein Beispiel angeführt. Es handelt sich um die Analyse einer Schlüsselszene, die für das Verhältnis Claires/Lilis zu ihren Eltern, insbesondere zu ihrer Mutter, sehr aufschlussreich ist (Buch: S. 118; Film: Kap. 11, 01:17:13-01:17:59; vgl. dazu die Textauszüge in Abb. 3 und die Filmszenen in Abb. 4 und Abb. 5). Folgende Aufgabenstellungen bieten sich an:

- *Lisez le passage du roman (p. 118) et regardez après la séquence correspondante.*
- *Quelle est la différence principale entre le roman et son adaptation?*
- *Selon vous, pourquoi le réalisateur a-t-il modifié la scène?*

Neben dem Feststellen und Beschreiben der Unterschiede auf der inhaltlichen Ebene steht im Unterrichtsgespräch die Frage im Vordergrund, was durch die Veränderung der literarischen Vorlage ausgesagt bzw. hervorgehoben wird. In der Lerngruppe entwickelte sich zu dieser Frage eine lebhafte Diskussion, in der die Schüler einander die Gründe für ihre individuellen Wahrnehmungen erklärten. Schröter (2009: 9) beschreibt diesen Prozess sehr treffend wie folgt:

> Man fragt untereinander nach Gründen für diese unterschiedlichen Wahrnehmungen und tauscht sich über eigene Rezeptionsgewohnheiten aus. Man interessiert sich plötzlich für unterschiedliche Deutungsmöglichkeiten, weil einsichtig wird, dass manches nicht so eindeutig ist, wie man bisher geglaubt hat. Indem man sich die Medieninhalte, Filme, noch einmal unter der jeweiligen Prämisse der anderen Gruppierung ansieht, erhellen sich neue Zusammenhänge.

Extrait du roman (Adam 2007: 118)	Extrait du film (Lioret 2006, Kap. 11, 01:17:13-01:17:59)
(Résumé, par F.S. :	*(Résumé, par F.S. :*
Quelques jours après son retour de Portbail où elle a vu son père poster une carte, Claire rend visite à ses parents. Lors d'un tour à vélo, Claire dit à son père qu'elle l'a vu en Normandie. Paul lui demande alors si Irène sait que Claire l'a vu. Quand celle-ci répond que sa mère n'est pas au courant, il dit que c'est lui qui va le lui dire.	*Lili a fait un tour à vélo avec son père. Elle lui a dit qu'elle l'a vu en Normandie poster une carte. Dans le dialogue qui suit, elle dit à sa mère, qui apparemment n'est pas au courant, que c'est Paul qui a écrit toutes les cartes.)*
	Irène : Qu'est-ce qu'il y a?
Scène à la fin du séjour de Claire chez ses parents.)	Lili : C'est pas Loïc qui écrit les lettres, maman.
« Claire n'a rien dit à Irène. Irène n'a rien dit à Claire. L'affaire est entendue, et quand au sortir de l'auto Claire dit merci pour tout, chacune sait ce que contient ce tout. On se téléphone ... A bientôt. »	Irène : Quoi ?
	Lili : Il a jamais écrit. C'est papa. Il a imité son écriture. C'est lui qui m'envoyait les lettres.
	Irène : Qu'est-ce que tu racontes?
	Lili : Je suis pas allée à Crozant. Je suis allée à Saint-Aubin et je l'ai vu. C'est lui qui envoyait les lettres. Toutes. Depuis de début. Faut pas lui en vouloir. Sans les lettres je serais plus là. Il m'a sauvée.
	(Lili et sa mère s'embrassent.)

Abb. 3: Eine Schlüsselszene aus Roman und Film

Zu einer lebhaften Diskussion führte auch die Beschäftigung mit einer wichtigen Szene am Ende des Films (Kap. 12, 01:22:12-01:23:33; vgl. Abb. 6). Hier begegneten die Lernenden einem filmspezifischen Mittel, das Spannung beim Zuschauer erzeugt: der kognitiven Dissonanz. Der Begriff verweist auf die Tatsache, dass der Zuschauer bereits mehr weiß als die Figuren. So erfährt er in *Je vais bien, ne t'en fais pas* gegen Ende des Films in einem Gespräch zwischen Thomas und Lilis Eltern, dass Loïc beim Klettern tödlich verunglückt ist.

Lili dagegen, die ein Jahr ihres Lebens mit der Suche nach ihrem Bruder verbringt, bleibt diese Information vorenthalten. Dadurch, dass der Zuschauer an

Eine Literaturverfilmung für die Oberstufe: *Je vais bien, ne t'en fais pas* 111

Abb. 4: Lili erkennt, dass ihr Vater der wahre Verfasser der Karten von Loïc ist
(Lioret 2006, Kap. 10, 01:12:21)

dieser Stelle des Films einen Wissensvorsprung vor der Hauptfigur hat, baut sich ein letztes Mal große Spannung auf. Der Zuschauer fragt sich, wann auch Lili endlich die Wahrheit erfährt, er wartet darauf, dass Thomas ihr bei nächster Gelegenheit alles berichtet, er fühlt mir ihr und muss am Ende des Films schließlich seine Fantasie bemühen, da Lioret auf die Auflösung verzichtet. Auch hier ist ein Blick auf die Textvorlage interessant: Während Philippe Lioret den Zuschauern die Ursache für Loïcs Tod liefert, lässt Olivier Adam im Roman offen, warum Loïc gestorben ist. Über die Gründe dafür können die Schüler Vermutungen formulieren; vgl. dazu die folgende Aufgabenstellung: *Mettez-vous à la place du réalisateur et dites si vous auriez également révélé la raison de la mort de Loïc. Selon vous, pourquoi le réalisateur a-t-il pris cette décision?*

Abb. 5: Lili sagt ihrer Mutter, dass ihr Vater alle Karten geschrieben hat
(Lioret 2006, Kap. 11, 01:18:04)

Abb. 6: Thomas spricht mit Lilis Eltern und erfährt den Grund für Loïcs Tod
(Lioret 2006, Kap. 12, 01:22:41)

Neben analytischen und kontrastierenden Aufgabentypen sollte selbstverständlich auch kreativen Aufgaben ein fester Platz bei der Beschäftigung mit Literaturverfilmungen zugestanden werden. Arbeitsaufträge zum Füllen von Leerstellen, zum Entwerfen von Handlungsalternativen oder zum Fortführen der Handlung werden, in Maßen eingesetzt, von vielen Schülern mit großer Motivation aufgenommen und führen oftmals zu interessanten Einsichten, die wiederum Gesprächsanlässe für die Lerngruppe bieten. Wichtig ist, dass Unterrichtende ihren Schülern dabei eine gewisse Entscheidungsfreiheit bezüglich der Wahl der konkreten Aufgabe zugestehen.

Auf andere ‚klassische' *activités d'approfondissement*, etwa das Erstellen eines Werbeplakates für den Film, das Verfassen einer Rezension oder die Beschäftigung mit dem Titellied des Films, *U-Turn (Lili)* der Gruppe AaRon, kann an dieser Stelle nicht näher eingegangen werden. In der Lerngruppe, deren Erfahrungen die Grundlage des vorliegenden Beitrags bilden, wurden mit Hilfe eines Mind-maps (vgl. Abb. 7) Aspekte gesammelt, die Gegenstand der weiteren Beschäftigung einzelner Schüler oder Schülergruppen sein könnten.

Auf Grund der begrenzten zur Verfügung stehenden Zeit für die Behandlung eines Romans und seiner Verfilmung ist es sinnvoll, die Schüler in Eigenverantwortung einen Aspekt ihres Interesses auswählen und die Ergebnisse ihrer Beschäftigung mit der gewählten Thematik im Plenum vorstellen zu lassen.

Eine Literaturverfilmung für die Oberstufe: *Je vais bien, ne t'en fais pas* 113

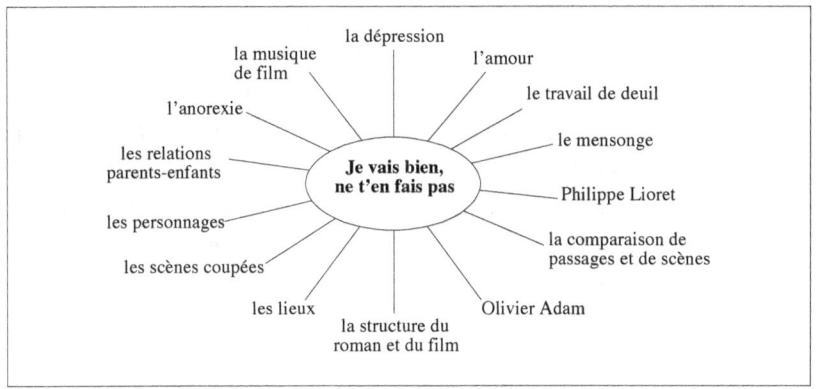

Abb. 7: Mind-map zu möglichen Themen für individuelle Schülerarbeiten

Die vorgetragenen Ergebnisse können dann jeweils sachkompetent in ein Mosaik der Gesamtuntersuchung eingebaut werden. Als besonders geeignet hat sich in dieser Phase die Arbeit mit den auf der DVD enthaltenen *scènes coupées* und den erläuternden Kommentaren des Regisseurs erwiesen; lebhaft diskutiert wurde die Frage, ob die Schüler diese Szenen auch herausgeschnitten hätten.

4.4 Bewertung der filmischen Realisierung

Ein zweites Anschauen des Films in ganzer Länge und die sich daran anschließende Bewertung der filmischen Umsetzung des Romans sowie die Beantwortung der Frage nach der persönlichen Präferenz von Buch oder Film bilden den Abschluss der Unterrichtsreihe. Vgl. die folgende Aufgabenstellung: *Comment jugez-vous l'adaptation de ‚Je vais bien, ne t'en fais pas'? Préférez-vous le roman ou le film? Expliquez votre choix.* Die schriftlichen Ausführungen der Schüler zu dieser Aufgabe wurden eingesammelt und korrigiert. Überraschend war dabei, dass von 18 Schülern des Leistungskurses 15 die Verfilmung gegenüber dem Roman vorzogen. Interessanterweise ist auch Olivier Adam selbst so sehr von dem aus seiner Geschichte entstandenen Drehbuch fasziniert, dass er, müsste er den Roman neu schreiben, diese Version zu Papier bringen würde. Vgl. die folgende Äußerung Liorets: „Très enthousiaste, il [Olivier Adam; F.S.] m'a même dit que s'il devait récrire *Je vais bien, …* aujourd'hui, c'est sûrement comme ça qu'il l'écrirait".[8]

Bezüglich der Beurteilung der Qualität von Literaturverfilmungen führt Hanuschek (2005: 177) aus, dass, „gemessen an der inflationären Zahl von Literaturverfilmungen [...], nur wenige Filme neben ihren Vorlagen bestehen oder sich gar die Aura eines singulären Kunstprodukts erwerben". Das Urteil der Schüler war in diesem Fall eindeutig: *Je vais bien, ne t'en fais pas* gehört für sie zur Gruppe der Filme, die nicht nur neben der Romanvorlage bestehen können, sondern besser als ihre literarische Vorlage sind. Vgl. hierzu das folgende Zitat aus einer Schülerarbeit:

> A mon avis, Philippe Lioret a créé un film formidable qui prouve que les livres ne sont pas toujours meilleurs que leurs adaptations.

5. Schlussbetrachtung

Am Ende einer Unterrichtsreihe ist es sinnvoll, die Schüler ihre in den vorausgegangenen Wochen geleistete Arbeit evaluieren zu lassen; ebenso sollte eine Rückmeldung von Seiten der Unterrichtenden selbstverständlich sein. Im Rahmen einer solchen Rückmeldung sollte den Lernenden zum einen bewusst werden, welchen Herausforderungen sie sich gestellt haben, mit welchem Ergebnis sie diese bewältigt haben und an welchen Stellen ihrer Arbeit noch Optimierungsmöglichkeiten bestehen. Bezogen auf die Beschäftigung mit Literaturverfilmungen kann festgehalten werden, dass die Schüler

- sich der Schwierigkeiten bewusst geworden sind, eine literarische Vorlage in Bilder umzusetzen;
- die unterschiedlichen Medien zueinander in Bezug gesetzt haben, indem sie die ‚Übertragung' des Romans in einen Film nachvollzogen haben;
- im Sinne eines produktionsorientierten Fremdsprachenunterrichts Leerstellen des Films durch andere Darstellungsformen gefüllt haben (szenisches Spiel)
- ihren ‚Aufmerksamkeitsgrad' beim Betrachten eines Films erhöht haben;
- sich ein grundlegendes metasprachliches Vokabular angeeignet haben;
- eine grundlegend andere Einstellung zum Thema ‚Literaturverfilmung' als zu Beginn der Unterrichtsreihe haben.

Die schriftlich erfolgte Evaluierung der Unterrichtsreihe durch die Schüler bestätigte das während der Arbeit spürbare Interesse der Schüler sowohl an der Thematik von Buch und Film als auch am Vergleich der beiden Medien. Keiner der Lernenden hatte sich zuvor jemals im Unterricht ähnlich intensiv mit einer literarischen Vorlage und ihrer Verfilmung beschäftigt. Es sollte daher dringend diskutiert werden, ob nicht bereits in der Sekundarstufe I mit dem Aufbau einer Film-Seh-Kompetenz begonnen werden kann und die Voraussetzungen für einen sachgemäßen Umgang mit Filmen geschaffen werden können.

Statt eines Schlusswortes seien an dieser Stelle sieben Vorschläge für den Umgang mit Literaturverfilmungen im Unterricht formuliert.

1. Literaturverfilmungen sollten das Ziel des Aufbaus einer ‚Film-Seh-Kultur' verfolgen und daher einen festen Platz im Deutsch- und Fremdsprachenunterricht (nicht nur der Sek. II) einnehmen.
2. Literaturverfilmungen dürfen nicht als Belohnungen für eine erfolgreich bewältigte Textarbeit verstanden werden.
3. Die thematische Ausrichtung sollte an den Schülerinteressen erfolgen.
4. Die Lehrkraft trifft eine bewusste Auswahl der Verfilmung unter Berücksichtigung der curricularen Relevanz.
5. Die literarische Vorlage und die filmische Umsetzung werden als prinzipiell gleichwertig betrachtet.
6. Das besondere Augenmerk richtet sich auf den Vorgang des Medientransfers, auf das Verhältnis von literarischer Vorlage und filmischer Antwort.
7. *Il est totalement inutile de dire ‚Le livre est meilleur que le film': il vaut mieux recenser les différences et les ressemblances pour les expliquer. Après ce travail, et seulement après lui, on peut faire son choix.*

---

[1] Vgl. dazu auch den Beitrag von Carola Surkamp im vorliegenden Band.
[2] Das Drehbuch zum Film haben Olivier Adam und Philippe Lioret gemeinsam geschrieben.
[3] http://www.allocine.fr/film/meilleurs_gen_filtre=2000&critique=public&annee=2006.html (Aufruf 01.09.09).
[4] http://www.dvdrama.com/news-19208-interview-philippe-lioret-je-vais-bien-ne-t-en-fais-pas-.php (Aufruf 01.09.09).

[5] http://medias.unifrance.org/medias/111/137/35183/presse/je-vais-bien-ne-t-en-fais-pas.pdf (Aufruf 01.09.09).

[6] http://www.ac-nice.fr/lettres/nouveau/articles.php?lng=fr&pg=45 (Aufruf 01.09.09).

[7] http://www.dvdrama.com/news-19208-interview-philippe-lioret-je-vais-bien-ne-t-en-fais-pas-.php (Aufruf 01.09.09).

[8] http://medias.unifrance.org/medias/111/137/35183/presse/je-vais-bien-ne-t-en-fais-pas.pdf (Aufruf 01.09.09)

Literaturverzeichnis

Adam, Olivier (1999). Je vais bien, ne t'en fais pas. Paris: Le Dilettante.

Adam, Olivier (2007). Je vais bien, ne t'en fais pas. Stuttgart: Reclam.

Bohnenkamp, Anne (2005). Vorwort: Literaturverfilmungen als intermediale Herausforderung. In: Dies. (Hg.). Literaturverfilmungen. Stuttgart: Reclam, 9-38.

Butzkamm, Wolfgang (2004). Lust zum Lehren, Lust zum Lernen. Eine neue Methodik für den Fremdsprachenunterricht. Tübingen: Francke.

Hanuschek, Sven (2005). *Traumnovelle* (Arthur Schnitzler – Stanley Kubrick). In: Bohnenkamp, Anne (Hg.). Literaturverfilmungen. Stuttgart: Reclam, 177-184.

Lioret, Philippe (2006). *Je vais bien, ne t'en fais pas*. Universal Music (DVD).

Martin, Hannelore (2008). Der Raum als Konzept von Realität und Phantasie in Roberto Benignis Film *La vita è bella*. Eine Unterrichtseinheit, durchgeführt im dritten Lernjahr der Jahrgangsstufe 13. In: Becker, Norbert/Martin, Hannelore/Zieglmeier, Susanne (Hg.). Vorschläge für die Praxis des Italienischunterrichts. München: Oldenbourg, 133-147.

Schröter, Erhart (2009). Filme im Unterricht. Auswählen, analysieren, diskutieren. Weinheim: Beltz.

Wilts, Johannes (2003). Vom bewegten Bild zum bewegten Klassenzimmer. Der fremdsprachliche Unterricht Französisch 62, 4-10.

Racism, Intercultural Encounters and Political Correctness in Metin Hüseyin's film *Anita and Me*. A Didactic Approach

Achim Hescher

Like Meera Syal's original novel from 1996, Metin Hüseyin's film adaptation is about the eleven-year-old Meena Kumar, the only daughter of the only Indian family in the former mining town of Tollington in the West Midlands. The film story is set in 1972 and the story time roughly adds up to eleven months, at the end of which Meena will pass her entrance exams for grammar school.[1] Both the book and the film (for which Syal wrote the script and in which she plays the hysterical Auntie Shaila) tell a story of initiation. At the end, Meena will lose her moral innocence and leave town with her parents to start a new life in a better neighborhood.[2] Hüseyin's adaptation is a genre film, a typical coming-of-age comedy, and contains striking thematic and intra-medial references to Robert Mulligan's 1963 film adaptation of Harper Lee's novel *To Kill a Mockingbird* (1960).[3]

1. Designing a Teen Romance

Meena's life revolves around her relationship with Anita, the precocious beauty (and the bad girl) of the town, who Meena makes into her idol and alter ego. Respectively, Meena designs her narrative as a comical and ironical teen romance (see Davis 1999: 142). From the beginning on and according to her wishful thinking, Meena presents Tollington as an exciting town in which there is a lot to see – in reality, however, Tollington is a desolate place the only enhancement of which can be seen in the sepia coloring of the first half hour of the film, which functions as a marker of past time. Concretely, there is a new Methodist vicar „with a groovy hair cut" (who only few inhabitants take seriously, ch. 1, 00:01:55) and a „rock star" named Hairy Neddy (ch. 1, 00:02:07), a miserable leisure time musician, recently left by his girlfriend. A fairy tale likeness of the setting and its characters is called up when Meena presents the viewers the only stately mansion in Tollington where the „Yeti" lives (ch. 1, 00:01:32), a bearded man with a fur coat, who will save Anita from drowning at the end of the film but whose identity will remain unrevealed.[4] Last but not least Meena terms her parents, Daljit and Shyam, „the princess" and the „film star" (ch. 1, 00:01:15).

In the novel, we find a conventional auto-diegetic adult narrator[5] (age unknown) who creates a distance to what she narrates through plot arrangement (unmarked preface, flashbacks, prolepses) and rhetorical means (irony, diction). The narrative situation of the film is unsurprisingly different and more complex in its own right. Here, Meena speaks as an auto-diegetic frame narrator from the off, only slightly older than the embedded narrator (the two voices sound equally adolescent). In two scenes, she actually appears as the frame and embedded narrator at the same time: standing in front of her class, she is reading aloud from her diary under the (not always) attentive ear of her form teacher, Mrs Rowbottom (ch. 1, 00:02:25 – see fig. 1 – and ch. 13, 00:54:48). At the beginning of the film already, Meena constitutes herself as a writer, and she soon starts to write „professionally", as she says, calling herself „Sharon de Beauvoir," a blending of a very popular first name 'Sharon' and 'Simone de Beauvoir'. Like her penname, a mixed construct of the famous Parisian woman writer and a stereotyped blonde, Meena designs herself as an ideal mixed type of physical beauty and recalcitrant intellectuality. At one point in the film, she says: „Like all the great writers, I'm lonely and different" (ch. 10, 00:45:47). This turns into comedy when Meena and Daljit run into the latter's ex-"star pupil" Karen: upon Karen's question what Meena wants to become when she grows up,

Fig. 1: Meena reading to her class from her diary (embedded narrative)
(Hüseyin 2002, ch. 1, 00:02:25)

Fig. 2: Anita's first appearance, as imagined by Meena (Hüseyin 2002, ch. 3, 00:08:40)

Meena brashly answers: „Blonde, blonde writer ..." – whereupon Daljit, much embarrassed, interrupts Meena and corrects: „Blind doctor ... or a lawyer ..." (ch. 1, 00:03:08).

Anita's first performance takes place in Meena's imagination: like a spirit, she magically appears in a column of smoke, produced by a banal kitchen or smoking oven between two house walls (fig. 2, ch.3, 00:08:40). Anita's first 'real' appearance takes place on a swing in a poor playground next to the fields and not far from the shut-down coal mine (ch. 3, 00:09:32). While Meena is admiring Anita from a distance, the first stanza of a song by David Cassidy is playing in the background: „Whenever I, whenever I'm away from you ..." (*How Can I Be Sure*, 1972). At the same time, Meena is murmuring the mantra-like words: „What's your name, be my mate / What's your name, be my mate ...", expressing her desire for a girlfriend. Yet, Meena never comes really close to her idol. Till the end, a distance will remain, epitomized in Meena's and her parents' moving away. Like the voice in the Cassidy song, Meena feels a desire incited by the absence of the yearned object, her imaginary other.

2. Political Correctness

Meena's writing is caught between her quest for identity and the racism/xenophobia which she experiences during her childhood and which she comes to terms with by telling about it. After Meena has read to her class one more episode from her diary, her form teacher, Mrs Rowbottom, criticizes her writing for topical irrelevance: „This week's essay was 'My Best Friend' and not 'My Best Granny'." Meena responds to her teacher's legitimate critique with an unspoken yet implied reproach for lacking political correctness: „You never say when my work is good ... Don't you like me, Mrs Rowbottom?" (ch. 13, 0:56:18). At first, Mrs Rowbottom is perplexed and tries to put her foot down („Now don't be silly, sit down!") but eventually takes back her critique by complimenting Meena for her work („It was good, Meena."). Doubtless, Meena wins an important victory for herself and her writing through the (ab)use of her tokens of *difference* (skin and hair color), or what Frantz Fanon called „the fact of blackness" (in Schoene-Harwood 1999: 162), by demanding PC from the dominating class, represented by her teacher and classmates. In this sense, Meena has truly and already become „a *professional* writer".

More than once, Meena plays the foreigner to solve urgent problems. Shortly after passing the driving test, Daljit uses the occasion to drive the 'new' family car (an old Mini Cooper) and takes Meena to the temple (ch. 10, 00:42:20). On their way, Daljit must stop the car because she does not know how to drive on a slope and orders Meena to take care of the angry drivers behind them, who are blowing their horns. By playing off her visible second-generation-immigrant appearance and her little-girl charm – which is very comical – she can convince a petty bourgeois Englishman (who even gives her a smile) and an Indian bus conductor to back up their vehicles. Only a severe-looking spinster woman makes an outrightly racist remark, „Stupid wogs ... you should stick to the donkeys ...", and causes Meena to stand back shocked. Here again, Meena demands PC from the English, yet, this time she does it charmingly.

Uncle Alan, the new „hippie" vicar, is the only character to practise genuine PC in this film. In the final episode, he weds „rock star" Neddy and Sandy, the maker of eerie stuffed animals, in the presence of local and immigrant inhabitants. At the decisive point in the wedding ceremony, Alan says: „So in the sight of all our gods, I pronounce you two groovy people man and wife." This wedding formula makes Meena's mother, Daljit, look up suspiciously – which is interesting, since it underscores the cliché about immigrants who are the most ardent defenders of conservative values because they want to fit in. Meena's

Fig. 3: Meena's father Shyam singing *Volare* (Hüseyin 2002, ch. 18, 01:19:24)

„Auntie" Shaila, however, behaves politically incorrectly when she audibly remarks: „Typical English wedding: boring, no food, bride up the duff ..." – a rather offensive British idiom for a pregnant woman.

Meena's father Shyam practices the most appealing form of PC at Neddy's wedding party. Since he is good-looking and known as the singing „Omar Sharif", Neddy summons him onstage and asks him to produce an authentic sample of his art. Unexpectedly, Shyam does not sing anything Punjabi but interprets one of the most popular songs in Europe: *Volare* (fig. 3, ch. 18, 01:19:24).[6]

3. Intercultural Encounters

After Anita's mother has left the family with the town butcher („I have to find some happiness before I get too old and everything sags", ch. 11, 00:47:57), Daljit sympathizes with Anita and invites her to dinner at their house. Yet, Daljit's traditional cuisine does not agree with Anita's taste, and therefore she is served her beloved fish fingers and chips (ch. 11, 00:49:45).[7] Unsurprisingly, Anita is instantly ready to use no cutlery and when Shyam burps after the meal, she imitates him soon after. Eating with her fingers and burping, of course, make it easy for Anita to offend against the rules of the system she was brought up in, as all teenagers love to do. This is also why particularly this episode is relevant (see Butzkamm 1998: 49-51) to teenagers, who love to rebel against the order. Moreover, such offenses have no consequences for Anita since they happen on

Fig. 4: Mrs Ormerod to Nanima: "Welcome to England. Not too cold for you her, I hope?" (Hüseyin 2002, ch. 13, 00:57:50)

foreign territory and since she behaves as in a game (in which aggressive energy is dissipated).

Meena's grandmother's visit represents a veritable source of comical intercultural encounters. When „Nanima" (Punjabi: 'maternal grandmother') slurps her soup, smacks her lips, or breaks wind she amuses her granddaughter and stuns visiting relatives (ch. 13, 00:55:13). Also, she startles neighbors when she tumble-dries laundry (by hitting it against the garden wall, ch. 13, 00:56:05) or when she meets the sole and only shop owner in town, Mrs Ormerod (fig. 4, ch. 13, 00:57:50). Mrs Ormerod's image of the other is a stereotype (Indians are uneducated and understand no English), and therefore she behaves offensively without

Fig. 5: Nanima dealing with Sam's gang (Hüseyin 2002, ch. 13, 00:57:05)

intending to. Nanima's responses are pragmatic and harsh, yet Mrs Ormerod does not seem to grasp their intent, and this is why her encounter with Nanima will probably not change anything about her preconceived notions or her behavior – even though she will bring Nanima to sing in the women's choir at the summer fete. Nanima's meeting Sam Lowbridge's xenophobic gang is similarly comical: when one of the gang members threatens Meena and Nanima with a switchblade, the latter cracks up, pulls a sabre, and chases them away (fig. 5, ch. 13, 00:57:05).

Like a fairy, Nanima seems to have superhuman capabilities: she ridicules Sam and his gang by parodying their xenophobic behavior, she makes Meena's brother Sunil a docile baby, she understands English without ever having learnt it, and without teaching efforts on her part, Meena is able to speak Punjabi at the end of her grandmother's visit. Nanima seems to be from another world in which understanding is not hampered by linguistic diversity; she resembles a good spirit who teaches everybody one or the other lesson, without being mean, and she disappears when her time has come.

The film underscores Nanima's magic one last time when she appears to Meena in a dream – in which she speaks English (ch. 14, 01:03:53). Therein, she tells the sorrowful family history: when they were well off, when the English drove them out of their home, when they had to start anew from scratch. She concludes with the words „What is there to fear if you've lived so many lives? And how many more to come, Meena?" – Nanima is like a cat that always lands on her feet; she is unpredictable, she hisses and strikes, which some Tollington inhabitants impressively have to experience. The message she directs at Meena is unambiguous: 'Do not be afraid of what is happening inside and around you. How ever desperate a situation may appear, there will be a future, a time after.' This piece of advice is precious for Meena since she now has to deal with the moral blow that has fundamentally changed her view of Anita.

4. Racism and narrator-independent information allocation through cinematic codes

Racism is omnipresent in *Anita and Me*. Its innocuous variant manifests itself in the behavior of the shop owner, Mrs Ormerod (see above), or of Anita's mother,

Fig. 6: Mrs Ormerod meeting the new (black) vicar (Hüseyin 2002, ch. 19, 01:24:40)

who buys her younger daughter Tracey a black dog and calls it „Nigger". Significantly, the last little episode of the film before the credits after is a mockery of racism as it is manifested by Mrs Ormerod: after Uncle Alan has resigned from office and left for India, a new vicar is assigned to the Tollington church, supposedly Alan's best friend from vicar school. Mrs Ormerod has set up a reception committee with the children from the church. When the car arrives and the black vicar gets out, Mrs Ormerod's welcoming smile degenerates into a grimace (fig. 6, ch. 19, 01:24:40).

Fig. 7: Sam at the summer fete: "Giving everything away to some darkies we've never met." (Hüseyin 2002, ch. 14, 01:00:57)

Sam Lowbridge and his gang mean business. Apart from Sam's secret infatuation with Meena – in the town fair episode he tenderly shows Meena how to take her aim with the air gun (ch. 7, 00:32:04)[8] – his and his gang's behavior become increasingly violent: first they beat up Neddy at the town fair because, to them, he is a „rocker" (ch. 7, 00:30:48); at the summer fete, they fulminate against the use of the money collected in the town shop for African babies: „giving away everything to some darkies we've never met ... This is our patch, not a wog's handout ..." (fig. 7, ch. 14, 01:00:57). Criminal, in fact, they have become by attacking Mr Bhatra, a citizen with a Pakistani background. He seemed to be in charge of a road construction project (a highway to be built which will bypass Tollington).[9] Meena's family learn of the gang attack through the newspaper (ch. 12, 00:52:30): Bhatra was battered unconscious and would have died, had not an inhabitant found him and called an ambulance. This event triggers a crisis in Meena's family: Daljit has a nervous breakdown, and Nanima is summoned from India to morally back her up. Meena learns the details about the attack at the summer fete as Anita is bragging before her mates Sherrie and „Fat" Sally about her fooling around with Sam, who she has started to date (ch. 14, 01:01:22). Meena overhears Anita saying that Sam's gang did the „Paki bashing" and that she stood by watching. In this episode, Meena is sitting on Sherrie's pony, getting ready for a ride (fig. 8, ch. 14, 01:01:22). Like an echo, Anita's words reverberate in her ears, and the camera underscores their hurting

Fig. 8: Meena overhearing Anita bragging about the "Paki bashing"
(Hüseyin 2002, ch. 14, 01:01:22)

impact by panning and zooming closely on Meena's face, as she is looking back to her 'friends'. Meena is so shocked about what she hears that she puts the spurs to the horse, which breaks into a gallop so that she finally tumbles down (ch. 14, 01:02:52). It is obvious here that she is trying to flee from the truth of Sam's and Anita's crime, though unsuccessfully.

Two strands of action are parallely edited in this episode: the fete (consisting of the sequences in which Anita brags to Sherrie and „Fat" Sally, Meena on the pony, the panicking fete visitors) and the nightly „Paki bashing", the attack on Bhatra, consisting in itself of seven sequences. What is striking about the shots of the attack sequence is that they do not use the whole frame. The action rather appears to be seen as through a (key) hole: Bhatra is thrown down and badly kicked by Sam's gang. In this process, the subjective camera is always at eye level with Bhatra (or at only a slightly higher angle) until he goes down, after which the camera focuses Anita's and the gang members' feet. The nightly attack sequence, of course, is Meena's creative filling of a gap in the film and refers to her empathy with the victim: like Bhatra, Meena feels kicked and beaten by her mates. This is underpinned by her mantra-like utterance accompanying the attack sequence, „What's your name, be my mate …", used already in the playground episode, in which Anita has her first 'real' appearance.

After Bhatra has gone down, in the following shot, Anita's legs and her white slippers are in the middle of the picture (fig. 9, ch. 14, 01:02:30). This is followed by a cut and a close-up of Anita, who is telling with pleasure how she and

Fig. 9: The "Paki bashing" sequence, Anita's slippers (Hüseyin 2002, ch. 14, 01:02:30)

Sam French-kissed. The ensuing shot displays Sam's combat boots and Anita's feet rising on tiptoe, as for the kiss Anita is bragging about before her mates.

Meena's gallop through the panicking crowd is cross-cut with four very short close-ups of Bhatra on the ground, and her fall from the pony (the grass flashing by) coincides with the moment when she and Bhatra lose consciousness. In this last attack sequence, the camera pans to the right to focus again on Anita's white slippers walking past Bhatra side by side with Sam's combat boots.

These effective shots of Anita's legs and her white slippers are indicative of the narrative situation of the film. The narrator-protagonist's auto-diegetic frame narration (Meena's reading aloud from her diary) is deconstructed by the image sequences of the attack, which, as it seems at first, Meena generates in the form of a creative flashback. However, the shots focusing Anita's legs and her white slippers can be attributed neither to the extra- nor to the intra-diegetic narrator since they represent metonymical references to Anita. Neither can the use of the keyhole frame as well as Meena's mantra-like utterance be attributed to one of them. They rather function as viewer-directed codes, generating additional meaning: the key-hole frame, for instance, seems to underscore that Meena's mind, in a state of shock, has narrowed down to just that (which could also explain her panic reaction on the pony); the white slippers may be interpreted as a symptom of Meena's repression of Anita as a human being, standing by and kissing the violent aggressor.

In this context, I would like to refer to a point in the film before the actual frame narration begins, immediately after the credits before: there is one sequence to be repeated by the end of the film, embedded in the context of the intra-diegetic action (ch. 1, 00:00:26). Here, the extra-diegetic narrator presents herself and Anita with the words: „Anita is my best friend in the whole world." The following images, however, recount the opposite: Meena and Anita are wrestling on a rocky ledge until they both fall in the pond of the „Big House", the park of which is haunted by the „Yeti", as will be revealed later on. Next, we see waves and air bubbles, then a white slipper is floating to the surface. This slipper, of course, belongs to Anita and, here already, metonymically refers to her in order to be reloaded with specific meaning in the attack sequences much later in the form of a recurring motif. With regard to the plot, this scene from before the beginning of the frame narration is proleptic in pointing to the culmination of the action at the end of the film.

Also, the white slipper is highly symbolic: it comes to the surface without its owner and points to Anita's absence. After all, Anita is Meena's model image, a construct of her fantasy, and this exactly Meena must experience in the act of writing and narrating: her object of desire is everywhere and nowhere, as the music suggests right in the first episode and during the credits after: „You're everywhere and nowhere baby ..." (Jeff Beck 1967 ch. 20, 01:25:10). In this sense, the dialectics between Meena and Anita can be understood as an allegory of the subject-object relation in Jacques Lacan's theory (Lacan 1977). The object of desire (Anita) is part of the symbolic order (here specifically, Meena's writing). Hence, Anita is Meena's imaginary object, a (symbolic) representation of her own deficient subjectivity. Shortly before the summer fete, Meena says to her grandmother: „I like your songs, Nanima. They're like my stories. They fill up a hole somewhere, like after a big dinner" (ch. 13, 00:58:30). Because of its inherent lack, the „big dinner" cannot satisfy and produces more 'hunger'. However, the stories do not „fill up" the hole either, as Meena puts it shortly after her pony accident: „The more I write, the worse I feel" (ch. 15, 01:06:04). According to Lacan, language is both metaphorical and metonymical (see Hescher 1996: 149-151). Here, the hunger (for stories) comes in the form of a symptomatic metaphor („big dinner") repressing the „hole", which it metonymically

Fig. 10: Credits before, Anita's slippers surfacing after she has fallen into the pond
(Hüseyin 2002, ch. 1, 00:01:05)

refers to. As Lacan says: „For the symptom is a metaphor whether one likes it or not, as desire is a metonymy" (Lacan 1977: 175).

The same process can be observed in the Big House scene analyzed above, in which Meena and Anita fight and fall into a pond: the moment Anita's white slipper is floating to the surface, with a minimal deferment, the title caption materializes in the foreground of the slipper, which, simultaneously, fades away (fig. 10, ch.1, 00:01:05): *Anita and Me*, the title of Meena's story and symptom of her desire to narrate, literally represses and replaces the slipper through the metonymical dynamics of writing.

As in the above examples, the film brings about a number of such metonymical references pointing to Meena's psychic dynamics when she is constantly trying to fill the 'hole in her soul', the primordial blank of her subjectivity. Therefore, „the more I write, the worse I feel" is just another metaphor of meaning in language seen by Lacan as an „incessant sliding of the signified under the signifier" (Lacan 1977: 154).

It is evident that the metonymical and metaphorical references, the symbols, prolepses, image sequences telling a different story from what the extra-diegetic narrator is telling, and the medially different, intra-textual bits of information (such as songs) cannot be attributed to the extra- nor to the intra-diegetic narrator. They represent different *codes*, like the sepia coloring dominating the first third of the movie. All this, of course, is nothing unusual and pertains to the genre of audio-visual, or multiply-coded, texts.

The comments from the extra-diegetic narrator represent an interesting code of the film. Some of them are outrightly comical because of their sexual ambiguity, like Meena's remark about the „rock star", „Hairy Neddy. He has a troubled love life – even though he has a dual-pulse electric organ ..." (ch. 1, 00:02:08), or about the eerie stuffed animals of Sandy's, his future wife and her pregnant condition: „But toys weren't the only thing Sandy had been stuffing ..." (ch. 14, 00:59:37). Here, the extra-diegetic narrator is very authentically like an 11-year-old (or only slightly older) who does not really know what she is saying. Thus, in one episode, Anita fools Meena by telling her "'to shag the arse off of somebody' means to 'really love somebody'" (ch. 6, 00:24:05). At a family get-together, Meena uses the gross idiom before her own and Auntie Shaila's family to describe her affinity for the song *Gimme gimme gimme that* ... and is punished with house arrest (ch. 6, 00:29:25).

To sum up: both the visual and audible elements provide information that cannot be attributed to the narrator/s. This, of course, is due to the specificity of these elements some of which function as medium-specific codes.

5. Didactic and methodological considerations

Few students, even in a *Leistungskurs*, will be able to see through all the codes in *Anita and Me*. Yet, it should be feasible to come to terms with *some* aspects of medium-specific information allocation (which presupposes, however, that the whole movie be viewed *en bloc* or in subsequent sections). Not all students will understand Meena's ambiguous comments, but all will be able to realize differences between *what is said* and *what is shown*. Not all will recognize the symbolic references, but this can be helped by guiding student attention to specific items (like the sepia coloring, Meena's construction of reality, or Anita's white slippers), which could be subject to teacher-student discussions (in which the teacher will have to employ skilful questioning and stimulating strategies).

A comparison between the film and the novel may be another fruitful item to work on. In the novel, there is an auto-diegetic adult narrator who tells about her childhood in an elaborate plot (flashbacks and prolepses) and in an equally elaborate ironic diction. With regard to the film, older students should be able to recognize and roughly describe the narrative situation (frame story), especially when they are shown pre-selected, specific scenes focusing exactly this paradigm.

Apart from the basic parameters of the frame story, students should be induced to come to terms with the parallel editing of the pony accident and „Paki bashing" sequences (including point of view, camera movement, frames, and their effects on the recipients) in closed task formats (see Thaler 2007: 12).

Obviously, all the characters in *Anita and Me* – except Meena's parents – speak a strongly marked Black Country or West Midland variant which students (and teachers) of EFL will understand, passage-wise, only with great difficulty when the subtitles are switched off. This is also the reason why listening-related open task formats such as *blind listening* (see Thaler 2007: 13) are inappropriate. Besides, it has been found out that whenever there is a double challenge of listening and reading, recipients will generally (and unconsciously) give priority to reading. Hence, the use of films with English subtitles fosters the reading rather than the listening competence (see Thaler 2007: 10).

Thematically, the whole movie can be exploited with a maximum of student orientation. As opposed to the analytical tasks referred to above, open task formats should dominate the classroom and bring the students to come to terms with cultural differences, PC, and racism, as for example through *silent viewing* (see Thaler 2007: 13, sound off, picture on): here, the students would have to guess the dialogues (such as in the dinner episode when Anita gets to know Indian eating habits). To be communicatively efficient, the dialogues should be discussed in groups with respect to how Anita reacts to the confrontation with another culture. Also, students should problematize the film's instances of PC in that they discuss the cultural subtext, e.g. when Nanima slurps and breaks wind, or when Mrs Ormerod tries to small-talk with Nanima in their first encounter.

Creatively, students may record 'bonus material' for the DVD with the school camcorder, such as simulated interviews with a journalist, actors' comments on their roles, or the director's comments on his work with the actors on the set – or, and this is exciting for all the participants: record deleted scenes (before, it should be discussed in the plenary for what reasons in general scenes are deleted).

Not enough stress can be laid on the soundtrack to the movie. As mentioned above, a lot of scenes are accompanied by music or songs from the 1970s (Jeff Beck, *Hi Ho Silver Lining* at the beginning and during the credits after, Mungo Jerry, *In the Summer Time*, Dave Edmunds, *I Hear You Knocking* etc.). Mostly, melodies and lyrics function as codes and generate their own specific meaning, be it when they underscore a character's mood, an atmosphere, or when they deconstruct the pictures and the dialogues. One interesting example of this is the scene in which Meena gazes at Anita, who is sitting on the swing (ch. 3, 00:09:32). It is accompanied by the David Cassidy song *How Can I Be Sure* (1972):

> How can I be sure / In a world that's constantly changin'? / How can I be sure / Where I stand with you? / [...] / How do I know? / Maybe you're trying to use me / Flying too high can confuse me / Touch me but don't take me down [...]

These lyrics underline Meena's uncertainty about her changing mind(set), her relation to her surroundings (school, friends, environment: the new bypass being built near Tollington), and, of course, her relation to Anita, of whose friendship and solidarity she can at no point be sure. In the classroom, the students may be given another open task in which they are supposed to establish as many thematic connections from the song to the film as possible. As a minimum, everybody should find one connection for every song line (possibly in groups).

Students may also interpret parts of the soundtrack by establishing connections between the ambiance of a scene and a melody. In this context, it is striking that the music at the beginning of the embedded action is the same as during the credits after – the difference being that in the credits after, *Hi Ho Silver Lining* is not interpreted by Jeff Beck but by Meena's father Shyam. This begs the question – possibly to be debated in class – if this is (not) an act of PC.

Crediting the credits before

In general, particular attention should be focused on the credits before since they often provide important codes for the reception of the film as a whole. Before the actual credit captions unfold, a tongue of fire intrudes into the frame from the left, accompanied by a blazing source of light in the background, which quickly fades and reveals the BBC „Films" emblem. The following credit captions liquefy after a few seconds and become ripples like after something has hit a water surface (fig. 11, ch. 1, 0:00:07). Obviously, fire and water are opposites, and interestingly, Anita disappears in the water in the subsequent pond scene (and does not come up again, except for her white slipper). With an apt questioning strategy, students could find out that the two elements are symbolic of Meena (fire) and Anita (water). This argument could be supported by the position of the two characters on the ledge in the pond scene: Meena is standing on the left (as the tongue of fire intrudes from the left) and Anita on the right. Fire connects to Meena's 'burning' desire for a friend, and water to emotional coldness (its color is pitch black): the coldness that Anita had to stand by and watch her boyfriend Sam batter Bhatra. At the end of the film, Meena's desire is 'quenched' after all the negative experiences she had with her xenophobic 'friends'.

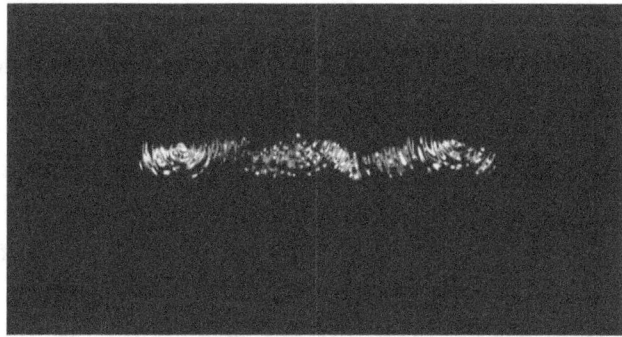

Fig. 11: Credits before: Caption liquefying (Hüseyin 2002, ch. 1, 0:00:07)

After the two girls have fallen into the pond and while the slipper is floating to the surface, the extra-diegetic narrator says: „I never thought this would happen either. In 'Jackie' magazine, people are always saying stuff like, 'I love you to death'. I never got it ... till now ... when it's too late" (ch.1, 00:01:02). In a first viewing of the film, the meaning of „this" is not clear. In a second viewing, it is evident that „this" is cataphoric in its reference to a future event in the embedded narrative, and anaphoric with regard to the extra-diegetic narrative. This „this" underlines the importance of Anita's immoral act – directed against another immigrant-descended person (Bhatra) though indirectly affecting Meena – for the „death" of Meena's love: she does not love Anita anymore, although she recognizes her importance for her own growing up and does not leave Tollington in anger. She has loved her too much („to death") and was blinded as a result („I never got it ..."). Only in writing down/narrating what happened can Meena come to terms with the dynamics of her former relation to Anita.

Meena is a different person „now". This is also why student attention should be directed to the initial scene of the embedded narrative: they will be able to recognize that this scene anticipates the key moment and turning point in Meena's life. During the credits before through this initial scene, slow melancholy music is playing. Students should be induced to comment on it in the sense that it expresses the extra-diegetic narrator's regret but also, in hindsight, a new start, the beginning of the end of an unfavorable relation and a naïve mindset.

Crediting the ending ...

... is what the extra-diegetic narrator does just at the end of the film after 'Jackie' magazine wrote Meena that they will publish her short story *The Sprain of Destiny* (alluding to her sprained ankle after she fell from the pony and the turning point this happening represents for her life). The publishing of her story is even more important to her than the letter telling that she passed the entrance exams (ch. 18, 01:17:55). This scene is interspersed in the Neddy-and-Sandy-wedding episode and underscores the extra-diegetic narrator's specific plot design of the ending. Thus, Meena remarks: „This is where stories usually end, right? A nice wedding, a good exam result, and they all live happily ever after. But you can't have a happy ending when the person you really miss is missing" (ch. 18, 01:18:51).

With this meta-fictional remark, she disrupts the viewers' illusion and draws attention to her writing – the short story and more so the diary, which she will give Anita after the wedding party (and which represents the embedded story). She goes to Anita's house and knocks on the door, but Anita does not answer and remains in the hall, crying, while Meena is talking to her (ch. 19, 01:20:50). She tells Anita about her passing the exams, her moving away and asks her (knowing Anita is in there) why she is not glad *with* her. She concludes: „We can't be mates anymore. Not now", and slides her diary through the mail slot (fig. 12, ch. 19, 01:20:50).

Fig. 12: Meena passing her diary on to Anita (Hüseyin 2002, ch. 19, 01:20:50)

When Meena and her family leave for their new home, Meena makes her father stop the car to get out: Anita has come running behind them to return Meena's diary (ch. 19, 01:22:45). When they face each other both are so high-strung that they start to talk at the same time. Anita admits she has not understood everything but found it „bostin'". Meena hoped that Anita would apologize for what she and Sam (indirectly) did to her, but she does not. Upon Meena's question, „Are yow saying sorry?", she replies, „I said you make bostin' stories." Meena's facial expression changes from bitter to sweet, until Anita says: „Even the bits that hurt were good. Yeah."

This, of course, is not a true apology, and students of this film should evaluate this themselves. A good methodical approach may be to get them started on Meena's meta-fictional remark, „This is where stories usually end, right? ..." (see above). It is at hand to make them speculate about the ending, maybe in groups that have to agree on *one*. Before they get to see the actual ending, teachers may guide their students' focus on Meena's and Anita's relation (*What about Meena and Anita? What do you expect? Is there anything Meena or Anita should do?*). That their relation ends with Meena holding the memories of Anita dear may put viewers in a placatory mood – if they do not find it kitschy; yet, it is possible that high school students favor an ending in hate or sadness. Which one is more appropriate may be subject of a lively classroom debate.

[1] In the novel, the story time is two school years (see Dunphy 2004: 637).
[2] The most formative and impressive episode of the novel, Meena's stay in hospital where she meets Robert, her first 'boyfriend', who dies from an illness unrevealed to the readers, is left out in the film adaptation. All the more, it is of methodological interest to thematize these important gaps in the classroom.
[3] There are striking resemblances also between Syal's and Lee's novel (see Dunphy 2004).
[4] In the novel, we learn that the "Yeti" is the (covert) second Indian Sikh in town beside Daljit, owner of the "Big House" and husband of "the witch". Because of misfortunes in Tollington, the Big House couple chose isolation. The leaving out or changing of these and aforementioned plot elements may also be subject to discussion in class.
[5] A variant of the homo-diegetic narrator bringing forth her/his own narration.
[6] The whole church wedding episode has been added. Students could speculate about this change and possible intentions of the producers or the director or its effects on the viewers.
[7] This episode is of high methodological interest: after Anita is told what Bhuna chicken consists of, there is an unexpectedly rapid cut, accompanied by a swooshing sound, af-

ter which we see a close-up of a plate of fish fingers and chips and Anita's hand, which is pouring ketchup on the chips. Students may creatively fill the gap in this episode. Besides, it could be discussed whether the quick cut points to a bothersome scene left out or to the hosts' politeness in putting *politically correct* food on the table.

[8] At the end of the novel he will even kiss her (see Syal 1996: 314). It should be noted that Meena, or rather Sam (who helps Meena take aim) shoots an iconized African with a spear and a buckler (ch. 7, 00:32:19).

[9] In the novel, the construction of the bypass is developed into a recurring motif or objective correlative, alluding especially to and representing the changes inside Meena. Robert, her first 'boyfriend' (see ann. 2), tells her to "Mind the Road" (see Syal 1996: 293) – which will be his last words. After the road is finished, Tollington turns into a "Pied Piper's Hamelin", a dead town (see Syal 1996: 297).

Works cited

Butzkamm, Wolfgang (1998). Zehn Prinzipien des Fremdsprachenlernens und -lehrens. In: Timm, Johannes-Peter (Hg.). Englisch lernen und lehren: Didaktik des Englischunterrichts. Berlin: Cornelsen, 45-52.

Davis, Rocío G. (1999). India in Britain: Myths of Childhood in Meera Syal's *Anita and Me*. In: Galván, Fernando/Bengoechea, Mercedes (Hg.). On Writing (and) Race in Contemporary Britain. Alcalá de Henares: Universidad de Alcalá, 139-146.

Dunphy, Graeme (2004). Meena's Mockingbird: From Harper Lee to Meera Syal. Neophilologus 88.4, 637-659.

Hescher, Achim (1996). Vom 'postmodernen Roman' zur postmodernen Lesart – Theorie und Praxis metaphorologischer Lektüren von euro-amerikanischen Romanen des 20. Jahrhunderts. Essen: Die Blaue Eule.

Hüseyin, Metin (2002). Anita and Me. Portman Entertainment/BBC films (DVD).

Lacan, Jacques (1977). Écrits. A Selection. New York: Norton.

Schoene-Harwood, Berthold (1999). Beyond (T)Race: Bildung and Proprioception in Meera Syal's *Anita and Me*. Journal of Commonwealth Literature 34.1, 159-168.

Syal, Meera (1996). Anita and Me. London: Flamingo.

Thaler, Engelbert (2007). Film-based Language Learning. Praxis Fremdsprachenunterricht 1, 9-14.

Italienische Jugendliteratur und ihre Verfilmung: *Tre metri sopra il cielo* und *Notte prima degli esami*

Daniel Reimann

1. Einleitung

Italienischer Literaturunterricht ist unter anderem insofern eine dankbare Angelegenheit, als unsere Schülerinnen und Schüler in Italien Literatur als im Alltagsleben präsent erfahren können: Das betrifft nicht nur die Klassiker der Literaturgeschichte – Straßennamen, Statuen, Zitate und Gedenktafeln allenthalben – sondern auch die Gegenwartsliteratur. Deren Bekanntheit ist oft auch der Verfilmung geschuldet, so etwa im Falle des Kultfilms/-buches *Tre metri sopra il cielo* und weiterer Romane desselben Autors, Federico Moccia. Graffiti vom Typ „Io e te, tre metri sopra il cielo" (kurz: *3MSC*) oder auch Varianten wie „io e te, otto metri sopra il cielo, perché a tre metri c'è già troppa gente" u.ä. zieren Mauern in ganz Italien, *lucchetti dell'amore* – Vorhängeschlösser, deren Schlüssel in Anlehnung an alte Bräuche als Liebesschwur weggeworfen werden – finden sich seit Moccias Roman *Ho voglia di te* nicht nur am Ponte Milvio in Rom, sondern auch an Brücken und Brunnen im ganzen Land (vgl. Abb. 1 und 2).

Abb. 1: *Lucchetti dell'amore* – Vorhängeschlösser überall (Foto: D. Reimann)

Abb. 2: *Tre metri sopra il cielo*: Graffiti (Foto: D. Reimann)

2. EPA und Lehrpläne: Notwendigkeit einer Filmdidaktik

Die Präsenz von Jugendliteratur und ihrer Verfilmung eben im jugendlichen Erfahrungshorizont, wie er auch während eines Schüleraustausches erlebt wird, kann als Anlass genommen werden, sich vertieft und analysierend mit Filmen im Italienischunterricht auseinanderzusetzen. Aus den derzeitigen Einheitlichen Prüfungsanforderungen in der Abiturprüfung Italienisch und insbesondere aus den Lehrplänen verschiedener Bundesländer lässt sich die Notwendigkeit einer analytischen Beschäftigung mit Filmen eindeutig begründen, wenn auch Art und Grad der Vertiefung in der aktuellen Generation von Richtlinien noch recht variabel gehalten sind. So findet man in den EPA u.a. folgende Kompetenzbeschreibungen und Aufgabenformate:

- „die Fähigkeit zum Umgang mit Texten und Medien, die neben gesicherten fachmethodischen Kenntnissen im analytisch-interpretierenden Umgang mit Literatur und Sach- und Gebrauchstexten auch produktionsorientierte, gestaltende Bearbeitungsformen in einem breiten Spektrum von Texttypen umfasst und im Sinne eines erweiterten Textbegriffs mehrfach kodierte Texte wie Filme und

Fernsehsendungen, Hörtexte, Bilder und Grafiken einschließt; [...]" (EPA, Fachpräambel: 3).
- „Aufgabe zum Hör- bzw. Hör-/ Sehverstehen: [...] Als akustische/ audiovisuelle Textvorlage dient ein Text von in der Regel nicht mehr als fünf Minuten Länge. [...] Schwerpunkte in der Überprüfung sind hier für das Hör- bzw. Sehverstehen charakteristische Leistungen, besonders die auf wesentliche Inhaltsteile zielende reduzierte Informationsentnahme, [...]." (EPA, I 3.2.2.3: 15).
- „Ziele der Prüfung: [...] die Fähigkeit, den Inhalt von gelesenen oder gehörten Texten bzw. Filmen in sprachlich angemessener Form wiederzugeben, zusammenzufassen und zu erläutern, sowie zu Aussageabsicht und Wirkung Stellung zu nehmen; [...]" (EPA, I.4.1: 21).
- Vgl. EPA II, 3.4: Aufgabenbeispiel „Aufgabe für den Leistungskurs mit literarischem Text und Spielfilmausschnitt (fortgeführte Fremdsprache): Verfilmung von Bassani, *Gli occhiali d'oro*: auf der Grundlage eines Filmausschnitts soll ein Tagebucheintrag des Protagonisten verfasst werden (EPA, *Produzione creativa*: 36-40).

Die bayerischen Fachlehrpläne für das achtjährige Gymnasium, die diesbezüglich an dieser Stelle exemplarisch betrachtet werden sollen, sehen u.a. die Lektüre eines Filmskripts bzw. Textbuches als Alternative zur obligatorischen Lektüre eines Dramas oder eines Opernlibrettos in der Oberstufe vor:
- Jg. 11/12, Umgang mit Texten und Medien: „[...] aktuelle Entwicklungen in den Bereichen Literatur und Film. [...]"
- „Textarten: [...] Film- und Fernsehausschnitte [...], eine Ganzschrift aus der erzählenden Literatur des 20. oder 21. Jahrhunderts (ggf. im Vergleich zu einer Verfilmung), eine Ganzschrift aus den Bereichen Drama (auch Oper) oder Film (Filmskript oder Textbuch), in Auszügen [Ergänzung neu 2008]".
- „Kompetenzen: [...] sich zu Texten unter Benutzung eines grundlegenden Repertoires textanalytischer Fachbegriffe (auch Filmanalyse) äußern (Personencharakterisierung, Erzählperspektive, Zeitstruktur, Leserlenkung u.a.) [...]".

3. Authentizität und Motivation: Jugendliteratur und ihre Verfilmung im Fremdsprachenunterricht

Authentizität und Motivation durch die Nähe der Geschichten zur Erfahrungswelt der Schüler sind Aspekte, die den Einsatz von Jugendliteratur und ihrer

Verfilmung im Fremdsprachenunterricht begründen. Während französische Jugendliteratur nicht zuletzt durch den *Prix des lycéens allemands* und zahlreiche einschlägige fachdidaktische Veröffentlichungen im Französischunterricht präsent ist und sich eine ähnliche Entwicklung für die spanische Jugendliteratur abzeichnet[1], hat die – auch in Italien wenig bekannte, da wenig ausgeprägte – italienische Jugendliteratur bisher nur punktuell Einzug in deutsche Klassenzimmer gehalten. Im Schuljahr 2008/2009 gab es immerhin ein Pilotprojekt des Italienischen Erziehungsministeriums und der Zentralstelle für das Auslandsschulwesen/des Goethe-Instituts Italien zu multimedial gestützten *lectures croisées* italienischer respektive deutscher Jugendliteratur.

Aus den bisher genannten Befunden können folgende Arbeitshypothesen abgeleitet werden: Zum einen lassen sich Forderungen von EPA und Lehrplänen nach einer vertieften Auseinandersetzung mit Filmen und/oder Literaturverfilmungen sowie ein sich derzeit in romanistischer Fachdidaktik und Unterrichtspraxis der romanischen Sprachen abzeichnendes Bemühen, jugendnahe Literatur in den Unterricht zu integrieren, für das Fach Italienisch in der Behandlung italienischer Jugendliteratur und ihrer Verfilmungen verbinden. Zum anderen sollte die Entwicklung einer Filmdidaktik nicht nur eine Methodik der kreativen Filmrezeption, sondern auch die Vermittlung von Grundzügen eines filmanalytischen Instrumentariums implizieren (vgl. EPA: Fachpräambel; bayerischer Fachlehrplan: Kompetenzen). Hierzu wiederum ist eine entsprechende Ausbildung der Fremdsprachenlehrer ab der ersten Phase der Ausbildung erforderlich (angesprochene Disziplinen: Kultur- bzw. Landeswissenschaften, Fachdidaktik).[2] Auch diesbezüglich ist in der italianistischen Fachdidaktik – im Unterschied zur französistischen und hispanistischen Didaktik[3] – ein Forschungsdefizit festzustellen.[4] Die Lehrwerke bereiten – anders als die aktuelle Lehrwerkgeneration für Französisch und Spanisch – nur unzureichend auf einen analytischen Umgang mit Filmen vor. Ein weiterführendes, eher allgemeineres Vokabular zum Umgang mit Filmen findet sich in Jaeschke/Vahrenhold (2006: 7-10).

4. Zeitgenössische italienische Jugendliteratur: Grundzüge

Das Korpus in Italien entstandener Jugendliteratur ist begrenzt; es liegt nahe, die weitgehende Absenz spezifisch italienischer Jugendliteratur u.a. der Bedeutung zuzuschreiben, die die klassische Literatur auch im heutigen Bildungswesen noch hat. Diese Bedeutung wird z.b. auch in der Auftaktsequenz von *Tre metri sopra il cielo* manifest, wenn die Schülerinnen und Schüler eine Passage aus der Seneca-Tragödie *Medea* übersetzen sollen (Kap. 1, 00:02:59-00:05:11). Auf dem Buchmarkt finden sich gerade auch Übersetzungen anerkannter ausländischer Jugendromane – etwa der an deutschen Schulen verbreiteten französischen Autorin Marie-Aude Murail – und im Allgemeinen wird dem Bereich Jugendliteratur in italienischen Buchhandlungen allein in physischer Hinsicht wenig Raum geschenkt. Vielfach wird beklagt – und diverse Statistiken scheinen dies zu belegen –, dass italienische Jugendliche wenig lesen. Diejenigen, die lesen, widmeten sich traditionell durchaus klassischer Literatur zumindest der Moderne, wie etwa der Erzählprosa Pirandellos, oder inzwischen zu ‚Klassikern' der Postmoderne avancierten Texten wie Andrea De Carlos *Due di due* (1989). Andererseits ist in den letzten Jahren festzustellen, dass zunehmend explizit an jugendliche Leser gerichtete Erzählprosa publiziert wird, vielleicht gerade, um die Kluft zwischen anspruchsvollen Texten, gewachsenen Lesern und Nicht-Lesern zu überwinden. Es zeichnet sich vorsichtig ab, dass Jugendliteratur auf dem italienischen Buchmarkt immer manifester wird, auch haben inzwischen erste Jugendliteratur-Festivals stattgefunden.

Thematische Schwerpunkte sind, anderen europäischen Jugendliteraturen entsprechend, typische Adoleszenzprobleme wie Einsamkeit, Auseinandersetzung mit dem eigenen Körper, erste Liebe usw. Auffällig ist, dass sich in den letzten Jahren Liebesgeschichten, die jeweils sowohl aus der weiblichen als auch aus der männlichen Perspektive erzählt werden, unter den wenigen im Sektor publizierten Titeln geradezu als ein ‚Format' affirmiert haben; vgl. u.a. Luca e Claudia (2006), Luca e Azzurra (2007).

Im Folgenden sollen Einsatzmöglichkeiten von Buch und Film im Falle der Romane *Notte prima degli esami* und *Notte prima degli esami oggi* (Luca e Claudia 2006 bzw. Luca e Azzurra 2007) und der zugehörigen Filme (Brizzi 2006 bzw. 2007) sowie einleitend eines weiteren *caso* der italienischen (Jugend)Literaturszene betrachtet werden, namentlich Federico Moccias *Tre metri sopra il cielo* (mit einem Ausblick auf weitere Werke des Verfassers).

5. Italienische Jugendliteratur und ihre Verfilmung im Unterricht: Ausgewählte Beispiele

5.1 *Tre metri sopra il cielo* – eine italienische West-Side-Story

Tre metri sopra il cielo von Federico Moccia erschien in einer kleinen Auflage 1992 im Selbstverlag und wurde erst 2004 in einer zweiten, überarbeiteten und ins gegenwärtige Rom übertragenen, bei Feltrinelli erschienenen Auflage italienweit bekannt. Durch geschickte Vermarktung – u.a. infolge einer Fusion in den Medienhäusern Ricordi – und dank der Verfilmung durch Luca Lucini (2004) wurde das Buch schnell zu einem Bestseller. Hauptdarsteller waren Katy Louise Sauders als Babi und Riccardo Scamarcio als Step. Buch und Film sind unter italienischen Jugendlichen bekannt und waren in den vergangenen Jahren ‚Kult'; das Buch wurde auch ins Deutsche übersetzt.

Die Grundzüge der Handlung lassen sich wie folgt resümieren: die achtzehnjährige Babi entstammt einer gutbürgerlichen Familie im Norden Roms, während der ein Jahr ältere Step sein Leben mehr oder weniger auf der Straße verbringt (vgl. Abb. 3 und Abb. 4). Die beiden lernen sich zufällig kennen und lieben, ihre Beziehung wird aber von Anfang an durch die soziokulturellen Differenzen erschwert. Babi lässt sich zunehmend in die Welt Steps – illegale Motorradrennen usw. – ziehen; je weiter sie sich dieser annähert, desto größer werden

Abb. 3: Clash zweier Kulturen (I): Steps Vorstadt-Gang (Lucini 2004, 00:01.05)

Abb. 4: Clash zweier Kulturen (II): Babis Mädchengymnasium (Lucini 2004, 00:05.07)

allerdings ihre Zweifel. Der Unfalltod eines gemeinsamen Freundes aus der Clique Steps bei einem der nächtlichen Motorradrennen lässt die Beziehung endgültig scheitern, Babi beendet das Verhältnis und Step geht nach Amerika, um sich ein neues Leben aufzubauen; sie kehrt in ihr altes Leben zurück und findet einen neuen Freund in ihrer unmittelbaren Umgebung.

Der Roman scheint für eine Lektüre im achtjährigen Gymnasium eher zu umfangreich und sprachlich zu anspruchsvoll. Der Film indes ist aufgrund der Reduktion auf Dialoge und die Aussagekraft der Bilder gut verständlich. Er kann sehr gut in Unterrichtsreihen zum Thema *Giovani*, wie sie in den Lehrplänen der meisten Bundesländer in der einen oder anderen Form vorgesehen sind, integriert werden. In Nordrhein-Westfalen z.B. ist der Film bis 2010 verbindliche Grundlage der schriftlichen Abiturprüfung. Vahrenhold/Jaeschke (2006) und Lüttgens/Vahle (2008) bieten zahlreiche Anregungen und Materialien zu einer abwechslungsreichen Unterrichtsgestaltung, ausgehend von dem Film (u.a. Vokabellisten, Tandem-Arbeitsbögen, Rollenspiele, Collagen usw.). Lüttgens/Vahle (2008) enthält zudem den italienischen Drehbuchtext; einziges Manko scheint das Fehlen einer Einführung in die Filmanalyse, etwa zur Terminologie der Einstellungsgrößen.

Aus Moccias zweitem Roman *Ho voglia di te* (2006), der sich als Fortsetzung von *3MSC* liest und der ebenfalls verfilmt wurde, ist der oben angesprochene

Brauch der *lucchetti dell'amore* abgeleitet worden. Moccias jüngster Roman *Amore 14* (2008) hat jüngere Protagonisten, namentlich etwa vierzehn- bis fünfzehnjährige im Jahr des Wechsels von der *scuola media* an die weiterführenden Schulen. Dieser Roman wurde multimedial lanciert, u.a. durch den Autor auf YouTube präsentiert, die Homepage (www.amore14.it, Aufruf 01.09.09) weist zahlreiche interaktive Web 2.0-Elemente auf und lud zu einem italienweiten Casting im Hinblick auf die Verfilmung ein. Hier könnten sich Einsatzmöglichkeiten gerade für die nunmehr jüngeren Oberstufenschüler des achtjährigen Gymnasiums ergeben.

5.2 *Notte prima degli esami (oggi)* – **Initiationsriten: Das Abitur und seine Begleiterscheinungen**

Der Film *Notte prima degli esami* von Fausto Brizzi wurde 2006 beim Filmpreis *David di Donatello* als bestes Regiedebüt ausgezeichnet. Der Film hatte großen Erfolg beim Publikum und darf als Kultfilm des Jahres 2006 gelten. Hauptdarsteller sind Giorgio Faletti als zunächst griesgrämiger Italienischlehrer Martinelli, Cristiana Capotondi als dessen Tochter Claudia und Nicolas Vaporidis als Abiturient. Es handelt sich um eine unterhaltsame Komödie, nicht um einen Problemfilm auf höchstem Niveau. Dennoch kann der schülernahe Film im Rahmen einer auflockernden Unterrichtsreihe etwa nach einer Klassikerlektüre als Auftakt einer neuen Unterrichtssequenz oder aber nach einem anspruchsvolleren Text innerhalb eines Dossiers zu *I giovani* durchaus als filmische Ganzschrift zur Motivation und als Sprechanlass im Unterricht eingesetzt werden.

Die Handlung ist in Grundzügen schnell referiert: Die Geschichte ist im Jahr 1989 situiert, genauer gesagt in dem Zeitraum zwischen dem letzten Schultag und den Abiturprüfungen. Es ist eine Zeit, in der sich die Freude über das bevorstehende Ende der Schulzeit mit der Angst vor den Abschlussprüfungen mischt, was im Film immer wieder anschaulich vor Augen geführt wird. Luca drückt dem Lehrer Martinelli gegenüber am letzten Schultag seine ganze Verachtung aus; Martinelli belehrt ihn sogleich, dass er einen erkrankten Kollegen in der Abiturkommission ersetzen wird, woraufhin Luca größte Bedenken hat, die Abiturprüfung jemals bestehen zu können. Da Luca Martinelli auf Anraten einer Mitschülerin nach dem Diebstahl von dessen Auto hilft, indem er ihn auf seinem

Motorroller zur Polizei und schließlich nach Hause begleitet, bietet ihm Martinelli als Dank Nachhilfestunden zur Abiturvorbereitung an. Später kündigt er an, dass er ihn im Falle einer mündlichen Frage zur italienischen Literatur nach Leopardi fragen wird. Auf einem Fest lernt Luca Claudia kennen, in die er sich verliebt. Es stellt sich heraus, dass Claudia die Tochter eben des verhassten Lehrers Martinelli ist. Es kommt zu einer langen Suche (vgl. Abb. 5), die beiden verfehlen sich immer wieder, auch stellt sich heraus, dass Claudia sich ebenfalls auf derselben Feier verliebt hat – allerdings in einen anderen Jungen.

Schließlich finden die Abiturprüfungen statt (*la carogna*). Martinelli fragt Luca natürlich nicht nach Leopardi, sondern nach Carducci, doch Luca besteht die Prüfung blendend, denn nach seiner langjährigen Erfahrung mit Lehrern hat er die gesamte italienische Literaturgeschichte auswendig gelernt – mit Ausnahme von Leopardi. Dies wird im Abspann ebenso sichtbar wie die Tatsache, dass Luca später den Beruf des Italienischlehrers ergriffen hat ... .

Der Film ist aufgrund seiner Struktur und seiner Sprache verhältnismäßig einfach zu verstehen und insofern für den Oberstufenunterricht im Italienischen als fortgeführter Fremdsprache geeignet. Ähnliches gilt grundsätzlich für den begleitenden Roman von Luca e Claudia (2006), der den Text des Films teilweise wörtlich wiedergibt, sich in seiner Struktur aber insofern auf interessante Weise

Abb. 5: Luca sucht Claudia im nächtlichen Rom (Brizzi 2006, 01:26.45)

Abb. 6: Claudia schreibt in ihr Tagebuch (Brizzi 2006, 00:13.45)

abhebt, als hier die Erzählung die Perspektive Lucas wiedergibt, während zwischen die Darstellung der Handlung durch Luca Tagebucheinträge Claudias eingefügt werden, welche die Geschichte aus deren Perspektive erzählen, ergänzen und kommentieren (Claudia als Verfasserin eines Tagebuchs tritt im Film nur an einer Stelle auf: Kap. 2, 00:13:26-00:14:30, vgl. Abb.6).

Allerdings ist das Buch – gerade die Tagebucheinträge Claudias – mehr von verständniserschwerenden Referenzen auf die ausgehenden achtziger Jahre durchsetzt als der Film, weshalb es in diesem Fall eher ratsam scheint, den Film alleine im Unterricht einzusetzen oder allenfalls Auszüge aus dem Roman mit den Schülerinnen und Schülern zu besprechen. Denkbar ist etwa, im Hinblick auf empathieförderndes multiperspektivisches Arbeiten, nach Behandlung einzelner Szenen die entsprechenden Tagebucheinträge Claudias aus dem Buch lesen zu lassen (im Film z.B. Kap. 4, 00:27:10; Kap. 5, 00:31:04: Diebstahl Simca 1000 des *professore* Martinelli bis zu dessen Angebot für Nachhilfestunden und dessen Verschwinden durch das Eingangstor seines Hauses), im Buch (Luca e Claudia 2006: 55-57) u.a. folgende Stelle: „Ore 21:30. Papà è tornato a casa incazzato. Oggi si è fatto fregare la macchina e l'ha dovuto riaccompagnare un suo alunno. [...]".

Anders verhält es sich mit der zweiten ‚Folge' von Film und Buch, die im Sommer 2006 während der Fußball-Weltmeisterschaft in Deutschland datiert ist (Brizzi 2007, *Notte prima degli esami oggi* bzw. *Luca e Azzurra* 2007). Hier erscheint der Film weniger für den unterrichtlichen Einsatz geeignet – der Handlungsstrang um Schule und Abitur wird zugunsten der Liebesgeschichte zurückgenommen, die im Film auch Szenen enthält, die als anstößig empfunden werden könnten – während der den Film flankierende Roman leichter im Unterricht zu behandeln ist als *Notte prima degli esami*, einerseits, weil er Referenzen auf eine auch den gegenwärtigen Schülern bekannte Wirklichkeit enthält, andererseits, weil die Kommentare der hier Azzurra genannten Protagonistin nicht mehr in den verhältnismäßig elaborierten Phrasen eines Tagebucheintrags der ausgehenden achtziger Jahre, sondern im Stile eines Blogs gehalten sind. Dazu kommen Azzurras Einträge und Bemerkungen über den Artenschutz, die im Unterricht vertieft werden können; Azzurras Engagement kommt im Film weniger zum Tragen als im Buch.

In beiden Romanen, Luca e Claudia (2006) und Luca e Azzurra (2007), sind es darüber hinaus immer wieder die ‚Randglossen' und tabellenartige Listen vor allem der jeweiligen Protagonistin, die in einem auf mündliche Kommunikation ausgerichteten Fremdsprachenunterricht Rede- oder auch kreative Schreibanlässe bieten können. Hier einige Beispiele (die Autorennamen sind abekürzt):

Ecco i miei motivi per lasciare Cesare:	*Le mie classifiche:*	*Le mie classifiche:*
È possessivo fino alla paranoia.	La musica del mio cuore	Le risposte peggiori che si possono dare a un ragazzo:
Guarda tutte le mie amiche.	Vasco	
	Tiziano Ferro	No! (Questa è sempre di moda)
Fa sempre le stesse cose.	Gemelli diversi	
	Vibrazioni	No TU no! (Questa ancora di più)
Preferisce giocare ai videogiochi piuttosto che stare con me. [...]	Robbie Williams.	Sì, quando troveranno Osama
100. Forse non mi ha mai amato.		Sì, quando Emilio Fede insulterà pubblicamente Berlusconi
		Ne parliamo domani, adesso inizia L'Isola dei famosi.
(L e C 2006: 91-94)	(L e A 2007: 39)	(L e A 2007: 112)

Im Roman *Notte prima degli esami oggi* erfolgen zudem, in der Biographie Azzurras begründet, wiederholt Referenzen auf Frankreich und die französische Sprache, was im Sinne einer Didaktik der Mehrsprachigkeit und der Mehrkulturalität nutzbar gemacht werden kann:

> Il y a ici quelqu'un qui parle italien?
>
> Je n'ai pas compris, je m'appelle
>
> Azzurra, che detto in francese è davvero
>
> una grande ficata, bonjour, monsieur,
>
> bonjour, madame. Quanto ho odiato
>
> questa lingua. E quanto ho odiato Parigi.
>
> Io non capivo. Ero una tredicenne
>
> romana, […]. Parigi è una città
>
> meravigliosa. Dove vive mia madre.
>
> E ora la capisco. Maman. La lingua.
>
> La città.
>
> (Luca e Azzurra 2007: 59)

6. Schlussbemerkungen

Im vorliegenden Beitrag wurde versucht, einen kurzen Einblick in die italianistische Filmdidaktik und die Didaktik der italienischen Jugendliteratur zu geben. Ferner wurde an zwei Fällen exemplarisch gezeigt, wie jugendnahe Filme in den Oberstufenunterricht Italienisch einfließen können – sei es ein eher problemlastiger Film wie *Tre metri sopra il cielo*, der durch sein Spannungspotential zu motivieren vermag, sei es ein Film wie *Notte prima degli esami*, der eher durch seinen Unterhaltungswert motiviert und aufgrund der so entstandenen Arbeitsbereitschaft durchaus vorhandenes Reflexionspotential ausschöpfen lässt (Ungewissheiten der sich ihrem Ende zuneigenden Schulzeit, Fragen von Liebe, Berufs- und Lebensplanung, Akzeptieren oder Ablehnen von *raccomandazioni* etc.). Am Beispiel von *Notte prima degli esami* und *Notte prima degli esami oggi* wurde im Rahmen des zur Verfügung stehenden Raumes angedeutet, wie eine einander ergänzende Arbeit mit Film und Buch aussehen kann.

Abschließend bleibt festzuhalten, dass die Arbeit mit Filmen immer auf der Grundlage einer zumindest in Grundzügen vorhandenen filmanalytischen Fachterminologie erfolgen sollte. Zu deren Vermittlung wird im Anhang Material mit Filmbeispielen aus *Notte prima degli esami* bereit gestellt.[5]

---

[1] Vgl. stellvertretend O´Sullivan/Rösler (2002) sowie die Themenhefte *Französisch heute* 1, 2007 und *Der fremdsprachliche Unterricht Spanisch* 23, 2008. Zur italienischen Jugendliteratur besteht Fehlanzeige; zur italienischen Kinderliteratur vgl. Crößmann 2000 und 2001.

[2] Zur Einführung in die Filmanalyse in italienischer Sprache vgl. u.a. Bertotto (2006), Chateau (2007).

[3] Vgl. stellvertretend die Themenhefte *Der fremdsprachliche Unterricht Spanisch* 12, 2006 und *Der fremdsprachliche Unterricht Französisch* 91, 2008.

[4] Zur Filmdidaktik für den Italienischunterricht vgl. stellvertretend Continanza/Diadori (1997), Lüttgens/Vahle (2008), Maddoli (2004), Martin (2008), Vahrenhold/Jaeschke (2006).

[5] Für die sprachliche Revision des Arbeitsmaterials danke ich Tiberio Snaidero (Berlin).

Literaturverzeichnis

Bertotto, Paolo (Hg.) (2006). Metodologie di analisi del film. Roma/Bari: Laterza.

Chateau, Dominique (2007). Introduzione all'estetica del cinema. Torino: Lindau.

Brizzi, Fausto (2006). Notte prima degli esami. Rai Cinema/Italian International Film/Aurora Film (DVD).

Brizzi, Fausto (2007). Notte prima degli esami oggi. Rai Cinema/Italian International Film/Aurora Film (DVD).

Continanza, Marcella/Diadori, Pierangela (1997). Viaggio nel nuovo cinema italiano. Firenze: La Certosa (Buch und VHS-Kassette).

Crößmann, Bernd (2000). Die Arbeit mit literarischen Texten in der Anfangsphase des Literaturunterrichts. Italienisch 43, 92-109.

Crößmann, Bernd (2001). Die Arbeit mit literarischen Texten in der Anfangsphase des Literaturunterrichts. Edmondo De Amicis, *Amore e ginnastica*. In: Becker, Norbert/Heinz, Helmuth-W./Lüderssen, Caroline (Hg.). Einführung in die Lektüre italienischer literarischer Texte. Bamberg: Buchner, 103-117.

De Carlo, Andrea (1989). Due di due. Torino: Einaudi.

Der fremdsprachliche Unterricht Französisch 91, 2008 (Themenheft ‚Le cinéma').

Der fremdsprachliche Unterricht Spanisch 12, 2006 (Themenheft ‚Spielfilme').

Der fremdsprachliche Unterricht Spanisch 23, 2008 (Themenheft ‚Kinder- und Jugendliteratur').

Französisch heute 1, 2007 (Themenheft ‚Kinder- und Jugendliteratur').

Kultusministerium des Landes Sachsen-Anhalt (Hg.) (2003). Rahmenrichtlinien Gymnasium. Italienisch. Schuljahrgänge 7-12. Quedlinburg: Druck.

Luca e Claudia (2006). Notte prima degli esami. Milano: Mondadori

Luca e Azzurra (2007). Notte prima degli esami oggi. Milano: Mondadori.

Lucini, Luca (2004). Tre metri sopra il cielo. Cattleya/Warner Bros (DVD).

Lüttgens, Iris/Vahle, Anne-Kathrin (2008). Tre metri sopra il cielo. Paderborn: Schöningh.

Maddoli, Cristina (2004). L'italiano al cinema. Perugia: Guerra.

Martin, Hannelore (2008). Der Raum als Konzept von Realität und Phantasie in Roberto Benignis Film *La vita è bella*. In: Becker, Norbert/Martin, Hannelore/Zieglmeier, Susanne (Hg.). Vorschläge für die Praxis des Italienischunterrichts. München: Oldenbourg, 133-147.

Moccia, Federico (2004). Tre metri sopra il cielo. Milano: Feltrinelli.

Moccia, Federico (2006). Ho voglia di te. Milano: Feltrinelli.

Moccia, Federico (2008). Amore 14. Milano: Feltrinelli.

O'Sullivan, Emer/Rösler, Dietmar (2002). Fremdsprachenlernen und Kinder- und Jugendliteratur. Eine kritische Bestandsaufnahme. Zeitschrift für Fremdsprachenforschung 13, 63-111.

KMK (2004). Einheitliche Prüfungsanforderungen in der Abiturprüfung Italienisch. München: Luchterhand.

Staatsministerium für Unterricht und Kultus München (Hg.) (2008). Fachlehrplan Italienisch. Wolnzach: Kastner 2006f.

Vahrenhold, Kathrein/Jaeschke, Dieter (2006). *Tre metri sopra il cielo*. Der Kultfilm im Italienisch-Unterricht der Sek. II. Dortmund: www.dieter-jaeschke.de (Aufruf 01.09.09).

Anhang: Italienische Fachtermini zur Filmanalyse

INQUADRATURE (EINSTELLUNGSGRÖßEN)

Il campo lunghissimo (Panorama, Weitaufnahme):
Il campo lunghissimo serve ad ambientare una scena. La cinepresa è lontana dalla scena. Spesso si tratta della scena di apertura o di chiusura di un film o di una parte del film.

Il campo lungo (Totale):
La scena si svolge a circa 20, 30 metri dall'obiettivo. Si distingue bene l'ambientazione di una scena nel suo insieme e si vedono i personaggi dentro questa scena.

Il campo medio (Halbtotale):
Si vede gran parte (ma non più tutto come nel caso del campo lungo) del posto in cui si svolge una scena, spesso un interno. I personaggi si vedono interamente.

La figura intera (Halbnahaufnahme):
I personaggi si vedono interamente. Si vedono soltanto piccole parti dell'ambiente che circonda la scena.

Il piano americano (Amerikanische Einstellung):
Il piano americano è un'inquadratura in cui il corpo del personaggio si vede soltanto fino alla coscia, al massimo fino al ginocchio. E' una via di mezzo fra figura intera e piano medio, che può servire, tra l'altro, a inquadrare un pistolero che si accinge a un duello (da lì deriverebbe il termine di *piano americano*).

Il piano medio (Nahaufnahme):
Nel piano medio si vedono la testa e il busto (a volte solo parti del busto) di un personaggio. Così si capiscono particolarmente bene la posizione del personaggio nello spazio, la sua gestualità e la sua mimica.

Il primo piano (Großaufnahme):
Nel primo piano il personaggio può essere ripreso a mezzobusto o anche da più in alto, fino a un'inquadratura della sola testa (il caso più estremo è il primissimo piano, cioè una ripresa della sola testa o delle parti centrali della testa). Questo piano ci lascia capire 'direttamente', dalla mimica che si vede con precisione, le emozioni dei personaggi. E' un piano usato molto spesso nel cinema contemporaneo.

Il dettaglio/Il particolare (Detailaufnahme):
Il dettaglio è un'inquadratura che riprende unicamente un particolare del corpo del soggetto, come una mano, ecc., o anche un dettaglio di un oggetto.

ANGOLAZIONI (KAMERAPERSPEKTIVEN)

Inquadratura normale (Normalsicht):
L'inquadratura più frequente, gli oggetti e gli altri soggetti sono ripresi più o meno all'altezza degli occhi dei personaggi.

Inquadratura obliqua dall'alto (Vogelperspektive):
La scena o i personaggi sono visti dall'alto.

Inquadratura obliqua dal basso (Froschperspektive):
La scena o i personaggi sono visti dal basso.

Di quali inquadrature e angolazioni si tratta?

ERWARTUNGSHORIZONT
1. inquadratura obliqua dall'alto
3. campo lungo
5. inquadratura obliqua dal basso
7. primo piano

2. campo lunghissimo
4. campo medio
6. piano americano
8. piano medio

Die Screenshots stammen aus Brizzi (2006).

Melodrama und Politik.
Eine Lektüre von Viscontis Film *Senso* mit Studierenden der Romanistik

Anke Wortmann

Das italienische *Risorgimento*, die Phase, die der Gründung des *Regno d'Italia* vorausging, gehört zu den Kernthemen der italienischen Kulturwissenschaft. Hier werden die Grundlagen für die später vereinigte Nation gelegt, Symbole und Mythen geschaffen, die heute Gültigkeit haben. Auch das *Risorgimento* selbst wurde im mythischen Sinne überhöht als Ergebnis des allgemeinen Volkswillens. Insofern bietet sich Viscontis 1954 erschienener Film *Senso* für eine Beschäftigung im kulturwissenschaftlichen Unterricht geradezu an, handelt es sich doch um eine Reflexion über das *Risorgimento*, die die in der Nachkriegszeit intensiv diskutierte Kritik Antonio Gramscis umsetzt. Gramsci hatte in seinen Gefängnisheften den Standpunkt vertreten, das *Risorgimento* sei nicht aus dem Volk heraus entstanden, sondern von den Mächtigen zur Umsetzung ihrer Interessen gewollt gewesen (Gramsci 1974, vgl. Wortmann 2007). Eine erste Aufgabe im Seminar sollte darin bestehen, Gramscis Thesen zu diesem Punkt zu lesen.

Vordergründig handelt es sich in *Senso* um eine im melodramatischen Register konzipierte, unglücklich endende *Love story*, in deren Mittelpunkt die Contessa Livia Serpieri steht. Diese Position wird klar markiert durch sparsam eingesetzte *Voice-overs*, in denen die Erzählerin ihre eigene Geschichte im Rückblick kommentiert. Das Verständnis für diesen Handlungsstrang dürfte keinen studentischen Zuschauer von heute vor Probleme stellen. Anders verhält es sich mit dem *Risorgimento*-Thema. Ziel des Unterrichts mit Studierenden der Romanistik soll sein, das Thema *Risorgimento* im Film herauszuarbeiten und Viscontis kritische Reflexion vor dem Hintergrund der Nachkriegszeit zu verstehen. Dies beinhaltet die Analyse einiger künstlerischer Mittel, eine Analyse der Figurenkonzeption und -konstellation und eine Diskussion politischer und filmkritischer Positionen zum Film.

1. Zum Inhalt

Zeitpunkt der Handlung sind wenige Wochen während des Deutschen Krieges 1866, in dem Italien im Verbund mit Preußen gegen Österreich kämpfte. Zwar war bereits 1861 das *Regno d'Italia*, das Königreich Italien, ausgerufen worden, doch fehlten noch wesentliche Teile dessen, was wir heute als den italienischen Staat kennen. Als Bündnispartner der in der entscheidenden Schlacht von Königsgrätz am 3. Juli 1866 siegreichen Preußen fiel das Veneto nach dem Krieg Italien zu, obwohl die Schlachten auf dem eigenen Gebiet verloren wurden. Der Film *Senso* konzentriert sich auf den Zeitraum Ende Mai bis Ende Juni 1866, als die Italiener nahe Verona in Custoza den Österreichern unterliegen. Die Handlung wird chronologisch dargestellt. Schauplätze sind nacheinander Venedig, der kleine Ort Aldeno im Trentino, das Schlachtfeld von Custoza und Verona. Man kann die in diesen Orten spielenden Handlungsteile als Akte eines Dramas verstehen. Um den Spannungsbogen der Erzählung nachzuvollziehen, sollte Raum für eine Diskussion über die Einteilung in Akte gegeben werden, gerade weil sie nicht eindeutig ist. In der Sekundärliteratur geht man meist von vier, zuweilen auch von fünf Akten aus.[1]

Der Film setzt ein mit einer Aufführung von Verdis *Il Trovatore* in Venedigs Opernhaus *La Fenice*, der auch zahlreiche österreichische Offiziere beiwohnen. Die Arie *All'armi* (‚Zu den Waffen') wird zum Ausgangspunkt einer von den einheimischen Patrioten, die im Untergrund für den Anschluss an Italien kämpfen, inszenierten Massenkundgebung, bei der es grüne, rote und weiße Flugblätter regnet und Bouquets in den Farben der Trikolore geworfen werden. Obwohl ihr Mann ein Funktionär im Dienste der Österreicher ist, sympathisiert Livia mit den Ideen ihres Cousins Roberto Ussoni, der zu den Initiatoren der Kundgebung gehört. Aus Sorge um Roberto bittet sie Franz Mahler, einen schmucken österreichischen Offizier, einer Duellforderung ihres hitzigen Cousins nicht nachzukommen. Doch der wird noch in der Nacht festgenommen und ins Exil geschickt.

Der stadtbekannte Frauenheld Mahler und die bislang unbescholtene Contessa begegnen einander erneut und beginnen eine Affäre. Erste Zeichen seiner Untreue muss sie auf sich beruhen lassen, denn als die Preußen die Österreicher aus Schleswig-Holstein vertrieben haben, veranlasst der Conte Serpieri, der versteht, was die Stunde geschlagen hat, die Abreise seines Hauses aus Venedig. Vorher vertraut der heimlich zurückgekehrte Ussoni seiner Cousine Livia die aus Spenden konstituierte Kriegskasse der Patrioten zur sicheren Aufbewahrung an.

Ziemlich genau in der Mitte des fast zweistündigen Films erscheint Franz auf Livias Balkon im Landgut von Aldeno. Um ihn vor ihren Leuten und den Hunden zu schützen, lässt sie ihn in ihre privaten Räume ein und erlaubt ihm sogar zu bleiben, nachdem er ihr eine romantische Liebeserklärung gemacht hat, der sie nur zu gern Glauben schenkt. Damit ist sie ihm endgültig verfallen. Sie übergibt ihm schließlich die ihr anvertraute Kasse der Patrioten, mit der er einen Arzt bestechen kann, damit er ihn vom Militärdienst freistellt.

Währenddessen sind die Patrioten aus dem Veneto voller Enthusiasmus in dem Glauben, ihr Land selbst, ohne fremde (italienische oder preußische) Hilfe befreien zu können. Im folgenden Teil steht ausnahmsweise nicht Livia Serpieri im Mittelpunkt der Handlung, sondern wir folgen in diesen Sequenzen Ussoni. Der erreicht das Hauptquartier der italienischen Truppen und schlägt sich allein in die Kampfzone durch, während seine Verbündeten noch abwarten (müssen).[2] Ohne selbst gekämpft zu haben, wird Ussoni durch einen Schuß verletzt, während die italienische Armee sich nach der verlorenen Schlacht von Custoza bereits zurückzieht.

Franz Mahlers Leben und damit ihre Liebe scheinen durch die erfolgreiche Bestechung des Arztes gerettet. Doch lässt die finale Katastrophe nicht auf sich warten: Als Livia Franz unangekündigt in seiner Unterkunft in Verona aufsucht – die Österreicher feiern gerade ihren Sieg in der Schlacht von Custoza – findet sie ihn ziemlich heruntergekommen vor und in Gesellschaft einer Prostituierten. Mit zynischer Klarsicht analysiert er das Ende einer Epoche, zu der er und Livia gehören. Er verhöhnt sie und wirft sie hinaus. Daraufhin denunziert sie ihn bei seinen Vorgesetzten, die ihn umgehend standrechtlich erschießen lassen.

2. Ein ironisches Melodram

Diese *Emma-Bovary*-Geschichte würde durchaus ohne die *Risorgimento*-Handlung funktionieren, die in der Vorlage, der gleichnamigen Novelle von Camillo Boito (1994 [1883]), wenig ausgeprägt ist. Visconti hat das *Risorgimento*-Thema demgegenüber signifikant vertieft, indem er die Figur Ussonis und

Livias Patriotismus hinzuerfunden hat. Es stellt sich daher die Frage, inwiefern das *Risorgimento* integraler Bestandteil des Films ist und nicht nur, wie in der Novelle, Dekor.

Auf der Hand liegt, dass die Handlungsstränge einander vertiefen, sie durch Vergrößerung der Fallhöhe dramatischer machen: der Ehebruch Livias hat einen Vertreter der feindlichen Macht zum Objekt, dieses Objekt ist falsch und feige; so ist der Ehebruch auch von daher nicht zu rechtfertigen. Zur Finanzierung von Franz' falscher Dienstunfähigkeitsbescheinigung muss ausgerechnet die Kriegskasse seiner Gegner herhalten, und schließlich instrumentalisiert Livia Franz' Status, um ihre private Rache für die erlittene Erniedrigung ganz legal von anderen durchführen zu lassen. Livias ganzes Verhalten ist ein Verrat an den Idealen des *Risorgimento*. Insofern wäre die Schilderung dieser Phase des *Risorgimento* ein Mittel zur Dramatisierung der *Love story* und von zweitrangiger Bedeutung. Charakteristisch für Viscontis Kunst ist jedoch die Verquickung von spektakulären Genres wie dem Melodram, die das Gefühl ansprechen, und intellektuellen Fragestellungen. Veronica Pravadelli nennt dies die „Konvergenz von antithetischen Elementen" (Pravadelli 2008: 203).

Das Motiv des Vorhangs

Einen Schlüssel bietet schon die erste Einstellung des Films (Kap. 1, 00:00:09 ff.). Denn sie zeigt nicht nur frontal die Bühne, auf der *Il Trovatore* aufgeführt wird, sondern auch den die Bühne umschließenden Vorhang. Damit wird unmittelbar ein Motiv eingeführt, das sich durch den ganzen Film zieht. Der Vorhang markiert einen Rahmen, innerhalb dessen sich eine theatralische Handlung vollzieht. Dies gilt nicht nur für die Opernaufführung, sondern auch für die folgenden Einstellungen des Films, in denen Vorhänge und Gardinen die Theatralität der Handlungen unterstreichen. Die Studierenden könnten als Aufgabe bekommen, diese Stellen herauszusuchen. Man kann hier gut *Screenshots* sammeln, weil die Inszenierungen Viscontis wie aufeinander folgende Tableaus gestaltet sind. Die Studierenden würden auf Livia und Franz in ihrem Liebesnest stoßen (Kap. 9, 00:31:01-00:37:00). Wo die Vorhänge nicht im Bild sind, sieht man ihre ins Interieur fallenden Schatten, sodass ihre Präsenz in der gesamten

Abb. 1: Das Motiv des Vorhangs (1)
(Visconti 2004 [1954], Kap. 13, 00:53:51-00:54:26)

Sequenz erhalten bleibt. Besonders klar wird das Theatralische der Situation am Ende der Sequenz, als Livia in einer romantischen Anwandlung Franz, der vor allem den materiellen Wert schätzt, ein kostbares Medaillon mit einer Locke überreicht.

Das Motiv kehrt wieder beim überraschenden nächtlichen Besuch in Aldeno und wird hier geradezu exzessiv eingesetzt. Diese besonders dichte Sequenz sollte als Ganze mit den Studierenden analysiert werden. Von den vielen Verwendungen des Vorhangmotivs in der gesamten Sequenz seien hier nur die wichtigsten hervorgehoben: Der Blick in Livias Appartement setzt ein mit einer Ansicht auf die flatternden Vorhänge des geöffneten Fensters und wandert dann zu ihrem mit Vorhängen umgebenen Bett (Kap. 13, 00:50:52-00:51:50), in dem sie keinen Schlaf findet. Kurz darauf verharrt sie zwischen den Stores der soeben geschlossenen Balkontür, durch die Franz eingetreten ist (Kap. 13, 00:53:35-00:53:38). In einer motivisch sehr dichten Szene fungiert der rechte Vorhang als Rahmen, der linke als Schleier, der Franz verhüllt, während er doch gleichzeitig dem Zuschauer im Spiegel sichtbar gemacht wird (vgl. Abb. 1).

Der gemalte Vorhang im Fresko in der sich anschließenden Szene unterstreicht und kommentiert Franz' Pose als Spiel (Kap. 13, 00:54:27-00:54:37). Von hier folgt ihm die Kamera, wie er sich langsam zu Livias verhängtem Bett bewegt und vor ihr niederkniet, um ihr dann seine ‚Liebeserklärung' zu machen.

Abb. 2: Das Motiv des Vorhangs (2)
(Visconti 2004 [1954], Kap. 13, 00:54:47)

Der Faltenwurf seines Umhangs verschmilzt nahezu mit dem der Vorhänge des Bettes. An keinem anderen Punkt des Films wird der theatralische Charakter der melodramatischen Handlung so deutlich hervorgehoben wie hier (vgl. Abb. 2).

Die Gardinen des Bettes, Livias Nachtkleid und Franz' Umhang vereinigen sich zu einer Stofforgie. Aufgewühlt, hin- und hergerissen, ob sie seiner Erklärung Glauben schenken darf, springt sie auf, worauf Franz zu lachen beginnt, während er in den Vorhang greift und den Bühnencharakter des Himmelbettes nochmals unterstreicht (Kap. 13, 00:55:35-00:55:37) – er weiß, dass er ihr etwas vormacht, und der Zuschauer versteht es spätestens jetzt auch. Das Melodram entpuppt sich in aller Deutlichkeit als Schmierenkomödie.

Die Vorhänge verbinden sich, wie wir schon in Abb. 1 gesehen haben, kunstvoll mit dem Motiv des Spiegels. So auch bei einem Kuss vor einem Spiegel, der indes nicht das Paar wiedergibt, sondern die sich sanft im Wind bewegenden Gardinen des Fensters zur Rechten (Kap. 14, 01:03:40-01:04:10). Das Motiv des Vorhangs kehrt später wieder, als Livia Franz vor den Blicken der Außenwelt verbergen will (Kap. 16, 01:13:40-01:13:52). Bei der letzten Begegnung mit Franz krallt sie ihre behandschuhten Finger in den Vorhang, als sie die weibliche Stimme der Prostituierten im Hintergrund hört, so als wolle sie krampfhaft an der romantischen Vorstellung festhalten, die sie sich von ihrer Beziehung zu Franz gemacht hat (Kap. 21, 01:39:24-01:39:41).

Weitere Motive: Rahmen, Schleier, Spiegel

Auffällig oft finden sich Einstellungen, in denen die Figuren, besonders Livia, quasi eingerahmt werden. Vervielfältigt findet sich dieser Ansatz schon am Anfang des Films in der Oper, wenn die Kamera sich zunächst dem Bühnengeschehen nähert und von dort auf das Orchester und die Zuschauer schwenkt (Kap. 2, 00:01:47-00:02:33). Die Logen wirken dabei wie lauter nebeneinandergesetzte kleine Bühnen, an denen die Kamera entlangfährt (Kap. 2, 00:02:00-00:02:33). Die folgende Einstellung von oben auf die Bühne nimmt die Perspektive der Logenzuschauer ein (Kap. 2, 00:02:33-00:02:51). Ein raffiniertes Wechselspiel macht die Menschen auf der Bühne, im Parterre und in den Logen abwechselnd zu Akteuren und Zuschauern. Die patriotische Demonstration verwandelt die oberen Logen in eine Bühne, zu der das Parterre aufblickt (Kap. 3, 00:03:48-00:05:01). Auch Souffleur, Bühnenarbeiter und Orchester schließen sich dabei dem Blick an. Als Mahler sich über die Patrioten lustig macht und damit die Herausforderung durch Ussoni provoziert, wird das Parterre zur Bühne, und Zuschauer dieser neuen Handlung sind die nahegelegenen Logen (Kap. 4, 00:05:02-00:05:47). Der Kameraschwenk endet bei Livia, die alles mitverfolgt hat, um dort einige Sekunden zu verweilen (Kap. 4, 00:05:47 ff.). In der Opernsequenz ließen sich von den Studierenden viele weitere Beispiele für Einrahmungen finden. Auch hier kommt es zu motivischen Potenzierungen, so wenn die Kamera von außen in die Loge blickt, als Livia in der Tür innehält (Kap. 5, 00:14:38-00:14:48). Viele weitere Beispiele wären möglich.

Oft erweitern sich die Rahmen im Falle Livias zu Raumfluchten, also Arkaden, Treppen, Zimmer. Unter Arkaden trifft sie Franz nach dem Opernabend (Kap. 7, 00:17:40-00:19:20), weitere finden sich gleich darauf während des nächtlichen Spaziergangs (Kap. 7, 00:19:35- 00:21:30). Manchmal sind sie kombiniert mit Treppen (Kap. 8, 00:28:45-00:29:03 sowie Kap. 11, 00:41:40-00:41:53 und 00:45:57-00:46:06). Eine Flucht öffnet sich, als Livia Franz in Aldeno im Kornspeicher versteckt (Kap. 15, 01:04:45-01:04:59). In der Szene, in der Livia die Kriegskasse mit der Absicht holt, sie zu veruntreuen, öffnen sich die Türen so, wie sie jegliche Zurückhaltung fallen lässt (Kap. 17, 01:17:26-01:17:45).

Abb. 3: Das Motiv des Schleiers
(Visconti 2004 [1954], Kap. 14, 00:57:38)

Als weiteres Motiv ließe sich von Studierenden das Motiv des Schleiers untersuchen. Der Schleier dient dem Verbergen bzw. Enthüllen, das je nach Kontext verschiedene Bedeutungen annehmen kann. Der Schleier unterstreicht Livias erotische Ausstrahlung (z.B. zu Beginn von Kap. 7). Wenn sie ihn während des nächtlichen Spaziergangs abnimmt und sich Franz unverhüllt zeigt, unterstreicht dies ihre Offenheit, seinem Werben nachzugeben. Sie entschleiert sich bewusst wieder (Kap. 7, 00:21:30), nachdem er ihr Gesicht schützend bedeckt hat, als die österreichischen Soldaten ihren toten Kameraden finden (Kap. 7, 00:20:53 ff.). Da das Motiv so häufig auftaucht, seien von den weiteren nur die bedeutungsträchtigsten Szenen genannt. Den weißen Schleier, den sie trägt, als sie Franz das erste Mal in seiner Unterkunft aufsucht, schlägt er behutsam hoch, um sie zu küssen (Kap. 8, 00:30:22). In Aldeno spielt Franz mit einem auffallenden grünen Schleier, der zum Teil nur indirekt im Spiegel zu sehen ist und auch im Bild bleibt, als er ihn auf ihren Toilettentisch legt (vgl. Abb. 3).

Die auffällige Präsenz dieses grünen Schleiers lässt ihn als magisches Objekt erscheinen. Auf der Fahrt nach Verona, die insgesamt in düsteren Farben angelegt ist, trägt Livia einen schwarzen Schleier, der sich wiederum mit dem Motiv des Vorhangs verbindet (Kap. 19, 01:32:44-01:33:47). In düsterem schwarzen Kontrast steht sie in Franz' Appartement zur weiß gekleideten Clara, der Prostituierten. Franz reißt ihr den Schleier unsanft vom Kopf (Kap. 21, 01:42:33) –

ganz im Gegensatz zu der behutsam-liebevollen Geste vor ihrem ersten Kuss. Wie ein gerupfter Vogel steht sie anschließend da und muss sich ungeschützt Franz' bitteren Wahrheiten stellen. Sie bleibt barhäuptig bis zum Schluss. Mit bloßem Kopf steht sie dann auch vor dem österreichischen Offizier, als sie Franz denunziert und ihre persönlichen Motive als die einer guten Untertanin ausgibt. Das ist kein Selbstbetrug mehr, sondern eine Denunziation im Dienste ihrer Rache.

Dienen die Spiegel anfangs dazu, die eigene Identität zu bestätigen (Kap. 7, 00:24:21-00:25:00), spinnen sie später den Zuschauer in die Handlung ein. So sehen wir die Figuren so, wie sie von den anderen nicht wahrgenommen werden (vgl. die im Zusammenhang mit Vorhängen und Schleiern erwähnten Szenen, Abb.1 u. 3) und werden zu Voyeuren. Die Spiegel entwickeln einen Sog. Andererseits rücken sie die Handlung weg, so wenn die Zuschauer die beiden nach dem Erwachen zunächst im Spiegel erblicken (Kap. 14, 01:02:26-01:02:30), bevor ein Schnitt sie direkt ins Bild bringt. Die Spiegel brechen den Ort, die Figuren und die Handlung.

Die melodramatische Inszenierung ist wie die ästhetisierende Darstellung notwendig, um das Interesse des Zuschauers an den doch recht negativ gezeichneten Protagonisten aufrechtzuerhalten. Möglicherweise erfüllen auch die *Voiceovers* diese Funktion, da sie die Frage nach dem Ausgang der Geschichte für die Contessa stellen, wenngleich sie sie nicht beantworten. Vorhänge, Rahmen, Schleier, Spiegel dienen jedoch als Zeichen, die uns ständig darauf hinweisen, dass wir es mit einer melodramatischen Illusion zu tun haben. Das schafft Distanz zum Geschehen und sollte den Zuschauer vor einer emotionsgeleiteten Rezeption schützen. Das Verhältnis von melodramatischem Plot und seiner filmischen Umsetzung ist somit zutiefst ironisch.[3] Das betrifft nicht nur die visuellen Mittel, sondern auch die Filmmusik, die, abgesehen von der Musik im Film zu Anfang (Verdi) aus Bruckners Siebter Sinfonie stammt.

In diesem Zusammenhang ist von größtem Interesse, dass Gramsci in seinen Gefängnisheften das *melodramma* als einziges italienisches volksnahes Genre, als Genre, in dem sich Volk und Nation miteinander identifizieren lassen, bezeichnet hatte. Er nennt das *nazional-popolare*. Auch hier lohnt sich eine gemeinsame Lektüre der Notizen Gramscis zu diesem Thema (Gramsci 1974) oder ein Referat. Wenn Visconti gerade das Genre ironisch subvertiert, das die Nation verkörpert, wird seine ironische Aussage zu Italien als Nation etwas Grundsätzliches.

Die Konzeption der Figuren

Das Melodrama wird schon durch die Konstellation der Figuren unterminiert. Eigentlich wären Livia und Roberto prädestiniert gewesen für eine romantische Liebesgeschichte. Beide teilen die patriotischen Ideale, fühlen sich als Italiener, sind begeisterungsfähig und finden Gefallen aneinander, was sich zu Beginn auch andeutet.[4] Livia entscheidet sich stattdessen für den zynischen österreichischen Offizier und Frauenheld.

An dieser Stelle hilft die Frage nach den Erfolgen bzw. dem Scheitern der Protagonisten in Hinblick auf ihre politischen Überzeugungen und Ziele weiter. Livia verrät ihre patriotischen Ideale zugunsten ihrer Leidenschaft und letztlich auch zugunsten ihrer Klassenzugehörigkeit. Am Schluss, bei der Denunziation, bezeichnet sie sich nicht mehr als *vera italiana* wie noch zu Beginn gegenüber Franz, sondern als *veneta*. Das Engagement für die Einheit der Nation ist verschwunden. Ein *Voice-over* informiert uns darüber, dass Livia ihr Zuhause ein für allemal hinter sich gelassen hat, also vermutlich nach dem Ende des Films ins gesellschaftliche Abseits geraten ist.[5] – Franz wusste von jeher, dass er an die Werte, die er als österreichischer Offizier vertreten sollte, nicht glaubte, muss aber erkennen, dass sein Hedonismus ihn sozial und menschlich degradiert hat. Er leist die intellektuelle Infragestellung der Situation schließlich selbst. In der letzten Begegnung mit Livia formuliert er nicht nur harsche Kritik an Livias romantischen Illusionen („Io non sono il tuo romantico eroe!", Kap. 21, 01:47:22, nachzulesen in Visconti 1977: 191), sondern auch eine klare Analyse der historischen Situation.[6] Er bezahlt sein Handeln mit seinem unehrenhaften Tod. – Roberto Ussoni scheint der einzige positive Charakter zu sein, doch scheitert er am Desinteresse, ja an der Ablehnung der italienischen Militärs, die das Mitkämpfen der Patrioten des Veneto als störend empfinden. Seine absurde Fahrt durch das Kampfgebiet scheint nicht zufällig eine filmische Umsetzung des orientierungslosen Umherirrens des Fabrice Del Dongo in Stendhals *Chartreuse de Parme*. Er wird verletzt, ohne dass er oder seine Mitstreiter an irgendeiner Kampfhandlung mitgewirkt hätten. Die Bewegung zeigt sich als fundamental wirkungslos, die Hoffnung seines Freundes Luca, das Veneto könne sich aus eigener Kraft befreien, als illusorisch.[7] So wird nahegelegt, dass die patriotischen Vorstellungen ebenfalls nichts als eine melodramatische Illusion sind. Der (politisch) idealistische Roberto wird von den Militärs zurückgewiesen wie die (romantisch) idealistische Livia von Franz.

Obwohl er im Film wenig Raum einnimmt, lohnt sich ein Blick auf Livias Mann, den Conte Serpieri. Im Dienst der Österreicher, nutzt der kluge Politiker die Chance, sich nach der Niederlage des Kaiserreichs in Schleswig-Holstein Robertos Fürsprache zu versichern. Während er spricht, wäscht sich im Nebenraum, deutlich sichtbar, einer der Verschwörer ausgiebig Gesicht und Hände (Kap. 11, 00:47:44-00:48:27). Serpieri wird offensichtlich der einzige sein, der aus der Situation nicht beschädigt herausgehen wird. Seine Hellsichtigkeit ist der des egoistischen, zynischen, unheldischen, hedonistischen Franz Mahler vergleichbar, doch verhält er sich politisch klug. Sein Verhalten steht für eine politische Praxis, die sich gleich nach der Gründung Italiens herausgebildet hat, den *Trasformismo*. Der Begriff bedeutet etwa ‚Wandlungsfähigkeit' (so übersetzt bei Baasner/Thiel 2004: 63) und bezeichnet das Suchen parlamentarischer Mehrheiten über die Grenzen von Parteien und Ideologien hinaus. Eine „besondere Form des Tauschhandels und des Kompromisses" (ebd.), die dem Machterhalt dient und bis in die Gegenwart in der italienischen Politik, etwa im System der *partitocrazia*, zu finden ist.

3. Reflexion der Nachkriegszeit

Es ist nicht untypisch für Visconti, dass die Gewinner bzw. Überlebenden einer historischen Situation etwas blasser ausgestaltet sind. Sein Interesse gilt den Verlierern, der jeweils untergehenden Welt. Dies hat ihm auch den Vorwurf eingebracht, nach den offen politischen Filmen im Stil des *Neorealismo*, wie *La terra trema* von 1948, ein ‚dekadenter' Regisseur geworden zu sein. So folgte auf die Veröffentlichung von *Senso* eine hitzige Debatte darüber, ob Visconti seine kommunistischen Ziele verraten habe. Eine Erörterung dieser Diskussion im Unterricht scheint mir ebenfalls von großem Interesse, weil sie das politische Klima der Nachkriegszeit und das Verhältnis der Linken zur Kunst reflektiert.[8]

Italien konstituierte sich nach dem Krieg, dessen letzte anderthalb Jahre sich im Norden zu einem Bürgerkrieg auswuchsen, mit einer knappen Mehrheit neu als Republik. So lag es nahe, sich mit den Ursprüngen der Nation auseinanderzusetzen, und zwischen 1949 und 1954 häufen sich denn auch die Filme, die das *Risorgimento* thematisieren (vgl. Sorlin 1980: 127). Das in *Senso* dargestellte *Risorgimento* ist alles andere als heldenhaft. Es taugt nicht zum Gründungsmythos der Nation. Es zeigt sich vielmehr im Innern gespalten in einen idealistischen, aber wirkungslosen Befreiungskampf, für den Ussoni und seine Freunde stehen, und einen Eroberungsfeldzug, wie er von den Italienern durchgeführt worden ist. Erfolgreich ist auch das italienische Heer nicht, da das Veneto ja letztlich erst durch den Sieg Preußens an Italien fällt. Eine Zeitlang spielte Visconti mit dem Gedanken, den Film *Custoza* zu nennen, was diesen Aspekt noch deutlicher in den Vordergrund geschoben hätte.[9]

Strukturell ist der Ausschnitt des *Risorgimento*, den Visconti für seinen Film gewählt hat[10], analog zur Konstellation von Partisanen und Alliierten, die beide die *Repubblica sociale italiana*, den Marionettenstaat der Deutschen, mit Waffen bekämpften. Die Alliierten hatten wie die italienische Armee, mit der die Patrioten aus dem Veneto im Film paktieren möchten, kein Interesse an einer derartigen autochthonen Erhebung.[11] Insofern wurde in beiden Fällen den Italienern die Möglichkeit genommen, eine Einigung als Bewegung aus dem Volk entstehen zu lassen, und Viscontis Film erhält – zumal vermittelt über die zeitgenössische Gramsci-Rezeption – eine direkte Aktualität. Die Kraft der kritischen Aussage, zu der sich ja noch die Kritik am *Trasformismo* gesellt, steht der der neorealistischen Filme nicht nach.

Über eine Analyse des Films, die primär auf der Analyse der Figuren und einiger Motive beruht, die die Ironie in der melodramatischen Grundkonstellation aufdeckt, kann ein vertieftes Interesse der Studierenden für das *Risorgimento* geweckt werden, nicht nur für die Geschichte im engeren Sinne, also ‚Faktengeschichte', sondern auch für den spezifischen Umgang mit dieser Geschichte in der Nachkriegszeit. Die ergänzenden Lektüren bieten einen weiteren Zugang zu dem Klima, in dem der Film entstanden ist. Und wenn die Beschäftigung mit *Senso* einen Zugang zu Viscontis Filmkunst eröffnet, ist das aus kulturwissenschaftlicher Sicht auch ein Erfolg.

[1] Wolfzettel (1989: 461) zählt fünf Akte, andere Autoren vier. Eine ausführliche Beschreibung des Films als Vierakter bieten Agosti et al. (2002). Die unterschiedliche Einteilung liegt wohl auch an den verschiedenen vorliegenden Fassungen des Films, der einige Kürzungen erfahren hat. Meinem Beitrag liegt die im Literaturverzeichnis genannte Version zugrunde (Visconti 2004 [1954]).
Ich schlage folgende Einteilung in fünf Akte vor. Exposition: Einführung in die politischen Hintergründe und Bekanntschaft der Protagonisten; erregendes Moment / Schürzung des Knotens: die Affäre; Klimax und Peripetie: Wiederaufnahme der Affäre in Aldeno und Verrat an den Patrioten durch Veruntreuung der Kriegskasse; retardierendes Moment: Ussoni während der Schlacht; Katastrophe: Franz' Bloßstellung von Livias Illusionen und sein Tod.

[2] Visconti unterstreicht den Exkurs-Charakter dieses Teils durch die durchgehende Wahl von Totale bzw. Halbtotale. Gerade in diesem Teil, der sich auf die italienische Niederlage konzentriert, musste Visconti starke Kürzungen akzeptieren, die in der vorliegenden DVD-Edition zurückgenommen wurden. Ob nunmehr sämtliche von Visconti ursprünglich vorgesehenen Teile vorhanden sind, ist leider nicht ersichtlich.

[3] „In almost all of Visconti's films, at least some of the characters indulge in melodramatic gestures with which the audience is, to a degree, invited to identify. At the same time, the characters are illuminated by the floodlights of irony and thereby shown in the clear perspective of the given historical and social situation" (Bacon 1998: 78). – „Visconti's irony is less apparent in the plot than in its audiovisual realization" (ebd. 72). Diesen fundamental ironischen Aspekt übersieht Tinazzi bei seinen Bemerkungen zu Rahmen, Spiegeln, Treppen und Korridoren (Tinazzi 2000: 145-147). Noch oberflächlicher bleibt Tramontana in seinem Kapitel zu *Senso* (Tramontana 2003: 69-75). – Zu Schleiern und Spiegeln sowie Türfluchten, Kolonnaden und Treppen vgl. auch Wolfzettel (1989: 447-450 bzw. 452).

[4] „Were the film to develop the love interest of Livia and Ussoni, it would resemble the high melodrama of the Verdi opera that constitutes the background of the opening scene" (Marcus 2001: 288).

[5] Voice-over: „Sapevo di lasciare per sempre la mia casa ... la mia gente" (Visconti 1977: 183). - „She [Livia] starts from a position at the centre, comfortably but insecurely related to all groups in the action – to the Austrian command, the collaborators, the patriots. Then [...] she gradually moves away towards total isolation, estranged from her husband, evasive to the patriots, in conflict with every code, including finally that of Franz himself. The only contact she preserves until near the end is Laura, her maid and confidante, who has the role of mediator between her extravagances and the ordered world outsid." (Nowell-Smith 2003: 73).

[6] „In contrast to Ussoni's idealism, Franz's cynicism allows him to see beyond the official values of his class and society, to criticize the *realpolitik* of nation-states, and to see with clarity the human suffering they cause. [...] Unlike Livia, he is unable to hide his degradation from himself" (Bacon 1998: 80).

[7] „But just as *Il trovatore* creates expectations and illusions about romantic love that the offstage affair of Livia and Franz cannot equal, so the Risorgimento myth propagated by the opera house demonstration falsifies the realities of the campaign for unification.

The messenger Luca's political fantasies are analogous to Livia's melodramatic ones, when he insists […] in a naïve belief that the Risorgimento will indeed be ‚movimento popolare' and not ‚conquista regia.' Livia's degraded melodrama is thus the erotic counterpart of the degradation of the Risorgimento ideal as Gramsci exposed it" (Marcus 2001: 290).

[8] Bekanntlich verteidigte Guido Aristarco *Senso* erfolgreich. Es stelle keinen Verrat an den Prinzipien des Neorealismus dar, sondern eine Überleitung in den Realismus. Vgl. dazu das Kapitel „Die Debatte um Senso 1952-55" in Döge (2002: 145-158), das auch die detaillierten Quellenverweise enthält.

[9] Vgl. Visconti in Armes, R. (1971). Patterns of Realism. South Brunswick/New York: A.S. Barnes, S. 109, zitiert in Marcus (2001: 281).

[10] Millicent Marcus meint, *Custoza* stehe für den gesamten Prozeß des *Risorgimento*. „In *Senso*, Custoza bears a synecdochal relationship to the entire unification campaign, revealing in miniature the failures that Gramsci ascribed to the Risorgimento as a whole and to the newly emergent nation-state" (Marcus 2001: 281).

[11] Den Zusammenhang stellt André Bazin schon 1956 her (vgl. Bazin 1995).

Literaturverzeichnis

Agosti, Giacomo/Conti, Bruna/De Franceschi, Leonardo (2002). Senso da Boito a Visconti. Materiali di lavoro. In: Agosti, Giacomo/Mangione, Costanza (Hg.). Camillo Boito e il sistema delle arti. Dallo storicismo ottocentesco al melodramma cinematografico di Luchino Visconti. Padova: Il poligrafo, 165-217.

Baasner, Frank/Thiel, Valeria (2004). Kulturwissenschaft Italien. Stuttgart: Klett.

Bacon, Henry (1998). Visconti. Explorations of Beauty and Decay. Cambridge: Cambridge University Press.

Bazin, André (1995 [1956]). Senso. In: Rolf Schüler und das Berliner Filmkunsthaus Babylon e.V. (Hg.). Visconti. Berlin: Berliner Filmkunsthaus Babylon, 89-90.

Boito, Camillo (1883). Senso. In: Ders. (1994). Senso e altri racconti. Milano: Mondadori.

Döge, Frank Ulrich (2002). Pro- und antifaschistischer Neorealismus. Internationale Rezeptionsgeschichte, literarische Bezüge und Produktionsgeschichte von *La nave bianca* und *Roma città aperta*, die frühen Filme von Roberto Rossellini und Francesco De Robertis. Dissertation FU Berlin 2002. http://www.diss.fuberlin.de/diss/servlets/ MCRFileNodeServlet/FUDISS_derivate_000000001408/ (Aufruf 01.09.09).

Gramsci, Antonio (1974). Il Risorgimento. Torino: Einaudi.

Marcus, Millicent (2001). Visconti's *Senso*: The Risorgimento According to Gramsci or Historical Revisionism Meets Cinematic Innovation. In: Ascoli, Albert Russell/von Henneberg, Krystyna (Hg.). Making and remaking Italy. The Cultivation of National Identity around the Risorgimento. Oxford: Berg, 277-296.

Nowell-Smith, Geoffrey (2003). Luchino Visconti. London: British Film Institute.

Sorlin, Pierre (1980). The Film in history. Restaging the past. Oxford: Blackwell.

Tinazzi, Giorgio (2000). Un melodramma in abisso. In: Pravadelli, Veronica (Hg.). Il cinema di Luchino Visconti. Roma: Scuola Nazionale di Cinema: Biblioteca di Bianco & Nero, 145-156.

Tramontana, Gaetano (2003). Invito al cinema di Visconti. Milano: Mursia.

Visconti, Luchino (2004 [1954]). Senso. Edizione restaurata e rimasterizzata. Cristaldi Film (2 DVDs).

Visconti, Luchino (1977). Senso. A cura di G. B. Cavallaro. Bologna: Cappelli [Drehbuch].

Wolfzettel, Friedrich (1989). Senso. Von der psychologischen Novelle zum historischen Melodram (Camillo Boito, 1883/Luchino Visconti, 1954). In: Albersmeier, Franz-Josef/ Roloff, Volker (Hg.). Literaturverfilmungen. Frankfurt/M.: Suhrkamp, 437-465.

Wortmann, Anke (2007). Das *Risorgimento* im italienischen Film. In: Febel, Gisela/Ueckmann, Natascha (Hg.). Europäischer Film im Kontext der Romania. Geschichte und Innovation. Berlin: LIT, 103-121.

Film und interkulturelles Lernen

Interkulturelles Lernen mit Filmen im Fremdsprachenunterricht

Adelheid Schumann

Das interkulturelle Potenzial von Spielfilmen besteht darin, dass sie die affektive, narrative und visuelle Komponente von Kommunikation zur Geltung bringen und interkulturelles Verstehen als einen komplexen Wahrnehmungsvorgang von Sehen und Hören, Mitfühlen und Distanzieren, kulturellem Kodieren und Dekodieren erfahrbar machen, als einen Wahrnehmungsvorgang, bei dem auch nonverbale und para-verbale Elemente als Bedeutungsträger eine wichtige Rolle spielen. Wenn man dieses interkulturelle Potenzial von Spielfilmen für den Fremdsprachenerwerb aktivieren will, muss man Filme vor allem zur Wahrnehmungsschulung nutzen:

- zur Förderung der visuellen Rezeption und der Fähigkeit, die visuellen und semiotischen Botschaften der Bilder zu entschlüsseln,
- zur Förderung der auditiven Rezeption und der Fähigkeit, die Zusammenhänge zwischen visuellem und auditivem Code zu erfassen,
- zur Förderung der ästhetischen Rezeption, d.h. der Fähigkeit, die spezifischen Mittel der filmischen Darstellung als eine kulturelle Form der Weltdeutung zu verstehen.

Auch andere Filmformate, wie z.B. Werbespots oder Nachrichtensendungen können einen wichtigen Beitrag zum interkulturellen Lernen im Fremdsprachenunterricht leisten, indem sie dazu beitragen, Fremdwahrnehmungsmechanismen zu erkennen und die Fähigkeit zum interkulturellen Vergleich zu fördern. Ein Überblick über die verschiedenen Formen interkulturellen Lernens mit Filmen soll die kulturelle Dimension dieses Mediums ins Bewusstsein heben.

1. Grundprinzipien des Interkulturellen Lernens

Interkulturelles Lernen im Fremdsprachenunterricht hat eine persönlichkeitsbildende und eine kompetenzorientierte Dimension und verfolgt das Ziel der Entwicklung interkultureller Handlungsfähigkeit, d.h. der Fähigkeit, sich mit Mitgliedern anderer Sprach- und Kulturgemeinschaften zu verständigen. Diesen drei Grundprinzipien werden im Europäischen Referenzrahmen (Goethe-Institut 2001: 103-106) die Dimensionen *savoir être*, *savoir* und *savoir faire* zugeordnet. Mit *savoir être* ist die Weiterentwicklung der eigenen Persönlichkeit durch die Auseinandersetzung mit fremden Kulturen gemeint, d.h. die Initiierung von kulturellen Erfahrungsprozessen und die Sensibilisierung für Andersartigkeit, die Öffnung gegenüber dem Fremden und die Akzeptanz kultureller Verschiedenheit, schließlich die Reflexion und das Aufbrechen automatisierter eigenkultureller Wahrnehmungsmuster. Es handelt sich dabei um eine affektive und erfahrungsorientierte Dimension des interkulturellen Lernens, d.h. um die Fähigkeit, die eigene Erfahrung zu aktivieren und sich empathisch in den anderen hineinzuversetzen.

Die kompetenzorientierte Dimension, *savoir*, hat eine kognitive Ausrichtung. Es geht um Bewusstwerdungsprozesse in Bezug auf die eigene kulturelle Geprägtheit der Wahrnehmung, um Erkenntnisprozesse und Wissenserwerb im Hinblick auf die Zielkultur und um die Entwicklung einer interkulturellen Vergleichskompetenz. Dazu gehören sowohl der Erwerb landeskundlicher Kenntnisse über gesellschaftliche Strukturen und sozioökonomische Grundlagen, als auch der Erwerb eines kulturellen Wissens über Werte und Normen, die die Alltagskultur und das gesellschaftliche Zusammenleben der Zielkultur bestimmen.

Die handlungsorientierte Dimension, *savoir faire*, zielt schließlich darauf, kommunikative Fertigkeiten und kulturelles Wissen in der konkreten Begegnungssituation so miteinander zu verknüpfen, dass eine vertrauensvolle Beziehung zum Interaktionspartner aufgebaut wird und die Interaktion gelingt. Dazu müssen kommunikative Fertigkeiten und soziale Kompetenzen in der interkulturellen Begegnungssituation miteinander verknüpft und Interaktionsstrategien zum Aushandeln von Bedeutung und zur Verhinderung von Missverständnissen entwickelt werden.

Um diese Grundprinzipien des interkulturellen Lernens in fremdsprachliche Lernprozesse überführen zu können, wurde in den vergangenen Jahren eine Fülle von interkulturellen Übungsformen und didaktischen Verfahren des Perspektivenwechsels entwickelt. Zu unterschieden ist dabei zwischen lernerorientierten, prozessorientierten und handlungsorientierten Verfahren. Lernerorientierte Verfahren gehen von einer Aktivierung subjektiver Erfahrungen des Lerners aus und stimulieren die kreative Hypothesenbildung. Prozessorientierte Verfahren zielen eher auf die kognitive Bewusstseinserweiterung durch das Einordnen neuer Informationen in bereits vorhandene Wissensstrukturen und das Anleiten von Vergleichen. Handlungsorientierte Verfahren fördern schließlich die Entwicklung von kommunikativ und interkulturell angemessenen Verhaltensweisen.

Bei der Entwicklung von Übungsformen, die diese Lernprozesse begünstigen, wurde das interkulturelle Potenzial von Medien entdeckt und für das fremdsprachliche Lernen nutzbar gemacht. Visuelle Medien wie Bilder und Filme bieten als Trägermedien von kulturellem Wissen und kulturellen Perspektiven vielfältige Anlässe zur Wahrnehmungsschulung und zur Sensibilisierung für kulturelle Andersartigkeit (vgl. u.a. Blell/Lütge 2008). In ihnen sind auf mehr oder weniger verschlüsselte Weise Informationen über die Kultur, die kulturspezifischen Kodierungen von Informationen und die Perspektivierung von kultureller Wahrnehmung gespeichert. Zur Entschlüsselung dieser Informationen sind ein genaues Hinsehen und die Entwicklung von sowohl empathisch-affektiven als auch analytisch-kognitiven Deutungsverfahren erforderlich.

2. Das interkulturelle Potenzial von Spielfilmen

Visuelle Medien, insbesondere Spielfilme, fördern die affektive und die kognitive Dimension des interkulturellen Verstehens durch die Verknüpfung von lerner- und prozessorientierten Aspekten.

Die Fiktionalität des Spielfilms erzeugt Affekte und Emotionen. Sie fördert auf diese Weise die Interessensentwicklung und bietet Anreize für Identifikationen, die als eine wichtige Voraussetzung für das interkulturelle Verstehen angesehen werden (vgl. Volkmann 2002).

Die Narrativität des Spielfilms offenbart die Bedeutungszuweisung als Grundprinzip der Auseinandersetzung mit der Welt: Es werden Geschichten erzählt, d.h. das Zusammenleben der Menschen und ihre Bindung an kulturelle Werte und Normen werden narrativ entfaltet. Dadurch werden den Lernern die Augen geöffnet für die Konstruktion von Kultur im Erzählvorgang und es wird der Umgang mit verschiedenen Perspektiven gefördert (vgl. Schwerdtfeger 1994).

Die Mehrkanaligkeit der Informationsvermittlung, d.h. die Kombination von auditiver und visueller Kodierung erfordert die Ausbildung von komplexen Rezeptionsprozessen, bei denen mehrere Sinne gleichzeitig angesprochen werden. Sie fördert auf diese Weise ein ganzheitliches Verstehen, d.h. das Zusammenspiel von Hören und Sehen, Mitfühlen und Distanzieren (vgl. Raabe 1997).

Spielfilme sind Bedeutungskonstruktionen, Interpretationen einer gesellschaftlichen Wirklichkeit, die vielfältige Möglichkeiten für das Fremdverstehen eröffnen und zwar sowohl auf der inhaltlichen Ebene als auch auf der formalen Ebene. Auf der inhaltlichen Ebene geschieht dies in der Regel durch die Begegnung mit fiktiven Personen aus verschiedenen Kulturen. Ihre Fremdheitserfahrungen und interkulturellen Missverständnisse oder ihre interaktiven Aushandlungsprozesse werden dargestellt, und die Zuschauer sind aufgefordert zu erkennen, wie und wodurch die interkulturellen Missverständnisse zustande gekommen sind und auf welche Weise sie sich hätten vermeiden lassen. Dabei werden durch die Art der Umsetzung in Bilder und Szenen fremdkulturelle Normen, soziale Praktiken und Alltagsrituale sowie kollektive Symbole erkennbar und es werden Einblicke in kulturell typisierte Verhaltensweisen gegeben. Diese Typisierung geht zuweilen so weit, dass man von einer Stereotypisierung der fiktiven Personen sprechen kann. In diesem Fall ist es Aufgabe des Zuschauers, die Reduktionsmechanismen zu erkennen und die Prinzipien der Stereotypisierung zu durchschauen.

Auf der formalen Ebene arbeitet der Film mit Inszenierungsverfahren, die kulturspezifische Wirklichkeitskonstruktionen offenbaren. So besitzt der französische Film beispielsweise einige technische und ästhetische Charakteristika, die ihn unverwechselbar machen: die Präferenz von Alltagsszenen mit liebevoll ausgestalteten Details oder die Neigung zu langen Einstellungen mit langsamen Schnitten etc. (vgl. Prédal 1996).

Dass neben dem Spielfilm auch andere Filmformate interkulturelles Potenzial besitzen, steht außer Frage. So offenbaren Nachrichtensendungen z.B. die kulturellen Kodierungsmechanismen einer Gesellschaft, ihre Art der Auswahl und Aufbereitung nationaler und internationaler Ereignisse sowie ihren Kommunikationsstil. Vergleicht man deutsche und französische Nachrichtensendungen miteinander, so wird man feststellen, dass auf der Ebene der Selektion, der Präsentation und der Kontaktaufnahme zwischen Nachrichtensprecher und Publikum ein erheblicher Unterschied besteht, der sich auf differente Diskurskonventionen in der Kommunikation zurückführen lässt (vgl. Schumann 2004).

Familienserien gewähren Einblick in die Alltagskultur, wie z.B. Grundlagen der Erziehung, Normen im Verhältnis von Mann und Frau, Werte im Arbeitsleben, und sie präsentieren ritualisierte Kommunikationsformen wie Begrüßen und Abschiednehmen, Bitten und Auffordern, Ablehnen und Kritisieren. Ihre Protagonisten sind in der Regel soziale Typen, die sich nicht selten als nationale Autostereotype interpretieren lassen und als symbolische Figuren des intrakulturellen Umgangs mit Diversität fungieren.

Werbespots bedienen sich, ebenso wie Familienserien, stereotyper nationaler Vorstellungen, vorzugsweise jedoch positiver Art, denn sie verfolgen das Ziel, die beworbenen Produkte positiv zu konnotieren und ihnen auf diese Weise bessere Absatzchancen zu verschaffen.

Selbst Dokumentarfilme mit ihrem Bemühen um eine möglichst unverstellte und umfassende Darstellung von Landschaften, Natur- oder Geschichtsereignissen, Kunstwerken, künstlerischen Persönlichkeiten etc. verraten kulturspezifische Auswahlprinzipien und Formen der Kontextualisierung.

Keines dieser Filmformate vermag die Grundprinzipien des interkulturellen Lernens, der Persönlichkeitsbildung und der Kompetenzentwicklung jedoch so eng miteinander zu verbinden wie der Spielfilm, der, wie oben bereits ausgeführt, die kulturelle Wahrnehmung durch die enge Verknüpfung von affektiven und kognitiven Verstehensprozessen besonders fördert und die Bewusstseinsbildung anregt. Die Schulung der Wahrnehmung findet dabei auf drei verschiedenen Ebenen statt: als Förderung der visuellen, der auditiven und der ästhetischen Rezeption.

- Förderung der visuellen Rezeption: Entwicklung der Fähigkeit, die visuellen und kommunikativen Botschaften der Bilder und Bildfolgen zu entschlüsseln, das eigene Wissen zu aktivieren und neue Einsichten über historische und soziale Zusammenhänge zu gewinnen, sowie kulturspezifische Perspektiven zu erkennen.
- Förderung der auditiven Rezeption: die Fähigkeit, die Zusammenhänge zwischen dem visuellen und dem auditiven Code zu erfassen und die

Funktion der verschiedenen Elemente des auditiven Codes für die Bedeutungskonstitution des Spielgeschehens zu erkennen.
- Förderung der ästhetischen Rezeption: die Fähigkeit, die spezifischen Mittel der filmischen Darstellung als eine kulturelle Form der Narration und Weltdeutung zu verstehen und z.b. das typisch Französische des filmischen Erzählens wie etwa Detailreichtum, poetische Erzählformen, lange Einstellungen etc. zu erfassen.

3. Verfahren der Wahrnehmungsschulung mit Filmen

Filme sprechen ihre eigene Sprache. Sie bedienen sich spezifischer visueller, auditiver und ästhetischer Codes, die man kennen muss, um einem Film seine interkulturellen Botschaften und Perspektiven entlocken zu können. Deshalb ist es zur Schulung der Wahrnehmung unabdingbar, die Lerner zunächst in die Besonderheiten der Filmsprache einzuführen.

Die Entwicklung des Sehverstehens umfasst den Wissenserwerb über die visuelle Filmsprache, den *code visuel*, und die Entwicklung von Wahrnehmungsstrategien. Dabei geht es um die Differenzierung von Filmformaten (Spielfilm, Dokumentarfilm, Werbespot), die Verfahren der Bildgestaltung (Totale, Halbtotale, Nahaufnahme) und der Kameraführung (starr, beweglich, Schwenk, Kamerafahrt), die Bedeutung und Wirkung der verschiedenen Perspektiven (Froschperspektive, Vogelperspektive, Augenhöhe), die Möglichkeiten des Filmschnitts und der Montagetechnik (langsam, schnell, Überblendung), schließlich der Beziehung von Bild und Ton (*on/off*-Ton, Vor-/Rückverweise). Der spezifische Einsatz dieser filmspezifischen Mittel trägt maßgeblich zur Bedeutungskonstitution der Filmhandlung bei: Der *code visuel* schafft den atmosphärischen Rahmen der Handlung, sorgt für den Spannungsaufbau und Spannungsabbau, bewirkt das Hervorheben oder In-den-Hintergrund-Drängen einzelner Personen oder ganzer Handlungsabläufe, verdichtet das Geschehen und eröffnet Wahrnehmungsperspektiven.

Die visuelle Wahrnehmung hat man sich als Zusammenspiel von *top-down*- und *bottom-up*-Prozessen vorzustellen. Bei den *top-down*-Prozessen wird die Bedeutungszuweisung vor allem von den visuellen Impulsen gesteuert, d.h. die Bildwahrnehmung führt zu Hypothesen über das Geschehen und zur Einordnung

des Gesehenen in größere Zusammenhänge. Dieses Bilden von Hypothesen kann im Fremdsprachenunterricht bei der Arbeit mit Filmen auf verschiedene Weise geübt werden:
- Hypothesen formulieren auf der Grundlage des Filmtitels, der Filmplakate oder des DVD-Covers, Erkundung eigener Wahrnehmungsmuster;
- Filmszenen ohne Ton ansehen, Konzentration auf das Bild und Hypothesen über die Sprache, die Musik oder die Geräusche entwickeln, Handlungsabläufe projizieren, Kontexte erfassen;
- Personen beschreiben (äußere Merkmale, Mimik, Gestik, Bewegungen) und charakterisieren;
- Landeskundliche Hintergrundinformationen der Filmhandlung analysieren, Elemente des kollektiven Gedächtnisses (Monumente, Orte, Gegenstände, Symbolfiguren, Farben) erfassen und symbolische Verweise erkennen;
- Filmsprachliche Mittel zu den verschiedenen Sequenzen zuordnen, Filmschnitte zählen und ihre Wirkung analysieren, Perspektivenwechsel registrieren und interpretieren;
- Farbgebung beachten, die durch Farben hervorgerufenen Stimmungen beschreiben, hervorstechende Farben benennen und Farbkontraste analysieren.

Da sich Comics filmsprachlicher Mittel bedienen, können diese fast alle zunächst mit Hilfe von Comics erarbeitet werden. Schwerdtfeger zeigt in ihrem grundlegenden Werk über die Arbeit mit Filmen im Fremdsprachenunterricht sehr genau, wie man mit Hilfe von kurzen Comic-Sequenzen die wichtigsten Verfahren der Bildkomposition und Perspektivierung kennen lernen und ihre Wirkung studieren kann, z.B. das Bedrohliche der Froschperspektive, das Dominante der Vogelperspektive, die Intensität der Nahaufnahme, das Distanzierende der Totale etc. (vgl. Schwerdtfeger 1993).

Auch die Entwicklung des Hörverstehens sollte mit einer gezielten Einführung in die spezifischen auditiven Gestaltungsmittel verbunden werden. Zum *code auditif* eines Spielfilms gehören neben der Sprache eine Fülle von mehr oder weniger signifikanten und bedeutungsgenerierenden Geräuschen, sowie die musikalische Untermalung. Zu unterscheiden ist insbesondere zwischen der Rolle der Sprache für den Handlungsaufbau (handlungstragend, dialogisch/monologisch, kommentierend, im *off*/im *on*, Hintergrund/Vordergrund), der Art von Geräuschen und ihrer Funktion (atmosphärisch, symbolisch, deskriptiv), sowie dem Einsatz der Musik und ihrer Bedeutung für die Handlung (atmosphärisch, thematisch, leitmotivisch, symbolisch).

Bei der Entwicklung von Hörstrategien geht es vornehmlich um die Stärkung von *bottom-up*-Prozessen, d.h. um das genaue Verstehen dessen, was gesprochen wird und um die Verknüpfung des *code auditif* mit den visuellen Informationen, das sog. inferierende Hör-Seh-Verstehen, bei dem die visuellen und filmtechnischen Signale den Prozess des hörenden Verstehens unterstützen. Folgende Verfahren zur Entwicklung von Hörverstehensstrategien haben sich bewährt (vgl. Compte 1993, 2001):

- Tonspur ohne Bild hören, Hypothesen formulieren zu den Geräuschen oder der Musik;
- Thematisches Vokabular zur Vorentlastung nutzen, Vorwissen aktivieren und den Hörprozess inhaltlich vorbereiten;
- Bedeutungstragende Textpassagen auswählen und mehrfach hören, das inferierende Hör-Seh-Verstehen fördern, auf Nahaufnahmen achten, weil bedeutungstragende Dialoge in der Regel in Nahaufnahmen realisiert werden;
- Kommunikationsintentionen und Handlungsabläufe einander zuordnen, d.h. die Sprache kontextualisieren;
- Veränderungen im Sprecherwechsel und in der Lautstärke beachten.

Die Entwicklung einer ästhetischen Rezeptionskompetenz ist mit dem Erkennen und Durchschauen der künstlerischen Effekte des filmischen Codes verbunden. Es geht um das Deuten der Filmsprache, d.h. das Erkennen der Besonderheiten des visuellen und auditiven Codes und das Durchschauen der zentralen Prinzipien des audiovisuellen Erzählens. Die Entwicklung einer ästhetischen Rezeptionskompetenz ist dabei an interpretative Verfahren gebunden, wie sie vergleichbar auch bei der Arbeit mit literarischen Texten oder künstlerischen Werken angewandt werden: Konzentration auf die Darstellung der Personen und die Personenkonstellation, Beachtung des soziokulturellen Kontextes und der Beschreibung von Raum und Zeit, Analyse der Handlungsführung und der Kompositionsprinzipien, Erfassen der Charakteristika des filmischen Erzählens mit Hilfe der Kameraführung und dem Spiel von Wechsel und Kohärenz im Erzählvorgang (vgl. Schumann 2006). Dabei steht die Reflexion fremdkultureller Wahrnehmungsmuster im Vordergrund: die der Personenbeschreibung zu Grunde liegende kulturelle Perspektive, die Typisierung einzelner Personen, die Betonung oder Verfremdung von Verhaltensmustern, der Einsatz symbolischer Verweisstrukturen durch symbolträchtige Gegenstände, Orte, Monumente, Farben, etc.

Mit Hilfe von aktiven Unterrichtsverfahren, die einen kontinuierlichen Wechsel zwischen Hypothesenbildung und Hypothesenverifizierung, Reflexion der Eigenwahrnehmung und der Fremdwahrnehmung, rezeptiver und produktiver sprach- und bildverarbeitender Phasen ermöglichen, werden visuelle, auditive und ästhetische Wahrnehmungsprozesse initiiert, die geeignet sind, interkulturelles Verstehen zu ermöglichen.

4. Interkulturelles Lernen mit einer Episode aus *Paris, je t'aime*

Der Film *Paris, je t'aime* (Carné 2006; vgl. Di Luca 2008, Lange 2008 sowie Beitrag von Ulrike Lange im vorliegenden Band) ist ein Episodenfilm, der die verschiedenen Arrondissements und sozialen Milieus des heutigen Paris einzufangen versucht. Es handelt sich um 18 verschiedene, voneinander unabhängige Kurzfilme von jeweils 5-10 Minuten, die von 18 international bekannten Regisseuren gedreht wurden und in denen jeder Regisseur die Möglichkeit erhielt, sein Bild von Paris zu entwerfen.

Das gemeinsame Rahmenthema ist die Liebe, es wird in Alltagsszenen entfaltet und mit 18 verschiedenen Stadtvierteln von Paris verknüpft. Mehrere dieser Kurzfilme sind für den Französischunterricht geeignet. Sie sind kleine Kunstwerke, die vollständig bearbeitet werden können, weil sie maximal 10 Minuten lang sind und dank ihres gemeinsamen Schwerpunktthemas ‚Paris und die Liebe' als Variationen zu einem zentralen Thema rezipiert werden können.

Ich möchte die Arbeit mit dem Kurzfilm „Quais de Seine" von Gurinder Chadha[1] (2006) vorstellen. Es handelt sich dabei um einen Film über das Zusammenleben der Kulturen in Paris, genauer um Kulturkontakte und Kulturkonflikte zwischen Jugendlichen verschiedener Kulturen. Der Film zeigt drei junge Männer, die am Ufer der Seine sitzen und vorbeikommende junge Mädchen ansprechen, um ihre Reaktion zu testen und sich darüber zu amüsieren. Auf diese Weise werden fünf verschiedene junge Mädchen vorgeführt, ein europäisches, ein asiatisches, zwei schwarzafrikanische und ein maghrebinisches. Als die junge Maghrebinerin beim Weggehen stolpert, kommt es zu einem engeren Kontakt zwischen ihr und einem der drei jungen Männer, denn er ist ihr beim Aufstehen und Ordnen ihrer Sachen behilflich. Als das junge maghrebinische Mädchen sich schließlich bedankt und weggeht, folgt ihr der junge Mann nach einer Weile. Er beobachtet, wie sie mit ihrem Großvater aus der Moschee kommt und versucht, erneut Kontakt zu ihr aufzunehmen. Da lädt der Großvater den jungen Mann ein, ein Stück des Weges mit ihm und seiner Enkeltochter zu gehen und verwickelt ihn dabei in ein Gespräch über das Studium und die Zukunftsperspektiven junger Menschen in Paris.

Es handelt sich bei dem Film um die Inszenierung eines gelungenen Dialogs zwischen den Kulturen, um das Aufbrechen gegenseitiger Vorstellungen und das Überschreiten von Grenzen im Sinne eines offenen Aufeinander-Zugehens. Die Geschichte ist recht einfach und arbeitet mit leicht zu durchschauenden Simplifizierungen und symbolischen Konstruktionen. Das macht diese Episode, obwohl sie sicher nicht eine der künstlerisch wertvollsten des gesamten Films ist, zu einem didaktisch sehr brauchbaren Film, der in besonderer Weise dazu geeignet ist, interkulturelles Lernen zu fördern.

Abb. 1: „Quais de Seine": Les trois jeunes hommes (Chadha in Carné 2007, 00:00:17)

Abb. 2: „Quais de Seine": La jeune Maghrébine (Chadha in Carné 2007, 00:02:26)

Da ist zunächst die symbolische Konstruktion des Filmes. Er beginnt mit einem Blick über ganz Paris in der Totale, dann wird die *Ile de la Cité*, das kulturelle und historische Zentrum von Paris sichtbar, schließlich die *Quais de Seine*, die Flaniermeile der Pariser Innenstadt, an denen der erste Teil der Filmhandlung spielt. Damit ist der Film an seinem geographisch tiefsten Punkt angelangt, sozusagen im Herzen des alten Paris. Danach wechselt der Schauplatz und es beginnt ein Aufstieg zu neuen kulturellen Konstellationen. Das junge Mädchen steigt vom Quai die Stufen empor und geht zur großen Pariser Moschee, die mitten im Zentrum neben dem *Jardin des Plantes* liegt. Der Film endet mit einem Blick über die Moschee, wiederum in der Totale, die in dieser vom Film herausgearbeiteten Konstellation zu einem dem historischen Zentrum von Paris ebenbürtigen symbolischen Raum wird.

Auch der filmische Perspektivenwechsel lässt sich interkulturell deuten. Es beginnt mit der auktorialen Perspektive des Filmregisseurs: der Blick über Paris, die Fokussierung auf das historische Zentrum und die *Quais de Seine*, schließlich aus einer leichten Vogelperspektive die drei Jungen, die vorübergehende Mädchen ansprechen. Die Anmache der Jungen erfolgt in schnellen Schnitten: Froschperspektive der auf der Quaimauer sitzenden Jungen (vgl. Abb. 1), Vogelperspektive der vorübergehenden Mädchen. Dann aber, als der Protagonist Kontakt zu dem maghrebinischen Mädchen aufnimmt (vgl. Abb. 2), verlangsamt sich das Tempo der Schnitte und die Perspektive pendelt sich auf Augenhöhe ein. Das ist das Zeichen dafür, dass nun ein tatsächlicher Beziehungsaufbau erfolgen kann. Die Kameraführung folgt den Blickwechseln der Jugendlichen und entwickelt sich zu einer subjektiven Perspektive der Protagonisten. In der Phase der Kontaktaufnahme zwischen dem jungen Mann und dem maghrebinischen Mädchen wird diese subjektive Perspektive mit Hilfe einer Handykamera durch ein Foto verstärkt. Das Bild hält den Blick des Jungen auf das Mädchen fest.

Die musikalische Untermalung ist insgesamt sehr sparsam, unterstützt aber dennoch deutlich den interkulturellen Bedeutungsaufbau. Zunächst hört man westliche Musik, dann geht die Musik in orientalische Rhythmen über. Auch die Farben können symbolisch gedeutet werden. Einerseits tragen fast alle Jugendlichen Jeans, auch die junge Maghrebinerin. Eine Ausnahme bildet nur die Asiatin, sie trägt einen kurzen Jeansrock. Die Jeans erscheinen in dem Film damit als ein die Jugendlichen aller Kulturen verbindendes Kleidungsstück, das die Zugehörigkeit zu Modernität und einer übernationalen Jugendkultur signalisiert. Die kulturellen Differenzen werden durch Attribute verschiedener Art zum Ausdruck gebracht: die Maghrebinerin trägt ein großes schwarzes Kopftuch (vgl. Abb. 2), das europäische Mädchen lässt eine knallroten String aus der Jeans hervorragen, die afrikanischen Mädchen tragen Ketten und Ohrringe.

Die interkulturelle Arbeit mit dem Film sollte mit dem Vergleich des französischen und des deutschen DVD-Covers beginnen. Während das französische Cover (vgl. Abb. 3) mit der symbolischen Geste der offenen Hand und dem roten Mantel die Liebe als eine Suche inszeniert, bedient das deutsche Cover (vgl. Abb. 4) auf ironische Weise das Paris-Klischee der Stadt der Liebe. Es zeigt ein aus lauter Eiffeltürmen zusammengesetztes stacheliges Herz. Das Wort „Paris" ist auf dem deutschen Cover größer als der zweite Teil des Titels, „je t'aime", während es bei dem französischen Cover genau umgekehrt ist. Mit Hilfe einer solchen Gegenüberstellung kann der Blick auf differente Wahrnehmungskonstruktionen und Assoziationen gelenkt werden. Gleichzeitig eignen sich die Cover dazu, eigene Hypothesen zum Film zu entwickeln, wobei die beiden verschiedenen Cover zweifellos sehr unterschiedliche Assoziationen evozieren.

Der kurze Film erhält seine Bedeutung eindeutig aus seinen Bildern und der symbolträchtigen Bildabfolge. Es ist damit durchaus möglich, den Film ohne

Abb. 3: Französisches Cover
(Quelle: TF1 Vidéo)

Abb. 4: Deutsches Cover
(Quelle: Universum Film)

Ton global zu verstehen; deshalb empfiehlt es sich, den Film zunächst ohne Tonspur vorzustellen und das globale Verständnis zu sichern. Auf der Grundlage dieses Globalverständnisses sollten im Anschluss daran diejenigen Passagen ausgewählt werden, die zu einem detaillierten Verständnis des Filmes notwendig sind, d.h. diejenigen, bei denen zum Erfassen der Botschaft des Films tatsächlich alle Worte, die gesprochen werden, verstanden werden müssen. Das ist in diesem Fall die Szene in Nahaufnahme, als der Junge dem jungen Mädchen dabei hilft, ihre Sachen zu ordnen und das Kopftuch neu zu binden und sich zwischen den beiden ein Gespräch entwickelt. Der Dialog, der das Kopftuch der Maghrebinerin zum Thema hat, zielt auf den Abbau von westlichen Vorurteilen gegenüber dem Tragen dieses symbolischen Kleidungsstücks und trägt eine der zentralen Botschaften des gesamten Films: Bewertet das Auftreten und Aussehen einer Person nicht ausschließlich aus Eurer eigenen Perspektive, sondern überlegt, was die betroffene Person damit verbindet und was es für sie bedeutet.

Auf der Ebene der visuell-auditiven Rezeption der Episode geht es anschließend darum, die symbolische Verwendung der Musik zu erkennen und den Moment des Musikwechsels zu deuten, außerdem darum, die kulturelle Konstruktion des Raumes, vom Überblick über Paris bis zum Überblick über die Moschee, zu erfassen.

Es handelt sich bei diesem Film zweifellos um eine sehr versöhnliche und liebenswerte Sicht auf das Zusammenleben der Kulturen in Paris, eine Sicht, die mit Reduktionen und Vereinfachungen bis in die Nähe der Stereotypisierung arbeitet. Deshalb sollte diese Episode nicht die einzige sein, die aus den 18 Episoden des Filmes für den Französischunterricht ausgewählt wird, sondern sie sollte mit einer anderen Episode, die eine eher kritische Sicht auf das Zusammenleben der Kulturen präsentiert, kombiniert werden. Dazu bietet sich die Episode „Place des Fêtes" an, in der ein jugendlicher Schwarzer an den Folgen einer Schlägerei zwischen Jugendlichen unterschiedlicher kultureller Herkunft stirbt und die zarte, nur angedeutete Liebe des Schwarzen zu einer afrikanischen Krankenschwester eine unerfüllte Erwartung und Hoffnung bleibt.

Dennoch ist die Episode „Quais de Seine" auch ohne die Kontrastierung mit anderen weniger optimistischen Episoden dazu geeignet, interkulturelle Lernprozesse anzustoßen. Sie bringt das Problem des Zusammenlebens der Kulturen dicht heran an den Zuschauer und involviert ihn dank der subjektiven Kameraführung, die beim Beziehungsaufbau zwischen dem jungen Mann und der Maghrebinerin Verwendung findet. Das interkulturelle Potenzial schöpft der Film einerseits aus seiner Thematik, dem Zusammenleben der Kulturen, andererseits aus der Unmittelbarkeit seiner Darstellung, bei der kulturelle Grenzüberschreitungen von beiden Seiten, der des jungen Franzosen und der des alten Maghrebiners, realisiert werden. Es werden bei dieser kleinen, eher angedeuteten als ausgeschmückten Liebesgeschichte sowohl affektive Dimensionen angesprochen, als auch kognitive Prozesse angestoßen: Der Film wirft Fragen auf, z.B. über die Wahrscheinlichkeit einer solchen Begegnung, über die Zukunftsperspektiven des Paares, über die Toleranzfähigkeit der jüngeren und der älteren Generation, über das Konfliktpotenzial des symbolträchtigen Kopftuchs, die von den Lernern bearbeitet werden müssen und eine eingehende Beschäftigung mit den tatsächlichen Bedingungen des Zusammenlebens der Kulturen in Paris erfordern. Auf diese Weise weist der Film weit über sich selbst hinaus und bietet sich als Türöffner für die Bearbeitung eines hoch brisanten und aktuellen Konflikts der französischen Gesellschaft an.

[1] Gurinder Chadha ist eine in Kenia geborene und in London aufgewachsene Britin indischer Herkunft, die die Probleme des Kulturkonflikts und der interkulturellen Grenzüberschreitung aus eigener Anschauung kennt.

Literaturverzeichnis

Blell, Gabriele/Lütge, Christiane (2008). Filmbildung im Fremdsprachenunterricht: Neue Lernziele, Begründungen und Methoden. Fremdsprachen lehren und lernen 37, 124-140.

Carné, Tristan (2007 [2006]). Paris je t'aime. TF 1 Vidéo (DVD und Begleitbuch).

Chadha, Gurinder (2007 [2006]). Quais de Seine. In: Carné (2007) (DVD).

Compte, Carmen (1993). La vidéo en classe de langue. Paris: Hachette.

Compte, Carmen (2001). Décoder le journal télévisé. Une stratégie pour l'apprenant de langue. Französisch heute 32, 401-412.

Di Luca, Sonja (2008). Amour naissant, amour mourant. Vorstellungen von Liebe in *Paris, je t'aime*. Der fremdsprachliche Unterricht Französisch 91, 30-35.

Goethe-Institut Inter Nationes (Hg.) (2001). Gemeinsamer europäischer Referenzrahmen für Sprachen: lehren, lernen, beurteilen. Berlin: Langenscheidt.

Lange, Ulrike C. (2008). Mythes et réalités. Mythenbildung verstehen in *Paris, je t'aime*. Der fremdsprachliche Unterricht Französisch 91, 40-44.

Prédal, René (1996). 50 ans de cinéma français, Paris: Nathan.

Raabe, Horst (1997). ‚Das Auge hört mit.' Sehstrategien im Fremdsprachenunterricht. In: Rampillon, Ute/Zimmermann, Günther (Hg.). Strategien und Techniken beim Erwerb fremder Sprachen. Ismaning: Hueber, 150-172

Schwerdtfeger, Inge-Christine (1993). Sehen und Verstehen: Arbeit mit Filmen im Unterricht Deutsch als Fremdsprache. Berlin: Langenscheidt.

Schwerdtfeger, Inge-Christine (1994). Zum dialektischen Verhältnis des Fremden und des Eigenen. Übungsformen und Wirkungen von Medien im Fremdsprachenunterricht. In: Glienow, Wilfried/Hellwig, Karlheinz (Hg.). Interkulturelle Kommunikation und prozessorientierte Medienpraxis im Fremdsprachenunterricht, Seelze: Friedrich, 28-42.

Schumann, Adelheid (2004). Medienkompetenz durch Medienvergleich. Französische und deutsche Fernsehnachrichten im Französischunterricht. In: Bosenius, Petra/Donnerstag, Jürgen (Hg.). Interaktive Medien und Fremdsprachenlernen. Frankfurt/M.: Lang, 165-176.

Schumann, Adelheid (2006). Interkulturelle Mediendidaktik am Beispiel von *L'Auberge Espagnole*. In: Felten, Uta et al. (Hg.). *Esta locura por los suenos*. Traumdiskurs und Intermedialität in der romanischen Literatur- und Mediengeschichte. Heidelberg: Winter, 363-374.

Volkmann, Laurenz (2002). Aspekte und Dimensionen interkultureller Kompetenz. In: Volkmann, Laurenz/Stiersdorfer, Klaus/Gehring, Wolfgang (Hg.). Interkulturelle Kompetenz. Tübingen: Narr, 11-48.

Der italienische Film und sein Publikum
Überlegungen zu Rezeptionsästhetik und Inter-/Transkulturalität

Inez De Florio-Hansen

1. Grundzüge einer Spielfilmdidaktik für den Italienischunterricht

Die Beschäftigung mit Spielfilmen im Fremdsprachenunterricht trägt wesentlich zur Verbesserung sprachlicher Fertigkeiten und Fähigkeiten bei. Über die Förderung sprachlicher Kompetenzen hinaus vermitteln fiktionale Filme den Lernenden inter-/transkulturelle sowie ästhetische Einsichten. Ein in diesem Zusammenhang vernachlässigter Aspekt ist die Frage nach dem Filmpublikum: Welche Beziehung haben italienische Zuschauer zu ihren Filmen, insbesondere dem *cinema d'autore*? Welche Filme haben das kollektive Gedächtnis von der Nachkriegszeit bis in die 1970er Jahre geprägt? Inwiefern hat sich die Einstellung des italienischen Filmpublikums durch die Dominanz amerikanischer Produktionen verändert? Wie stehen italienische Jugendliche und junge Erwachsene, die auch in Italien das Hauptkontingent der Kinobesucher bilden, zum Autorenfilm einerseits und zu Unterhaltungsproduktionen italienischer Provenienz andererseits? Anhand von drei Beispielen möchte ich kurz skizzieren, wie Schülerinnen und Schüler den *effetto cinema* untersuchen können.

Bevor ich im folgenden Abschnitt Überlegungen zum Filmpublikum aus der Perspektive von Rezeptionsästhetik und Inter-/Transkulturalität anstelle, gebe ich einen Überblick über Grundsätze, die beim Einsatz von Spielfilmen im Italienischunterricht von Bedeutung sind. Da es sich um didaktisch-methodische Verfahren handelt, die bereits in verschiedenen Publikationen im Zusammenhang mit dem Lehren und Lernen anderer schulischer Fremdsprachen ausführlich behandelt werden, beschränke ich mich auf eine komprimierte Auswahl.

1.1 *Media/film literacy*

Im Zeitalter der ‚beweglichen Bildkultur' gelten Spielfilme bzw. fiktionale Filme, die heute über verschiedene Medien auch außerhalb des Kinos zugänglich sind, als „audiovisueller Archetyp des Erzählens" (Burger 1995: 594). Im Rahmen eines medienpädagogischen Konzepts für das Lehren und Lernen fremder Sprachen (vgl. De Florio-Hansen 2009a) kommt der *film literacy* hoher Stellenwert zu. Blell/Lütge (vgl. 2004: 404) definieren diesen Teil der Medienkompetenz als Befähigung, mit Filmen sachgerecht und kritisch, selbstbestimmt, sozial verantwortlich, fremdsprachlich-kreativ und interkulturell zu handeln.

1.2 Filme als eigenständiges Medium

Spielfilme dürfen nicht als Lückenfüller und auch nicht ausschließlich zur Schulung sprachlicher Fertigkeiten, z.b. des Hörverstehens, eingesetzt werden. Wenn sie zur Ausbildung von *film literacy* genutzt werden sollen, ist auch die häufig praktizierte Vorgehensweise, nämlich eine ‚Filmadaption' im Anschluss an die Beschäftigung mit einem literarischen Werk einzusetzen, unzureichend. Fiktionale Filme haben mit literarischen Werken die ‚Fiktion' gemeinsam, unterscheiden sich aber hinsichtlich ihrer Darstellungsform beträchtlich (vgl. Schwerdtfeger 1989: 77-99). Filme sind elektronisch kodierte Texte, deren Wirkung aus dem kreativen Zusammenspiel von Regie, Kamera und Schnitt besteht. Es handelt sich also um eine plurimediale Darstellungsform, die sich nicht nur sprachlicher, sondern auch außersprachlich-akustischer und optischer Codes bedient (vgl. Surkamp 2004: 3).

1.3 Filmskripts und Drehbücher

Da es sich um ein Medium handelt, bei dem die genannten Codes untrennbar verbunden sind, ist es wenig sinnvoll, mit Filmskripten bzw. mit Auszügen aus Drehbüchern vor dem Anschauen eines Films zu arbeiten. Selbstverständlich propagiere ich keine unvorbereitete Nutzung eines Spielfilms im Unterricht. Die *attività di preparazione* sollten aber keine schriftlichen Auszüge aus den Dialogen beinhalten, weil dies den eigenständigen Mediencharakter des Films nicht deutlich werden lässt (vgl. Wilts 2001). Er bliebe ein Anhängsel der Schriftkultur. Erfahrene Fremdsprachenlehrkräfte werden dem entgegenhalten, dass nur wenige Lernende bei einem solchen Vorgehen über ein Globalverstehen hinauskommen. Ein Spielfilm ist m. E. eine gute Gelegenheit zur Schulung der Ambiguitätstoleranz (Wilts 2001: 217 spricht von „Frustrationstoleranz"). Diese ist bei italienischen Spielfilmen besonders angesagt, enthalten sie doch häufig „le numerose lingue degli italiani: varietà, registri, stili, codici, sottocodici" (Maddoli 2004: 17). Gleichwohl hält sich die Frustration in Grenzen, wenn die Lernenden angemessen eingestimmt sind. Das kann z. B. durch Filmankündigungen sowie weitere Materialien geschehen, welche die Lehrkraft bereitstellt und/oder welche die Lernenden selbst aufsuchen. Zudem bietet das filmische Medium durch seine über Sprache hinausweisenden Codes zahlreiche Möglichkeiten zur Hypothesenbildung und ihrer Überprüfung. Wenn die Lernenden erfahren, dass man nicht alles verstehen muss, um einem Film zu folgen, werden sie ermutigt, auch außerhalb des Unterrichts italienische Filme im Original anzusehen.

1.4 Filmästhetische Gestaltungsmittel

Da das Hörsehverstehen im Zeitalter elektronischer Medien eine besonders wichtige Kompetenz darstellt, bedarf es im Unterricht einer Einführung in filmische Gestaltungsmittel (zum Hörsehverstehen im Umgang mit Fernsehsendungen vgl. De Florio-Hansen/Leuck 2000). Deshalb müssen bei der Beschäftigung mit Spielfilmen im Fremdsprachenunterricht an geeigneter Stelle auch die wichtigsten medienspezifischen ästhetischen Gestaltungsprinzipien bzw. die wesentlichen Kategorien der Filmanalyse, nämlich Figuren, Ausstattung, Handlungsstruktur, Realitätsbezug der Handlung, Symbolbedeutung, Erzählweise, Bildgestaltung und Ton erarbeitet werden (vgl. Burger 1995; Hickethier 2001).

Da die Unterrichtszeit im spät einsetzenden Italienischunterricht besonders knapp bemessen ist, schlage ich vor, die spezifischen Gestaltungsmittel eines Films nur in groben Zügen mit den Schülerinnen und Schülern zu erarbeiten. Sie sollen erkennen können, wie die Wirkung eines fiktionalen Films – möglicherweise im Vergleich zum literarischen Text – zustande kommt. Auf keinen Fall soll der (ästhetische) Genuss beeinträchtigt werden. Deshalb halte ich die Untersuchung der manipulativen Wirkung von fiktionalen Filmen im Unterricht nur für begrenzt sinnvoll. Sie soll soweit reichen, dass die Lernenden mit Blick auf den immer wieder geforderten Lebensbezug zu kritisch-reflektierenden Kinobesuchern bzw. Zuschauern werden. Das kann auch erreicht werden, indem Filmwerbung und Starrummel kritisch betrachtet werden (vgl. dazu Abschnitt 2.3). Eine medienpädagogische Erziehung muss aufgrund der Allgegenwart von Medien verschiedenster Art im Leben von Kindern und Jugendlichen selbstverständlich auch im Fremdsprachenunterricht erfolgen. Wo es sich anbietet, ist gegen eine unreflektierte Nutzung von Medien zu arbeiten. Sie in erster Linie an fiktionalen Filmen festmachen zu wollen, erscheint aufgrund der teilweise bedrohlichen Nutzung anderer Medien im Alltag von Kindern und Jugendlichen jedoch als fragwürdig (zum medienpädagogisch ausgerichteten Fremdsprachenunterricht vgl. De Florio-Hansen 2009a).

1.5 Anklänge an die Literaturdidaktik

Die Forderung, ‚Filmadaptionen' literarischer Werke nur in Ausnahmefällen als ‚krönenden Abschluss' der Beschäftigung mit einer literarischen Ganzschrift zu nutzen, spricht nicht gegen die Verbindung von Film und Literatur. Surkamp (2004: 8 und Beitrag im vorliegenden Band) macht u.a. weiterführende Vorschläge für die Arbeit mit Literaturverfilmungen.

Der Charakter des Films als selbstständiges Medium bedeutet nicht, dass literaturdidaktische Vorgehensweisen bei der Arbeit mit Spielfilmen im Fremdsprachenunterricht unangebracht wären: *Attività di preparazione* haben ebenso Sinn wie *attività simultanee* und *attività di approfondimento*. Vorschläge können leicht aus dem Unterricht in anderen Fremdsprachen übernommen werden (vgl. Blell/Lütge 2004; Surkamp 2004; Wilts 2003). Besondere Beachtung verdient das Rezeptionsgespräch, weil es sich dem lebensweltlichen Umgang mit Spielfilmen annähert. Die drei Phasen des Verstehensprozesses, nämlich Erwartungen, Rezeption und Reflexion (vgl. Wilts 2003), verlaufen in der außerschulischen Wirklichkeit und im Unterricht in ähnlicher Weise. Jugendliche und junge Erwachsene betrachten das Kino als sozialen Erlebnisort, an dem sie sich auch über ihre Erwartungen und ihre Rezeption des betreffenden Films austauschen. Dieses Bedürfnis nach Austausch über einen fiktionalen Film kommt auch dem fremdsprachlichen Lernen zugute, weil es sich um einen weitgehend ‚natürlichen' Sprechanlass handelt (vgl. Burger 1995; zur sprachübergreifenden Arbeit mit dem Film *L'auberge espagnole* vgl. Leitzke-Ungerer 2004).

2. Das Filmpublikum

Während Lehrwerktexte sich häufig im „imaginativen Niemandsland" (Wilts 2003) bewegen, ist der Film, insbesondere der Autorenfilm, ein authentisches

Kulturprodukt, „un documento storico e antropologico attorno a un paese" (Tagliabue in Maddoli 2004: 12). Wie literarische Werke und das Kulturschaffen überhaupt bieten fiktionale Filme Einblicke in die für eine Kultur zentralen Auseinandersetzungen und Konflikte (vgl. Bredella 2004). Häufig erzählen sie die Geschichte einer gesellschaftlich, militärisch, historisch oder politisch bedeutsamen Epoche (vgl. Schneider 2002: 364); die fiktiven Geschichten verweisen auf umfassendere historische Geschichten und kommentieren sie (vgl. Bredella 2004: 30). So war es bereits im ersten italienischen Film:

> Nel 1905 si realizza in Italia La presa di Roma di Filoteo Alberini, un'opera della lunghezza di 250 metri, che viene considerata il primo film a soggetto della nostra cinematografia. È interessante notare come questo film porti sullo schermo un evento storico di pochi decenni prima – del 1870 –, un evento fondamentale per la realizzazione dell'unità d'Italia; un evento ancora vivo e presente nella memoria collettiva di un popolo.
>
> (Tagliabue in Maddoli 2004: 11)

In den romanischen Ländern, vor allem in Frankreich (vgl. Wilts 2001, 2003) und Italien, hatte und hat der Spielfilm einen hohen gesellschaftlichen Stellenwert. Dass die Kinokultur besondere Präsenz im öffentlichen Leben beanspruchen kann, wird durch den lebhaft geführten kulturellen Diskurs deutlich. Er findet in Italien seinen Niederschlag nicht nur in ausführlichen Filmkritiken und Fachzeitschriften für Cineasten, sondern auch in theoretischen Abhandlungen, mehrbändigen Geschichten des italienischen Films (z. B. Brunetta 1993 f.) und entsprechenden Lehrstühlen an italienischen Universitäten.

Wegen des kulturellen Stellenwerts von fiktionalen Filmen und ihrer Bedeutung für das kollektive Gedächtnis bzw. die kollektive Identität – nicht nur in Italien – werfe ich im Folgenden einen Blick auf das Filmpublikum und das Potenzial, welches die Betrachtung des Zuschauers für inter-/transkulturelles Lernen im Fremdsprachenunterricht, in unserem Fall beim Lehren und Lernen der italienischen Sprache, bereit hält. Obgleich rezeptionsästhetische und transkulturelle Sichtweisen, insbesondere in der Unterrichtspraxis, nicht zu trennen sind, erfolgt die Erörterung der beiden Perspektiven zunächst getrennt. Sie werden in Abschnitt 2.3 beim Blick auf die Wirkung von Klassikern der italienischen Filmkunst auf italienische und deutsche Jugendliche wieder zusammengeführt.

2.1 Die rezeptionsästhetische Perspektive

Wie beim literarischen Werk entfaltet ein fiktionaler Film seine Wirkung erst durch den Zuschauer. Blell/Lütge (vgl. 2004: 402) verweisen noch einmal darauf, dass der Zuschauer bei dieser Interaktion einen persönlichen Sinn erzeugt. Die Rezeption durch den Zuschauer ist nicht nur durch das geprägt, was ich verkürzend sein Vorwissen, seine Erfahrungen und Einstellungen nennen möchte. Die ganz unterschiedlichen Deutungen eines Spielfilms durch einzelne Individuen kommen auch dadurch zustande, dass Spielfilme ebenso wie andere fiktionale Werke nur eine der möglichen Repräsentationen der Realität liefern, d. h. die (plurimediale) Darstellung eines Ereignisses hätte auch ganz anders erfolgen können.

Die verschiedenen, miteinander verwobenen Rollen bzw. Funktionen des Zuschauers hat Bredella (2004) erhellend – auch unter Berufung auf Dewey und Bakhtin – am Beispiel des Films *Bend it like Beckham* dargestellt. Den Rezipienten als Mitspieler, als bewertenden Zuschauer und als Kritiker beschreibt Bredella mit Blick auf Schülerinnen und Schüler, die sich im Englischunterricht mit dem genannten Film auseinandersetzen. Die dargelegten Kategorisierungen gelten jedoch für jeden Rezipienten, in erster Linie für die Adressaten, die mit dem Film angesprochen werden soll(t)en. Folglich wäre aus meiner Sicht die Betrachtung des jeweiligen Filmpublikums eine Hilfe bei der Sinnbildung durch die Lernenden. Das gilt vor allem für ältere italienische Filmkunstwerke als Gegenpol zum „cinema industriale a effetti speciali" (Maddoli 2004: 19).

Akzeptiert man die Hauptthese der Rezeptionsästhetik, nämlich dass der Zuschauer seinen persönlichen Sinn aus einem Film ‚konstruiert', so kann das, was er aufnimmt, nicht ohne Einfluss auf seine Einstellungen und sein Handeln bleiben. Selbstverständlich hängt die Wirkung vom subtilen und komplexen Wechselspiel zwischen Fiktion und Zuschauer ab. Führt die Reflexion nach der Rezeption eines Spielfilms zu einer Veränderung in den Anschauungen einer größeren Gruppe von Zuschauern, so kann dies zu gesellschaftlichen Veränderungen beitragen. In der vorliegenden Literatur wird immer wieder darauf hingewiesen, dass Filme „Tendenzen in Geschichte, Kultur, Zeitgeist und Politik" (Götze/Lück-Hildebrandt 2003: 35) widerspiegeln und folglich für Fremdsprachenlernende „una finestra aperta sulla realtà socio-culturale di ieri e di oggi"

(Maddoli 2004: 17) sind. Daher stellen Götze/Lück-Hildebrandt (2003: 41) die Frage: „De quelle manière les époques socio-politiques influencent-elles les créations cinématographiques?" Diese sinnvolle Fragestellung müßte aber m. E. dahingehend ergänzt werden: „De quelle manière les créations cinématographiques influencent-elles les époques socio-politiques?" Die drei Autorenfilme, auf die ich unter dem Blickwinkel des italienischen Filmpublikums gestern und heute im folgenden Abschnitt kurz eingehen werde, nämlich *Il Gattopardo* von Luchino Visconti, *Amarcord* von Federico Fellini und *Ladri di biciclette* von Vittorio De Sica, gelten auch heute noch als Meisterwerke italienischer Filmkunst. Sie haben kulturelle und darüber hinaus gesellschaftliche Diskurse entscheidend geprägt (vgl. Maddoli 2004: 20).

2.2 Die inter-/transkulturelle Perspektive

In Spielfilmen wird – das gilt für das italienische *cinema d'autore* in besonderem Maße – das kulturelle Selbstverständnis einer Gesellschaft untersucht und im Kontext thematisiert (vgl. Blell/Lütge 2004: 404). Durch das subtile und komplexe Zusammenspiel der oben angesprochenen Codes zeichnen sich fiktionale Filme durch eine besondere „Erfahrungshaltigkeit" (Surkamp 2004: 3) aus. Durch die „mediale Inszenierung von Kulturthemen" (Blell/Lütge 2004: 404) sind sie ein höchst geeigneter Unterrichtsgegenstand für inter-/transkulturelles Lernen (zur Unterscheidung vgl. De Florio-Hansen 2009b). Durch die Bedeutung des Unterrichtsgegenstandes für ein eigenes gelingendes Leben (vgl. Schneider 2002: 367) können sie nicht nur einen Beitrag zur Bildung, sondern auch zur Erziehung der Schülerinnen und Schüler leisten.

Dabei sollen sich die Unterrichtsaktivitäten nicht ausschließlich um die Rezeption des entsprechenden Films durch die Schülerinnen und Schüler selbst drehen. Eine zusätzliche Bereicherung kann die Beschäftigung mit dem (italienischen) Filmpublikum darstellen. Medien werden nämlich erst durch bestimmte Formen des sozialen Gebrauchs zu „Medien des kollektiven Gedächtnisses" (vgl. Erll/Wodianka 2008). Wie haben die Zuschauer vermutlich den Film aufgenommen, als er in die Kinos kam? Empathiefähigkeit besteht nicht nur darin, dass man sich in die Figuren des Films versetzt, sondern auch in die Zuschauer der damaligen Zeit. Darüber kann man sich mit italienischen Jugendlichen sowie mit anderen Italienischlernenden austauschen (vgl. Abschnitt 2.3).

Ohne Zweifel ist es nicht einfach, der Wirkung eines Films, der wie *Ladri di biciclette* vor über 60 Jahren erstmals in die Kinos kam, nachzuspüren. Dennoch gibt es Möglichkeiten:

- Schon wenn die Schülerinnen und Schüler unter Eingabe der Filmtitel ‚googeln', finden sie viele Links, die unter der Fragestellung: Wie ist der Film beim damaligen Publikum angekommen? durchsucht werden können.
- Sie finden auch Links, die zeigen, welche ‚Breitenwirkung' ein Film hatte bzw. noch hat, z.B. sind Szenen aus *Ladri di biciclette* bei YouTube eingestellt, es gibt Musikstücke (z. B. Baccini – *Ladri di biciclette/Sotto il sole* vgl. YouTube) die auf den Film anspielen, *Amarcord* ist der Name mehrerer Musikensembles sowie eines Modelabels, welches auch Mode aus den 1930/40er Jahren anbietet (http://www.amarcordvintagefashion.com; Aufruf 01.09.09).
- Vielfältige Informationen in italienischer Sprache bietet wikipedia.it (vgl. auch www.italica.rai.it/cinema; Aufruf 01.09.09).
- Ausschnitte und Auszüge aus Filmkritiken, Filmlexika, Filmgeschichten, Zeitungen und Zeitschriften wird in erster Linie die Lehrkraft bereitstellen.
- Das *Centro Studi Cinematografici* führt regelmäßige Untersuchungen über das italienische Filmpublikum durch (http://www.cscinema.org; Aufruf 01.09.09)

2.3 Kino heute: eine Annäherung zwischen italienischen und deutschen Jugendlichen

Im Rahmen der Arbeit mit einem Klassiker der Filmkunst darf der Blick auf das Hier und Jetzt nicht zu kurz kommen. Filme aus vergangenen Jahrzehnten bieten Einblicke in ‚fremde' Lebensweisen, Werte, Normen und Weltsichten (vgl. Surkamp 2004). Da inter-/transkulturelles Lernen stärker als bisher an Gemeinsamkeiten anknüpfen sollte (vgl. De Florio-Hansen 2009) – auch Bredella (2004: 32) lehnt das Insistieren auf dem Gegensatz zwischen „them" und „us" ab – bietet es sich an, in Kontakt mit italienischen Jugendlichen zu treten. Was wissen sie über die Filme, die das italienische Kulturerbe entscheidend geprägt haben?

Haben sie sie überhaupt gesehen? Die Klagen von Tagliabue (in Maddoli 2004: 13 bzw.14) könnten auch auf deutsche Jugendliche und junge Erwachsene zutreffen: „una perdita di memoria storica", „il grande maggazino di una memoria collettiva [è] sempre più in estinzione". Beispielsweise könnte man ein E-Mail-Projekt oder einen Blog gestalten, in dem italienische und deutsche Jugendliche gemeinsam einen Film erarbeiten und sich über ihre Erwartungen, ihre Rezeptionsweisen und ihre Reflexionen austauschen. Dabei hätten die Lernenden auf beiden Seiten Gelegenheit, etwas über ihre Rezeptionsweisen und über einander zu erfahren.

Außerdem bietet es sich an, einen Bogen zu aktuellen Filmproduktionen zu spannen (vgl. das Internetprojekt zum aktuellen französischen Kino von Neumann 2001). Was die Lernenden im Zusammenhang mit dem Kino überwiegend unkritisch konsumieren, sind Filmankündigungen und Filmkritiken sowie den gesamten Medienrummel um Stars. Ein lohnender Unterrichtgegenstand bei der Arbeit mit Spielfilmen ist die Lektüre von Filmkritiken, journalistischen Rezensionen, aber bisweilen auch von theoretisch ausgerichteten Kritiken, die sich der vertieften Analyse und Beurteilung von Spielfilmen widmen.

> I critici cinematografici che scrivono su quotidiani, riviste e pubblicazioni via web, così come quelli che lavorano in televisione o in radio, si occupano per la maggior parte di film di recente o prossima uscita. Solitamente, il loro compito è fare da mediatore tra l'opera e coloro ai quali essa si rivolge, realizzando una recensione che possa indirizzare il pubblico verso il film trattato oppure allontanarlo da esso. Sostanzialmente, quindi, il lavoro del critico consiste nel far sapere se un film vale la pena di essere visto o meno.
>
> (http://it.wikipedia.org/wiki/Critica_cinematografica, Aufruf 01.09.09)

Wenn die Lernenden, an eigene Erfahrungen anknüpfend, einmal darüber nachdenken, welchen Filmen die journalistische Kritik nützt, werden sie feststellen, dass es meist die Autorenfilme ohne große Namen sind, die von solchen Veröffentlichungen profitieren. Die Schülerinnen und Schüler können sich auch über die jeweiligen Bewertungssysteme – die *stellette* wurden übrigens in Italien nach dem Vorbild der USA Mitte der 1970er Jahre eingeführt – Rechenschaft ablegen. Und sie können Bewertungen eines aktuellen Films in Deutschland und in Italien vergleichen. Sie können sich auch mit den Gefahren der Bewertung durch Sternchen oder sonstige Symbole beschäftigen:

Il rischio di assegnare un voto ad un film è quello che il lettore si fermi al voto e non legga poi la recensione. In realtà il voto è nato come compendio alla recensione, come riassunto del giudizio critico da esso non separabile. In teoria il voto dovrebbe servire per incuriosire il lettore nei confronti del film e della recensione stessa.

(http://it.wikipedia.org/wiki/Critica_cinematografica, Aufruf 01.09.09)

Bei diesen Analysen und der anschließenden Reflexion können die Jugendlichen in Deutschland wie in Italien direkt an ihre Alltagserfahrungen anknüpfen. Wie sind sie bisher mit solchen Empfehlungen umgegangen? Haben sie sich überhaupt darüber Gedanken gemacht, wem solche ‚Kritiken' nützen? Haben sie schon einmal die Rezension desselben Films in einem Boulevardblatt und einer seriösen Tageszeitung verglichen?

Was für Filmkritiken gilt, nämlich die bisweilen recht einseitige Manipulation der Zuschauer, weist im Zusammenhang mit dem Marketing besondere Auswüchse auf. In Italien wie in Deutschland gibt es eine Unmenge von Zeitschriften, TV-Sendungen, Websites etc., die sich auf den Klatsch rund um Stars und solche, die es werden wollen, beschränken und zu den Filmen so gut wie nichts sagen. Hinter solchen ‚Nachrichten' stehen nicht selten die Produktions- und Verleihfirmen, die umfängliche Strategien entwickelt haben, um das Interesse an bestimmten Schauspielerinnen und Schauspielern wach zu rufen und wach zu halten. Oft werden beispielsweise einzelne Sätze aus Rezensionen zu Werbezwecken herausgegriffen und auf Filmplakaten angebracht bzw. in Trailer eingefügt. Es ist eine spannende und zugleich lehrreiche Aufgabe für die Lernenden, den mehr oder weniger großen Manipulationen des Publikums anhand eines aktuellen italienischen Spielfilms nachzugehen. Wie wird er derselbe Film in Italien, wie wird er in Deutschland beworben?

Lohnenswert ist es darüber hinaus, sich auch mit Kino- und Fernsehzuschauerbefragungen bzw. dem Verbraucherverhalten auseinanderzusetzen. In Italien betreibt z. B. *Audicinema* Marktanalysen, die von *C. R. A.* (*Customized Research & Analysis*) in Zusammenarbeit mit *RAI Cinema* durchgeführt werden. Um, wie oben ausgeführt, die Medienkritik im Zusammenhang mit fiktionalen Film nicht so weit zu treiben, dass den Jugendlichen die Freude am Kinobesuch genommen wird, genügt es (zunächst), sie für Manipulationen durch Medien – im Vergleich Italien und Deutschland – zu sensibilisieren.

3. Anregungen zum Umgang mit drei italienischen Spielfilmen

Im Folgenden gebe ich kurze Hinweise, wie man der Wirkung von drei italienischen Autorenfilmen ‚nachspüren' kann. Selbstverständlich darf sich die Arbeit mit den Filmen nicht darauf beschränken. Je nach Lerngruppe und Kenntnisstand sollten die Lehrkräfte mit ihren Lernenden weitere Aktivitäten und Aufgaben rund um die drei Filme vereinbaren (vgl. Abschnitt 2.3 sowie Maddoli 2004). Ich behandele die Filme in der Reihenfolge der dargestellten Epoche, nämlich[1]:

- *Il Gattopardo* von Luchino Visconti (1963) (*l'unità d'Italia, seconda metà dell'ottocento*)
- *Amarcord* von Federico Fellini (1973) (*gli anni del fascismo, ca. 1930*)
- *Ladri di biciclette* von Vittorio De Sica (1948) (*l'immediato dopoguerra*)

3.1 *Il Gattopardo*: „Se vogliamo che tutto rimanga come è, bisogna che tutto cambi"

Damit deutsche Italienischlernende den obigen Ausspruch, welcher in Italien häufig zitiert wird, sowie die gesamte Handlung besser verstehen können, ist eine (zumindest kurze) Einführung in die Geschichte der *Unità d'Italia* und der speziellen Situation in Sizilien sinnvoll (vgl. dazu Maddoli 2004: 29 f. „La visione storica di Mario Olivieri" sowie ebd.: 32 f. „Trama"). Gründe, warum die dargestellte Epoche für das italienische Filmpublikum gestern und heute immer noch diskutierenswert ist, kann man dem folgenden Ausschnitt aus *I miei ricordi* von Massimo D'Azeglio (1798-1896) entnehmen, bei deren Einordnung Maddoli (2004: 57) hilft:

> La famosissima frase di M. D'Azeglio: „Fatta l'Italia, bisogna fare gli italiani" viene in genere interpretata come l'espressione della necessità di un'unità nazionale culturale, sociale e linguistica, dopo il raggiungimento dell'unità politica. In verità come appare evidente da questa pagina dei suoi "Ricordi", che riportiamo, egli voleva porre soprattutto l'accento su un altro aspetto altrettanto importante: quello della coscienza civile. Egli osserva l'indifferenza degli italiani verso la cosa pubblica e ritiene che essi debbano maturare affezione e rispetto per il bene comune, perché questa è condizione necessaria per diventare un popolo, cittadini degni del nuovo stato.
>
> Gli italiani hanno voluto fare un'Italia nuova, e loro rimanere gli Italiani vecchi di prima con le dappocaggini e le miserie morali che furono ab antico il loro retaggio, ... pensano a riformare l'Italia, e nessuno si accorge che per riuscirvi bisogna prima riformare se

stessi ... L'Italia, come tutti i popoli, non potrà divenir nazione, non potrà essere ordinata, ben amministrata, forte contro lo straniero, come contro i fanatici estremisti all'interno ... finché ... ognuno nella sua sfera non faccia il suo dovere ... . Ma a fare il proprio dovere, il più delle volte fastidioso, volgare, ignorato, ci vuol forza di volontà e convincimento che il dovere si deve adempire non perché diverte o frutta, ma perché è dovere; e questa forza di volontà, questo convincimento, è quella preziosa dote che con un solo vocabolo si chiama carattere, quindi, per dirla con una parola sola, il primo bisogno dell'Italia è che si formino Italiani dotati di alti e forti caratteri.

Als der Spielfim *Il Gattopardo* in die Kinos kam, fand er große Zustimmung, obgleich Visconti dieselbe Epoche bereits im Film *Senso* dargestellt hatte (zu *Senso* vgl. den Beitrag von Anke Wortmann im vorliegenden Band). Das zeigt z.B. die interessante Rezension von Gian Luigi Rondi, die am 14 April 1963 in *Il Tempo* erschien; diese und andere Rezensionen des Films findet man auf der Website http://www.mymovies.it/dizionario/critica (Aufruf 01.09.09), wo die User abstimmen können, ob sie mit der Rezension einverstanden sind. Wie auf anderen Sites können sie auch eigene Kommentare einstellen. Weitere Einblicke in die Reaktionen der Zuschauer gestern und heute findet man unter http://www.ciao.it/Panorama_cinematografico_italiano (Aufruf 01.09.09). Im Rahmen eines Überblicks über den Wandel des italienischen Spielfilms im Lauf der Jahre heißt es hier zu Viscontis Filmen:

Visconti, quell'uomo poco poco stempiato e dallo sguardo profondo, colui che ci ha regalato film meravigliosi, tra cui le spettacolari immagini di "La terra trema"(1948) in cui racconta la condizione sociale dei più poveri [...] e come pretendere che la gran parte della popolazione non ci si immedesimasse??? Oppure ancora [...] vedete quella scena di ballo?? Una di quelle che resta nella mente per sempre, quella de "Il Gattopardo" (1962), una spiccata critica al trasformismo della classe politica di allora [...].

Der Bedeutung des Films im kollektiven Gedächtnis kann man auch anhand des Gedichts *Lamento per il Sud* von Salvatore Quasimodo (1901-1968) aus der Sammlung *Ed è subito sera* nachgehen (Quasimodo 1994 : 17) : "Il poeta richiama alla memoria i drammi, le miserie, le dominazioni del passato della Sicilia e denuncia il dolore attuale della sua gente: le sanguinose lotte contadine" (Maddoli 2004: 58).

3.2   *Amarcord*: „Allarme! Allarme! Siam Facisti!"

Auf den ersten Blick bietet es sich an, die Darstellung des Faschismus in Fellinis *Amarcord* zu untersuchen, unterscheidet sich seine Sicht auf die politischen Ge-

gebenheiten der 1930er Jahre doch deutlich von den deutschen Filmen, die sich
– wenn überhaupt – mit dem Nationalsozialismus beschäftigen. Das gilt besonders für die Entstehungszeit von Fellinis Meisterwerk, welches 1973 in die Kinos kam. Es zeigt sich z.b. in der Szene, aus der obiges Zitat stammt. Mit diesem Schlachtruf rücken die Ordnungskräfte, wild um sich schießend, gegen einen vermeintlichen Staatsfeind vor, der vom Kirchturm aus antifaschistische Parolen verbreitet – und sich letztlich als ein Grammophon entpuppt, welches die Internationale abspielt. Die behutsame Komik und die feine Ironie, mit der Fellini seine Zeitgenossen zum Nachdenken über die jüngere Vergangenheit anregen will, darf nicht – und das gilt insbesondere für deutsche Schülerinnen und Schüler – über seine Position hinwegtäuschen. In *Raccontando di me* (1996: 41), autobiographischen Erinnerungen wie *Amarcord*, schreibt Fellini: „Il fascismo è come un'ombra minacciosa che non resta immobile alle nostre spalle, ma che non di rado si allunga dinanzi a noi e ci precede: è sempre in agguato dentro di noi."

Das eigentliche Thema von *Amarcord* ist die italienische Familie.[2] Aus der Sicht des 12jährigen Protagonisten, der autobiographische Züge des Regisseurs selbst trägt, wird das Leben, vor allem das Familienleben in Fellinis Geburtsstadt Rimini, in Episoden geschildert. Dazu bietet Maddoli (2004: 110 f.) eine kritische Reflexion mit dem Titel „Aurelio e Miranda: teatro di famiglia" an:

> È il melodramma, commediola talvolta quotidiana, della famiglia italiana. E questa volta non è la celebre fantasia felliniana a deformare la realtà, perché Fellini, in questo episodio di vita familiare, ci dà un'immagine assolutamente realistica, di una ... animata discussione in famiglia.
>
> In altre famiglie italiane ci sono "Aureli e Mirande" che frequentemente hanno discussioni a tinte forti. Fanno volare piatti e parolacce, si lanciano progetti di abbandono, di avvelenamento, ma non si lasciano mai, sono legati da profondo e autentico affetto (quando Miranda muore nello sguardo di Aurelio c'è, di colpo, la tenerezza nascosta, tenacemente, per una vita). [...]
>
> In verità sono rituali che si ripetono, dove tutto è ormai visto e previsto, tanto da lasciare il pubblico, gli altri familiari, nell'indifferenza e nella noia davanti ad uno spettacolo che ha avuto, ormai, troppe repliche.
>
> È all'ora di pranzo che si va a teatro in Italia.

Dass nicht nur Maddoli die Szene beim Mittagessen in dieser Weise interpretiert – nämlich als Spiegel, der dem Publikum auch heute noch vorgehalten wird – ist eine interessante Beobachtung, der die Schülerinnen und Schüler im Internet nachgehen könnten. Sie werden rasch feststellen, dass es sich bei der Szene am Mittagstisch um den am häufigsten über die Medien transportierten Ausschnitt aus Fellinis Film handelt. Er wird dort u.a. als "una scena epica di un pranzo in famiglia" bezeichnet (www.youtube.com/watch?v=B8xKQyR1phw; Aufruf 01.09.09), und www.ebay.it bietet *Amarcord* unter „film per la famiglia" an. Auszüge aus einem Interview, welches Valerio Riva mit Fellini für die Zeitschrift *L'Espresso* (vom 7. Oktober 1973) geführt hat, bieten weitere Einblicke zu diesem und anderen Aspekten (vgl. Maddoli 2004: 124 sowie Fellini 1993).

3.3   *Ladri di biciclette*: „Va' ... o la trovi subito o non la trovi più!"

Auch bei diesem Film kann ich wegen der gebotenen Kürze nur andeuten, anhand welcher Themen Lernende im Italienischunterricht die Wirkung auf das italienische Filmpublikum einst und jetzt analysieren können. Auch in diesem Film wird den italienischen Zuschauern der Spiegel vorgehalten, und zwar auf eine weit direktere Weise als in den beiden zuvor genannten Filmen.

Das lässt sich anhand einer Szene zeigen, in der Antonio in Begleitung des kleinen Bruno sein letztes Geld bei einer Wahrsagerin lässt, von der er sich einen Hinweis auf sein gestohlenes Fahrrad erhofft. Die Seherin, *la Santona*, benutzt keine Kristallkugel, um ihre banalen und vagen Ratschläge zum Besten zu geben. So sagt sie zu Antonio: „Va' ... o la trovi subito o non la trovi più!" Sie beruft sich dabei auf den Glauben; sie fleht Gott an, ihr Einsicht zu gewähren. Diese Verbindung zum Katholizismus bewirkt, dass es immer noch Personen wie die *Santona* in den ländlichen Gebieten Italiens gibt. Ein Vergleich mit einem Auszug aus *Mal di Napoli* von Matilde Serao (1996; vgl. Maddoli 2004: 204 f.) bietet sich an. Zwei Frauen holen sich bei Chiarastella, einer *fattucchiera*, Ratschläge in Liebesangelegenheiten. Zunächst geht es um den Besuch des Gottesdienstes und es werden zahlreiche Heilige bemüht. Zu Carmela, einer der beiden jungen Frauen, sagt Chiarastella:

> ... tieni, conserva generosamente quest'acqua, ne farai bere qualche goccia nel vino o nel caffè di Raffaele: quest'acqua gli infiammerà il sangue, li brucerà il cervello, gli farà consumare il cuore di amore per te. Credi in Dio; abbia fede in Dio; spera in Dio!

Diese direkte Sicht auf die Geschehnisse ist das Charakteristikum des *Neorealismo*, welcher das *cinema d'autore* par excellence repräsentiert und insbesondere von Vittorio De Sica als Regisseur und Cesare Zavattini als Drehbuchautor mit mehreren Meisterwerken vertreten wird. Anhand von Zavattinis Ausführungen können die Lernenden – abgesehen von den unzähligen Darstellungen des *Neorealismo* nicht nur auf Italienisch sondern in vielen Weltsprachen (vgl. den englischsprachigen Trailer unter www.mymovies.it/trailer/?id=12941; Aufruf 01.09.09) – die Grundmerkmale des *Neorealismo* leicht erarbeiten: "Non si tratta di raccontare per il cinema una storia che assomiglia alla realtà, ma di raccontare la realtà come fosse una storia" (zitiert nach Maddoli 2004: 189). Zavattini ‚verfolgt' die Menschen im Alltag, lauscht ihnen in der Straßenbahn, hört ihnen auf der Straße, in den Geschäften und bei sonstigen Gelegenheiten zu, weil ihm ihre Lebensumstände von größerer Unmittelbarkeit erscheinen als die Geschichten von herausragenden Persönlichkeiten. Deshalb wird nicht mit Schauspielern, sondern mit Laiendarstellern gearbeitet; es wird nicht in der rekonstruierten Pappmaché-Welt von *Cinecittà* gedreht, sondern auf den Straßen und Gassen Roms. Und mit dem *Neorealismo* halten auch die Dialekte, in diesem Fall das *romanesco*, Einzug in den Spielfilm (vgl. *Amarcord*: „amarcord" ist eine abgeschwächte Variante des *romagnolo* für „(io) mi ricordo'").

Der *Neorealismo* versteht den Film also als Mittel der möglichst direkten Auseinandersetzung mit den politischen und sozialen Problemen der Jahre nach dem Krieg. Es ist der Zuschauer, der als natürliche Konsequenz aus der Abfolge der Filmszenen die ethische Botschaft formuliert und nicht der Regisseur und der Drehbuchautor, die einer mehr oder weniger expliziten Ideologie folgen. Wie haben die Zuschauer der damaligen Zeit wohl auf den Film reagiert? Die Schülerinnen und Schüler werden verstehen, dass sich das Publikum in direkter Weise mit den eigenen Alltagsproblemen konfrontiert sah. Die Menschen gingen aber ins Kino, um von Elend und Arbeitslosigkeit abgelenkt zu werden und nicht um die Botschaft des Films zu konstruieren, nämlich: ‚Um in dieser Zeit zu überleben, müssen die Armen andere Arme bestehlen!' Die überwiegende Mehrzahl der damaligen Kinobesucher erwartete Filme in Hollywoodmanier: "E vissero contenti e felici." Und die Kritik beschränkte sich nicht nur darauf. Maria Mercader, De Sicas Frau, erzählt von einer Begebenheit in Mailand:

Una piccola famiglia, che aveva asistito alla proiezione, marito, moglie e bambino, ci affrontà nell'atrio. "Si vergogni", diceva l'uomo a De Sica, puntando il dito a De Sica; "Si vergogni di fare film come questi. Che cosa dirano di noi all'estero? I panni sporchi si lavano in casa."

(zitiert nach Tagliabue in Maddoli 2004: 11)

Welche Bedeutung *Ladri di biciclette* und der Neorealismus insgesamt erlangt haben, sieht man an einer Initiative in Zusammenarbeit mit dem italienischen Kulturinstitut Berlin. Enzo Staiola, der Darsteller des kleinen Bruno, war hier im Juni 2008 zu einem Gespräch eingeladen, in dem er auch über die Rezeption des Films im Laufe der Jahre berichtete.[3]

4. *Per non concludere*

Spielfilme stellen eine große Bereicherung des Fremdsprachenunterrichts dar und italienische Autorenfilme sind unter den verschiedensten Gesichtspunkten eine Quelle zum Auf- und Ausbau von interkultureller Kommunikationsfähigkeit im Italienischunterricht. Daher mein Plädoyer für die Nutzung des Films als eigenständiges Medium – und darüber hinaus für die häufige Arbeit mit Spielfilmen beim Lehren und Lernen fremder Sprachen. Im heutigen Medienzeitalter können Filme, eine sorgfältige Auswahl vorausgesetzt, wesentlich zur Ausbildung ästhetischer Kompetenzen beitragen.

---

[1] Für den Einsatz im Unterricht werden folgende, auf DVD erhältliche Versionen zugrunde gelegt (vgl. Literaturverzeichnis): Visconti (2004 [1963]); Fellini (2004 [1973]); De Sica (2008 [1948]).

[2] Auch Il *Gattopardo* beschreibt die (patriarchalische) Familie, in der insbesondere die Frauen von einem bigotten Katholizismus geprägt sind. Das kommt u.a. in der Beichtszene des Fürsten zum Ausdruck. *Ladri di biciclette* gibt gute Einblicke in das italienische Familienleben der unmittelbaren Nachkriegszeit, hauptsächlich in die Vater-Sohn-Beziehung. Alle drei Filme könnten also in einer Unterrichtsreihe *La famiglia italiana ieri e oggi* eine wichtige Informationsquelle darstellen.

[3] Vgl. folgender Auszug aus der Ankündigung des Gesprächs:
„Die Diskussion mit Enzo Staiola eröffnet Einblicke in die Herstellung, die Zeitumstände und die spätere Rezeption von *Fahrraddiebe*, eines Films, der zu Recht als das Meisterwerk des italienischen Neorealismus schlechthin gilt. Die Fabel vom Arbeitslosen, der endlich eine Anstellung erhält, diese aber nach dem Verlust seines Fahrrades wieder einbüßt, wird in diesem epochalen Film zum Gleichnis von der Situation des Einzelnen in der Gesellschaft."

(http://www.kinofenster.de/newsundtermine/veranstaltungen/filmgeschichtsreihe_magic al_history_tour_2008_filmgespraech/; Aufruf 01.09.09).
Weitere Informationen: cs@fdk-berlin.de.

Literaturverzeichnis

Blell, Gabriele/Lütge, Christiane (2004). Sehen, Hören, Verstehen und Handeln. Filme im Fremdsprachenunterricht. Praxis Fremdsprachenunterricht 6, 402-405, 430.

Bredella, Lothar (2004). *Bend it like Beckham*: Überlegungen zu einer rezeptionsästhetischen Filmdidaktik. Der fremdsprachliche Unterricht Englisch 68, 28-32.

Brunetta, Gian Piero (1993 ff.). Storia del cinema italiano. Roma: Ed. Riuniti.

Burger, Günter (1995). Fiktionale Filme im fortgeschrittenen Fremdsprachenunterricht. Die Neueren Sprachen 94.6, 592-608.

De Florio-Hansen, Inez/Leuck, Paul (2000). Für ein neues Hör-/Sehverstehen im Umgang mit Fernsehsendungen. Der fremdsprachliche Unterricht Französisch 47, 38-42.

De Florio-Hansen, Inez (2009a). Zur Rolle der Lehrkraft in einem medienpädagogisch ausgerichteten Fremdsprachenunterricht. In: Reinfried, Marcus/Volkmann, Laurenz (Hg.). Medien im neokommunikativen Fremdsprachenunterricht. Einsatzformen, Inhalte, Lernerkompetenzen. Frankfurt/M.: Lang.

De Florio-Hansen, Inez (2009b). Transkulturelle Kompetenz: Zur Messbarkeit von Verhaltensnormen. In: Abendroth-Timmer, Dagmar et al. (Hg.). Normen und Normverletzungen. Aktuelle Diskurse der Fachdidaktik Französisch. Stuttgart: ibidem.

De Sica, Vittorio (2008 [1948]). Fahrraddiebe/Ladri di biciclette. Alive Vertrieb und Marketing (DVD).

Erll, Astrid/Wodianka, Stephanie (2008). Film und kulturelle Erinnerung. Berlin: de Gruyter.

Fellini, Federico (1993). Fare un film. Torino: Einaudi.

Fellini, Federico (1996). Raccontando di me. Roma: Editori Riuniti.

Fellini (2004 [1973]). Amarcord. Warner Home Video (DVD).

Götze, Kerstin/Lück-Hildebrandt, Simone (2003): L'histoire du cinéma français –une approche. Der fremdsprachliche Unterricht Französisch 62, 35-41.

Hickethier, Knut (2001). Film- und Fernsehanalyse. Stuttgart: Metzler.

Leitzke-Ungerer, Eva (2004). Mehrsprachigkeitsdidaktische Arbeit mit dem Spielfilm *L'auberge espagnole*. Praxis Fremdsprachenunterricht 6, 436-438, 443-445.

Maddoli, Cristina (2004). L'italiano al cinema. Perugia: Guerra.

Neumann, Christian (2001). Le cinéma français auf der Sekundarstufe II. Ein Internetprojekt in einem Leistungskurs Französisch. Praxis des neusprachlichen Unterrichts 48.1, 63-69.

Quasimodo, Salvatore (1994). Ed è subito sera. Mailand: Mondadori.

Schneider, Werner (2002): Filmisches Erzählen. Analyse, Deutung, Evaluation. Praxis des neusprachlichen Unterrichts 49.4, 364-368.

Surkamp, Carola (2004). Teaching Films: Von der Filmanalyse zu handlungs- und prozessorientierten Formen der filmischen Textarbeit. Der fremdsprachliche Unterricht Englisch 68, 2-12.

Surkamp, Carola (2009). Literaturverfilmungen im Unterricht: Die Perspektive der Fremdsprachendidaktik (im vorliegenden Band).

Schwerdtfeger, Inge C. (1989). Sehen und Verstehen: Arbeit mit Filmen im Unterricht Deutsch als Fremdsprache. Berlin: Langenscheidt.

Visconti (2004 [1963]). Der Leopard/Il Gattopardo. Koch Media (DVD).

Wilts, Johannes (2001). Grundzüge einer Spielfilmdidaktik für den Französischunterricht. Neusprachliche Mitteilungen aus Wissenschaft und Praxis 4, 210-221.

Wilts, Johannes (2003). Vom bewegten Bild zum bewegten Klassenzimmer. Der fremdsprachliche Unterricht Französisch 62, 4-10.

Die italienische Gesellschaft der letzten vierzig Jahre in *La meglio gioventù* von Marco Tullio Giordana

Stefano Sasso

Die Auseinandersetzung mit einem historisch orientierten Film im Rahmen des Hochschulunterrichts – und darum geht es im vorliegenden Beitrag – bietet eine hervorragende Möglichkeit, sich mit den soziokulturellen und sprachlichen Aspekten eines Landes in einer bestimmten Phase seiner Geschichte zu befassen. Ein in diesem Sinn besonders geeignetes Beispiel für nicht-muttersprachliche Studierende des Italienischen stellt der Film *La meglio gioventù* dar (Regie: Marco Tullio Giordana, Italien 2003). Es handelt sich dabei um einen sechsstündigen Film, der einen intensiven Einblick in zahlreiche soziokulturelle und sprachliche Aspekte Italiens in den letzten vier Jahrzehnten (1966-2003) ermöglicht.

Mein Beitrag sucht die Erfahrungen zu nutzen, die ich im Rahmen meiner Arbeit mit diesem Film im Hochschulunterricht gesammelt habe. Es handelt sich dabei um einen Ansatz, den ich bereits seit längerem mit Studierenden verfolge, die über ein gutes Sprachvermögen verfügen (in der Regel Niveau C1 des Gemeinsamen Europäischen Referenzrahmens) und die fast alle schon einen längeren Studienaufenthalt in Italien verbracht haben. Die grundlegende Idee der Arbeit mit *La meglio gioventù* besteht darin, in der Gruppe der nicht-muttersprachlichen Studierenden Arbeitsbedingungen zu schaffen, die denen einer Studienphase an einer italienischen Universität entsprechen. Normalerweise nimmt dies ein paar Monate in Anspruch und bietet somit eine sofortige *full immersion* in die italienische Sprache und in die *italianità*.

Im Folgenden möchte ich einige Themen und Problemstellungen aufzeigen, die im Film angelegt sind, sowie Hinweise auf Literatur geben, die in diesem Zusammenhang von Nutzen ist. Außerdem sollen exemplarisch einige unterrichtspraktische Vorschläge und ein mögliches methodisches Vorgehen vorgestellt werden; als hilfreich für diese hochschuldidaktische Ausrichtung erwies sich insbesondere Balboni (2008).

1. Der Film und seine Themen

La meglio gioventù von Marco Tullio Giordana (2003) beschreibt in einem etwa 40 Jahre umfassenden zeitlichen Bogen das Leben in Italien von 1966 bis 2003. Vor dem Hintergrund der Geschichte Italiens schildert der Film eine Reihe von Wechselfällen aus dem Leben einzelner Menschen dieser Generation. Die Protagonisten des Films stehen in einem Freundschafts- oder Verwandtschaftsverhältnis zueinander; den Mittelpunkt bildet die Familie Carati, und hier stehen wiederum die Söhne Nicola und Matteo im Zentrum.

Der Film ist aber auch dadurch bemerkenswert, dass sich in ihm konzentriert das wiederfindet, was uns die Meisterregisseure des italienischen Films gelehrt haben: Feinheit der Bilder (Fellini), Fähigkeit zur politischen und gesellschaftlichen Analyse (Pasolini) sowie Sensibilität und Eindringlichkeit bei der Darstellung von Liebe und Tod (Antonioni). Als Geschichts- und Familiensaga bietet *La meglio gioventù* außerdem eine fast unerschöpfliche stoffliche Fülle, innerhalb derer sich (auch im Hinblick auf ihre didaktische Umsetzbarkeit) zwei große thematische Bereiche ausmachen lassen: der Bereich der Gesellschaft und der Bereich der Sprache.

Was die Gesellschaft betrifft, so werden im Film vor allem die folgenden Themen und Aspekte angesprochen: die Universität und die Rolle der humanistischen Bildung in der Gesellschaft; die Macht der Professoren und die Kontrolle, die über die Bildungseinrichtungen auf die Gesellschaft ausgeübt wurde; der Generationskonflikt und das Streben der Jugend nach Freiheit, Unabhängigkeit und politischer Legitimation; die Überschwemmung in Florenz im Jahr 1966 und die Rettung der Kunstwerke und Bücher durch die Jugendlichen (bei dieser Gelegenheit stellten sie unter Beweis, dass sie als Masse in der Gesellschaft existieren und sich auch aktiv in die Gesellschaft einbringen); der Konservatismus der älteren Generationen und die konträre gesellschaftliche Vision der Jugend; der Wirtschaftsboom, die Modernisierung und der Wandel der Sitten und Gebräuche; die neuen Bedürfnisse und das neue Konsumverhalten der Jugendlichen (Vespa, Fiat 500, Urlaub im Ausland); die Reform der psychiatrischen Anstalten; die Entwicklung von den Studentenprotesten, Streiks und Besetzungen der Gymnasien und Universitäten zum Terrorismus der *Brigate Rosse*; das Ende der ersten Republik in Italien (und damit das Ende der traditionellen Parteien) und die Attentate der Mafia (Ermordung der Richter Falcone und Borsellino); wachsender Reichtum und die Verbreitung des Fernsehens; der wirtschaftliche Wandel in Italien vom Neoliberalismus zur Globalisierung und die Ablehnung seitens der *italianità*; Freundschaft und Familie als vorrangige Orte des sozialen Zusammenhalts.

Als nicht weniger ergiebig für die Arbeit mit Studierenden erweist sich das sprachliche Potential des Films. Kennzeichnend sind hier eine ausgesprochen hohe Anzahl an Beispielen für diastratische Sprachvarietäten (Alter, soziale Schicht, Bildung, etc.), für diaphasische Varietäten der Sprache der verschiedenen Protagonisten (formal, umgangssprachlich, etc.) sowie für Sprachenvielfalt aller Art (Hochsprache, Dialekt, Englisch). Die Bandbreite an regionalen Ausformungen der italienischen Sprache ist groß (der Film spielt unter anderem in Rom, Florenz, Turin und Palermo); zu beobachten ist daher ein bewusster, ironischer und theatralischer Gebrauch der verschiedenen Dialekte und regionaltypischen Sprechweisen. Kennzeichnend sind ferner eine bewusste und mit sprachlicher Ironie zum Ausdruck gebrachte Verwendung von literarischen oder Filmzitaten (z.B. aus *Il Padrino*) sowie die Sprache der *canzoni* und des Fernsehens. Insgesamt zeigt sich, dass *La meglio gioventù* eine Vielzahl an Möglichkeiten bietet, sich in sehr unterschiedlichen sprachlichen Kontexten zu bewegen und mit Studierenden gesellschaftlich und kulturell relevante Themen zu erarbeiten, die nach wie vor aktuell sind.

2. Literatur zur Vorbereitung auf die Filmarbeit mit Studierenden

Am Beginn der Arbeit mit den Studierenden steht die Vorbereitung auf den Film. Den Schwerpunkt dieser Phase bilden mündliche Präsentationen (Referate) der Studierenden zu ausgewählten Themen der italienischen Gesellschaft, Kultur und Sprache. Dabei besteht die erste Aufgabe im Allgemeinen darin, dass die Studierenden auf Italienisch einen Essay eines italienischen Philosophen, Historikers oder Linguisten zusammenfassen und im Seminar vorstellen, der sich in vorbildlicher Weise mit der im Film thematisierten historischen Epoche auseinandersetzt. Es handelt sich dabei um Essays, mit denen sich auch italienische Studierende in ihrem Studium befassen. Auf diese Weise wird erreicht, dass sich die nicht-muttersprachlichen Studierenden den sprachlichen Kompetenzen gleichaltriger Muttersprachler zunehmend annähern, und zwar insbesondere im Hinblick auf Textverstehen und Ausdrucksfähigkeit.

Es sei mir gestattet, auf einige dieser Texte genauer einzugehen, da sie sich in Bezug auf ihre Inhalte und ihre Lexik als besonders ergiebig erwiesen haben. Einen sehr guten allgemeinen Überblick über die gesellschaftlichen und kulturellen Gegebenheiten sowohl auf internationaler als auch speziell auf italienischer Ebene bieten zwei Kapitel aus *La scrittura e l'interpretazione* (Luperini et al. 2005). Das erste dieser Kapitel beschreibt, ausgehend vom Faschismus, den Kalten Krieg und die darin implizierten internationalen Problemlagen; das zweite Kapitel setzt sich mit der Zeit des Spätkapitalismus bis hin zur Postmoderne auseinander, also die Jahre von 1956 bis heute (Luperini et al. 2005: 1-51 bzw. 561-618). Ein im eigentlichen Sinne historisches Profil, das aber auch gesellschaftlichen Gepflogenheiten Rechnung trägt, findet sich in den entsprechenden Kapiteln von *Storia dell'Italia repubblicana. Dalla fine della guerra agli anni novanta* (Lanaro 1992), wohingegen sich die Publikation *Il noi diviso. Ethos e idee dell'Italia repubblicana* (Bodei 1998) für Studierende deshalb besonders eignet, weil sie ein sehr klares Bild der Geschichte der Ideen und der politischen, ethischen und religiösen Strömungen im Italien des 20. Jahrhunderts zeichnet. Eine facettenreiche Darstellung gesellschaftlicher Aspekte und Gepflogenheiten in Italien in den letzten 50 Jahren findet sich in *Identikit del Novecento. Le guerre affrontate e subite. I modi di amare, di fare politica, di vedere il mondo* (Sorcinelli 2004) sowie in *Il secolo dei giovani. Le nuove generazioni e la storia del Novecento* (Sorcinelli/Varni 2004). Eine sehr gute und umfassende Darstellung, die mit zahlreichen Beispielen für die verschiedenen Aspekte der italienischen Sprache im 20. Jahrhundert unterlegt ist, bietet die Monographie *Storia della lingua italiana. Il Novecento* (Mengaldo 1994).

Bei den genannten Titeln handelt es sich um essayistische Literatur, die in Bezug auf die zu ihrer Erschließung nötige Sprach- und Kulturkompetenz den Anforderungen entspricht, die hier in Halle (aber sicher auch an anderen Universitäten) an Studierende in der Abschlussphase ihres Italienischstudiums gestellt werden. Die Themen der Essays sind – und damit komme ich auf *La meglio gioventù* zurück – in idealer Weise geeignet, um sich auf den Film vorzubereiten und mit ihm auseinanderzusetzen. Aus den Essays, die das Italien der letzten 50

Jahre zum Gegenstand haben, sind hier vor allem folgende Themenbereiche zu nennen: Die Herausbildung der nationalen Identität; die ‚Träume' der Italiener und die ‚Färbung' ihrer politischen Vorlieben (USA und – damalige – UdSSR); die veränderte Stellung der Frau und der Familie in Italien; die Volksabstimmungen über Ehescheidung und Abtreibung; der Einfluss des Vatikans und der katholischen Kirche und die Modernisierung der italienischen Gesellschaft; die Beziehung zwischen ‚Zuhause' und der Gesellschaft, zwischen privatem und öffentlichem Bereich (hier wäre z.B. die Funktion der Bars zu nennen); die 1968er-Generation in Italien; die Welt der jungen Leute (Musik, Bücher, Film, Zeitschriften); Wirtschaftswunder, Modekodex, Verbraucher- und Freizeitverhalten (Diskotheken, Konzerte) und die Sprache der Symbole (z.B. bei der Kleidung); spezifische Codes von Beat-, Hippie- und Yuppiegruppen; die Jugend in der Krise, von den 1970er bis zu den 1990er Jahren; schließlich die Sprache (das gesprochene Italienisch, die Sprache des Fernsehens, der Werbung, der Zeitungen, der Politiker).

3. Pasolini und seine Gesellschaftskritik als ein Thema des Films

Ein Beispiel, wie in *La meglio gioventù* die oben erwähnte Gesellschaftskritik aus der Sicht bekannter italienischer Regisseure zum Tragen kommt, stellt Pasolini dar. Ohne dass dies explizit angesprochen wird, sind im ersten Teil des Films Pier Paolo Pasolini und seine kämpferische Kritik der 1960er und 1970er Jahre präsent. Der Film selbst trägt genau denselben Titel wie die friulanische Lyriksammlung Pasolinis aus dem Jahr 1954. Außerdem hatte der Regisseur des Films, Marco Tullio Giordana, dem unvergessenen Meister Pasolini seinen ersten Langfilm aus dem Jahr 1980 gewidmet (*Maledetti vi amerò*), anschließend veröffentlichte er 1994 einen ‚Untersuchungs-Roman' (*romanzo-inchiesta*), der als Vorlage für seinen 1995 entstandenen Dokumentarfilm über das Werk und den gewaltsamen Tod Pasolinis diente (*Pasolini. Un delitto italiano*).

Pasolini ist in den 1960er und 1970er Jahren ausgesprochen produktiv, was die Beschreibung der gesellschaftlichen, kulturellen und sprachlichen Veränderungen im damaligen Italien betrifft. Seine kritische und apokalyptische Haltung kommt dabei nicht nur in seinem literarischen und filmischen Werk zum Ausdruck; vielmehr stellt er in der damaligen Zeit ein neuartiges Phänomen dar, denn er präsentiert seine Vorstellungen auch im Fernsehen und in den wichtigsten italienischen Zeitungen, angefangen von *Tempo* bis hin zum *Corriere della Sera*. Ein interessanter und bewusst paradoxer Aspekt von Pasolinis Vorgehen ist, dass seine Kritik am System unter Verwendung der Instrumente eben dieses Systems erfolgt (nämlich der Medien), also auch in dem Wissen, dass diese Instrumente niemals neutral sein können. Aus Platzgründen kann hier die Position Pasolinis nicht weiter vorgestellt werden; festzuhalten ist jedoch der zentrale Gedanke, dass Pasolini in der Modernisierung des Landes das Ende des kulturellen Reichtums Italiens sieht. Modernisierung ist Gleichmacherei (*reductio ad unum*) vor dem technokratisch-kapitalistischen Horizont. Mit der Modernisierung geht das Ende der Kultur überhaupt, der humanistischen Welt sowie der Dialekte einher.

Die Position Pasolinis lässt sich mit den Studierenden sehr gut nachlesen und erarbeiten, so z.B. im Kapitel „Pasolini intellettuale corsaro" (in Luperini et al. 2005: 814-831), in den Sammlungen seiner Artikel und Aufsätze (*Il caos; Lettere luterane; Scritti corsari; I dialoghi; Nuove questioni linguistiche, Empirismo eretico*), außerdem findet sich ausgezeichnetes (Video-) Material im Internet (http://www.pasolini.net, Aufruf 01.09.09). Im Film *La meglio gioventù* ist meiner Ansicht nach Pasolini vor allem in der Figur des Matteo Carati nachgezeichnet, der zunächst Literatur studiert, dann aber Polizist wird und sich schließlich das Leben nimmt.

4. Filmsequenzen zu politischen und sprachlichen Aspekten

Einige Szenen aus *La meglio gioventù* führen beispielhaft die damalige Zeit vor Augen und bieten eine Synthese der Themen, die Pasolini in seinen Schriften und Interviews dargestellt und analysiert hat. Als Beispiel sei hier die Stadt Turin im Jahre 1968 herausgegriffen. Für das Verständnis der Geschichte des heutigen Italien nimmt Turin eine Schlüsselstellung ein: Es ist die Stadt des industriellen und technologischen Fortschrittes, es ist Sitz des FIAT-Konzerns und einer bedeutenden Universität. Im Zuge der internen Migration vom Süden in den Norden wird Turin ein bevorzugter Ort in der Synthese der verschiedenen ‚Italien', ein Ort, an dem für viele Italiener ein neuer zeitlicher Abschnitt in Bezug auf die Definition ihrer eigenen kulturellen und nationalen Identität seinen

Ausgang nimmt. Turin im Jahr 1968 bedeutet auch den Auftakt der Zusammenstöße zwischen Studenten und Polizisten, die sehr oft aus Süditalien stammten und denen sich in diesem Beruf die einzige Möglichkeit bot, sich ein regelmäßiges Gehalt zu sichern. Das eigentliche Proletariat stellten in der damaligen Zeit die Arbeiter und sehr häufig auch die Ordnungskräfte dar, wohingegen die ‚revolutionären' Studenten eher aus Familien des italienischen Bürgertums kamen, ein Aspekt, auf den Pasolini mehrmals hingewiesen hatte, um dabei die Polizisten in Schutz zu nehmen. Tatsächlich hatte Pasolini 1968 ein Gedicht mit dem Titel *Il PCI ai giovani!* geschrieben, das in der Folge berühmt werden sollte und heftige Debatten auslöste. In diesem Gedicht heißt es (Pasolini 1968):

> [...] Quando ieri a Valle Giulia avete fatto a botte / coi poliziotti / io simpatizzavo coi poliziotti! / Perché i poliziotti sono figli di poveri [...]

Fast wörtlich äußert sich so an einer Stelle im Film Matteo (Polizist) in einer Auseinandersetzung mit Giulia (der zukünftigen Terroristin) (DVD 1, Kap. 14, 01:39:28-01:40:55). Für den Arbeiter und Einwanderer aus dem Süden stellten Schule und Studium ein Recht dar, das es noch zu erlangen galt; dagegen wollten die radikalsten Studenten Schule und Universität zerstören, denn sie betrachteten sie als Orte der politischen Macht, die sie niedermachen und ergreifen wollten. Die elitäre Entwicklung der Studentenproteste, die in den 1970er Jahren nicht mehr, wie noch 1968, Massenproteste waren, führte dann zu den organisierten Formen des Terrorismus, zum Phänomen der *Brigate Rosse*; siehe hierzu das große Archiv an Dokumenten im Internet (http://www.brigaterosse.org, Aufruf 01.09.09).

Aufschlussreich ist auch der Aspekt der Sprache. Turin wird zu dem Ort, an dem Dialekte des Südens und des Nordens, die Sprache des Bürgertums, die der Gebildeten und die elementare Sprache des Proletariats aufeinander stoßen; hier entsteht also ein erster sprachlicher Mix, der mit der Immigration und der Industrialisierung zusammenhängt. Auch die politische Organisation der Studenten und in der Folge das Phänomen des Terrorismus schlagen sich auf der sprachlichen Ebene nieder; so sind ihre Mitteilungen, Slogans und Debatten in Vokabular und stilistischem Ausdruck sehr abstrakt und von einem Ton geprägt, der von Linguisten als „linguaggio/stile burocratico" oder „burocratese" bezeichnet wird; vgl. u.a. Mengaldo (1994: 277-280) zu „L'antilingua burocratica del brigadiere". Aus didaktischer Sicht ist im Übrigen wichtig, die Studierenden darauf aufmerksam zu machen, dass die Terroristen, die die bürgerliche Gesellschaftsordnung eigentlich umstürzen wollten, in ihren Mitteilungen somit unbewusst das Vokabular und den Stil der äußerst konservativen Sprache des Bürgertums gebrauchten.

Die im Folgenden beschriebene Sequenz aus dem Film (DVD 1, Kap. 11-12, 01:26:19-01:29:56) spiegelt die genannten Aspekte sehr gut wider.

Die Sequenz spielt Ende der 1960er Jahre in Turin. Dargestellt wird eine Studentendemonstration (vgl. Abb. 1), auf die Zusammenstöße mit der Polizei folgen. Gleich darauf sieht man drei junge Männer; sie sind Freunde, die sich eine Wohnung teilen: Vitale (Sizilianer, Arbeiter bei FIAT), Nicola Carati (aus Rom, studiert Medizin) und Carlo Tommasi (aus Rom, studiert Wirtschaft). In diesem Szenenabschnitt werden zahlreiche wichtige Aspekte der gesellschaftlichen, politischen und sprachlichen Situation der damaligen Zeit thematisiert: der Protest der Studenten; das Recht auf Schule und Bildung, das Vitale einfordert; die Rolle der Gewerkschaft; die Rolle, die die Zeitung für die Verbreitung von Informationen spielt (hier die Tageszeitung *La Stampa*, die auch als ‚die Stimme des Chefs' bezeichnet wurde, da sie dem FIAT-Konzern gehörte). Auf sprachlicher Ebene ist eine regelrechte Verschmelzung der Varietäten zu beobachten, deren

Abb. 1: Turin 1968: Studentenproteste und Besetzung der Universität
(Giordana 2003, DVD 1, Kap. 11, 01:26:29)

Abb. 2: Vitale, Nicola und Carlo diskutieren über Politik
(Giordana 2003, DVD 1, Kap. 12, 01:29:25)

unterschiedliche Potenziale somit zum Ausdruck kommen. Dies zeigt sich z.B. in der Szene (vgl. Abb. 2), in der sich zwei römische Studenten in ironischer Weise des sizilianischen Dialekts bedienen, um so gegenüber Vitale, ihrem aus Sizilien stammenden Freund, ihre eigene geographische und kulturelle Identität zu unterstreichen. Vitale, der Einwanderer aus dem Süden, äfft dagegen den Turiner Dialekt nach und wird daraufhin am Ende der Szene von einem Herrn aus Turin prompt in einem *pars pro toto* als „Napoli" angesprochen.

Eine andere Sequenz dagegen (DVD 1, Kap. 20, 02:21:18-02:22:50) veranschaulicht die politische Entwicklung, die zunehmende Radikalisierung der jungen Leute in Formen, die sich immer mehr dem Terrorismus annähern. Auch diese Sequenz spielt in Turin, man sieht Nicola und Giulia (die später zur Terroristin wird), die nunmehr ein Paar sind und eine Tochter haben und in deren Wohnung gerade eine politische Versammlung stattfindet (vgl. Abb. 3).

Auch hier treten die unterschiedlichen konnotativen Funktionen der Sprache deutlich zutage: die der zukünftigen Terroristin, deren Ausdrucksweise durch eine politische Sprache sowie das oben erwähnte *burocratese* gekennzeichnet ist, und diejenige Nicolas, der, um der aufgeheizten Situation ihre Spannung zu nehmen (Nicola teilt die politischen Überzeugungen Giulias nicht), gegenüber seiner Tochter auf die komisch-theatralische neapolitanische Sprechweise zurückgreift.

Abb. 3: Versammlung einer Gruppe zukünftiger *Brigate Rosse* bei Nicola und Giulia (Giordana 2003, DVD 1, Kap. 20, 02:21:45)

5. Filmsequenzen zu soziolinguistischen Aspekten

Einen weiteren interessanten Aspekt des Films stellen die geographische Bandbreite der Orte des Geschehens und die damit verbundenen sprachlichen Varietäten dar. Während es in den im obigen Abschnitt beschriebenen Sequenzen um Turin ging, wird in anderen Teilen des Films die Aufmerksamkeit auf Süditalien, etwa Palermo, gelenkt. In einer Szene ist z.b. davon die Rede, dass der aus Rom stammende Matteo Carati nicht mehr Literatur studiert, sondern als Polizist arbeitet (auch wenn seine Tasche immer voller Bücher ist). Er kommt mit dem sizilianischen Ambiente in Berührung, zunächst mit einem Kommissar und dann mit einem Zeugen, der nur sizilianischen Dialekt spricht (vgl. Abb. 4).

Die Aufmerksamkeit kann man hier auf drei verschiedene Ausprägungen der Sprache richten: auf das Standarditalienisch Matteos, auf die regionale – hier: sizilianische – Variante des Italienischen des Polizeikommissars, und auf den sizilianischen Dialekt des betagten Zeugen. Bei der Behandlung dieser Sequenz (DVD 1, Kap. 18, 01:55:08-01:58:38) lassen sich weitere soziolinguistische Aspekte thematisieren. So erscheint der sizilianische Dialekt als Hinweis auf eine archaische, fast unverständliche Kultur; er ist eine Sprache, die verbirgt und schützt und in dieser Szene zum Träger einer anderen archaischen Kultur wird, nämlich der der Mafia.

Die italienische Gesellschaft in *La meglio gioventù* 215

Abb. 4: Matteo, ein Polizeikommissar, und ein Zeuge, der sizilianisch spricht, in Palermo
(Giordana 2003, DVD 1, Kap. 18, 01:57:25)

Als ein weiteres Beispiel für soziolinguistische Überlegungen bietet sich auch eine andere Sequenz an (DVD 2, Kap. 2, 00:10:06-00:12:20). Diese spielt in Rom, wo Matteo von der Hausmeisterin die Schlüssel für seine neue Wohnung in Empfang nimmt. Diese Hausmeisterin spricht in venezianischem Dialekt, den Matteo dann, als er allein ist, nachahmt und dabei wohl literarische Reminiszenzen in sich wachruft (vgl. Abb. 5).

Abb. 5: Die Hausmeisterin spricht mit Matteo im venezianischen Dialekt
(Giordana 2003, DVD 2, Kap. 2, 00:10:37)

Der venezianische Dialekt kann als versteckter Hinweis auf die Komödien Goldonis verstanden werden, doch ließe er sich auch als Anspielung auf das naive Dienstmädchen venezianischer Herkunft interpretieren, das im Italien der Nachkriegszeit häufig anzutreffen war und als eine typische Figur auch in die Tradition des italienischen Filmes Eingang fand. Für die Arbeit mit den Studierenden am wichtigsten erscheint mir allerdings, ihnen zu verdeutlichen, dass die Dialekte im Laufe der Zeit immer häufiger zur Kennzeichnung bestimmter Charaktere benutzt wurden und demgegenüber ihre Funktion als Kommunikationsmedium verloren. Die Dialekte stellen somit fast schon regionale ‚Masken' dar; und genau hierin liegt der Grund, dass sie sehr oft ironisch und gewollt theatralisch eingesetzt werden. Des Weiteren ist von Bedeutung, dass die Dialekte nur vor dem Hintergrund des Standarditalienischen existieren, das zunehmend von den Medien bestimmt wird. Dass die Sprache des Fernsehens die Oberhand gewonnen hat, zeigt sich etwa am Ende der Sequenz: Matteo Carati sitzt vor dem Fernsehapparat und schaltet durch die Programme – in diesem *zapping* stellt er in beispielhafter Reihung die neue ‚Sprache' vor, die sich immer weiter ausbreitet und in die Unterhaltung, Wirtschaft, Politik, Nachrichten und Werbung gleichermaßen einfließen. Dies ist die sprachlich-kulturelle *koiné*, von der Pasolini gesprochen hatte, ein Thema, das sich sehr gut mit den Studierenden behandeln lässt und das auch eine Annäherung an Phänomene erlaubt, die aktuell den heutigen Sprachgebrauch oder die Jugendsprache betreffen.

6. Analyse und Diskussion des Films mit Studierenden

Von den vielen Möglichkeiten, *La meglio gioventù* mit Studierenden zu erarbeiten, möchte ich an dieser Stelle diejenige genauer ausführen, die sich in den letzten Jahren als die ergiebigste erwiesen hat.

In der Phase der Vorbereitung auf den Film, die natürlich, wie überhaupt die gesamte Aktivität der Gruppe, ausschließlich in italienischer Sprache stattfindet, wählen die Studierenden mit mir zusammen aus den in Abschnitt 2 genannten Werken einen Essay aus, der ihren Interessen entspricht und die erwähnten Aspekte (Geschichte, Gesellschaft, Sprache etc.) behandelt. Die Studierenden lesen – zumeist in Zweiergruppen – den Essay, wählen die wichtigsten Punkte aus und bereiten ihr Referat vor, das sie dann im Plenum vortragen. Vor ihrem mündlichen Vortrag klären die Referenten für ihre Kommilitonen den Basiswortschatz (neue Vokabeln und Ausdrücke) und die grundlegenden Gedankengänge. Sie verteilen ein *Handout* in italienischer Sprache mit den zentralen Informationen des Vortrags. Der Vortrag dauert durchschnittlich 60 Minuten (30 Minuten pro Person). Wo es sich anbietet, wird er medial unterstützt (z.b. durch Fotos, Werbebilder, Musikbeispiele aus der damaligen Zeit). Am Ende oder auch während des Vortrags stellen die Referenten Rückfragen, um zu überprüfen, ob für die Zuhörer alles nachvollziehbar ist. Diese Fragen können auch in einem Fragebogen zusammengestellt sein, den die Kommilitonen schriftlich beantworten und der dann von den Referenten korrigiert wird. In die abschließende Diskussion der Gruppe schalte auch ich (der Dozent) mich ein und versuche dabei, das Augenmerk auf bestimmte Gesichtspunkte des Themas zu richten, diese zu wiederholen, zu vertiefen und zu ergänzen, und auf die Wichtigkeit bestimmter Wörter und Ausdrucksformen hinzuweisen. Am Ende der Seminarsitzung teile ich den Referenten meine Beurteilung ihrer Arbeit mit. Ich gehe dabei auf die Stärken und Schwächen ihrer Darstellung ein, und zwar sowohl in sprachlicher als auch inhaltlicher Hinsicht. Die Vorbereitungsphase auf den Film besteht also aus den in dieser Weise strukturierten Vorträgen der Studierenden und der Diskussion des jeweiligen Themas innerhalb der Gruppen sowie im Plenum. Es handelt sich damit um eine Leistung, deren Schwerpunkt auf der Ebene des Text- und Hörverständnisses sowie des mündlichen Ausdruckes liegt.

An die Präsentation und Diskussion der Vorträge schließt sich eine Phase an, in der die Studierenden selbst Aufsätze verfassen, zunächst als *Paper* zu den behandelten Themen, nach der Filmvorführung als freie schriftliche Kommentare zum Film. Diese schriftlichen Äußerungen werden zunächst paarweise von den Studierenden und schließlich von mir korrigiert. Die sprachlichen Kompetenzen der Studierenden werden also in doppelter Hinsicht einer Überprüfung unterzogen: einmal, indem sie selbst einen Text verfassen, und einmal, indem sie den Text eines Kommilitonen korrigieren. Nachdem die Studierenden *La meglio gioventù* in Gänze gesehen haben, wird im Plenum eine Diskussion angeregt, die es den Studierenden einerseits gestattet, sich kritisch zum Film zu äußern und Bemerkungen zu interkulturellen Aspekten anzubringen, und die andererseits die Möglichkeit bietet, bestimmte Szenen oder Ausdrücke der Figuren, die nicht ganz klar sind, noch einmal aufzugreifen: So ergibt sich hier auch die Gelegenheit, kritische Punkte zu vertiefen, was wiederum der expressiven Kreativität der Studierenden neue Ausdrucksmöglichkeiten eröffnet. Darüber hinaus lässt sich die gesamte Arbeit mit *La meglio gioventù* noch ergänzen, indem deutsche Texte zur gleichen Thematik – allerdings die deutsche Seite betreffend – ins Italienische übertragen werden; auch in diesem Fall ergeben sich vielfältige interkulturelle Fragestellungen.

Die in dieser Weise vorbereitete bewusste Betrachtung des Films *La meglio gioventù* bietet den Studierenden eine Reise durch 40 Jahre italienische Gesellschaft. Das Reisen und die Bewegung in Zeit und Raum charakterisieren diesen Film; nicht umsonst beginnt und endet er mit einer Reise – eine starke Metapher. Aufgrund der Erfahrungen der letzten Jahre mit meinen Studierenden glaube ich, dass auch für sie (wie für mich) die Arbeit mit diesem Film eine Art Reise darstellt. Eine Reise, eine Fahrt, die sich als Erfahrung gestaltet. Eine Reise über die italienische Sprache in die italienische Welt, um so eine interkulturelle und sprachliche Erfahrung zu machen. Eine interkulturelle Reise hinein in Gedanken und Vorstellungen, Worte und Bilder, die zum Anlass wird für weitere Reisen.

Literaturverzeichnis

Balboni, Paolo E. (2008). Imparare le lingue straniere. Venezia: Marsilio.

Bodei, Remo (1998). Il noi diviso. Ethos e idee dell'Italia repubblicana. Torino: Einaudi.

Giordana, Marco Tullio (1994/2005). Pasolini. Un delitto italiano. Milano: Mondadori (Buch/ Buch und DVD).

Giordana, Marco Tullio (2003). La meglio gioventù. Rai Fiction (2 DVDs).

Lanaro, Silvio (1992). Storia dell'Italia repubblicana. Dalla fine della guerra agli anni novanta. Venezia: Marsilio.

Luperini, Romano/Cataldi, Pietro/Marchiani, Lidia/Tinacci, Valentina (2005). La scrittura e l'interpretazione (3, tomo secondo/edizione arancione). Palermo: Palumbo.

Mengaldo, Pier Vincenzo (1994). Storia della lingua italiana. Il Novecento. Bologna: Il Mulino.

Pasolini, Pier Paolo (1954). La meglio gioventù. Firenze: Sansoni.

Pasolini, Pier Paolo (1960). Passione e ideologia. Milano: Garzanti.

Pasolini, Pier Paolo (1968). Il Pci ai giovani! Roma: Nuovi Argomenti, n.10.

Pasolini, Pier Paolo (1972). Empirismo eretico. Milano: Garzanti.

Pasolini, Pier Paolo (1975). Scritti corsari. Milano: Garzanti.

Pasolini, Pier Paolo (1976). Lettere luterane. Torino: Einaudi.
Pasolini, Pier Paolo (1977). Le belle bandiere. Roma: Editori Riuniti.
Pasolini, Pier Paolo (1981). Il caos. Roma: Editori Riuniti.
Pasolini, Pier Paolo (1982). I Dialoghi. Roma: Editori Riuniti.
Pasolini, Pier Paolo (2003). Tutte le poesie. Milano: Mondadori.
Santato, Guido (Hg.) (2007). Studi pasoliniani (Rivista internazionale). Pisa-Roma: Fabrizio Serra.
Sorcinelli, Paolo (Hg.) (2004). Identikit del Novecento. Le guerre affrontate e subite. I modi di amare, di fare politica, di vedere il mondo. Roma: Donzelli.
Sorcinelli, Paolo/Varni, Angelo (Hg.) (2004). Il secolo dei giovani. Le nuove generazioni e la storia del Novecento. Roma: Donzelli.
Websites ‚Brigate Rosse': http://www.brigaterosse.org (Aufruf: 01.09.09).
Websites Pasolini, Pier Paolo: http://www.pasolini.net (Aufruf: 01.09.09).

Sehen und Verstehen:
Analyse referenzsemantischer Zeichen in Spielfilmen

Andreas Grünewald

1. Einleitung

Das Hör-/Sehverstehen ist nicht erst seit der Aufnahme in das Kompetenzraster der KMK (2004) eine wichtige Fertigkeit, die es im Fremdsprachenunterricht zu fördern gilt. Schon lange wird die Bedeutung des Hör-/Sehverstehens in der Fachdidaktik diskutiert (vgl. Raasch 1984; Schwerdtfeger 1986) und dessen Förderung immer wieder eingefordert. In den Rahmenplänen aller Bundesländer hat es mittlerweile einen festen Platz. Das Sehen wurde erst in den letzten Jahren als eigenständige und wichtige Fertigkeit anerkannt (vgl. Blell/Lütge 2004: 402; Grünewald/Lusar 2006; Thaler 2007b). In diesem Beitrag stehen die Förderung des Sehverstehens mit Spielfilmen und die Interpretation referenzsemantischer Zeichen im Mittelpunkt.

Zunächst werden sowohl die Prozesse des Hörens und Hörverstehens als auch die des Sehens und Sehverstehens aus neurobiologischer und kognitionspsychologischer Sicht beschrieben. Anschließend werden Beispiele zur Förderung des Sehverstehens anhand von Standbildern aus dem chilenischen Spielfilm *Machuca* gegeben, welcher dann ausführlich vorgestellt wird. Schließlich wird der aus der Sprachwissenschaft stammende Begriff der Referenzsemantik auf die Filmanalyse übertragen und die Förderung des Sehverstehens anhand von referenzsemantischen Zeichen aus dem oben genannten Spielfilm vorgestellt.

2. Hör-/Sehverstehen

Mit Filmen lassen sich bei einer aktiven Einbeziehung der Schüler schon während des Rezeptionsprozesses folgende Kompetenzen fördern und trainieren:

- rezeptive Kompetenzen des Hör- und des Hör-/Sehverstehens
- produktive Kompetenzen (Sprechen, Schreiben)
- interkulturelle Kompetenz

- *media/film literacy* (filmanalytische Rezeption, text- und bildanalytische Kompetenzen)

Filme bieten darüber hinaus ein großes kommunikatives Potential, welches für den Sprachlernprozess nutzbar gemacht werden kann. Die Wichtigkeit des Hörverstehens für das Erlernen einer Fremdsprache ist unumstritten (z.B. Blell/Lütge 2008, Grünewald 2006, 2009a, 2009b, Thaler 2007a, 2007b). Die rezeptive Kompetenz des Sprachverstehens dominiert im alltäglichen Gebrauch die anderen Kompetenzen. Damit ist ein gutes Hörverständnis Grundlage für erfolgreiche Kommunikation; Defizite können durch ein gezieltes Training des Hörverstehens abgebaut werden.

Filme verbinden Hörverstehen und Sehverstehen zu einem simultan ablaufenden Prozess, dem so genannten Hör-/Sehverstehen. Zum authentischen Sprachgebrauch kommt eine beobachtbare Handlung hinzu, die durch nonverbale Kommunikation unterstützt wird. Das Hör-/Sehverstehen ist demnach ein besonders vielschichtiger Prozess, in dem die Lernenden gleichzeitig auditive und visuelle Signale empfangen. Beim Training des Hör-/Sehverstehens ist darauf zu achten, dass es nicht zu einer Überforderung des Lerners kommt. Das Dekodiervermögen kann bei der normalen Rezeption durch hohe Sprechgeschwindigkeit, Geräusche, Musik, umgangssprachliche Wendungen und regionale Sprachfärbungen sehr schnell überfordert werden (vgl. Thaler 2007b).

Wir wissen, wie Hören und Sehen neurobiologisch funktionieren. Die Neurobiologen sprechen von Konstruktionsprozessen des Gehirns bei der Interpretation der eingehenden Signale der Sinnesorgane Ohr und Auge. Das Interesse der Didaktiker liegt in den Konstruktionsprozessen, da diese unterstützt, trainiert und bewusst gemacht werden können. Daher wird im Folgenden eine knappe Übersicht über die Funktionsweise des Hörens und Sehens respektive des Hörverstehens und Sehverstehens gegeben.

2.1 Vom Hören zum Hörverstehen

Aus neurobiologischer Sicht verläuft das Hörverstehen in folgenden Etappen: Vom Sprecher (Schallquelle) werden Schalldruckwellen gesendet. Die zum menschlichen Ohr gelangenden Schallwellen dringen über den Hörkanal zum Trommelfell, welches als akustischer Druckempfänger fungiert. Die von diesem

Schalldruck ausgelösten Bewegungen des Trommelfells wiederum wirken auf die Gehörknöchelchen ein, welche die Schallschwingungen zum Innenohr übertragen. Durch die Hebelwirkung der Gehörknöchelchen-Kette werden sie dabei um das rund 20-fache verstärkt. Die verstärkten Schwingungen werden an die Basilarmembran und das cortische Organ im Innenohr weitergegeben, wo sie von den Haarzellen in bioelektrische Impulse umgewandelt werden (also in die ‚Sprache' des Gehirns). Diese wiederum werden von den Fasern des Hörnervs aufgenommen und zum Hörzentrum im Gehirn geleitet. Erst hier findet die Entschlüsselung, Umsetzung und Interpretation der Impulse statt: Aus Signalen werden so Informationen, ein Prozess, den man Transduktion nennt (vgl. Goldstein 2002).

Während dieses Prozesses konstruiert das Gehirn mögliche Bedeutungen der Schalldruckwellen, denn in einem sind sich Neurowissenschaftler einig: Die Bedeutungen werden nicht vom Sprecher zum Hörer übertragen, sie müssen beim Dekodieren vom Hörer konstruiert werden. Hier liegt auch die Quelle von Missverständnissen, denn die vom Hörer konstruierte Bedeutung entspricht nicht zwangsläufig der vom Sprecher intendierten Bedeutung. Bei der Bedeutungskonstruktion laufen zwei Prozesse parallel ab: Der *top-down-* und der *bottom-up-*Prozess. Im *top down-*Prozess werden Vorwissen, Weltwissen und der situative Kontext verwendet, um möglichst die intendierte Bedeutung zu konstruieren. Im *bottom-up-*Prozess werden sprachliche Elemente analysiert (Syntax, Wörter, Flexionselemente usw.), um auf die Bedeutung zu schließen.

2.2 Vom Sehen zum Sehverstehen

Die Prozesse des Hörverstehens und des Sehverstehens sind untereinander prinzipiell vergleichbar. Das Sehen ist eine äußerst komplexe Gehirnleistung. Denn die wahrgenommene ‚Wirklichkeit', die unsere Augen abbilden, ist das Ergebnis eines außerordentlich komplizierten Verarbeitungs- und Konstruktionsprozesses, den Goldstein (vgl. 2002) wie folgt darstellt: Das Sinnesorgan Auge dient dem Gehirn als ‚Codewandler'. Mit Hilfe der Hornhaut, der Linse und des Glaskörpers wird ein verkleinertes Bild auf der Netzhaut erzeugt. Licht fällt durch die Hornhaut ins Auge, wird von der Linse gebündelt und reizt lichtempfindliche Empfänger (Photorezeptoren) auf der Netzhaut: die Stäbchen für das Dämmerungssehen und die Zapfen für das farbige Sehen. Die in diesen Sinneszellen vorhandenen Sehpigmente sind photosensibel. Sie werden durch Licht verändert. Dabei lösen sie eine Reaktion in der entsprechenden Zelle aus. Diese photochemische Reaktion wird nun in eine neurale Erregung umgewandelt, zu immer größeren Gruppen zusammengefasst und schließlich über den Sehnerv mit seinen rund einer Million Leitungsfasern zur Sehrinde weitergeleitet. Hier erst werden die elektrischen Impulse als Seheindrücke in das Bewusstsein gebracht und interpretiert.

Je besser das Bild des Auges ist, desto leichter hat es das Gehirn, daraus ein Bild von der Welt zu machen. Wenn das Bild jedoch unscharf oder verschwommen ist, müssen die Ausgleichsmechanismen im Gehirn Höchstleistungen vollbringen. In diesem Konstruktionsprozess können selbstverständlich auch Fehlinterpretationen stattfinden. Optische Täuschungen entstehen aufgrund einer falsch gedeuteten Wahrnehmung. Wir meinen etwas zu sehen, was es in dieser Form tatsächlich gar nicht gibt. Optische Täuschungen sind also keine Zeichen dafür, wie schlecht unsere Augen arbeiten, sondern viel mehr dafür, wie gut unser gesamter Wahrnehmungsapparat Formen, Linien und Fluchten nutzt, um daraus ein sinnvolles Bild der Welt zusammenzusetzen (vgl. Goldstein 2002).

Die Konstruktionsprozesse beim Sehverstehen lassen sich ebenfalls in *bottom-up-* und *top-down* -Prozesse unterscheiden: Im *bottom-up*-Prozess werden die visuellen Signale (Formen, Linien, Farben usw.) genutzt, im *top-down*-Prozess werden fehlende visuelle Informationen durch Erfahrung, situativen Kontext usw. ersetzt. Die Bedeutungskonstruktion durch das Gehirn und die dabei ablaufenden *bottom-up-* und *top-down*-Prozesse sind für die Förderung des Sehverstehens von Interesse, weil deren Training und Bewusstmachung es ermöglichen, die visuellen Informationen von Bildern effektiver für das Sehverstehen und damit für den gesamten Verstehensprozess zu nutzen.

2.3 Förderung des Sehverstehens

Beim Training des Sehverstehens ist es das Ziel, die oben genannten Konstruktionsprozesse einzuüben und bewusst zu machen. Nur wer gelernt hat, auf welche Weise Bilder wichtige Verstehenshilfen bei der Filmrezeption sein können,

Sehverstehen und referenzsemantische Zeichen in Spielfilmen 225

Abb. 1: Standbild aus *Machuca* (Wood 2004, 00:08:44)

der kann diese auch als solche nutzen. Die Schulung des eigenen Sehens und die Kenntnis davon, wie Wahrnehmung durch Bildgestaltung im Film gesteuert wird, ist Teil der Medienerziehung, die auch der Fremdsprachenunterricht leisten kann und soll. Dies kann z.B. durch die Arbeit mit Bildern, Fotografien, Zeichnungen oder Standbildern aus Filmen oder aber anhand von bewegten Bildern (ohne Ton bzw. nach Ausblendung der Tonspur) geschehen.

Die Abbildungen auf dieser Seite (Abb. 1 und Abb. 2) zeigen zwei Standbilder aus dem chilenischen Spielfilm *Machuca*, die sich dazu eignen, das Training des Sehverstehens zu üben. Bei Abb. 1 könnte zunächst nach dem Verhältnis der beiden Personen zueinander gefragt werden: Welche visuellen Hinweise gibt das Bild auf die Zeit, in der der Film spielt (z.B. Kleidung)? Welche Hinweise auf den sozialen Status kann man dem Bild entnehmen? Kann man auf den Ort der

Abb. 2: Standbild aus *Machuca* (Wood 2004, 00:40:25)

Handlung schließen? Woran ist das festzumachen? Wie stehen die beiden abgebildeten Personen zueinander? Die Antworten auf diese Fragen, die zunächst hypothetisch sind, werden im Laufe der fortschreitenden Filmrezeption mit weiteren visuellen und auditiven Informationen abgeglichen und bestätigt oder falsifiziert. In jedem Fall aber erlauben sie bereits eine grobe Einordnung der Filmhandlung in einen historischen und gesellschaftspolitischen Kontext.

Auch bei Abb. 2 könnte danach gefragt werden, welche Hinweise auf Ort und Zeit das Bild enthält. Worauf weisen die Schilder an den Wänden hin? Welche Stimmung wird vermittelt? Gibt man den Titel des Plakates, das an dem Betonpfeiler hängt (vgl. Abb. 5 sowie Abschnitt 3.3) in Google ein, erhält man die Auskunft, dass es sich um ein politisches Plakat aus den Jahren 1970-1973 aus Chile handelt.

3. Der chilenische Spielfilm *Machuca*

Mit *Machuca* (Chile 2004) nähert sich der chilenische Regisseur Andrés Wood einem dunklen Kapitel aus Chiles Vergangenheit. Das Umfeld des zwölfjährigen Gonzalo Infante dient dem Film als Vorlage für ein Porträt der letzten Monate der Allende-Regierung und der Zeit unmittelbar nach dem Militärputsch vom 11. September 1973 durch Pinochet.

Gonzalo Infante geht auf die englischsprachige Privatschule St. Patrick in Santiago de Chile, wo er ausschließlich auf Söhne aus der oberen Schicht trifft, bis zu dem Tag, an dem der Leiter der Schule, der um soziale Gleichstellung bemühte irische Pater McEnroe, Kindern aus dem nahegelegenen Elendsviertel den Schulbesuch ermöglicht. Auf diese Weise lernt Gonzalo den gleichaltrigen Pedro Machuca, der im Elendsviertel am Mapochofluss wohnt, kennen. Pedro und Gonzalo treffen in der Schule das erste Mal aufeinander. Zwischen den beiden Jungen entwickelt sich eine ungewöhnliche Freundschaft: Während Gonzalo aus einer wohlhabenden Familie stammt, haust Pedro mit Mutter und Schwester in einer kleinen Wellblechhütte. Er muss durch Arbeit zum Lebensunterhalt beitragen.

Gonzalo langweilt sich nach der Schule mit seiner Mutter und ihrem Liebhaber oder dem Hauspersonal, bis er eines Tages Pedro begleitet und dessen Freundin Silvana kennenlernt. Silvanas Vater bringt sie mit seinem Laster zu den verschiedenen Demonstrationen in Santiago. Die Kinder verkaufen Fahnen an Gegner sowie an Anhänger Salvador Allendes. Silvana bleibt dem ‚Snob' gegenüber misstrauisch. Gonzalo ist tief beeindruckt von dem Mädchen, das klar Position für die Kommunisten bezieht. Immer häufiger besucht Gonzalo Pedro im Elendsviertel. Dagegen wird Pedro, den Gonzalo zum 16. Geburtstag seiner Schwester einlädt, in der Villa der Familie Infante vom Freund der Schwester – ein politisch Rechter – wegen seiner Herkunft verhöhnt.

Gonzalo und Pedro verbindet vor allem ihre Liebe zu Silvana. Gonzalo verdankt seinen ersten Kuss einer Dose süßer und wohlschmeckender Kondensmilch (nicht vergleichbar mit der uns bekannten Dosenmilch), die er für seine Oma eingekauft hat, aber Silvana spendiert. In Santiago kommt es zu Versorgungsengpässen und Gonzalo hat als Sohn reicher Eltern eher Zugang zu derartigen Lebensmitteln. Silvana lässt keine Eifersucht zwischen den Jungen zu, sondern verteilt ihre Zuneigung gerecht, küsst mal diesen mal jenen. Ihre Freizeit verbringen die drei zusammen am Fluss oder im Kino.

Gonzalo sieht es nun gelassener, dass sein Vater – angeblich aus beruflichen Gründen – nach Italien abreist und das Feld für den Liebhaber seiner Frau räumt. Gleichzeitig bringen Terror und Sabotage Chile an den Rand eines Bürgerkriegs. Allendes Gegner gehen in die Offensive.

Der gesellschaftliche Bruch tritt bei einer erregten Diskussion, die durch die Aufnahme der Jungen aus den Armenvierteln ausgelöst wurde, während eines Elternabends in der Schulkapelle deutlich zu Tage. Nun kommen die Eltern direkt zu Wort; in dieser Szene offenbart sich exemplarisch die Spaltung der Gesellschaft in Nationalkonservative, despektierlich *Momios* (‚Mumien') genannt und in Allende-Anhänger, verächtlich als *Upelientos* (‚Pöbel') bezeichnet.

Als Silvana auf einer Demonstration der Rechten mit Gonzalos Mutter aneinander gerät, lässt sie ihre Wut an dem Jungen aus. Silvana sieht ihre Meinung bestätigt, dass sie und Pedro unmöglich mit Gonzalo befreundet sein können. Während Gonzalo glücklicheren Tagen nachtrauert, stürzen die Militärs den Präsidenten. Der Putsch markiert Gonzalos endgültigen Abschied von Pedro und Silvana, schließlich auch von seiner Kindheit. Mit aller Brutalität bricht die Realität über ihn und die Menschen herein. Ein Offizier leitet nun die Schule, einige Schüler müssen St. Patrick verlassen, der Pater wird festgenommen. Gonzalo wird Zeuge, wie Silvana bei der Räumung des Elendsviertels erschossen wird. Mutig wirft sie sich vor ihren Vater, bei dem die Soldaten Fahnen der kommunistischen Partei gefunden haben. Gonzalo beobachtet fassungslos diese Szene. Er entkommt den Soldaten nur, weil ihn die teuren Turnschuhe als wohlhabend ausweisen. Pedro wird wie alle anderen aus dem Elendsviertel auf einen Lastwagen verladen. Mit dem Putsch und der Räumung, der ‚politischen' Säuberung des Elendsviertels, endet der Film. Diese Szenen geben einen Ausblick auf das, was die vielen Anhänger Allendes unter der Diktatur von General Pinochet erwartet: Verfolgung, Folterung, Tod.

3.1 Sequenzanalyse

Die in der Sequenzanalyse (vgl. Anhang) enthaltenen Verweise auf das Drehbuch beziehen sich auf das annotierte Drehbuch, das im Klett-Verlag erschienen ist (Brodsky/Hassan/Wood 2009).

3.2 Der politische und historische Kontext der Filmhandlung

Da im Folgenden die Mittel thematisiert werden sollen, mit denen im Spielfilm auf den historischen und politischen Kontext verwiesen wird, soll dieser zum besseren Verständnis kurz dargestellt werden. In der Unterrichtssituation würde dieser Kontext aufgrund der Wahrnehmung und Deutung der referenzsemantischen Zeichen (siehe folgendes Unterkapitel) im Film zusammen mit den Schülern erarbeitet werden.

Machuca fordert die Schüler dazu auf, sich mit dieser Epoche Chiles auseinanderzusetzen. Die referenzsemantischen Zeichen deuten vor allem auf den Bruch in der chilenischen Gesellschaft und insbesondere auf den Sturz der Allende-Regierung am 11. September 1973 durch den Militärputsch von General Pinochet hin.

1969 bildete sich aus verschiedenen Volks- und linksorientierten Parteien mit christlicher bzw. marxistischer Inspiration die *Unidad Popular*. Als ihr Präsidentschaftskandidat stellte sich im Jahre 1970 Salvador Allende, der unter der *Frente Popular* bereits ein Ministeramt bekleidet hatte und seit 1966 als Präsident des Senats fungierte, bereits zum dritten Mal zur Wahl. Diesmal erzielte er die relative Mehrheit der Wählerstimmen. Am 3. November 1970 wurde Allende vom chilenischen Kongress auf sechs Jahre zum neuen Präsidenten des Landes gewählt. Damit war er der erste Kommunist Lateinamerikas, der auf demokratischem Wege das höchste Staatsamt erlangte. Aus Sicht der politischen Rechten war sein Wahlsieg eine Katastrophe, was die direkten Reaktionen auf Allendes Wahl bestätigten. Henry Kissinger, damals nationaler Sicherheitsberater der USA und Staatssekretär Präsident Nixons, erklärte einigen Journalisten nur elf Tage nach Allendes Amtsantritt, dass Allende ein kommunistisches Regime in Chile installiere und es zu befürchten sei, dass Argentinien, Peru und Bolivien diesem Beispiel folgen.

Allende strebte mit seiner Politik den ‚chilenischen Weg zum Sozialismus' an. Eine der Grundbedingungen dieses Weges war für Allende die sozialistische Politik im Rahmen des repräsentativ-demokratischen Systems durchzuführen. Er forcierte vor allem eine Landreform und die Verstaatlichung der überwiegend in US-amerikanischer Hand liegenden Kupferminen. Das war eine der wenigen Angelegenheiten, in denen sich die verfeindeten politischen Lager Chiles einig waren: Die Nationalisierung des Kupfers, die als eine wichtige Quelle des chilenischen Reichtums galt. Der Wirtschaftsnationalismus der *Unidad Popular* provozierte vielerlei außenpolitische Probleme. Der Außenhandel mit dem bis dahin wichtigsten Handelspartner USA erlebte einen totalen Einbruch. Auch vor dem Hintergrund der politischen Entwicklung auf Kuba ließen die wirtschaftlichen Blockadesanktionen der Vereinigten Staaten nicht lange auf sich warten. Zwischen 1970 und 1972 verlor die Regierung Allende auch zunehmend die Unterstützung der Mittelschicht, hervorgerufen durch die wirtschaftlichen Probleme, die das Land aufgrund der US-amerikanischen Blockadepolitik durchlebte.

Im Sommer 1973 wurde immer deutlicher, dass Chile sich am Rande eines Bürgerkrieges befand. Wegen der schwierigen Lage kündigte Allende für den 12. September 1973 ein Referendum zu seinem Amtsverbleib an. Doch die Militärs kamen ihm zuvor: Am Morgen des 11. Septembers wurden die Radiostationen des ganzen Landes von Regimentern besetzt, Militärs marschierten in Santiago auf und begannen mit der Bombardierung des Regierungsgebäudes *La Moneda*. Wiederholt lehnte Allende das Angebot der Militärs ab, ins Exil zu gehen, und verkündete in seiner letzten Ansprache: „Pagaré con mi vida la defensa de principios que son caros a esta patria, [...] pagaré con mi vida la lealtad del pueblo" (Modak 2008: 380). Am frühen Nachmittag starb der chilenische Präsident bei der Verteidigung des Palastes. Bis heute ist umstritten, ob Allende dabei dem Kugelhagel der Putschisten zum Opfer fiel oder ob er mit einem Gewehr, das ihm Fidel Castro geschenkt haben soll, Selbstmord beging. Nach offizieller Version war es Suizid. Militärputsch und die darauf folgende brutale Diktatur Pinochets, die von 1973 bis 1990 andauerte und damit eine der längsten Diktaturen der jüngeren Geschichte war, verursachten ein Trauma in der Erinnerung vieler Chilenen und löste auch international Trauer, Wut und Betroffenheit aus.

3.3 Referenzsemantische Zeichen im Spielfilm *Machuca*

Ein Film lässt sich im Unterricht sowohl unter inhaltlichen Gesichtspunkten erschließen als auch durch die Thematisierung seiner Dramaturgie, Ästhetik und gestalterischen Elemente analysieren. Die Filmästhetik hat immer eine Bedeutung für den Inhalt des Films – wie auch umgekehrt der Inhalt die Wahl der filmsprachlichen Mittel beeinflusst. Warum eine bestimmte Ausstattung, eine bestimmte Kameraperspektive oder -bewegung, Musik, eine bestimmte Ton- und Lichtgestaltung gewählt wurden, hat Einfluss auf den Inhalt des Films, unterstreicht oder konterkariert diesen, legt eine bestimmte Lesart nahe, soll eine bestimmte Wirkung beim Rezipienten hervorrufen etc. Das Erkennen einer Kameraperspektive ist nur ein erster Schritt, im zweiten sollte die Frage gestellt werden: Warum wurde diese Perspektive gewählt? Welche Bedeutung für den Inhalt hat sie? Diese Sicht ermöglicht es den Schülern das Gesehene nicht unhinterfragt als die Realität hinzunehmen, sondern zu erkennen, dass dieses filmische Mittel ganz bewusst eingesetzt wird, um damit eine Wirkung zu erzielen. Schließlich geht es um die Bewusstmachung von Fiktionalität. In *Machuca* setzt der Regisseur die Kamera immer wieder so ein, dass der Zuschauer den Eindruck hat, an den historischen und politischen Entwicklungen Chiles zu dieser Zeit teilzuhaben. Dies geschieht quasi nebenbei, da eigentlich eine andere Geschichte erzählt wird. Auf diese Weise werden ‚referenzsemantische' Zeichen gesetzt, die gerade beim Training des Sehverstehens sehr gut genutzt werden und als Ausgangspunkt für weitere Recherchen dienen können.

Die Referenzsemantik ist ein Teilgebiet der Semantik, welche vereinfacht ausgedrückt die Frage untersucht, wie wir mit Sprache Bezug auf die Welt nehmen. In der Literaturwissenschaft werden referenzsemantische Zeichen zur Textinterpretation heran gezogen, auch beim Leseverstehen spielen sie eine bedeutende Rolle: Beim ‚Verarbeiten' des gelesenen Textes wird Bedeutung konstruiert und das geschieht ganz offensichtlich nicht nur auf der Grundlage der textimmanenten Informationen, sondern eben auch durch inferentielle Prozesse. Zur Sinnkonstruktion wird auch bereits vorhandenes Wissen (z.B. Weltwissen, kontextbezogenes Wissen) herangezogen, diese Wissensbestände können durch referenzsemantische Zeichen im Text aktiviert werden. Entsprechend unterscheidet man zwischen den bereits oben erwähnten *bottom-up*-Prozessen, die sich während der Sinnkonstruktion auf die Verarbeitung der vom Text bereitgestellten Informationen beziehen, sowie *top-down*-Prozessen, welche auf Wissensbestände zurückgreifen, auf die der Text verweist. Die Aktivierung dieses Wissens kann durch referenzsemantische Zeichen geschehen.

Da Film in einem semiotischen Textverständnis als audiovisueller Text verstanden wird, schlage ich vor, den Begriff der referenzsemantischen Zeichen auf den Kontext der Filmanalyse zu beziehen. In der Sprache des Films sind darunter sowohl Bilder als auch Töne bzw. Tonsequenzen zu verstehen. Die bewusste Wahrnehmung dieser referenzsemantischen Zeichen kann demnach dem Verständnis des gesamten Filmes dienen und daher sollte im Rahmen des Trainings des Sehverstehens ein besonderes Augenmerk auf die Dekodierung der referenzsemantischen Zeichen gelegt werden. Wie ich zeigen werde, eignet sich der Spielfilm *Machuca* von Andrés Wood in besonderer Weise dafür, weil er eine große Anzahl solcher referenzsemantischer Zeichen anbietet. Im Folgenden sollen einige Beispiele vorgestellt werden, in denen die Kamera als ‚neutraler Zeitzeuge' fungiert und referenzsemantische Zeichen im Film zur weiteren Kontextualisierung anregen (zu darüber hinausgehenden Vorschlägen zur Arbeit mit diesem Spielfilm im Spanischunterricht vgl. Grünewald 2009b).

Im ersten Beispiel (Abb. 3) steht Gonzalo Infante an einem Kiosk und wartet auf seine Mutter. Eigentlich streift sein Blick über die Zeitungsauslage und bleibt später dann auch an einem Comic hängen. Dem Zuschauer werden auf diese Weise aber die Schlagzeilen der Zeitungen im September 1973 in Chile gezeigt.

232 Andreas Grünewald

Abb. 3: Standbild aus *Machuca* (Wood 2004, 00:14:41)

Das zweite Bild (Abb. 4) zeigt eine Demonstration der Anhänger von Salvador Allende. Ebenso werden die Gegendemonstrationen gezeigt. Auf diese Weise hört man die Parolen der jeweiligen Seite, man kann deren Transparente und Forderungen lesen. Das dritte Bild (vgl. Abb. 2 sowie Abschnitt 2.3) zeigt ein geschlossenes Lebensmittelgeschäft, zu dem Gonzalo und sein Vater Zutritt haben und in dem man Lebensmittel kaufen kann, die es in den Zeiten des Engpasses eigentlich gar nicht gibt. Die Schilder „No hay carne" oder „No hay huevos" gelten eben nicht für alle Kunden. Ebenso ist ein Plakat (Abb. 5) wahrzunehmen, welches sich als klassisches referenzsemantisches Zeichen entpuppt. Die Abfrage „la felicidad de Chile comienza por los niños" bei Google führt zu der Auskunft „Chile 1970-1973" und stellt eine Verbindung zur Politik

Abb.4: Standbild aus *Machuca* (Wood 2004, 00:24:26)

Sehverstehen und referenzsemantische Zeichen in Spielfilmen 233

Abb. 5: Politisches Plakat
(Quelle: http://www.abacq.net/imagineria/felicid.htm, Aufruf 01.09.09)

dar. Auf diese Weise lässt sich das abgebildete politische Plakat (und weitere) aus dieser Zeit recherchieren. Das letzte Bild (Abb. 6) schließlich ist ein Beispiel dafür, auf welche Weise die politischen Entwicklungen immer wieder ‚nebenher' erzählt werden. Die Kamera fängt häufig Bilder und ganze Sequenzen ein, in denen originale Fernsehnachrichten oder, wie hier zu sehen, die Ansprache Pinochets am Abend des Putsches gezeigt werden. Eigentlich sitzt die Familie um den Fernseher und unterhält sich bzw. folgt selbst den Geschehnissen.

Abb. 6: Standbild aus *Machuca* (Wood 2004, 01:30:00)

3.4 Arbeitsvorschläge zur Bewusstmachung der referenzsemantischen Zeichen

Abschließend möchte ich einige Arbeitsvorschläge machen, die dazu dienen, für die Wahrnehmung referenzsemantischer Zeichen im Spielfilm *Machuca* zu sensibilisieren.

Gezeigt wird zunächst einen Zusammenschnitt verschiedener referenzsemantischer Zeichen aus dem Film (vgl. Abb. 7). Diese hätten auch im Rahmen einer Beobachtungsaufgabe von den Schülern bei der Rezeption selbst benannt werden können. Die Beispiele können zunächst dahingehend untersucht werden, auf welchen Kontext sie verweisen (vgl. Abschnitt 3.3) und was sie bedeuten. Die sich anschließende Aufgabe zur Sprachmittlung nimmt diesen Ansatz auf:

TAREA 1:

En la página siguiente se encuentran algunos títulos de prensa o eslóganes pintados en muros etc. Apuntales abajo y explica en alemán lo que significan. Ejemplo: „No a la guerra civil" – ‚Nein zum Bürgerkrieg' oder ‚Kein Bürgerkrieg!

Aufgabe 2 dient dazu, die Lerner zunächst eigene Interpretationen über den politischen und historischen Kontext anstellen zu lassen und anschließend darüber nachzudenken, auf welche Weise im Film auf diesen Kontext verwiesen wird und was das beim Betrachter auslöst:

TAREA 2:

En la película hay diversas muestras del clima social y político de la época. Describe: ¿De dónde saca la gente los alimentos y cómo, qué tipo de pinta se ven en las paredes, las noticias que aparecen en la televisión, y otros factores que retratan ese clima?

Aufgabe 3 besteht in einer Internetrecherche zu einem ausgewählten referenzsemantischen Zeichen. Die Schüler können hier über die im Film gesetzten Zeichen weitere Aspekte des politischen und historischen Konzeptes recherchieren und sollen diese abschließend beschreiben.

TAREA 3:

Visita página Web http://www.abacq.net/imagineria/sumario.htm en la que hay una exposición gráfica del Chile de 1973. Elige una imagen y prepara un resumen oral para tu compañero; él/ella hará lo mismo.

Abb. 7: Zusammenschnitt referenzsemantischer Zeichen aus *Machuca* (Wood 2004)

4. Fazit

Die Analyse von Filmen im Fremdsprachenunterricht kann nicht auf die systematische Förderung des Sehverstehens verzichten. Dabei stellen referenzsemantische Zeichen in einem Film eine interessante Möglichkeit dar, das Sehverstehen zu üben und den politischen, historischen und gesellschaftlichen Kontext zu recherchieren, auf den verwiesen wird. In diesem Zusammenhang können die zur Bedeutungskonstruktion notwendigen *bottom-up-* und *top-down*-Prozesse bewusst gemacht werden. Das Training des Sehverstehens zielt auf die Aktivierung von visuellen Informationen, die während des *bottom-up*-Prozesses zur Bedeutungskonstruktion herangezogen werden. Die Wahrnehmung und Interpretation referenzsemantischer Zeichen zielt auf die Aktivierung von Wissensbeständen, die im *top-down*-Prozess zur Bedeutungskonstruktion heran gezogen werden. Auf diese Weise wird im Fremdsprachenunterricht nicht nur ein Beitrag zur allgemeinen Medienerziehung geleistet, sondern das zur Rezeption von audiovisuellen Texten notwendige Hör-/Sehverstehen wird entscheidend gefördert. Schließlich stellt die Interpretation referenzsemantischer Zeichen auch eine motivierende Möglichkeit dar, sich umfassender, also über das Filmgeschehen hinaus, mit dessen Thematik zu beschäftigen.

Literaturverzeichnis

Blell, Gabriele/Lütge, Christiane (2004). Sehen, Hören, Verstehen und Handeln: Filme im Fremdsprachenunterricht. In: Praxis Fremdsprachenunterricht 6, 402-405, 445.

Blell, Gabriele/Lütge, Christiane (2008). Filmbildung im Fremdsprachenunterricht – Interkulturelle Hör-Seh-Begegnungen. In: Burwitz-Melzer, Eva (Hg.). Fremdsprachen lehren und lernen (FluL) 37, 124-140.

Brodsky, Roberto/Hassan, Mamoun/Wood, Andrés (2009). Machuca. Drehbuch mit Annotationen von Verónica Romero. Stuttgart: Klett.

De Florio-Hansen, Inez/Leuck, Paul (2000). Für ein neues Hör-/Sehverstehen im Umgang mit Fernsehsendungen. In: Der Fremdsprachliche Unterricht Französisch 34/47, 38-42.

Goldstein, Bruce (2002). Wahrnehmungspsychologie. Heidelberg: Spektrum.

Grünewald, Andreas (2009a). Film und Video. In: Grünewald, Andreas/Küster, Lutz (Hg.). Fachdidaktik Spanisch. Klett: Stuttgart, 165-173.

Grünewald, Andreas (2009b). Lehrerhandreichungen zum Film *Machuca*. Klett: Stuttgart.

Grünewald, Andreas/Lusar, Ricarda (2006). Spielfilme und Videos. In: Nieweler, Andreas (Hg.). Fachdidaktik Französisch. Stuttgart: Klett, 224-231.

KMK 2004: Bildungsstandards für die erste Fremdsprache (Englisch/Französisch) für den Mittleren Schulabschluss. München: Luchterhand.

Modack, Frida (Hg.) (2008). Salvador Allende: pensamiento y acción. Buenos Aires: Clacso.

Raasch, Albert (1984). Hörverstehen – Hör-, Sehverstehen – Seh-, Hörverstehen. Eine Zeitschriftenschau. In: Zielsprache Französisch, 16/4, 194-195.

Schwerdtfeger, Inge (1986). Videofilm im Unterricht Deutsch als Fremdsprache. Triangle 5, 4-19.

Thaler, Engelbert (2007a). Film-based Language Learning. Praxis Fremdsprachenunterricht, 4/1, 9-14.

Thaler, Engelbert (2007b). Schulung des Hör-Seh-Verstehens. In: Praxis Fremdsprachenunterricht, 4/4, 12-17.

Wood, Andrés (2004). Machuca. Tiberius Film (DVD).

Sehverstehen und referenzsemantische Zeichen in Spielfilmen

Anhang: Sequenzanalyse zum Spielfilm *Machuca*
(Quellen: Wood 2004 bzw. Brodsky/Hassan/Wood 2009)

Szene 1	Zeit: 00:00 – 03:40	Drehbuch, Seite 9f.
Innen. Im Haus der Familie Infante. Morgens.		
Gonzalo Infante zieht sich seine Schuluniform an und frühstückt zusammen mit seiner Familie. Sein Vater bringt ihn mit dem Auto zur Schule, seine Mutter bleibt zuhause im Bett.		

Szene 2	Zeit: 03:40 – 08:37	Drehbuch, Seite 12f.
Innen. Private St. Patricks Schule. Morgens.		
Pater McEnroe bringt Jungen aus dem nahe gelegenen Elendsviertel mit in die Schule und stellt sie den anderen Schülern vor. Darunter ist Pedro Machuca. Auf diese Weise lernen sich Gonzalo und Pedro kennen.		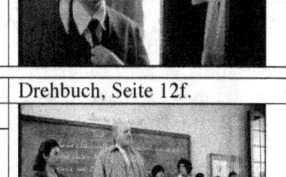

Szene 3	Zeit: 08:37 – 09:50	Drehbuch, Seite 19f.
Im Auto. Nachmittags.		
Die Mutter von Gonzalo, Maria Luisa, holt ihn am Nachmittag mit dem Auto von der Schule ab. Sie verbringt den Nachmittag bei ihrem Liebhaber Roberto. Erst am Abend kehren sie zurück nach Hause.		

Szene 4	Zeit: 09:50 – 12:55	Drehbuch, Seite 22f.
Innen. Im Haus der Familie Infante. Abends.		
Die Familie (hier: die Mutter) sitzt zusammen vor dem Fernseher und schaut Nachrichten. Dort wird von einem Besuch Allendes in Moskau berichtet. Außerdem ist der Freund von Gonzalos Schwester, ein politisch extrem Rechter und Gegner Allendes, zu Besuch.		

Szene 5	Zeit: 12:55 – 20:40	Drehbuch, Seite 30f.
Außen. Auf dem Schulgelände. Mittags.		
Nach einer Szene im Schulschwimmbad, bei welcher Pater McEnroe die soziale Gleichstellung der Schüler einfordert, wird das Verhältnis der Kinder aus reichem Elternhaus und der aus dem Elendsviertel näher geschildert. Gonzalo und Pedro freunden sich an, als Gonzalo Pedro bei einer Schlägerei auf dem Schulgelände hilft.		

Szene 6	Zeit: 20:40 – 26:50	Drehbuch, Seite 40f.
Außen. Straße. Nachmittags.		
Gonzalo begleitet Pedro und eine Freundin von ihm, Silvana, und deren Vater auf Demonstrationen gegen und für Allende. Dort verkaufen sie Fahnen an beide Seiten. Damit verdient sich Pedro etwas Geld um die Familie zu ernähren. Die drei freunden sich an, auch wenn Silvana aufgrund der sozialen Ungleichheit zwischen ihnen distanziert bleibt.		

Szene 7	Zeit: 26:50 – 31:34	Drehbuch, Seite 54f.
Innen. In der Wohnung von Roberto Ochagavía. Nachmittags.		
Gonzalo muss seine Mutter zu den nachmittäglichen Treffen mit ihrem Liebhaber begleiten. Er bekommt Geschenke von Roberto, der versucht ein gutes Verhältnis zu ihm aufzubauen. Gonzalo ist verunsichert. Roberto ist Argentinier und schimpft gegen die „Roten". Offenbar spielt er im bevorstehenden Putsch eine Rolle.		

Szene 8	Zeit: 31:34 -33:24	Drehbuch, Seite 60f.
Innen. In der Schule. Morgens.		
Die Schüler schreiben eine Englischarbeit und offensichtlich haben die neuen Schüler aus dem Elendsviertel Probleme. Die Schüler aus der sozial oberen Schicht lassen sie nicht abschreiben. Nur Gonzalo gibt seine Arbeit Pedro, damit dieser abschreiben kann. Ihre Freundschaft wächst.		

Szene 9	Zeit: 33:24 – 39:52	Drehbuch, Seite 61f.
Außen. Im Elendsviertel und zu Hause bei Pedro. Nachmittag.		
Gonzalo begleitet Pedro nach Hause. Er sitzt zum ersten Mal in seinem Leben in einer Wellblechhütte und sieht zum ersten Mal die Armut, in der Pedro lebt. Er lernt dessen Mutter und das Baby kennen und trifft dort auch auf Silvana.		

Szene 10	Zeit: 39:52 – 43:55	Drehbuch, Seite 71f.
In der Wohnung von Roberto Ochagavía, in der Schule usw.		
In einer kurzen Folge unterschiedlicher Szenen wird der Alltag von Gonzalo geschildert. Schule, Einkauf mit dem Vater, Schule.		

Szene 11	Zeit: 43:55 – 53:12	Drehbuch, Seite 78f.
Innen. Haus der Familie Infante. Nachmittags.		
Pedro kommt nach der Schule mit zu Gonzalo und sieht den Reichtum, in dem Gonzalo lebt. Pedro wird vom Freund der Schwester von Gonzalo wegen seiner sozialen Herkunft verhöhnt. Auf der Geburtstagsparty von Gonzalos Schwester haben Pedro und Gonzalo ihren ersten Rausch.		

Szene 12	Zeit: 53:12 – 58:28	Drehbuch, Seite 93f.
Außen. Am Mapocho Fluss. Nachmittag.		
Gonzalo hat Kondensmilch für zu Hause gekauft. Er sitzt mit Silvana und Pedro am Fluss und sie trinken die Milch. Silvana verteilt „süße" Küsse, in dem sie einen Schluck Milch nimmt und diese dann küssend den beiden Jungen – abwechselnd – zukommen lässt.		

Szene 13	Zeit: 58:28- 01:06:04	Drehbuch, Seite 100f.
Innen und Außen. Einkauf, Schule. Morgens.		
In einer Abfolge kurzer Szenen wird der Alltag von Gonzalo geschildert. Einkauf, Schule, Prügelei in der Schule mit anschließender Bestrafung durch den Pater, Besuche beim Liebhaber der Mutter. Beim Abendessen in einem schicken Restaurant eröffnet der Vater der Familie, dass er nach Italien gehen wird. Die Mutter wird in Santiago bleiben.		

Szene 14	Zeit: 01:04:12 – 01:11:15	Drehbuch, Seite 110f.
Außen, innen. Kino, Elendsviertel.		
Die Freundschaft der drei wächst. Sie gehen gemeinsam ins Kino und verbringen die Nachmittage gemeinsam. Bei Pedro zu Hause kommt es zu einer Begegnung zwischen den dreien und Pedros angetrunkenem Vater. Dieser ist aggressiv und verhöhnt die Freundschaft der beiden als unmöglich. Es gebe keine Freundschaft zwischen Arm und Reich.		

Szene 15	Zeit: 01:11:15 – 01:15:55	Drehbuch, Seite 118f.
Innen. Kirche der St. Patricks Schule.		
In dieser Schlüsselszene wird der Bruch, der durch die chilenische Gesellschaft geht, offensichtlich. Einige Eltern sprechen sich für den Verbleib der Schüler aus dem Armenviertel an der Schule aus, andere sind strikt dagegen. Pedros Mutter schildert aus ihrer Sicht das Schicksal, als arm in der chilenischen Gesellschaft geboren zu sein.		

Szene 16	Zeit: 01:15:55 – 01:23:42	Drehbuch, Seite 126f.
Außen. Demonstration auf der Straße. Nachmittags.		
Pedro, Gonzalo und Silvana verkaufen Fahnen auf einer Demonstration gegen Salvador Allende. Es kommt zu einem Streit zwischen Silvana und Gonzalos Mutter, die an der Demonstration teilnimmt.		

Szene 17	Zeit: 01:23:42 – 01:25:42	Drehbuch, Seite 136f.
Innen. In der Wohnung der Familie Infante. Abends.		
Gonzalos Vater packt seine Koffer und reist nach Italien ab. Er überlässt dem Liebhaber seiner Frau das Feld.		

Szene 18	Zeit: 01:25:42 – 01:28:20	Drehbuch, Seite 139f.
Draußen. Am Fluss. Nachmittags.		
Am Vortag des Putsches kommt es zum Streit zwischen Pedro, Silvana und Gonzalo. Beide werfen ihm vor aus reichem Hause zu kommen. Sie gehen und lassen ihn alleine am Fluss zurück.		

Szene 19	Zeit: 01:28:20 – 01:42:19	Drehbuch, Seite 147f.
Innen. Schule St. Patricks. Morgen.		
Die Schule wird nach dem Umsturz vom Militär besetzt. Pater McEnroe wird verhaftet und durch einen Militärangehörigen ersetzt. Die Jungen aus dem Elendsviertel müssen die Schule verlassen.		

Szene 20	Zeit: 01:42:19 - Ende	Drehbuch, Seite 159f.
Außen. Im Elendsviertel. Nachmittags.		
Gonzalo fährt nach der Schule zum Elendsviertel, dort wird er Zeuge von Durchsuchungen, Verhaftungen, Erschießungen und Deportation. Er sieht, wie Silvana erschossen wird, weil sie ihrem Vater zu Hilfe kommen möchte, bei dem Fahnen für die Demonstrationen der Sozialisten gefunden wurden. Gonzalo entkommt nur, weil ihn seine guten Kleider als wohlhabend ausweisen. Er zieht mit seiner Schwester und Mutter zu deren Liebhaber. Das Elendsviertel am Mapocho-Fluss ist geräumt und dem Erdboden gleich gemacht worden.		

Gendered Views & Sounds:
Zu *Gender*-Aspekten bei der Arbeit mit *Teenage*-Filmen im Fremdsprachenunterricht

Gabriele Blell & Christiane Lütge

1. Einleitung

Gender-Fragestellungen sind immer noch hoch aktuell und werden im kulturwissenschaftlichen Kontext mit neuen Impulsen bereichert, die heute vielleicht mehr denn je durch ihre Interdisziplinarität auch Einfluss auf fremdsprachendidaktische Diskurse nehmen können. Beispielhaft sei hier der im Juni 2008 an der Universität Köln ausgerichtete Workshop *Dichotonies: Gender & Music* erwähnt. Die *Gender*-Diskussion hat in den zurückliegenden 40 Jahren vielerlei Ausprägungen erlebt. Insbesondere die derzeit dritte Phase (*Third Wave Feminism*) dürfte dabei für die Fremdsprachendidaktik interessant sein, da sie sprachliche und (inter-)kulturelle Prozesse von Identitätskonstruktionen ihrer Lerner und Lernerinnen ernst nimmt.

In unserem Beitrag sollen zum einen skizzenhaft verschiedene *Teenage* Filme dahingehend analysiert werden, wie in ihnen Prozesse des *gender-fashioning* visuell und musikalisch (*images and sounds*) in Szene gesetzt werden. Mögliche didaktisch-methodische Aufgaben- und Übungsgestaltungen innerhalb einer ideologiekritischen Filmdidaktik (*Critical visual and audio literacy*) werden für die Sekundarstufe II vorgestellt. Schüler und Schülerinnen sollen dabei *Gender* als soziales Konstrukt erkennen, als „a matter of language, of signs and symbols" zur Repräsentation von kulturellen Unterschieden zwischen den Geschlechtern (Carnut-Gentille D'Arcy/Garcia-Landa 1996: 15). Feministische Positionen in ihren verschiedenen Ausprägungen und Schattierungen können hier zwar nicht ausführlich erläutert werden, sollen aber einführend kurz in entscheidenden Entwicklungslinien dargestellt werden. Ein Blick auf Geschlechterkonstruktionen und Filmtheorie ist dabei als Grundlage auch für (schul-)praktische Perspektiven unerlässlich.

2. Die Feminismus-Debatte der letzten 40 Jahre

Der von Marsha Lear geprägte Begriff des *Second Wave Feminism* beschreibt die breite Zunahme politischer Aktivitäten ab Ende der 1960er Jahre für die bis dahin nur de jure existente Gleichberechtigung der Frauen in Amerika, Großbritannien und auch Europa, als Folge von Bürgerrechts- und Antikriegsbewegungen in den USA sowie von massiven Arbeitskämpfen in Großbritannien für gleichen Lohn. Der *Second Wave Feminism* führte dazu, dass Frauen Zugang zu vielen kulturell und politisch wichtigen Feldern erhielten. Feministinnen begannen, die Verbindung zwischen dem bis dahin vornehmlich biologisch determinierten Geschlecht und entsprechend zugewiesenen Rollenhierarchisierungen zu dekonstruieren und widerlegen. Dieser Diskurs war dabei vorrangig geknüpft an existentialistische Fragestellungen der kulturellen Repräsentation und (Re-)Definierung von *body*, einem nach wie vor äußerst kontrovers diskutiertem Thema. Im Mittelpunkt sozialer und kultureller Debatten standen dabei nahezu ausschließlich binäre Fragestellungen, wie ‚schwarz / weiß' oder ‚Mann / Frau'.

1992 (re-)mobilisierte Rebecca Walker, die Tochter von Alice Walker, in einem beinahe legendär gewordenen Statement „I am not a post-feminism feminist. I am the Third Wave" im Magazin *Ms* (Walker 1992) vor allem junge Frauen, sich stärker politisch und kulturell zu engagieren und oftmals widersprüchliche kulturelle weibliche Repräsentationen zu thematisieren. Die etwas in Vergessenheit geratenen Fragestellungen der zweiten Phase erhielten damit einen neuen Impuls. Mit dieser Bewegung rücken, nicht unwesentlich beeinflusst durch Judith Butlers Buch *Undoing Gender* (2004), mehr und mehr poststrukturalistische Fragestellungen von *Gender* und Sexualität in das Zentrum der Debatte und damit Argumentationen, die davon ausgehen, dass die in *Gender*-Konstruktionen eingeschriebenen Rollen- und Machtverhältnisse generell polysemer und diskursiver Art sind. Damit werden binäre Denkweisen neu perspektiviert durch die Fokussierung auf ihre unterschiedlichen Ausprägungen (*differences and diversities*). Mit dieser ‚Welle' rücken Frauen visuelle und akustische Frauenbilder (und auch Männerbilder) in den Vordergrund, die um ihre eigene Identität kämpfen, Fragestellungen also der *Queer Studies*, *Transgender Politics*, von *Transnationalism*, *Ecofeminism* und *Black Feminism*, aber auch der *Men's Studies*, um nur einige mögliche Richtungen aufzuzeigen.

3. Geschlechterkonstruktionen und Filmtheorie

In den frühen 1970er Jahren entstand unter dem Einfluss der Neuen Frauenbewegung die feministische Filmwissenschaft. Dabei ging es zunächst um die Suche nach der ‚weiblichen' Geschichte des Films (*her-story*), die ergänzt wurde durch ideologiekritische, soziologische, dann auch semiotische und schließlich psychoanalytische Ansätze. Hier ist insbesondere Laura Mulvey zu nennen, die mit ihrem *Visual Pleasure and Narrative Cinema* (1975) eine Debatte auslöste, die die feministische Filmtheorie bis in die 1990er Jahre weitergeführt hat.

Ihre Kritik (vgl. Mulvey 1989: 16) am klassischen narrativen Film beruht wesentlich auf einem Paradigma, dem (männlichen) Blick. Zentral ist der sogenannte *male gaze* deshalb, weil er auf nonverbaler Ebene Herrschaftsstrukturen zwischen Männern und Frauen variiert. Mulvey argumentiert insbesondere gegen die scheinbare Objektivität des Auges und die Vorstellung eines neutralen Zuschauers (vgl. Gottgetreu 1992: 9). Film kann allerdings nicht nur von verschiedenen Blick-, sondern auch Hörwinkeln aus rezipiert werden, wie Silverman mit ihrem *acoustic mirror* nahelegt (vgl. Silverman 1988). Neben psychoanalytischen Ansätzen wird in jüngster Zeit der Einfluss der *Cultural Studies* zunehmend sichtbar. Damit geht eine Kritik am universalistischen, reduktionistischen Zugang zur Subjektivität einher, bei der Differenzen zwischen Frauen mit Blick auf Klassen- bzw. Rassenzugehörigkeit, sexuelle Orientierung oder Generationenzugehörigkeit unterschlagen werden. Die Berücksichtigung des soziohistorischen Kontextes der Betrachterinnen sowie Bedeutungs-Aushandlung als Aufgabe feministischer Filmkritik werden dabei stärker eingefordert (vgl. Gledhill 1999), das Identifikationskonzept wird als aktiver Aushandlungsprozess aufgefasst (vgl. Stacey 1987).

In Abkehr von psychoanalytischen und *Cultural Studies*-Ansätzen stehen kognitive Ansätze, die das Paradigma der aktiven Zuseherin betonen und eine Befreiung von der Vorstellung einer Identifikation mit dem Blick postulieren. Insbesondere die Gleichsetzung von visueller Lust und sexuellem Begehren wird in diesem Zusammenhang kritisiert (vgl. Braidt 2008). Die prinzipielle Offenheit der Kategorie ‚Geschlecht' im Gegensatz zu einer binären Opposition ist hier explizit hervorzuheben.

4. Die fremdsprachendidaktische *Gender*-Debatte

Die Fremdsprachendidaktik und auch die Literaturdidaktik haben sich lange schwer getan mit Fragestellungen, die dem *Gender*-Diskurs nahe stehen. Viele Jahre war das Thema nahezu tabuisiert; seine Bedeutung für den Englischunterricht blieb marginal: „Gender Studies have not been broadly embraced by and systematically applied to language teaching theory and practice" (Decke-Cornill/Volkmann 2007: 7).

Mit der Rezeption der *Cultural Studies* für die Fremdsprachendidaktik sind gerade in den letzten Jahren vielfältige kulturelle und mediale Sinnstiftungsprozesse ins Spiel gekommen wie z.B. *identity, subjectivity, resistance, sexuality, power* und *queer and men's issues*, die insbesondere in einem literatur- und kulturdidaktischen Fremdsprachenunterricht zum kritischen Neu- und ‚Querdenken' provozieren können. Prozesse also, die einem rezeptions- und handlungsorientierten Ansatz für den Umgang mit literarischen Texten eine weitere Dimension der Verlangsamung bescheren (vgl. Hunfeld 1990), ihn jedoch kritisch erweitern können.

Auf einige ausgewählte literaturdidaktische Einsichten sei an dieser Stelle verwiesen:

1. Obwohl geschlechterspezifische Leseerwartungen aus sozio-historischer Perspektive einerseits nicht zu ignorieren sind, sind sie andererseits immer kulturell gefärbt und können sich verändern (vgl. Delanoy 2007: 204). Zum Teil kontroverse Ergebnisse empirischer Erhebungen belegen das. Der fremdsprachliche Literaturunterricht sollte insofern eine Atmosphäre gegenseitiger Akzeptanz fördern („multi-voiced consciousness", vgl. Pavlenko 2004: 67, Decke-Cornill 2007: 87).

2. Hallets Ansatz ‚Fremdsprachenunterricht als Spiel der Texte' (2002) öffnet nicht nur das fremdsprachige Klassenzimmer für ‚männliche' und ‚weibliche' Texte gleichermaßen, sondern schafft eine didaktisch-methodische Grundlegung für ein bewusstes dialogisches In-Beziehung-Setzen beider Diskurse.

3. Das von Mulvey entwickelte ‚Blickparadigma' eröffnet vielfältige Ansatzpunkte für einen didaktischen Diskurs, der politische Machtstrukturen und *gender*-kritisches Herangehen miteinander verbindet, sowohl für weibliche als auch männliche Geschlechterkonstruktionen (vgl. Donnerstag 2007). Donnerstag

macht deutlich, dass die männliche Identität die Unsichtbarkeit (Macht) des blickenden Subjekts verloren hat und selbst zum Objekt der Analyse wird.

4. Es besteht Konsens darüber, dass leser- und textorientierte etablierte Verfahren durch *gender*-kritische Dekonstruktionen zu erweitern sind (vgl. Volkmann 2007: 175; Haas 2001: 117).

Aus diesen Grundannahmen ergeben sich einige Schlussfolgerungen für eine *gender*-orientierte Filmdidaktik.

5. Ideologie- und *gender*-kritische Filmdidaktik: *Critical viewing and audio literacy*

Das dominierende didaktische Herangehen an literarische Texte wie auch an Filme folgt grundsätzlich einer texthermeneutischen, rezeptionsästhetisch-responsiven Grundausrichtung, angereichert und teilweise rekonzeptualisiert durch Theorien interkulturellen Lernens und kulturwissenschaftliche Impulse. Darüber hinaus wird unter dem Einfluss handlungs- und produktionsorientierter Verfahren, wie sie sich in der Literaturdidaktik etabliert haben, auch dem Texterleben und damit subjektiv-emotionalen Reaktionen ein größerer Raum zugewiesen (vgl. Decke-Cornill/Luca 2007).

Beide Grundkonzepte – Filmanalyse und Filmerleben – scheinen geeignet, um auch Fragen von *Gender-fashioning* konstruktiv, kritisch und spielerisch-handlungsorientiert im Fremdsprachenunterricht zu begegnen (vgl. u.a. Delanoy 2007: 187). Jedoch bedarf es aufgrund der sozialen Konstruiertheit von *Gender* und der gleichzeitig engen Verbindung zu Fragen von Macht eines zusätzlichen ‚Mehrwerts'. Delanoy weist diesbezüglich Verbindungslinien zu Köglers Kritischer Hermeneutik[1] (1992) sowie zu Foucaults Theorien zur Funktionsweise moderner Machtdiskurse nach. Er plädiert dezidiert für eine ideologiekritische Literaturdidaktik, mit der Diskurse wie Identität, Rasse, Klasse oder auch *Gender* lernerorientiert bearbeitet werden können (vgl. Delanoy 2007: 203).

Ähnlich fruchtbar für filmdidaktisches ‚Quersehen und –hören' ist der in Australien verbreitete Ansatz der *Critical Literacy* (Morgan 1998), der zum einen eine kritisch-erweiterte Perspektive der amerikanischen *Reader-Response Theory* Rosenblatts darstellt. Der Ansatz rekurriert aber auch auf theoretische Schlüsselpositionen der *Critical Discourse Analysis* (vgl. Fairclough 1989, Luke 1996 und 2000) wie Bakhtin (Vielstimmigkeit der Texte), Foucault (diskursdeterminierte Identitätskonstruktion) und Derrida (multiple Lesarten von Text). Bean/Moni (2003) argumentieren, dass ein kritisches ‚Quer-Lesen' (respektive Sehen und Hören) die Lernenden befähigt zu erkennen, wie unterschiedliche *Gender*-Diskurse konstruiert und medial inszeniert werden. Bei der Beschäftigung mit *Teenage*-Literatur würde zudem ein doppelter Erkenntniseffekt dahingehend eintreten, jugendlichen Lesern zu zeigen, wie z.b. Jugendkulturen (Idole, Modetrends etc.) ideologisch konstruiert werden und ob diese Konstruktionen mit ihren eigenen Anstrengungen auf der Suche nach ihrer ‚Identität' (auch im Kontext von *Gender*) konform gehen oder nicht. Der *Critical Literacy*-Ansatz kann sowohl für die Literatur- als auch die Filmdidaktik wertvolle Impulse liefern, da er die Verbindungen zwischen Sprache, Macht und Identität in verschiedenen Diskursen zu ergründen versucht. Zwei Grundannahmen stehen dabei im Vordergrund: Diskurse werden immer durch soziale Gegebenheiten, insbesondere durch ungleiche Machtkonstellationen determiniert; Macht ist immer ungleich verteilt und beeinflusst den diskursiven Sprachgebrauch (z.b. Tonfall, Länge der Äußerung; vgl. Bean/Moni 2003: 643).

Es ist folglich davon auszugehen, dass nur eine ideologiekritisch orientierte Filmdidaktik in der Lage sein wird, geschlechterdifferenzierte Fragestellungen zu benennen und zu analysieren. Auch *gender*-perspektiviertes Sehen und Hören, also eine entsprechende Wahrnehmungssensibilität, wird dabei konstitutiv für ein „Verständnis von kultureller Differenz" (Seidl 2007: 4).

6. *Gendered Teenage-Films*:
Kurzanalysen und methodisch-didaktische Herangehensweisen

Wir werden im Folgenden auf einige Filme eingehen, die insbesondere auch ein jugendliches Publikum ansprechen und einen gewissen Bekanntheitsgrad aufweisen, der die Entwicklung einer *gender*-perspektivierten Sensibilität noch zu unterstützen vermag. Wir zeichnen kurz die Entwicklung der weiblichen Hauptperson der *Harry Potter*-Verfilmungen, Hermione Granger, nach und diskutieren *gender*-orientierte Aspekte der Filme *Little Miss Sunshine*, *Whale Rider* und *Brokeback Mountain*. Die Auswahl der Filme erfolgt dabei mit Blick auf sehr unterschiedliche Aspekte der *Gender*-Thematik in den vier Beispielen.

6.1 *Harry Potter* – Darstellung der Hermione Granger

Die Darstellung der weiblichen Hauptperson, Hermione Granger, lässt sich durch die insgesamt sieben Romane und bis dato sechs Verfilmungen gut verfolgen. Filmzuschauer können dabei auch die Entwicklung der Granger-Darstellerin Emma Watson durch ihre Teenager-Jahre beobachten, den Prozess einer weiblichen ‚Magierinnen-Sozialisation' begleiten und in seiner audiovisuellen Ausgestaltung analysieren. Als beste Freundin von Harry Potter und Ron Weasley ist Hermione Granger die zentrale weibliche Protagonistin, die gemeinsam mit ihren Freunden im Zauberer-Internat Hogwarts viele Abenteuer besteht. Sie wird als intelligente, belesene, gelegentlich altkluge Spitzenschülerin dargestellt, die mit ihrem Wissen über Magie in schwierigen Situationen helfen kann. Eine Reihe vermeintlich ‚typisch' weiblicher Attribuierungen sind dabei auffällig. Hermione ist ehrgeizig, fleißig, schwankt zwischen Selbstbewusstsein und Unsicherheit und hat eher Versagensängste als die schulisch weniger erfolgreichen Jungen. Soziales Engagement (für die Befreiung der sogenannten Hauselfen) und eine gelegentlich als anstrengend dargestellte Beharrlichkeit in Verbindung mit einer zunehmend ausgeprägten Schutzbedürftigkeit (vgl. Abb. 1) sind auffällige – auch visuell umgesetzte – Komponenten ihrer weiblichen Sozialisation,

Abb. 1: Hermione in *Harry Potter and The Prisoner of Azkaban*
(Cuarón 2004, Kap. 31, 1:54:10)

die ab dem vierten Band bzw. Film (*Harry Potter and the Goblet of Fire*) sehr deutlich hervortreten. Wie im Epilog des siebten (bis dato nicht verfilmten) Romans (*Harry Potter and the Deathly Hallows*) deutlich wird, gibt es auch in den *Harry Potter*-Romanen und -Filmen die berufstätige Mutter. Hermione wird aber nicht etwa Professorin in Hogwarts, sondern arbeitet im Zaubereiministerium, in dem sie sich gezielt für die Rechte der in der Zauberwelt Unterdrückten einsetzen kann. Insgesamt entspricht sie so auch am Ende des siebten Bandes dann doch wieder einem eher traditionellen Frauenbild.

Folgende Fragen können einen ersten Einstieg in die Auseinandersetzung mit *gender*-spezifischen Aspekten in den *Harry Potter*-Filmen ermöglichen:

- *How is Hermione presented visually? (hair, clothes, movement)*
- *How does the camera portray Hermione? (camera perspectives & angles)*
- *What about her acoustic presentation? Describe – or imitate – the way she speaks.*
- *How do boys react when she speaks or enters the room?*
- *Is there anything ‚typically female' about her in her audiovisual presentation?*
- *How does the audiovisual presentation change your perception of her female identity in contrast to the novels?*

6.2 Little Miss Sunshine

Bei dem Film *Little Miss Sunshine* (Dayton/Faris 2006) handelt es sich um eine Hollywoodproduktion, die auf eher stereotype *Gender*-Bilder rekurriert, diese aber teilweise karikiert. Sie ist insbesondere interessant bezüglich der (De-)Konstruktion von *Gender* im Kinder- und Jugendalter. Die dysfunktionale, so gar nicht amerikanische Durchschnittsfamilie Hoover aus Albuquerque, New Mexiko, macht sich in ihrem VW-Bus auf den Weg nach Kalifornien, wo die siebenjährige Tochter Olive als Vertreterin für New Mexiko an der landesweiten Endausscheidung zur Wahl der ‚Little Miss Sunshine' teilnehmen soll. Der im Film am Ende zentral in Szene gesetzte Kinder-Schönheitswettbewerb (vgl. Abb. 2) ist aus *Gender*-Perspektive besonders interessant. Er ist das künstlerisch überzeichnete Bild eines durch die Medien des 20. und 21. Jahrhunderts tagtäglich

Abb. 2: Vorstellung der Kandidatinnen für den *Little Miss Sunshine*-Schönheitswettbewerb (Dayton/Faris 2006, Kap. 19, 1.18.59)

suggerierten ‚universellen Infantilismus', dessen Projektion erotischer Ideen aus der Erwachsenenwelt dabei vor Kindern keinen Halt macht. Die siebenjährige Olive bedient mit ihrer Songauswahl *Super Freak* des schwarzen Sängers Rick James (1981) und der mit Hilfe des Großvaters einstudierten *Stripshow*-Choreographie den von Madonna in ihren Liedern und Videos unzählige Male inszenierten *Whore complex* und erschüttert gleichzeitig das anwesende Publikum zutiefst. Andererseits wird ihre Performance zur spielerischen parodistischen Inszenierung einer Siebenjährigen als Antwort auf die erotischen Auftritte ihrer jungen ‚erwachsenen' Mitbewerberinnen und damit auf die aktuelle kulturelle Repräsentation von *Gender*. Durch kindliche, zum Teil ungelenke und komische Bewegungen, Mimik und Gestik sowie zirkusähnliche, teils männliche Kostümierung konterkariert sie zusätzlich den vom Publikum und vom Zuschauer durch Song und Choreographie eingeforderten erotischen und voyeuristischen Exhibitionismus. Mit ihrer burlesken Inszenierung emanzipiert sie sich schließlich als ganz normales Kind, das Freude am Spiel und der Verkleidung hat und führt den Wettbewerb damit gewissermaßen ad absurdum. Diese Schlussszene bietet vielerlei Möglichkeiten, sich mit Bild, Musik und Körperbewegung auseinander zu setzen.

Die folgende Aufgabenstellung kann einen Zugang zur Thematik bieten und eignet sich im Zusammenhang mit der Betrachtung des *Screenshots* (Abb. 2):

Analyze the effect of the scene in Little Miss Sunshine concerning the fashioning of female teenagers in (American) society today. Make use of Neil Postman's *(educator and media critic) text extract:*

> As I write, twelve- and thirteen-year-old girls are among the highest paid models in America. In advertisements in all the visual media, they are presented to the public in the guise of knowing and sexually enticing adults, entirely comfortable in their milieu of eroticism.
>
> (Neil Postman. The Disappearance of Childhood. New York: Delacorte Press1982: 3)

6.3 *Whale Rider*

Der Film *Whale Rider* (Caro 2003) präsentiert ein alternatives Mädchenbild. Im Gegensatz zur konventionellen weiblichen *Harry Potter*-Protagonistin Hermione Granger und zur auf die Spitze getriebenen und dekonstruierten kindlichen Weiblichkeit der *Little Miss Sunshine* ist das Mädchen Pai in der Rolle der ‚Anderen', die zwar in den patriarchalischen Strukturen der neuseeländischen Maori aufwächst, dennoch aber ihre eigene *Gender*-Identität zwischen weiblicher Rollenerwartung und männlich dominierten Traditionsstrukturen entwickeln kann (vgl. Abb. 3). Der Film zeigt Pais Geschichte auf der Grundlage einer Maori-Sage, nach der vor tausenden Jahren der Urahn Paikea auf einem Wal reitend an die neuseeländische Küste kam und das Dorf Whangara gründete. Seitdem trägt das Oberhaupt des Stammes den Namen Paikea und vererbt diesen an seine männlichen Nachfahren. Nach dem Tod des letzten männlichen Nachkommen wächst dessen Schwester, das Mädchen Pai, bei ihren Großeltern auf. Der Großvater Koro als Stammesoberhaupt hat zwar ein gutes Verhältnis zu seiner Enkelin, aber er will sie nicht als legitime Erbin akzeptieren. Der Film zeichnet Pais Kampf um Anerkennung und Liebe, ihre Suche nach individueller Identität zwischen männlichen und weiblichen Rollenbildern. Filmbilder und Filmmusik unterstützen diesen Entwicklungsprozess auf eindrucksvolle Art und Weise und liefern viele Anlässe zur Diskussion *gender*-basierter Aspekte. Eine Reihe von Szenen, die mit (Geschlechter-)Rollenerwartungen spielen und diese zunehmend ad absurdum führen, eignet sich zur Thematisierung unterschiedlicher *Gender*-Perspektiven. So wird in einer Szene das Paradigma des Blicks neu akzentuiert, als Pai sehnsuchtsvoll beobachtet, wie ihr Großvater die Jungen des Dorfes in

Gendered Views & Sounds 251

Abb. 3: Das Mädchen Pai in *Whale Rider* (Caro 2003, Kap. 7, 34:03)

den alten Riten unterrichtet. Pais Ausgeschlossenheit aus der Gemeinschaft, die sie ersehnt, die aber gleichwohl in ihren patriarchalischen Strukturen unerreichbar für sie bleibt, wird für die Zuschauer audiovisuell erfahrbar gemacht. Das Zuschauen, Beobachten und sehnsuchtsvolle Blicken, hier aus einer weiblichen Perspektive, zieht sich durch den ganzen Film.

Für das didaktisch-methodische Vorgehen bieten sich folgende Aufgaben an:
- *Describe the music that refers to Pai.*
- *Is there anything ‚typically female' about her?*
- *How does the film convey gender aspects? Investigate different characters like the grandmother, grandfather, boys at school or her father.*

6.4 Brokeback Mountain

Obwohl *Brokeback Mountain* (Lee 2005) sicher nicht zu den *Teenage*-Filmen zu zählen ist und sein Einsatz in der Sekundarstufe II gründlicher Vorüberlegungen und Absprachen bedürfte, bietet er Reibungsflächen, die auch die Problematik ‚Männerbild' stärker in den Vordergrund rücken und damit u.a. Fragestellungen, wie sie in den *Queer Studies* oder auch den *Men's Studies* zumindest bereits im akademischen Bereich thematisiert werden. Es ist die Geschichte der Cowboys Ennis del Mar und Jack Twist und ihrer Liebe zueinander. Im ländlichen und zutiefst puritanisch geprägten Amerika des Jahres 1963 fehlt beiden jedoch der

Abb. 4: Jack Twist und Ennis del Mar in *Brokeback Mountain* (Lee 2005, Kap. 14, 1:44.44)

Mut, in der Öffentlichkeit zu ihren Gefühlen zu stehen. Sie gründen Familien, können allerdings, auch zum Unglück ihrer Frauen, nicht voneinander lassen (vgl. Abb. 4). Der Film nimmt eine in den USA aktuelle Debatte um Männlichkeit auf und hat damit für heftige und kontroverse Furore gesorgt. Der archetypische Mythos des klassischen harten amerikanischen Mannes wird aufgebrochen und konterkariert durch schwule Männlichkeit.[2] Ein gesellschaftlicher Fauxpas für den *American Way of Life*, der jedoch durch die eigenartige *Bricolage* aus homo- und heterosexuellen Formen, Schwulsein und Familie teilweise wieder paralysiert und kommerziell kanalisiert wird. Binäre Denkweisen (Frau und Mann) werden gegen den Strich gebürstet und neu perspektiviert durch die Fokussierung auf homo- und heterosexuelle Identitätskonstruktionen zugleich. Die Metapher der Hybridisierung von *Gender* in der Figurendarstellung wird aber auch filmisch perpetuiert durch ‚hybride' Genre-Verschiebungen. Der klassische Western, dem der Film als hauptsächliches Genreformat folgt, erfährt eine Renaissance durch die Anreicherung mit ‚weiblichen', melodramaähnlichen Elementen: der hartkantige Held, die ländliche Kleinstadt, schwere Arbeit, Frau und Familie, *country music*, sparsamer Sprachgebrauch einerseits; idyllische Settings und romantische Songs andererseits.

Für den Einsatz des Films im Englischunterricht bieten sich die folgenden Aufgabenstellungen an:

WHILE-LISTENING/VIEWING/READING:
- *The film ‚mingles' elements of the Western with the Melodrama. Make a list of film features that support this blending. What effect does this artistic means have on you?*

POST-LISTENING/VIEWING/READING:
- *What makes the film ‚politically incorrect' if you consider the story to be set in Wyoming 1963?*
- *What ‚traditional' and what ‚alternative' roles are given to men and women?*
- *What elements of the film would you change if you set the film in Germany 2008?*

7. *Gender*-Visionen – methodische Überlegungen

Im Folgenden sollen zusammenfassend einige methodische Überlegungen für den Klassenraum zusammengetragen werden, die den beschriebenen theoretischen Ansatz fördern können (in Anlehnung an Bean/Moni 2003: 645f.; Blell 1999: 155f.). Wir schlagen dabei eine Dreiteilung vor, die nicht analog mit der phasenspezifischen Einteilung in *pre-*, *while-* und *post-viewing activities* zu setzen ist, sondern inhaltlich und methodisch fundiert wird. Hier schlagen wir die Differenzierung in wahrnehmungsschulende, kritisch-analytische und handlungs- und produktionsorientierte Zugänge vor. Für alle Zugänge sind jeweils auch *pre-*, *while-* und *post-viewing*-Varianten denkbar.

7.1 *Gender-sensitive perception*: Die Wahrnehmung schulen

Wahrnehmungsschulung sollte sich sowohl auf visuelle als auch auf auditive Aspekte des Films richten. Wir machen eine Reihe von Vorschlägen, die als Ausgangspunkt für die individuelle Arbeit mit Filmen im Fremdsprachenunterricht dienen können und differenzieren dafür zwischen *gendered sounds* und *gendered views*.

GENDERED SOUNDS:

Ausgehend von Silvermans Ansatz (1988) können u.a. folgende Fragestellungen interessant sein mit Blick auf die klangliche Umsetzung *gender*-basierter Repräsentationen:

- *What do male/female voices sound like? (pitch, speed, volume)*
- *Is music used as a leitmotif for male/female persons?*
- *How do sounds contribute to the presentation of masculinity/femininity?*

GENDERED VIEWS:

Das Blick-Paradigma in Beziehung gesetzt zu kameratechnischen Aspekten und der visuellen Ausgestaltung der Filmbilder kann u.a. in folgenden Aufgabentypen näher betrachtet werden:

- *How are femininity/masculinity visualised? (outer appearance, clothes, movement, distance)*
- *How does the camera portray women and men? (perspectives and angles)*

7.2 Evaluating gender roles: Kritisch-analytische Zugänge

Kritisch-analytische Zugänge zur *Gender*-Thematik können sowohl mit Blick auf Form und Funktion filmischer Mittel, die Positionierung der Personen im Raum und die Frage nach Auslassungen oder der Funktion des Schweigens entwickelt werden.

FORM AND FUNCTION:

- *What is the film's historical and cultural origin? What was the respective role of men/women at that time?*
- *What social function does the film serve?*

SUBJECT AND VIEWER POSITIONING:

- *How does the male/female filmmaker construct the world of women and men/boys and girls in the film?*
- *Still: Where do men and women stand/sit?*

GAPS AND SILENCES:

- *Who gets to speak and have a voice in the film and who doesn't?*
- *What is left out of the film?*

7.3 Playing with Gender:
Handlungs- und produktionsorientierte Annäherungen

Handlungs- und produktionsorientierte Verfahren sind mittlerweile in der fremdsprachlichen Filmarbeit etabliert. Auch mit Blick auf *Gender*-Aspekte lassen sich methodische Verfahren finden, die einen kreativen Zugang zu der Thematik ermöglichen. Hier können Alternativen gefunden und Leerstellen gefüllt sowie Drama-Aktivitäten ausprobiert werden:

ALTERNATIVES:
- *How might we rewrite the film script to put ‚silent voices' (male/female/ gay/lesbian etc.) in the centre?*
- *How else might the male/female characters' stories be told?*

DRAMA ACTIVITIES:
- *Build a freeze frame of the scene (males in female roles and vice versa)*

8. Perspektiven

Wir plädieren dafür, Filmdidaktik als Teil kultureller Bildung und kulturellen Lernens zu sehen (vgl. Blell/Lütge 2008). Dies sollte auch ideologiekritische Betrachtungsweisen einschließen, d.h. „etablierte Verfahrensweisen durch *gender*-kritische Dekonstruktionen zu erweitern" (Haas 2001: 117; vgl. Donnerstag 2007: 243-260). So führt auch Volkmann (2007: 181) aus:

> If gender appears as something that is not always apparent, but always present, it is the task of educators to raise its presence in the classroom so that students can explore different gender roles and find this to be a lasting enrichment of their individual identities.

Generell sollten sowohl kanon-konforme Filme, als auch Filme, die ‚andere' Geschlechterkonstruktionen in den Mittelpunkt stellen, im Klassenraum zum Einsatz kommen, um für Differenzerscheinungen zu sensibilisieren. Dazu gehört durchaus auch eine ‚spielerische' Einstellung, die bei Volkmann als „Playing with gender" umschrieben wird (2007: 179). Die Kombination analytischer und kreativer Aufgabenstellungen kann dabei helfen, die scheinbare Eindeutigkeit einer der vielleicht unangefochtensten Dichotomien, nämlich männlich – weiblich in der scheinbaren Absolutheit ihrer Wirkungsmacht aufzubrechen. Insbesondere der *Teenage*-Film und das Alter der Schülerinnen und Schüler in der Pubertät sind nach unserer Auffassung geeignet, die Ambivalenzen und Schwierigkeiten dieses Lebensabschnitts sowohl auf humorvolle, kreative, aber auch kritisch-hinterfragende und nachdenkliche Weise zu thematisieren.

[1] Die Kritische Hermeneutik ist eine an Gadamers Philosophischer Hermeneutik und Foucaults Genealogie der Macht orientierte Denkrichtung, in der die Wirkung sozialer und politischer Machtstrukturen auf (sprachliche) Sinngebungs- und Bewusstseinsprozesse im Vordergrund steht.

[2] Ähnlich verhält es sich mit den *Masculinity Studies*, die in Deutschland relativ spät zu einer kulturwissenschaftlichen Sparte geworden sind (vgl. Donnerstag 2007: 249).

Literaturverzeichnis

Bean, Thomas W./Moni, Karen (2003). Developing Student's critical literacy: Exploring identity construction on young adult fiction. Journal of Adolescent and Adult Literacy (46:8), 638-648.

Blell, Gabriele (1999). Transgressing (Gender) Boundaries: Blickordnungen und Blickwechsel. In: Blell, Gabriele/Krück, Brigitte (Hg.). Mediale Textvielfalt und Handlungskompetenz im Fremdsprachenunterricht. Frankfurt/M.: Lang, 155-173.

Blell, Gabriele/Lütge, Christiane (2008). Filmbildung im Fremdsprachenunterricht: Neue Lernziele, Begründungen und Methoden. Fremdsprachen Lehren und Lernen 37, 124-140.

Braidt, Andrea B. (2008). FilmGenuss. Gender und Genre in der Filmwahrnehmung. Marburg: Schüren.

Butler, Judith (2004). Undoing Gender. New York: Routledge.

Carnut-Gentille D'Arcy, Chantal/Garcia Landa, José Ángel (1996). Gender. Ideology Essays on Theory, Fiction and Film. Atlanta: Georgia.

Caro, Niki (2003). Whale Rider. Newmarket Films/Buena Vista Int. (DVD).

Cuarón, Alfonso (2004). Harry Potter and the Prisoner of Azkaban. Warner Bros. (DVD).

Dayton, Jonathan/Faris, Valerie (2006). Little Miss Sunshine. Fox Searchlight Pict. (DVD).

Decke-Cornill, Helene/Luca, Renate (2007). Filmanalyse und/oder Filmerleben? Zum Dualismus von Filmobjekt und Zuschauersubjekt. In: Dies. (Hg.). Jugendliche im Film – Filme für Jugendliche. Medienpädagogische, bildungstheoretische und didaktische Perspektiven. München: Kopaed, 11-30.

Decke-Cornill, Helene/Volkmann, Laurenz (Hg.) (2007). Gender Studies and Foreign Language Teaching. Tübingen: Narr.

Delanoy, Werner (2007). Gender and Literature Didactics. In: Decke-Cornill/Volkmann, 185-207.

Donnerstag, Jürgen (2007). The Representation of Masculinity in Hollywood Films: Gender Discourse as Part of Cultural Learning. In: Decke-Cornill/Volkmann, 243-260.

Fairclough, Norman (1989). Language and power. London: Longman.

Gottgetreu, Sabine (1992). Der bewegliche Blick. Zum Paradigmenwechsel in der feministischen Filmtheorie. Frankfurt/M.: Lang.

Gledhill, Christine (1999). Pleasurable Negotiations. In: Thornham, Sue (Hg.). Feminist Film Theory. A Reader. Edinburgh, 166-179.

Haas, Renate (2001). We hold these truths to be self-evident: that all men and women are created equal. Geschlechterforschung und Englischdidaktik. In: Hoppe, Heidrun/Kampsdorff, Marita/Nyssen, Elke (Hg.). Geschlechterperspektiven in der Fachdidaktik. Weinheim: Beltz, 101-121.

Hallet, Wolfgang (2002). Fremdsprachenunterricht als Spiel der Texte und Kulturen: Intertextualität als Paradigma einer kulturwissenschaftlichen Didaktik. Trier: Wiss. Verlag.

Hunfeld, Hans (1990). Literatur als Sprachlehre. Ansätze eines hermeneutisch orientierten Fremdsprachenunterrichts. Berlin: Langenscheidt.

Kögler, Hans-Herbert (1992). Die Macht des Dialogs. Kritische Hermeutik nach Gadamer, Foucault und Rorty. Stuttgart: Metzler.

Lee, Ang (2005). Brokeback Mountain. Paramount (DVD).

Luke, Allan (1996). Text and discourse in education: an introduction to critical discourse analysis. In: Apple, Michael W. (Hg.) Review of research in education. Washington DC: American Educational Research Association, 3-48.

Luke, Allan (2000). Critical Literacy in Australia. A Matter of Context and Standpoint. In: Journal of Adolescent and Adult Literacy 43 (5), 448-461.

Morgan, Wendy (1998). Critical Literacy. In: Sawyer, Wayne/Watson, Ken/Gold, Eva (Hg.). Re-viewing English. Sydney: St. Claire Press, 154-163.

Mulvey, Laura (1986 [1975]). Visual Pleasure and Narrative Cinema. In: Rosen, Philip (Hg.). Narrative, Apparatus, Ideology. A Film Theory Reader. Columbia: Columbia Univ. Press.

Mulvey, Laura (1989). Visual and Other Pleasures. Bloomington: Indiana University Press.

Pavlenko, Aneta (2004). Gender and Sexuality in Foreign and Second Education: Critical and Feminist Approaches. In: Norton, Benny/Toohey, Kelleen (Hg.). Critical Pedagogies and Language Learning. Cambridge: Cambridge University Press, 53-71.

Seidl, Monika (2007). Visual Culture. Bilder lesen lernen, Medienkompetenz erwerben. Der fremdsprachliche Unterricht Englisch 87, 2-7.

Silverman, Kaja (1988). The Acoustic Mirror: The Female Voice in Psychoanalysis and Cinema. Bloomington: Indiana University Press.

Stacey, Jackie (1987). Desperately Seeking Difference. In: Screen 28 (1), 48-61.

Volkmann, Laurenz (2007). Gender Studies and Literature Didactics: Research and Teaching – Worlds Apart? In: Decke-Cornill/Volkmann, 161-184.

Walker, Rebecca (1992). Becoming the Third Wave. In: Ms (January/February) 1992, 39-41.

Bilder sagen mehr als Worte: Ein interkulturelles Filmprojekt mit Schülern aus Deutschland und Nicaragua

Ursula Vences

1. Schulpartnerschaft als Teil der Städtepartnerschaft

Der vorliegende Beitrag ist ein Erfahrungsbericht über ein vor einigen Jahren realisiertes interkulturelles Filmprojekt zwischen Schülerinnen und Schülern der Europaschule Kerpen in der Nähe von Köln und der Schule *Nuevos Horizontes* in der Hafenstadt Corinto/Nicaragua (vgl. Vences 1998a, 1998b, 2000). Diese und andere Schulpartnerschaften sind eingebettet in die Städtepartnerschaft zwischen Köln und Corinto/El Realejo e.V., welche sich seit über 20 Jahren mit mehr oder weniger Erfolg für Partnerschaften zwischen Schulen in Köln und in Corinto einsetzt. Diese Bemühungen sind teils von Erfolg gekrönt, aufgebaute Kontakte brechen aber auch immer wieder ein, was mit den sehr schwierigen gesellschaftlichen und ökonomischen Bedingungen im Partnerland zu tun hat. Dies zu verkraften und zugleich den Lernenden zu vermitteln, dass nicht – wie häufig vorschnell angenommen wird – Unzuverlässigkeit, sondern oft der Kampf ums Überleben der Grund für ausbleibende Kontakte ist, stellt bereits einen wichtigen Schritt beim interkulturellen Lernen dar.

2. Charakteristika und Ziele der Schule *Nuevos Horizontes*

Ein Beispiel dafür ist der (inzwischen nicht mehr in der ursprünglichen Form bestehende) Kontakt zur Schule *Nuevos Horizontes*. Diese war aus einer Privatinitiative erwachsen, jedoch wurde ihr die staatliche Anerkennung verweigert. Da die Schülerinnen und Schüler kein Schulgeld bezahlen konnten, die Unterrichtenden aber auch auf ein Mindestgehalt angewiesen waren, musste sie geschlossen werden. In *Nuevos Horizontes* wurde Schulabbrechern oder Heranwachsenden ganz unterschiedlichen Alters, die aus ökonomischen Gründen nur wenige Jahre zur Schule hatten gehen können, eine elementare berufsorientierte Ausbildung geboten. Die Partnerschaft zwischen der Europaschule Kerpen und *Nuevos Horizontes* ist inzwischen an das auch von der Städtepartnerschaft geförderte Jugendzentrum *Centro de Menores* übergegangen, wo Jugendliche in Form von Workshops ebenfalls eine berufsorientierte Ausbildung erhalten.

3. Die deutsche Lerngruppe

Der Kontakt läuft nach wie vor über die Spanischkurse der deutschen Partnerschule in den Jahrgangsstufen 9 und 10, die im ersten bzw. zweiten Lernjahr die Fremdsprache Spanisch erlernen. Er bietet so neben den Möglichkeiten des interkulturellen Lernens in einer realen, wenn auch virtuellen Begegnungssituation die Chance, das im Fremdsprachenunterricht Gelernte unmittelbar umzusetzen.

Die anfängliche Befürchtung, dass der Altersunterschied bei deutschen und nicaraguanischen Lernenden ein Hindernis darstellen könnte, erwies sich als unbegründet. Da es sich bei den Partnern aus Nicaragua um junge Menschen mit einem eher niedrigen Bildungsniveau handelte, war ihr Ausdrucksvermögen eher schlicht, was jedoch unter didaktischen Gesichtspunkten für Lernende im Anfängerunterricht positiv war, da sie keine größeren Verstehenshürden zu bewältigen hatten.

4. Vermittlung von Kenntnissen und Aufbau von Empathie

Anfangs lief der Kontakt über Briefe und selbst gemalte Bilder, die häufig von Kurieren zwischen Köln und Corinto hin und hergetragen wurden, da der Postweg nicht immer sicher war. Diese authentischen Materialien aus Corinto sind höchst motivierend, denn sie zeigen ganz andere Lebensumstände und Lebensbedingungen als die eigenen. Sie werden auch heute noch in den Unterricht integriert, da sie nichts von ihrer Aktualität verloren haben.

Die Zeichnungen vermitteln Informationen über die wichtigsten Produkte des Landes, über die Örtlichkeiten in Corinto und weisen gelegentlich auf politisches Bewusstsein hin, das unseren Lernenden oft abgeht. Ein Beispiel ist die Schülerzeichnung *Explotación Norteamericana* (vgl. Abb. 1). Im Unterricht wird sie einführend ohne den Titel gezeigt. Die Zeichnung wirft bei uninformierten Betrachtern, wie es unsere Schüler zunächst sind, eine Menge von Fragen auf, zu deren Beantwortung die folgenden Aufgaben beitragen können:

- *Mira el dibujo hecho por un estudiante de Corinto, sin leer el título. Describe lo que ves en el dibujo y formula una hipótesis sobre el significado.*

Bilder sagen mehr als Worte: Ein interkulturelles Filmprojekt 261

Abb. 1: Schülerzeichnung aus Corinto: *Explotación Norteamericana*

- *Explica el mensaje del dibujo, leyendo el título. ¿Qué información de fondo contienen las palabras "algodón", "café" etc.?*
- *¿De qué tipo de dibujo se trata? Explica la posible intención del dibujante. ¿Qué nos dice sobre la postura de éste?*
- *Si el tema de Nicaragua te interesa, busca más información en internet p.e. sobre la relación Nicaragua – EEUU, sobre la importancia del café para Nicaragua etc.*

Durch die eigenständige Beantwortung der Fragen, z.B. über eine Internetrecherche oder mit Hilfe von Materialien, die die Lehrkraft bereitgestellt hat, lassen sich sozioökonomische Aspekte erarbeiten, die immer noch von Bedeutung sind.

Ein zweites Beispiel stellt die Zeichnung *Plantas de Nicaragua* mit dem dazugehörigen Text[1] dar (vgl. Abb. 2); beides kann mit folgenden Fragen erarbeitet werden:

- *Mira este dibujo. ¿Qué informaciones recibes?*
- *Lee el texto que acompaña el dibujo. ¿Qué observas en cuanto a la ortografía?*

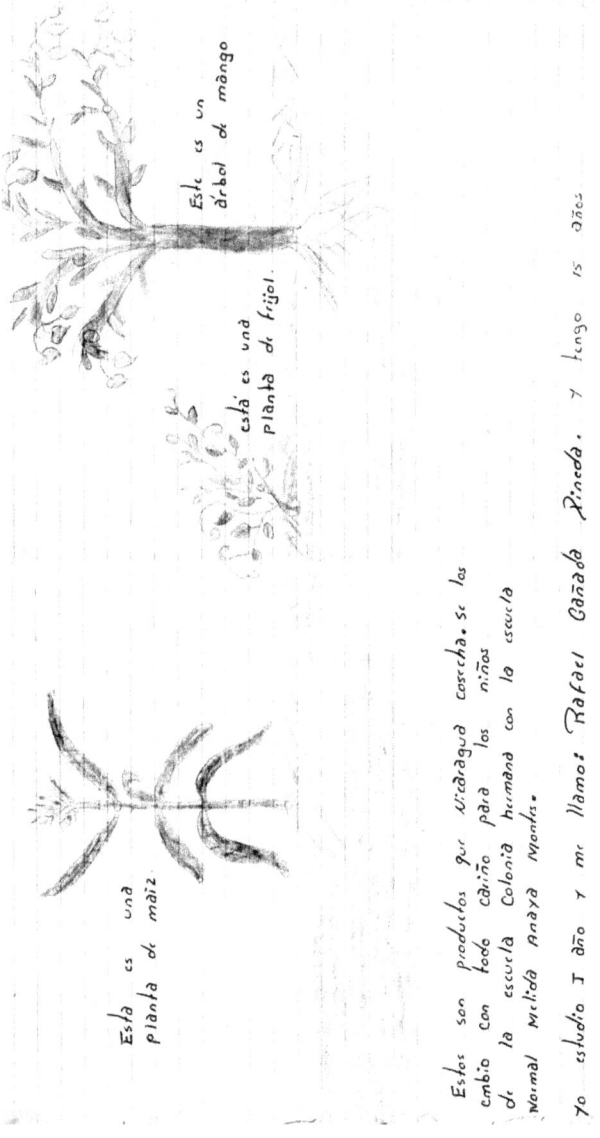

Abb. 2: Schülerzeichnung aus Corinto: *Plantas de Nicaragua*

- *¿Qué razones puede haber por qué el chico de 15 años comete estas faltas? Formula hipótesis. Después busca, con ayuda de tu profesor/-a, informaciones en internet sobre la alfabetización en Nicaragua.*

Ein weiteres Beispiel sind die Briefe von Schülern aus Nicaragua (vgl. Abb. 3; fehlerbereinigte Auszüge). Sie informieren über die völlig anderen Lebens- und Lernbedingungen der Jugendlichen in Corinto, zeigen aber durchaus auch Ähnlichkeiten, die es im Sinne des interkulturellen Lernens herauszuarbeiten gilt (vgl. Schnurr/Sánchez Rodríguez 2007). Hier und dort gibt es Schulabbrecher, aber die Gründe sind ganz unterschiedlicher Art.

Die Briefe bewirken bei den deutschen Schülern auch Empathie; dies vor allem aufgrund der relativ einfachen Sprache und der Rechtschreib- und anderen Fehler, wie sie auch auf den Begleittexten zur Zeichnung *Plantas de Nicaragua* (Abb. 2) zu sehen sind. So fehlen häufig Akzente, es fehlt das nicht ausgesprochene „h", z.B. „abía" statt „había", es gibt Verwechslungen zwischen „s" und „z", gelegentlich fehlt eine korrekte Silbentrennung bei Wörtern, so dass der Text nur bei lautem Vorlesen verständlich wird. Diese Fehler sind den von den deutschen Lernenden gemachten ähnlich. Eine solche Feststellung birgt ein hohes Identifikationspotential; dieses relativiert eigene Schwächen und schafft Nähe zu den Partnerinnen und Partnern („Die haben ja die gleichen Schwierigkeiten wie wir!").

Zugleich erhebt sich die Frage nach den Gründen der mangelnden Beherrschung der Muttersprache Spanisch, was erneut zur Erarbeitung von soziokulturellem Hintergrundwissen führt wie beispielsweise zu Informationen über die hohe Analphabetenrate, die Alphabetisierungskampagnen unter der sandinistischen Regierung, die Wiedereinführung von Schulgeld unter späteren Regierungen usw. Durch diese unbedingt erforderliche Hintergrundinformation kann einem möglichen Vorurteil vorgebeugt werden, nicaraguanische Kinder seien ‚dümmer', weniger intelligent und lernfähig.

5. Vorstellungen in den Köpfen und Realität

Aber was passiert in den Köpfen der deutschen Lernenden wirklich, wenn die nicaraguanischen Schüler schreiben: „Somos pobres", oder „Vivimos en una

> **Gary Eduardo Martínez Pineda:**
> Vivo en Corinto, una ciudad portuaria que algunos años atrás fue productiva debido a la constante llegada de buques a su muelle. Hoy un buque llega casi aproximadamente cada dos meses provocando una enorme crisis económica por lo que casi no se puede sobrevivir. Si no hay barcos, no hay trabajo.
>
> **Arick Coulson, de 17 años de edad:**
> La vida aquí en Nicaragua no es tan mala (bueno, como en todo país siempre existe el desempleo, pobreza, hambre y explotación del que tiene más sobre el que no tiene nada). Especialmente aquí en Corinto.
> Tenemos unas playas grandes con unas islas hermosas. Lo digo porque las visito frecuentemente y son un lugar para pasarla de maravilla. Mucho sol. Pero pocos trajes de baños cortos.   [Arick quiere decir que mucha gente no tiene traje de baño y se baña vestida; Anm. U.V.]
>
> **Aurora Matus, de 19 años de edad:**
> Quiero que sepas que estoy agradecida por tu gran ayuda material que me mandaste para que yo estudie mecánica automotriz.
>
> **Alexander José Meléndez González, de 16 años:**
> ... mi mayor deseo es de prepararme técnicamente como mecánico automotriz y de esta manera ayudar a mi familia de 10 personas. Somos pobres.
>
> **De una carta de Miguel Najarez:**
> Mi nombre es Miguel, tengo 10 hermanos, mis padres y una abuela. Los estudios son buenos, pero no iguales a los que tu recibes en Alemania. Son cómodos, pero con poca facilidad para estudiar. [...] Me dan una pequeña ayuda, una vez a la quincena, para poder mantener a mi hijo y eso es si quieren dármela los dueños de talleres. Si no me la dan, a pesar de todo tengo que hacer el esfuerzo para poder viajar al lugar donde hago mis estudios y al lugar donde recibo mi práctica. Lo bueno es que tengo las esperanzas de salir adelante y pienso que lo voy a lograr si Dios quiere.
>
> **Fernando José Pravia Meza:**
> Mi mamá no se encuentra en Nicaragua sino en Estados Unidos, en Miami (Florida), ya que está separada de mi papá [...] Mi papá vive aquí en Corinto. Vive con una señora y no con nosotros. Yo vivo en Corinto con dos de mis hermanos
>
> **Santo Soto García:**
> [...] Siempre he soñado en alacanzar esa meta para ser alguien en la vida y ayudar a mi mamá y a mi papá porque ellos van a mayor edad y me gustaría que no les hiciera falta nada.

Abb. 3: Schülerbriefe aus Corinto: Auszüge (fehlerbereinigt, U.V.)

casa modesta/pobre"? Welche Bilder assoziieren sie mit diesen Begriffen? Und welche Vorstellungen gar mit den Abstrakta wie *pobreza* oder *estudio*?

Es wird trotz der Bilderflut in den Medien aus Ländern der sog. Dritten Welt immer wieder deutlich, dass die Lernenden die über Worte vermittelten Inhalte zwangsläufig mit den eigenen Erfahrungen in Beziehung setzen. Diese empirische Beobachtung, die Lehrerinnen und Lehrer seit eh und je gemacht haben, ist nun seit Langem durch die Kognitionswissenschaft, die uns über Lernprozesse aufgeklärt hat, bestätigt. Neues Wissen und neue Inhalte vernetzen sich stets mit den im Kopf bereits vorhandenen Kenntnissen, um daraus neue Vorstellungen zu entwickeln. Insofern ist Wissen immer zuerst individuell geprägt, es beruht auf den jeweiligen Vorkenntnissen und ist daher nicht unbedingt identisch mit dem benannten Sachverhalt.

Es nimmt nicht Wunder, dass die deutschen Lernenden den Begriff *pobreza* häufig mit der Vorstellung einer Sozialwohnung in einem wenig attraktiven Wohnviertel in der Vorstadt, mit eher engen Wohnverhältnissen und einfacher Ausstattung verbinden. Wenn von Armut die Rede ist, kommen gelegentlich Assoziationen hinzu wie die, dass sich vielleicht eine Familie, die Sozialhilfe empfängt, die Klassenreise nicht leisten kann. Und bei der Verbindung von *pobreza* und *estudio* denken deutsche Lernende an ihr eigenes verschlissenes Schulmobiliar, können sich aber nicht vorstellen, dass sich nicaraguanische Kinder gelegentlich einen Stuhl von zuhause mitbringen, um nicht auf dem Boden sitzen zu müssen.

Eine andere Art der Assoziation stellt sich häufig zu Zeiten von Katastrophenmeldungen aus Ländern der sog. Dritten Welt ein. In solchen Fällen wird *pobreza* assoziiert mit dem totalen Verlust jeglicher materieller Güter, mit einer totalen Verarmung, in deren Gefolge auch eine vollständige Verelendung stattgefunden hat, kurz mit dem Leben in Slums.

Da im Spanischunterricht häufig das Thema Straßenkinder oder gar der auf den Müllhalden lebenden und arbeitenden Kinder behandelt wird, assoziieren Lernende den Begriff *pobreza* häufig mit Drogen, Kriminalität und ebenfalls völliger Verelendung. Die Jugendlichen kennen zudem aus den Medien die dort bevorzugte Darstellung von derartigen Extremsituationen, mit denen an die Spendenbereitschaft appelliert wird, also an das Mitleid. Dieses führt aber häufig nicht über eine eurozentristische oder gar Überlegenheitshaltung hinaus, wonach der ‚Wohlhabende' den ‚Armen' freiwillig etwas abgibt, ohne dabei die Mitverantwortung an der Misere überhaupt in Betracht zu ziehen. Für das interkulturelle Lernen im Unterricht ist ein weiterer Schritt erforderlich, der die Kausalität zwischen Armut in der so genannten Dritten Welt und Wohlstand in den Industrieländern einbezieht.

Die Elendsthematik war und ist – in allerbester pädagogischer Absicht – immer noch ein bevorzugter Unterrichtsgegenstand. Und sie darf natürlich nicht verschwiegen werden. Es wird aber zumeist versäumt, auch das Positive der im Elend lebenden jungen Menschen zu zeigen, nämlich ihre Stärken, ihren Überlebenswillen und ihre Kraft und Bereitschaft, für eine bessere Zukunft zu kämpfen. Und es wird häufig versäumt, andere Jugendliche und deren alltägliche Normalität in einem armen Land wie beispielsweise Nicaragua im Unterricht vorzustellen.

Denn bei den Partnern in Corinto handelt es sich nicht um verelendete Jugendliche, sondern um Heranwachsende, die im Vergleich zu unseren Verhältnissen unter sehr erschwerten Bedingungen leben, materiell gesehen sehr arm sind, aber andere Stärken haben. In ihren Wünschen und Träumen für die Zukunft unterscheiden sie sich wenig von den deutschen Jugendlichen, sodass im Spanischunterricht eher bei den Ähnlichkeiten als bei den Unterschieden angesetzt werden könnte. Es handelt sich um Jugendliche, die ihren nicaraguanischen Alltag zu meistern versuchen, die etwas lernen und weiterkommen wollen, die häufig im Familienverband leben, oft aber auch allein auf sich gestellt sind und ohne familiäre Hilfe auskommen müssen, jedoch nicht in völligem *abandono* auf der Straße leben. Und sie begegnen ihren deutschen Partnern durchaus auf Augenhöhe. Es wird sich zeigen, dass in der Begegnung mit ihnen das Mitleid bei den deutschen Schülerinnen und Schülern keine Größe mehr ist.

6. Lernziele: Klischeebildung vorbeugen und interkulturelles Lernen fördern

Wie kann es aber nun besser gelingen, eine fremde Wirklichkeit so zu vermitteln, dass sie der Realität nahe kommt und vor allem dieser auch gerecht wird? Denn – dies eine weitere Beobachtung – bleibt es bei den individuellen, im Kopf entstandenen Vorstellungen, so kann dies sehr schnell auch zur Klischeebildung führen. Dann bleibt in den Köpfen die Vorstellung von den ‚armen' ‚ungebildeten' Menschen in der Dritten Welt, die unseres Mitleids und unserer karitativen Hinwendung bedürfen.

Eine mitleidige Hinwendung kann m.E. lediglich der Auslöser für eine Beschäftigung mit dem jeweiligen Thema sein, das aber einer Vertiefung bedarf.

Dazu ist es im Sinne des interkulturellen Lernens erforderlich, die Dinge auch aus dem Blickwinkel der anderen zu betrachten. Ferner ist zusätzlich zur Wahrnehmung der fremden Wirklichkeit der Rückbezug zur eigenen Realität, zu den eigenen persönlichen Lebensumständen erforderlich, um durch den Vergleich und die Suche nach den Gründen der unterschiedlichen Lebensbedingungen möglicherweise eine Veränderung von Meinungen und Haltungen herbeizuführen. Interkulturelles Lernen muss eine Zweiwegebeziehung sein (vgl. Vences 1995, 2007 sowie u.a. Bredella/Christ 2007, Merkl 2006).

7. Das Filmprojekt: Vorbereitung und Bedingungen

Mir als der Unterrichtenden stellte sich also die Herausforderung, interkulturelles Lernen in dem oben erwähnten Sinne zu fördern. Was könnte dazu besser dienen als Bilder, zumal bewegte Bilder, die noch dazu von den Partnern selber produziert erden und nicht – wie häufig in Fernsehdokumentationen – von professionellen Filmemachern, die ‚über' die jeweiligen Menschen und Gegebenheiten berichten (wobei diese zwar auszugsweise in Form von Interviews auch ihre Meinung äußern, aber generell auf die Ausrichtung und Intention des Filmberichts keinen Einfluss haben).

Derartige Überlegungen führten zum Filmprojekt, in dessen Verlauf die Jugendlichen aus Corinto und Kerpen selber jeweils ihr Zuhause und Teile ihrer Stadt filmen und erklären sollten. Das Projekt wurde begeistert aufgenommen, aber die erste Hürde, und damit unsere erste interkulturelle Lernerfahrung in Deutschland, war die, dass die Jugendlichen in Corinto nicht über eine Filmkamera verfügten. Wir hatten recht unbedacht das Projekt geplant und – ohne uns in die Lage der anderen zu versetzen – vorausgesetzt, dass man auch in Corinto das Projekt würde realisieren können. Zum Glück hielt sich zum damaligen Zeitpunkt eine junge Entwicklungshelferin aus Köln dort auf, die über eine private (nicht professionelle) Filmkamera verfügte und sich bereit erklärte, bei der Erstellung der Filme zu helfen. Die deutschen Schüler hatten hingegen keine Schwierigkeit, sich eine Filmkamera zu beschaffen. Nach der Auswahl von Teilthemen bestand die große Schwierigkeit eher darin, die entsprechenden Erklärungen auf Spanisch zu formulieren und dann während des Filmvorgangs parallel zu sprechen. Die Texte wurden zwar vorbereitet, mussten dann aber beim Drehen frei gesprochen werden. Eine wahre Herausforderung!

8. Ergebnisse

Der in Corinto entstandene Film war für uns eine wirkliche *revelación*, eine echte Offenbarung, und zugleich eine *revolución* hinsichtlich der Vorstellungen in den Köpfen der Lernenden. Über den Film eröffnet sich der emotionale Zugang zu den Menschen in Corinto. Die deutschen Schüler sehen ein junges Mädchen, modisch frisiert und adrett mit einem langen T-Shirt bekleidet, wie sie selber es auch tragen, welches sie auffordert, gemeinsam mit ihm sein Zuhause zu besuchen. Dabei spricht Elena aus, dass ihr bewusst sei, dass es sich um ein ganz bescheidenes Zuhause handelt, das nicht mit Häusern in anderen Teilen der Welt mithalten könne, aber dass alle herzlich willkommen seien. Unsere Schülerinnen und Schüler sehen ein einfaches Holzhaus, sie werden in einen großen Wohnraum mit wenig Mobiliar geführt und sie erleben ein ‚Jugendzimmer', das darin besteht, dass ein Vorhang zur Seite geschoben wird, hinter dem ein Bett steht, darüber ein einfaches Holzregal mit ein paar Büchern. Im Haus sehen sie aber auch moderne elektrische Geräte, wie wir sie ebenfalls in unseren Wohnungen haben; allerdings erklärt Elena, dass der Kühlschrank meistens nicht funktioniert, weil der Strom oft ausfällt und zudem sehr teuer ist.

Abb. 4: Elena streichelt das Schwein im Bretterverschlag (Filmszene 14)

Bilder sagen mehr als Worte: Ein interkulturelles Filmprojekt 269

Abb. 5: Die Dusche im Bretterverschlag (Filmszene 16)

An anderer Stelle sehen sie Elena, die ihre Kleidung bügelt, um in die Disco zu gehen, ganz ähnlich wie die jungen Zuschauer auch. Dann werden sie auf den Hof hinter dem Haus geführt, wo ein einfacher Verschlag steht, in dem gerade eine Dusche gebaut wird, und sie sehen, dass dort auch ein Schwein zu Hause ist (vgl. Abb. 4 und Abb. 5). Die einzelnen Szenen des Films (Teil 1) werden in Abb. 6 kurz beschrieben.

9. Aufgaben zum interkulturellen Lernen

Zur Unterstützung des interkulturellen Lernens werden den Schülerinnen und Schülern die folgenden Aufgabenstellungen an die Hand gegeben. Weitere Fragen zur Filmsprache und Filmanalyse werden, anders als etwa bei der Behandlung von professionellen Spiel- oder Dokumentarfilmen, nicht formuliert; die Arbeit konzentriert sich auf den Inhalt des Films.

ERSTER EINDRUCK:

- *¿Qué es lo que más te ha impresionado / gustado / sorprendido de lo que has visto en la película y por qué?*
- *¿Qué pensamientos / sensaciones / sentimientos ha despertado la película en ti?*
- *Recuerda a Elena, la chica que te lleva por su casa. ¿Qué impresión te ha dado con respecto a su persona? ¿Cómo se comporta en esta situación que seguramente es nueva e insólita para ella? ¿Te parece simpática – sí, no, y por qué?*

SZENE 1. „Bienvenido a Corinto – Alcaldía Municipal" / Leuchtturm der Hafenstadt von Corinto als gemaltes Bild

SZENE 2. Straßenverkäufer mit kleinen Karren mit Waren / Verkäufer auf Fahrrad mit Verkaufswagen

SZENE 3. Gebäude von AMNLAE (nicaraguanische Frauenorganisation) / Schild „Casa de la Mujer"

SZENE 4. Straßenszenen / Verkaufsstände / Gemüse und Waren liegen in großen Körben / Frauen mit den typischen Rüschenschürzen

SZENE 5. Die Straße mit reichlich Baumbestand gibt einen Eindruck von der üppigen Vegetation in der Stadt.

SZENE 6. Zwei Reiter auf Mauleseln / im Kontrast dazu: Autos am Straßenrand

SZENE 7. Elena Margarita Selva Cáceres (später sieht man das Namensschild der Familie) erscheint im Bild: „Me llamo Elena. Esta es mi casa – pasen".

SZENE 8. Wohnzimmer der Familie / Elena stellt Geschwister und andere Familienangehörige vor / junge Frau im typischen nicaraguanischen Schaukelstuhl / Familienmitglieder beim Fernsehen

SZENE 9. Elena zeigt, wo sie ihre Kleidung bügelt: "Cuando voy a la disco, cuando voy a clase, plancho el uniforme, la falda y la blusa."

SZENE 10. Elena zeigt großen, fast leeren Kühlschrank: „No tenemos nada – falta la luz."

SZENE 11. Elena schiebt Vorhang beiseite und zeigt engen Bereich, wo ihr Bett steht (daneben das ihrer Mutter und einer Cousine): „Aquí duermo yo."

SZENE 12. Elena zeigt zum Hof hin offene Küche / moderne Küchengeräte neben traditionellem gemauertem Herd

SZENE 13. Elena zeigt Zimmer der Großmutter (lediglich Nische mit Bett) / Waschplatz im Freien / für das Mittagessen vorbereitete Fische

SZENE 14. Spielende Kinder im Hof / Kochstelle, an der Fische gebraten werden / Kochbananen in Topf / im Hof umherlaufende Hühner / das Hausschwein sitzt in Kasten (*chiquero*) und wird von Elena liebevoll gestreichelt (vgl. Abb. 4)

SZENE 15. Hohe Palme im Hof, die laut Elena den Blitz anzieht: „Es peligroso porque atrae los rayos."

SZENE 16. Elena zeigt Dusche und Toilette im Hof (vgl. Abb. 5) / es gibt keine regelmäßige Wasserversorgung: „No ha habido agua estos días."

SZENE 17. Namensschild der Familie: „Familia Selva Cáceres" / Elena zeigt den Abwasserkanal (*drenaje*): "Cuando llueve mucho el agua entra en las casas" / Topfpflanzen: "Estas son las plantas que puso la vecina para hacer más bonita la calle."

SZENE 18. Frage, ob es ein ruhiges Stadtviertel sei / Elena: „Bastante." / Frage nach Problemen / Elena: gelegentliche „peleas entre chavalos."

SZENE 19. Elena verabschiedet sich: "Espero que le haya gustado. Les esperamos pronto en Nicaragua. Gracias por la ayuda que nos mandan."

Abb. 6: Der Film der Schüler aus Corinto, Teil 1, Szenen 1-19

INFORMATIONSAUFNAHME:
- *¿Qué cosas muestra la protagonista Elena durante la película? Enumera lo que recuerdas.*
- *Elije algunas cosas que has visto (por lo menos tres) y compáralas con objetos o sitios de tu propia casa. ¿Qué parecido y qué diferencia hay?*
- *Observa lo que dice Elena sobre el programa televisivo. ¿De dónde viene? Formula una hipótesis por qué la familia nicaragüense ve este programa.[2]*
- *Compara con tus propios hábitos (los de tu familia) de ver la tele. ¿Qué parecido y qué diferencia hay?*
- *Observa también los electrodomésticos y demás mobiliario (sala, baño) y compara con una casa alemana. ¿Qué parecido y qué diferencia hay? Fíjate p.e. en lo que Elena dice de la nevera (del frigo).*
- *En la película se ven diferentes animales. ¿Cómo los trata Elena? Si tienes animales domésticos en tu casa, ¿qué diferencia y qué parecido hay? Si puedes, habla con gente mayor alemana sobre la importancia que han tenido ciertos animales como el cerdo, los conejos después de la Guerra mundial en Alemania.*

KREATIVE AUFGABENSTELLUNG:
- *Una estudiante asume el papel de Elena. Otra alumna se encuentra con ella en un encuentro imaginado. ¿Qué os preguntáis la una a la otra? ¿Sobre qué temas habláis?*
- *Le escribes una carta a Elena en la que le cuentas cómo es tu casa, tu vida de estudiante y otras cosas más. ¿Qué comentará ella p.e. al enterarse cómo es tu habitación, tu colegio etc. Básate en lo que has dicho antes sobre la personalidad de Elena y formula también la respuesta.*

ABSCHLIEßENDE REFLEXION – INTERKULTURELLES LERNEN:
- *¿Qué aspectos nuevos has aprendido con la película, a parte la información? ¿En qué te pueden servir estos nuevos conocimientos en tu futuro personal, en tus actitudes y en tu comportamiento hacía otras culturas?*

Lernziele wären hier: Respekt, Anerkennung der Gleichwertigkeit trotz ökonomischer Unterschiede, Anerkennung von Stärken und Schwächen im Vergleich mit sich selbst.

10. Interkultureller Lernerfolg

Der größte interkulturelle Lernerfolg beim Betrachten dieser Filmsequenz bestand in den Kommentaren der Schülerinnen und Schüler, von denen einige äußerten, dass sie sich wahrscheinlich geschämt hätten, eine solche Wohnung im Bild zu zeigen. Die deutschen Lernenden erkannten die Ähnlichkeiten zu ihrer eigenen Welt in dem Bestreben ‚modern' zu leben, aber auch die Unterschiede. Sie drückten vor allem ihre Bewunderung für die ruhige und selbstverständliche Würde aus, mit der das junge Mädchen seine ärmlichen Lebensumstände zeigt. Sie begriffen, dass Armut nichts mit einem geringeren Selbstwertgefühl zu tun haben muss, obwohl dies in einer Wohlstandsgesellschaft häufig der Fall ist, wenn Menschen sich nicht mit dem Reichtum der anderen messen können. Dieser Gesichtspunkt war auch bereits bei der vorangegangenen Lektüre einiger Briefe zum Ausdruck gebracht worden, wenn dort zu lesen stand:

> [Los dueños del taller] me dan una pequeña ayuda, una vez a la quincena, para poder mantener a mi hjo y eso es si quieren dármela los dueños de talleres. Si no me la dan, a pesar de todo tengo que hacer el esfuerzo para poder viajar al lugar donde hago mis estudios y al lugar donde recibo mi práctica. Lo bueno es que tengo las esperanzas de salir adelante y pienso que lo voy a lograr […].

Viele deutsche Schülerinnen oder Schüler meinten, sie hätten wahrscheinlich längst in einer vergleichbaren Situation aufgegeben. Einige fragten sich auch, ob sie denn nun ihre teils mit Elektronik vollgestopften Jugendzimmer überhaupt filmen sollten; sie entwickelten spontan ein Gefühl für ihren Wohlstand und ihren Überfluss, der ihnen bis dahin als selbstverständlich gegolten hatte, und waren beschämt. Sie begriffen, dass ihre aus eurozentristischer Sicht vorgetragenen Klagen z.B. über bessere Lernbedingungen einerseits zwar richtig sind, sich aber relativieren angesichts der Lebensumstände der Partner in Corinto. Sie lernten eher schätzen, was sie besaßen.

Sie verstanden letztendlich aber auch, dass sie ihre eigene Wirklichkeit ganz realitätsnah zu präsentieren hatten, denn natürlich wissen die Menschen in Corinto, wie wir in den Industrieländern leben und welche Unterschiede es gibt. Der Film zeigt, dass sie z.B. mexikanisches Fernsehen empfangen und sehen. So filmten die deutschen Schülerinnen und Schüler in Gruppen ihr Zuhause, die Einkaufsstraße, die Schule, die dazu gehörenden Sportanlagen usw. Die Teilstücke wurden zusammengefügt und dann im Gegenzug nach Corinto geschickt.

Leider erhielten wir keine Rückmeldung darüber, wie der von den deutschen Lernenden gedrehte Film aufgenommen wurde. Der Film wird in der Europaschule Kerpen immer wieder im Spanischunterricht gezeigt, denn obwohl bereits einige Jahre seit der Aufnahme vergangen sind, bleibt er weiterhin mehr als aktuell. Die Lage in Nicaragua hat sich eher noch zugespitzt und insbesondere für junge Menschen verschärft. Aber wir wissen aus neuen Briefen und E-Mail-Kontakten mit dem Jugendzentrum, dass sie weiterhin bereit sind, jedes Angebot für ein Weiterkommen anzunehmen. Und wir erfahren bei den deutschen Schülerinnen und Schülern, dass auch sie weiterhin durch den Film eine Menge über die anderen, über sich selbst und für sich selber lernen – dass also interkulturelles Lernen im beschriebenen Sinne stattfindet. Daher kann den Unterrichtenden nur empfohlen werden, über in Lateinamerika engagierte Hilfsorganisationen einen Kontakt zu den Projekten zu suchen und ein ähnliches Projekt in Angriff zu nehmen. Es lohnt sich.[3]

[1] Der Text unter der Zeichnung lautet im Original (unkorrigiert):
Estos son productos que Nicaragua cosecha. Se los cmbio con todo cariño para los niños de la escuela Colonia hermana con la escuela normal Melida Anaya Montes. Yo studio 1 año y me llamo: Rafael Gañada Xineda. Y tengo 15 años.
[2] Erwartungshorizont zu dieser Frage: Le gusta, la compañía televisiva mexicana es más potente y se recibe mejor que la television nicaragüense, muchas familias tienen famllia en EEUU y en México para trabajar allí, es el primer destino de muchos emigrantes.
[3] Eine Kopie des Films kann bei der Autorin angefordert werden: uvences@freenet.de

Literaturverzeichnis

Bredella, Lother/Christ, Herbert (Hg.) (2007). Fremdverstehen und interkulturelle Kompetenz. Tübingen: Narr.

Merkl, Matthias (2006). Der Blick auf die eigene und die fremde Kultur: Selbstverstehen und Fremdverstehen im Englischunterricht. Neusprachliche Mitteilungen aus Wissenschaft und Praxis 59, 21-29.

Schnurr, Simone/Sánchez Rodríguez, Ana Belén (2007). Kinder und Jugendliche in Nicaragua. Der fremdsprachliche Unterricht Spanisch 16, 28-33.

Vences, Ursula (1995). Die Darstellung des anderen im Spanischunterricht. Ein Weg zur Akzeptanz oder zur Ablehnung? Praxis des neusprachlichen Unterrichts 2, 182-185.

Vences, Ursula (1998a). Interkulturelles Lernen in einer Schulpartnerschaft. In: Bundeszentrale für Politische Bildung (Hg.). Interkulturelles Lernen. Arbeitshilfen für die Politische Bildung. Bonn: Bundeszentrale für Politische Bildung, 101-109.

Vences, Ursula (1998b). Wie Frauen und Jugendliche in Nicaragua leben. Schulpartnerschaft und interkulturelles Lernen. Hispanorama 82, 115-117.

Vences, Ursula (2000). Ihr in Corinto – Wir in Köln. Interkulturelles Lernen in einer Schulpartnerschaft. In: Altmann, Werner/Vences, Ursula (Hg.). América Latina en la enseñanza del español - ¡Encuentro o encontronazo? Berlin: edition tranvía, 113-139.

Vences, Ursula (2007): Interkulturelles Lernen – weit mehr als Landeskunde. Der fremdsprachliche Unterricht Spanisch 16, 4-9.

**Neue Filmgattungen
für den Fremdsprachenunterricht**

Film Puzzles: Episodenfilme im Fremdsprachenunterricht
Eva Burwitz-Melzer

Mit der wachsenden Popularität von Spielfilmen im Fremdsprachenunterricht, die noch unterstützt wird durch die Einbettung von medienwissenschaftlichen Anforderungen in die Bildungsstandards für die erste Fremdsprache Englisch/ Französisch (KMK 2004, 2005) und in die Einheitlichen Prüfungsanforderungen für das Abitur im Fach Englisch (KMK 2002), haben Spielfilme im unterrichtlichen Kontext der fortgeschrittenen Mittelstufe und der gymnasialen Oberstufe an Boden gewonnen. Zahlreiche Publikationen zur Film- bzw. Mediendidaktik im Fremdsprachenunterricht aus den letzten Jahren unterstützten diese Beobachtung. Der vorliegende Aufsatz möchte sich mit einer besonderen Gattung von Spielfilmen auseinandersetzen, die bisher trotz ihrer recht großen Beachtung durch das normale Filmpublikum von den Fachdidaktiken des Fremdsprachenunterrichts noch nicht entdeckt wurden, dem Episodenfilm. Zu diesem Zweck soll eine begriffliche Einordnung und eine strukturelle Beschreibung von Episodenfilmen vorgenommen werden. Ein Beispiel für den Unterricht soll darstellen, wie Episodenfilme trotz einer komplexen Struktur viele Chancen für interessantes unterrichtliches Arbeiten mit fortgeschrittenen Lernenden bieten.

1. Zum Begriff des Episodenfilms

Episodenfilme werden genre-übergreifend durch ihre Struktur gekennzeichnet; damit ist der Begriff ‚Episodenfilm' ein Gattungsbegriff. Es gibt bisher nur wenig Sekundärliteratur zum Episodenfilm im Kontext des Fremdsprachenunterrichts sowie zu den besonderen Chancen oder Schwierigkeiten, die dieses Genre für Lernende bietet. Insofern betritt dieser Aufsatz ein fachdidaktisches Stückchen Neuland, dessen Eroberung sich in didaktischer und fremdsprachendidaktischer Hinsicht aber durchaus lohnt.

Der Begriff ‚Episodenfilm' ist nicht eindeutig definiert, deshalb möchte ich zunächst näher auf seine Erklärung eingehen: Im Englischen wird der Episodenfilm als *collective story film* oder auch als *multi-plot-film* bezeichnet. Beaver (1995: 46) kennzeichnet diese Gattung folgendermaßen:

A motion picture containing one or more narrative units, and arranged so that the separate stories and characters create an expanded treatment of related ideas. An emotional connection between the (stories) evolves as their separate stories unfold.

Die fast seit Beginn der Filmgeschichte bekannte Gattung ‚Episodenfilm' muss aber, streng genommen, noch einmal in zwei Kategorien unterteilt werden: Typ I besteht aus mehreren unabhängigen Episoden, die hintereinander arrangiert sind. Typ II besteht aus mehreren miteinander eng verzahnten Episoden bzw. Handlungssträngen, die meist ineinander verschachtelt gezeigt werden. Es sollen hier kurz die Unterschiede und die Gemeinsamkeiten der beiden Gattungstypen umrissen werden.

Zunächst zu Typ I: Die erste, klassische und in einschlägigen Filmlexika und Filmgeschichten beschriebene Form des Episodenfilms stellt eine Abfolge abgeschlossener Kurzfilme von einem oder mehreren Regisseuren dar. Die Episoden haben in der Regel ein gemeinsames Thema, eine zugrunde liegende Idee, sind aber, strukturell betrachtet, völlig unterschiedliche Kurzfilme mit ganz individuellen Plots, die auch ganz verschiedenen Filmgenres angehören können. Den Regisseuren der Episodenfilme vom Typ I geht es stets um eine multiperspektivische und variantenreiche Darstellung ihrer Grundidee. Verschiedene subjektive Darstellungsmöglichkeiten werden deshalb aneinander gereiht. Die Episoden bieten den einzelnen Filmemachern die Gelegenheit, die gemeinsame Thematik in einer sehr kurzen Erzählspanne durchaus auch widersprüchlich oder mit ironischen Brechungen zu verarbeiten. Die verschiedenen Episoden ermöglichen das Aufzeigen individueller Perspektiven ohne Wiederholungen, die Spannung im Film wird durch sich abwechselnde strukturelle Parallelen und Differenzen aufrecht erhalten. Der Zuschauer muss beim Betrachten des Films Vergleiche zwischen den Einzelepisoden anstellen, Parallelen erkennen und auf ihrem Hintergrund Differenzen ausdeuten, um die komplexe Filmstruktur zu verstehen. Meist handelt es sich um gesellschaftliche oder auch soziale Themen, die in den Filmen angesprochen werden: zwischenmenschliche Beziehungen oder Kommunikationsprobleme, und oft wird als Setting eine Großstadt gewählt, vor deren Hintergrund sich die Vielfalt der Beziehungen optimal darstellen lässt.

Es hat im Laufe der Filmgeschichte etliche dieser Episodenfilme vom Typ I gegeben; das älteste Beispiel ist der Film *Intolerance* (USA, 1916), der mit seinen vier Episoden Zeitsprünge von der Antike bis ins 20. Jahrhundert darbietet, in jedem Zeitalter Beispiele für menschliche Intoleranz aufzeigt und durch eine leitmotivische Mutterfigur, die eine Wiege schaukelt, die vier Kurzfilme miteinander verknüpft. Berühmt sind auch *Ten Minutes Older: The Trumpet* und *Ten Minutes Older: The Cello* (beide: GB, 2002). In *Coffee and Cigarettes* von Jim Jarmusch (USA, 2003) ist bemerkenswert, dass die Einzelepisoden über einen Zeitraum von fast 20 Jahren gedreht wurden.

Als eher heiteres Beispiel kann der 2007 erschienene französische Film *Paris, je t'aime* (Frankreich, Carné 2006) dienen, in dem in 18 sogenannten Filmminiaturen 21 Regisseure und 34 Schauspieler zum Einsatz kommen (vgl. dazu auch die Beiträge von Ulrike Lange und Adelheid Schumann im vorliegenden Band). Die Einzelfilme, die jeweils ein Arrondissement, oder auch einen begrenzteren Schauplatz wie z.B. den Friedhof Père Lachaise als Setting haben, sind von gleicher Länge und thematisieren alle die Liebe in Paris. Sie werden hintereinander gezeigt, so dass ein in seiner Abfolge interessantes Gesamtkunstwerk entsteht, in dem jede Miniatur ein anderes Genre abbildet. Es gibt romantische, sehr junge Liebespaare, die zueinander finden oder auch nicht, es sind ironische Beispiele von geschiedenen Ehepartnern dabei, die sich plötzlich ganz neu entdecken und wieder sympathisch finden, es gibt Spiele mit Vorurteilen, die den Betrachter als Voyeur entlarven, der enttäuscht wird, und auch ein übernatürliches Beispiel, einen Vampir-Liebesfilm. Dementsprechend wechseln auch die Stimmungen von bissig über rätselhaft zu verspielt, von nachdenklich zu übermütig, wobei in jedem Film die Musik entsprechende Akzente setzt. Für die Musik ist übrigens mit Pierre Adenot nur ein Verantwortlicher benannt, er hat die musikalische Gestaltung also als Gesamtkonzept angelegt. Die narrativen Perspektiven, die Art der Kameraführung, die Beleuchtung und die Dialogführung wechseln aber mit jedem Kurzfilm und sorgen damit für vielfältige Variationen des Themas Liebe in Paris. Erst am Ende des Films, beim Abspann, werden einige Figuren aus den Kurzfilmen ganz kurz zusammengeführt, jedoch geschieht dies, ohne den Plot weiter zu verfolgen: Die Figuren sehen sich im Vorbeigehen an, einige treffen sich zu einer Verabredung und schütteln sich die Hände, andere gehen einfach aneinander vorbei – es ist dies ein Spiel mit der Filmstruktur, die im Rückbezug sich selbst noch einmal reflektiert.

Der zweite Typ des Episodenfilms ist etwas anders angelegt. In der Regel ist für diesen Filmtyp nur ein Regisseur verantwortlich, der eine sehr facettenreiche Handlung mit vielen Plots oder auch Subplots präsentiert. Diese Plots und Subplots sind Handlungsstränge, die auf vielfältige Weise miteinander verwoben oder verknotet werden, so dass sie ein multiperspektivisches Ganzes ergeben. Im Gegensatz zu Typ I gibt es also nicht mehrere unabhängige Plots, sondern einen Plot mit vielen sich partiell überschneidenden Handlungssträngen, die allmählich vom Rezipienten entwirrt werden müssen. Die Darstellung der Handlungsstränge erfolgt sehr häufig in Anlehnung an das aristotelische Prinzip der Einheit von Ort und Zeit, indem meist nur ein Tag dargestellt wird. Durch die stark aufgebrochene Handlung, die oft noch Zeitsprünge beinhaltet, ergibt sich auch bei diesem Typ des Episodenfilms ein facettenreiches Bild eines Grundthemas, mit Parallelen und Differenzen. Die Einheit der Handlung muss wie ein Puzzle vom Betrachter des Films erstellt werden, indem er die Grundidee des Films erkennt und Überschneidungen zwischen den einzelnen Handlungssträngen herausfindet. Zusammengehalten werden die Handlungsstränge wie beim Typ I von einer Grundidee, einer abstrakten Vorstellung oder einem Grundkonflikt, der sich in allen Einzelsträngen der Handlung wiederfinden lässt. Auch Typ II des Episodenfilms beschäftigt sich vorzugsweise mit gesellschaftlichen und zwischenmenschlichen Beziehungen, mit Kommunikationsproblemen, dem Großstadtleben in der Moderne und seinem gesellschaftlichen Kontext. Filmhistorisch gesehen gibt es auch diese Gattung schon sehr lange: Ein frühes Beispiel ist der Film *Grand Hotel* (USA, 1937), der sich mit unterschiedlichen Schicksalen von Personen in diesem Hotel beschäftigt. Er war mit seinen Plots, die von Liebe und Hass, Betrug und Verzweiflung erzählen, und seinen vielen Stars so erfolgreich, dass er oft kopiert wurde. Erwähnenswert sind auch die vielfach ausgezeichneten Filme *Short Cuts* (USA, 1993), *Pulp Fiction* (USA, 1994), *Magnolia* (USA, 2005), *Babel* (USA/Mexiko, 2006) und *Crash* (USA, 2004), die jeweils mehrere Handlungsstränge zu einem großen Filmpuzzle zusammenfügen. In einem Film können deshalb immer mindestens zwei, oft aber auch mehr Perspektiven auf einen Sachverhalt gleichzeitig dargestellt werden: Das ist zum einen meist eine umfassendere gesellschaftliche Idee und zum anderen der Blick auf ein oder mehrere Einzelschicksale innerhalb der Gesellschaft.

Betrachtet man die beiden Erzähltypen der Episodenfilme, so fällt auf, dass sie mit filmischen Mitteln vorweggenommen bzw. weitergeführt haben, was in der Literatur mit Virginia Woolf, Gertrude Stein und James Joyce zu Beginn der Moderne in der amerikanischen und westeuropäischen Literatur anklingt – eine multiperspektivische und stark subjektiv gefärbte Darstellung von Realität, die höchste Ansprüche an Leser wie Filmbetrachter stellt. Obwohl immer wieder einmal zu lesen ist, dass Episodenfilme ‚postmodern' seien und ihre narrativen Brechungen maßgeblich vom Dekonstruktivismus geprägt wurden, können diese Behauptungen, filmhistorisch betrachtet, nicht wirklich aufrecht erhalten werden. Die aufgebrochene Struktur, die vom Betrachter das zusammenfügen lässt, was vom Produzenten, vom Regisseur und vom Drehbuchautor als komplexe und gebrochene narrative Struktur geplant war, ist keine Erfindung der Postmoderne, sondern hat nur in dieser Zeit neuen Auftrieb erhalten. Seit den 1980er Jahren wurden viele Episodenfilme gedreht, etliche haben Kultstatus erreicht.

2. *Crash* als Beispiel eines Episodenfilms

Die Komplexität der Episodenfilme, insbesondere des zweiten Typs mit seinen zahlreichen verflochtenen Handlungssträngen, wird am besten durch ein Beispiel verdeutlicht. Dazu wurde hier der Film *Crash* von Paul Haggis (USA, 2004) ausgesucht, der 2006 auch die Oscars für den besten Spielfilm, den besten Schnitt und das beste Original-Drehbuch bekam und darüber hinaus etliche Oscar-Nominierungen und zahlreiche andere Filmpreise erhielt.

2.1 Grundidee, Leitmetaphern und Struktur

Die durch Zeitsprünge charakterisierte und stark aufgebrochene Handlung ist nicht leicht zu verfolgen und offenbart sich am besten, indem man ihre Handlungsstränge entweder durch das Figuren-Inventar oder durch Verfolgen der Grundidee des Films zu entwirren versucht. Es kann hier also keine klassische Analyse der Plots referiert werden, auch keine Inhaltsangabe, sondern nur exemplarische Ausschnitte aus der Handlung und Einblicke in einzelne Episoden. Die Figuren können mit einigen Überschneidungen zu Kleingruppen geordnet werden, die einzelne Handlungsstränge bevölkern. Die Grundidee wird gleich zu Beginn des Films von einem der wichtigsten Protagonisten angesprochen:

GRAHAM WATERS *(detective, in his police car after a crash)*: It's the sense of touch.

RIA *(detective, his colleague and friend in the same police-car)*: What?

WATERS: Any real city, you walk, you know, you brush past people, people bump into you. In L.A., nobody touches you. Always behind this metal and glass. I think we miss that touch so much, that we crash into each other, just so we can feel something.

POLICE OFFICER *(outside, bending down into the window)*: You guys ok?

RIA: I think he hit his head.

(Haggis 2006, *Crash*, Kap. 1, 00:03:02-00:03:36; Transkription: E. B.-M.)

Dieser kurze lakonische Gedankenaustausch stellt den Konflikt des Films, aber auch seine Atmosphäre vor: Ganz unterschiedliche Protagonisten stoßen im wahrsten Sinne des Wortes aufeinander, verletzen sich, tragen Konflikte aus, missverstehen sich. Schon der Titel des Films *Crash* birgt damit die Leitmetapher, den Zusammenstoß, das leidenschaftliche und oft ungebremste Aufeinandertreffen von Menschen verschiedener Ethnien in einer modernen, überaus lebendigen amerikanischen Großstadt. Im Mittelpunkt stehen auch immer wieder Autos, die Fortbewegungsmittel dieser Menschen, die sie zueinander transportieren, ihre Prestigeobjekte sind, die begehrt und gestohlen werden, die aber auch Schutzhüllen darstellen, die aufgebrochen werden, oder die für sexuelle und kriminelle Handlungen benutzt werden und schließlich auch den Tod bringen. Der Film beschreibt 36 Stunden in Los Angeles, in denen zahlreiche Menschen aus ganz verschiedenen Kulturräumen aufeinandertreffen. Er konzentriert sich vor allem auf rassistische Probleme und Geschlechterdifferenzen zwischen Fremden, die sich zufällig begegnen, aber auch zwischen Ehepartnern und in Familien. Vorurteile und ihre Auswirkungen stehen im Mittelpunkt der Aufmerksamkeit; sie verursachen Gleichgültigkeit und Kälte, Hass, Zurückweisung und Verletzungen. Mit Absicht haben Regisseur und Filmcrew sich dafür entschieden, in diesem Film eine sehr deutliche, oft grobe Sprache zu sprechen, die nichts beschönigt. Der Ton ist direkt, oft verletzend und nicht politisch korrekt. Die Handlungen, die oft von den Schauspielern improvisiert wurden, wecken starke Emotionen und polarisieren.

Bobby Moresco, der Drehbuchautor, beschreibt die Motivation von Regisseur und Filmcrew folgendermaßen:

We made a choice early on, if we were talking about race and not deal with it directly, then we were not really talking about race, we were trying to be politically correct. And that wouldn't have gotten us to the place where we needed to get dramatically. We were just shooting the world we were trying to find.

So we made that choice to deal directly with it. We kept digging at the truth and we just didn't care what it sounded like – and we knew it was ugly. And at one point Paul would say to me: „Can we do this?" or I would say to him: „Can we do this?" and the answer would always come back the same: „If it's truthful. If it's real. If it's right. If it serves the story, we can do it."

And then we didn't allow ourselves to be put off by the ugliness of it. And racism is nothing, if not ugly. But nobody would pay attention to the storytelling if we were trying to get around that.

(Bobby Moresco, Bonusmaterial zu Haggis 2006, *Crash*; Transkription: E. B.-M.)

Einen Episodenfilm in aller Kürze vorzustellen, ist schwierig, denn für welchen Handlungsstrang soll man sich entscheiden? Die Liste der Protagonisten ist in *Crash* recht unübersichtlich; es sind sehr viele Figuren und sie tauchen in den unterschiedlichen Konstellationen in den Plots auf. Einige wenige sollen hier vorgestellt werden, um die Wirkungsweise und die Grundidee des Films zu veranschaulichen.

Der schwarze Detective Graham Waters ist eine der Hauptfiguren des Films. Er kümmert sich um seine drogensüchtige Mutter und sorgt sich um seinen jüngeren, halbkriminellen Bruder Peter. In den einzelnen Handlungssträngen taucht er mehrfach auf, mal als Ermittler, als Sohn, als Bruder, als Liebhaber oder als erpresster Untergebener der Staatsanwaltschaft, der sich auch gegen (rassen)politische Manipulationen nicht zur Wehr setzen kann. Sein Schicksal in diesen 36 Stunden gibt dem Film einen strukturellen roten Faden, der viele, aber längst nicht alle Handlungsstränge verknüpft: Gleich zu Beginn des Films wird er an den Tatort eines Mordes gerufen, das Opfer bleibt für den Zuschauer jedoch noch unsichtbar.

In vielfach gebrochenen Rückblenden wird das Geschehen bis zu dem Mord verfolgt – dann kehrt der Film an seinen Ausgangspunkt, den Tatort vom Anfang zurück. Gleichzeitig wird dem Zuschauer die Identität der Leiche enthüllt, wodurch neue Puzzleteile der Handlung verständlich werden und die verschiedenen Plots sich weiterentwickeln können. Am Ende des Films ist die vielfache Verstrickung der Einzelfiguren in die verschiedenen Plots deutlich geworden.

Der Film schließt nicht mit klar konturierten *dénouements*, sondern mit vorläufigen, andeutenden Schlüssen, die noch genug Platz lassen, um Hypothesen zum weiteren Verlauf von Handlungen aufzustellen. Wie in einer klassischen Kurzgeschichte enden auch alle Episoden von *Crash* mit einem offenen Schluss. Dennoch zeichnet sich eine Tendenz in den Entwicklungen etlicher Episoden ab, die auf eine versöhnlichere Stimmung, auf ein erstes Verständnis zwischen den Protagonisten oder ein Erkennen eigener Fehler im Umgang mit Anderen schließen lässt. In dieser Hinsicht ist der Film prototypisch für die Darstellung der allmählichen Entwicklung interkulturellen Verstehens, er zeichnet in vielen Fällen, wenn auch nicht in allen Episoden, ein erstes Aufkeimen von Empathie und Perspektivenwechsel.

2.2 Protagonisten und Handlung

Um den Film *Crash* und seine Funktionsweise, das zufällige Aufeinandertreffen von mehreren Handlungssträngen und ganz verschiedenen Protagonisten nachzuzeichnen, sollen hier zwei Episoden beispielhaft herausgegriffen und kurz erzählt werden. In jedem Handlungsstrang gibt es eine männliche Hauptfigur, jeweils Vorstand einer kleinen Familie, die sowohl die erste als auch die zweite Einwanderergeneration umfasst: Es sind dies die Familien von Daniel, einem ca. 30-jährigen Schlosser, der aus Mexiko stammt, und von Farhad, einem etwa 60-jährigen Ladenbesitzer aus dem Iran. Beide sind US-Amerikaner geworden. Die hier hintereinander gezeigten Ausschnitte, die im Film immer wieder von anderen Plots unterbrochen werden, zeigen die oft komplexe Sympathielenkung des Films, der Menschen stets in ihren unterschiedlichen Rollen als wohlwollende, aber auch oft feindliche, von Vorurteilen geprägte Bürger zeigt.

Daniel ist ein besorgter Familienvater, der gerade in einer besseren Gegend von Los Angeles ein neues Haus gekauft hat, um seine Familie vor rassistischen Übergriffen schützen zu können. Seine kleine Tochter wird, seit sie eine Schießerei unmittelbar miterleben musste, immer wieder von Ängsten geplagt. Daniel bemüht sich nach Kräften, ihr eine ‚heile' Welt zu bereiten, in der sie sich sicher fühlen kann. Dennoch findet er seine Tochter eines Abends ängstlich unter ihrem Bett liegend, als er nach Hause kommt. Sie ist vor vermeintlichen Schüssen dorthin geflohen, und es bedarf viel guten Zuspruchs von ihrem verständnisvollen Vater, bis sie wieder hervorkommt und beruhigt einschläft. Maßgeblich hilft dem Vater dabei die schnell erfundene Geschichte von dem un-sichtbaren Umhang, der ihn angeblich seit seinem fünften Lebensjahr vor allem Unglück, auch vor Schüssen bewahrt. Der Umhang, den er seiner Tochter an diesem Abend schenkt, wird von ihr von diesem Tag an ‚getragen', unsichtbar und von allen außer ihr auch vergessen. Ähnlich wie in einer griechischen Tragödie ist dieser Umhang beinahe Auslöser eines furchtbaren Unglücks. Der Vater, der seiner Tochter wieder Selbstvertrauen schenken wollte, hat beinahe ihren Tod mit verschuldet.

Verstrickt in diese Fast-Tragödie ist Farhad, der Ladenbesitzer. Er wird zu Beginn seiner Geschichte als beschimpfter Einwanderer dargestellt, ist bei vielen Kontakten mit Amerikanern auf die Sprachkenntnisse seiner erwachsenen Tochter angewiesen, so auch beim Kauf einer Waffe, die er zu seinem eigenen Schutz vor Überfällen in seinem kleinen Laden glaubt zu benötigen. Als es beim Kaufabschluss zu sprachlichen Missverständnissen und schließlich zu gegenseitigen Beleidigungen kommt, reagiert Farhad aggressiv, seine Tochter schließt den Kauf der Pistole und passender Munition ab. Kurz darauf lässt Farhad das Schloss seines Ladens auswechseln, Daniel, der die Reparatur ausführt, rät ihm jedoch, die ganze Tür reparieren zu lassen. Farhad, der Daniel der ‚Abzockerei' verdächtigt und ihn wiederum nicht korrekt verstehen kann, lehnt dies entschieden ab und bezahlt auch die Reparatur des Schlosses nicht. Kurz darauf wird sein Laden überfallen, verwüstet und ausgeraubt. Farhad und seine Frau stehen vor dem Ruin, da die Versicherung eine Entschädigung ablehnt, weil die Tür nicht repariert worden sei. So ist Farhad, obwohl einerseits Opfer, genau genommen selbst an seinem Verhängnis schuld. Dies will er jedoch nicht einsehen und reagiert einmal mehr mit Aggression, diesmal blindlings gegen Daniel, den Schlosser, der ihn in seinen Augen betrogen hat. Er sucht ihn auf und schießt auf den vermeintlichen ‚Schuldigen'. Die kleine Tochter Daniels, die das ganze Geschehen um den Vater beobachtet hat, stürzt auf die Straße, um dem Vater mit ihrem unsichtbaren Umhang zu helfen (vgl. Abb. 1). Eine Tragödie wird nur verhindert, weil – was der Zuschauer und alle Beteiligten nicht wissen – die Pistole keine Patronen, sondern nur Platzpatronen enthält. Die Tochter Farhads, die

Abb. 1: Screenshot aus dem Film *Crash* (Haggis 2006, Kap. 14, 01:18:54)

den Kauf getätigt hat, war zu ungeduldig und zu stolz, sich von dem amerikanischen Ladenbesitzer ausführlich beraten zu lassen. Sie verlangte einfach eine Schachtel. Der Ladenbesitzer, der sehr wohl bemerkte, was er da verkaufte, war zu stolz, sie aufzuklären. Es gehört zu den typischen Merkmalen dieses Films, dass sich diese eigentlich aus Hass und Vorurteilen entstandene Tat ins Gute verkehrt und letztendlich ein Leben rettet.

In der hier exemplarisch gezeigten Manier spielt der Film mit seinen Protagonisten und mit den Zuschauern. Auf der Ebene der Darstellung müssen viele Protagonisten ihre Vorurteile und Werte im Laufe des Films ständig relativieren oder auch revidieren und ganz massiv ändern. Immer wieder entdecken sie an anderen Personen neue Charakterzüge: Wer eben noch als aufrichtig und tolerant erkannt wurde, legt plötzlich ein ganz anderes Verhalten an den Tag und wird verabscheut. Die multiperspektivische Struktur des Films (vgl. dazu auch Abb. 2) sorgt dafür, dass dieser Revisionsprozess in vielfacher Wiederholung durchlaufen wird – Form und Inhalt ergänzen sich.

2.3 Die Rezeptionsebene

Auf der Rezeptionsebene läuft eine parallele Entwicklung ab. Auch dort hinterlässt die komplexe Sympathielenkung des Films ihre Spuren. Auch das Bild, das man sich als Rezipient von einer Figur macht, muss im Lauf des Films oft mehrfach revidiert werden. Mal empfinden wir Mitleid mit einem der Charaktere, dann wieder handelt dieselbe Person so niederträchtig oder rassistisch, dass wir sie verachten möchten. Auf der Rezeptionsebene wirken Inhalt und Struktur des Films ebenfalls perfekt zusammen. Der Film hält uns Zuschauern einen Spiegel vor; im Verlauf der Seh-Erfahrung merkt man, dass es neben dem Erzählen von Geschichten ebenso oft darum geht, unsere Einschätzung und unsere Werturteile über Personen zu kontrollieren und zu revidieren, so dass unsere evaluierenden Fähigkeiten herausgefordert werden. Der Zuschauer wird unversehens zum Mitspieler, er kann sich dem Geschehen und den Emotionen der filmischen Darstellung nicht entziehen: Durch die gebrochenen Perspektiven und die wechselnde Sympathielenkung bei der Figurendarstellung wird der Betrachter immer wieder verunsichert und ist wahrscheinlich am Ende des Films mit seinen Urteilen über andere – aber eben auch über sich selbst und seine eigenen Wertvorstellungen – vorsichtig geworden. Die Verunsicherung des Rezipienten bezieht sich auf die Urteile anderen gegenüber, aber auch auf das Selbstbild, das er von sich hat.

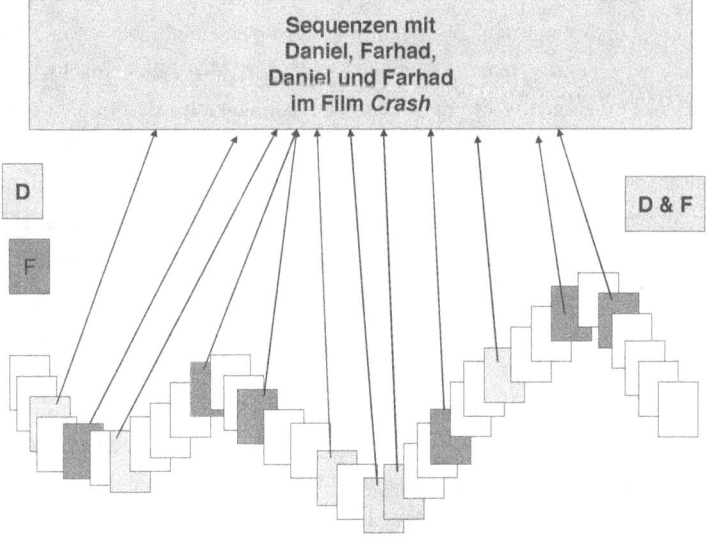

Abb. 2: Verteilung der besprochenen Sequenzen im Film *Crash*

Der Film *Crash* schafft es durch ein geschicktes Zusammenwirken von Inhalt und Struktur, ein beunruhigendes Sittenbild der Stadt Los Angeles und der heutigen multikulturellen Gesellschaft überall auf der Welt herzustellen. Indem er auf der inhaltlichen Ebene das Aufdecken rassistischer Vorurteile und das widersprüchliche Sozialverhalten der Menschen thematisiert und auf der strukturellen Ebene multiperspektivisch gebrochene subjektive Darstellungen miteinander verwebt, ergänzen sich Struktur und Inhalt auf geradezu perfekte Weise.

Im Rezeptionsvorgang muss der Betrachter beide Ebenen zusammenführen, wenn er den Film in seiner Vielschichtigkeit verstehen will; inhaltliche und strukturelle Analyse sind eng gebunden an die Sympathielenkung, an Emotionen und Werturteile des Zuschauers. Jede Unterrichtsarbeit mit dem Film *Crash* muss deshalb auf diese komplexe Einheit von Form und Inhalt besondere Rücksicht nehmen. Der Zugang zur Interpretation des Films liegt in den Emotionen der Rezipienten.

3. Methodische Vorgehensweise bei der Erarbeitung eines Episodenfilms

Grundsätzlich kann man Episodenfilme auf unterschiedliche Art und Weise im Klassenzimmer darbieten. Es scheint sehr ratsam, den Film zunächst als Einheit in Gänze zu zeigen. Viele Episodenzusammenhänge werden sich zwar auf diese Art und Weise nicht gleich erschließen, aber durch ein mehrfach wiederholtes Ansehen von Ausschnitten oder Einzelepisoden nach dem oben gezeigten Muster, in dem die Daniel- und Farhad-Episoden zusammengefasst gezeigt und gesondert bearbeitet werden, kann eine ausreichende Verarbeitungstiefe bei den Lernenden erreicht werden, die durch entsprechende Aufgaben noch gestützt wird. Diese Art der vertiefenden Darbietung stellt allerdings eine recht zeitaufwändige Methode dar. Etwas weniger zeitintensiv sind die von Burger vorgeschlagenen Block- und Intervall-Verfahren (Burger 1995: 595f.), die den Film von vornherein in bestimmte Abschnitte unterteilen und eine abschnittsweise Unterrichtsarbeit mit den entsprechenden Filmsequenzen ermöglichen. Hier ist sowohl ein striktes Blockverfahren denkbar, das den Film von Anfang an zeigt, aber in drei, vier Blöcke teilt, so dass Diskussionen und das Verstehen unterstützende Aufgaben möglich werden. Denkbar ist aber auch ein Herausgreifen ungleich langer Intervalle, die besonders Rücksicht nehmen auf die Zusammengehörigkeit bestimmter Filmepisoden und so den Einstieg in die komplexe Filmstruktur ermöglichen. Vom Sandwichverfahren (Burger 1995: 595f.), das den Film nur teilweise präsentiert, ist im Zusammenhang mit Episodenfilmen ganz abzuraten, da die Episoden über den gesamten Film verteilt sind und beim Sandwichverfahren die Gefahr besteht, dass einzelne Episoden nicht vollständig gezeigt werden.

Episodenfilme wie *Crash* benötigen wegen der Komplexität von Struktur und Inhalt neben einer gründlichen Analyse der Handlungsstränge noch viele weitere Arbeitsschritte, um ihre Funktionsweise aufzudecken. Dies gilt ganz besonders für eine unterrichtliche Erarbeitung des Films mit jungen Erwachsenen, die noch nicht sehr geübt sind in filmanalytischen Aufgabenstellungen.

Die Grundlage des folgenden Entwurfs für eine Einheit mit dem Film *Crash* in einem Leistungskurs der 12. oder 13. Klasse basiert auf einem rezeptionstheoretischen Konzept: der Rezipient steht also mit seinen Emotionen und Kognitionen sowie seiner Kompetenzentwicklung im Mittelpunkt des Unterrichtsgeschehens. Zentral ist dabei die Idee, affektive und kognitive Kompetenzen gleichermaßen durch die verschiedenen Arbeitsschritte anzusprechen, so dass sich neben einer „Gegenstandsorientierung auch eine Subjektorientierung" ergibt (Decke-Cornill/Luca 2007: 11-30). Weitere zentrale Grundlagen für die hier skizzierte Unterrichtsarbeit ist die Berücksichtigung von Figuren- und Handlungsebene und der filmspezifischen Bauformen wie z.B. Kameraeinstellungen und Musik (vgl. Faulstich 2002) sowie eine Einbeziehung medien- und kommunikationstheoretischer Aspekte nach Hickethier (2007).

Blell und Lütge haben mit ihrem Grundsatzartikel *Filmbildung im Fremdsprachenunterricht* einen sehr guten Überblick über die Chancen und Anforderungen beim Umgang mit Filmen im Fremdsprachenunterricht präsentiert. Die dort genannten Voraussetzungen für eine erfolgreiche Filmarbeit sind auch in diesem Unterrichtsvorschlag berücksichtigt worden (vgl. Blell/Lütge 2008: 129-140). So wird neben einer Lernerorientierung auch die Handlungsorientierung bei der Filmarbeit ausreichend berücksichtigt. Unterrichtsgespräche zur Aufarbeitung und Auswertung der Arbeitsphasen dürfen keineswegs zu kurz kommen. Von zentraler Bedeutung für ein Gelingen der Filmarbeit mit einem so komplexen Film wie *Crash* erscheint mir ein abschließendes Reflexionsgespräch, in

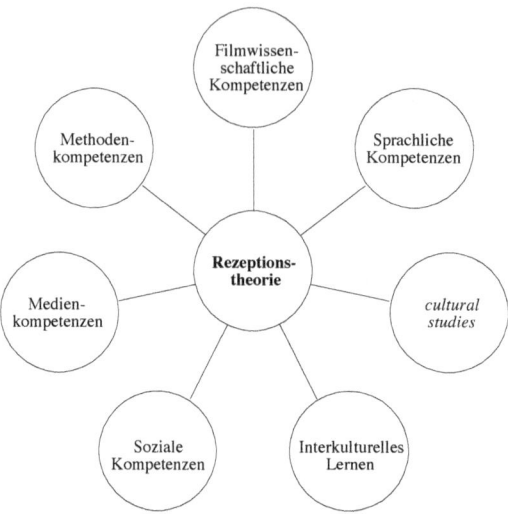

Abb. 3: Kompetenzförderung durch Filmarbeit im Fremdsprachenunterricht

dem die Lernenden ihr Handeln, ihre Emotionen und ihren Kompetenzzuwachs Revue passieren lassen können (vgl. Burwitz-Melzer 2003 und 2008).

In Anlehnung an die Bildungsstandards (KMK 2004, 2005) und die Einheitlichen Prüfungsanforderungen für das Abitur im Fach Englisch (KMK 2002) sollten folgende Kompetenzbereiche bei der Unterrichtsarbeit mit Filmen im Mittelpunkt stehen (vgl. Abb. 3): fremdsprachliche Kompetenzen (besonders auch das Hör-Sehverstehen), filmwissenschaftliche Kompetenzen, Cultural Studies, interkulturelles Lernen, soziale Kompetenzen, Medienkompetenzen, methodische Kompetenzen.

Die folgenden Arbeitsschritte scheinen mir in einer Unterrichtseinheit mit dem Film *Crash* unverzichtbar. Sie sind gleichzeitig auch prototypisch für den Umgang mit einem Episodenfilm. Sie ziehen sich durch alle Phasen des Unterrichtsgeschehens:

1. Emotionen äußern zum Filmtitel, dem Filmposter und/oder dem Zitat von Detective Waters.
2. Film als Einheit anschauen (danach wiederholtes und flexibles Anschauen bei der Gruppenarbeit).

3. Überblick über das Figureninventar erarbeiten (Plenum).
4. Eine Figurengruppe wählen pro Schülergruppe, und Handlungsstrang der Figurengruppe erarbeiten.
5. Soziogramm zu den Figurengruppen (in Gruppen) erarbeiten und zusammenfügen (im Plenum).
6. Emotionen zu den Figuren im Plenum genauer erarbeiten (auch Wortschatzarbeit).
7. Struktur des Films als Einheit erarbeiten.
8. Leitmotive des Films (z.B. christliche Weihnachtsmotive) entdecken und im Film verfolgen.
9. Einige Bauformen erarbeiten (Musik, Kameraeinstellungen, Schnitt).
10. Aus den einzelnen Handlungssträngen eigene Kurzfilme erstellen und präsentieren
11. Die Struktur der Kurzfilme, die Sympathielenkung des Films und die eigenen Emotionen reflektieren.
12. Das Bonus-Material (Interview mit Regisseur Paul Haggis und Schauspielern) anschauen, referieren, dazu Stellung beziehen.
13. Zu den Themen Rassen- und Geschlechterkonflikte in L.A. recherchieren (andere Medien, auch andere Filme).
14. Den eigenen Kompetenzzuwachs in den Bereichen Filmanalyse und Mediendidaktik reflektieren.

Es wird in dieser Darstellung deutlich, dass etliche Arbeitsschritte explizit der Auseinandersetzung mit den Emotionen der Figuren auf der Darstellungsebene und mit den Emotionen der Rezipienten auf der Rezeptionsebene dienen; im Laufe der Unterrichtseinheit werden diese Emotionen immer differenzierter betrachtet. Wie wichtig die Fokussierung von Emotionen bei der Unterrichtsarbeit mit dem Film *Crash* sein sollte, habe ich bereits oben angedeutet: Im Bonusmaterial der DVD findet sich ein wichtiges Zitat von John Chaedle, dem Darsteller des Detective Graham Waters, der erklärt, dass Emotionen und die Reflexion über sie das Hauptanliegen des Films ausmachen:

> These are not issues that to me are new. These are not issues that to me are daring and risky. This is what goes down. This is how people think, this is how people talk; this is what happens when they are being polite – and, you know, can we be honest enough to admit that?

And that's, I guess, what the challenge of this film is. It's to say: You know you want to laugh at that. You know it's wrong to laugh at that. But you want to laugh at that. So – go ahead and laugh at that. And then examine: Why was that funny to me? And why was I struggling with the idea: „Is it OK to laugh?" And – is it OK to laugh? That to me is the best thing a film can do, is really – raise questions and make you examine your own motives.

(John Chaedle, Bonusmaterial zu DVD *Crash*, 2006)

Die wiederholten und sich vertiefenden Arbeitsschritte zu Emotionen der Charaktere und der Rezipienten selbst sollen die Lernenden dazu ermutigen, den Film für sich verständlich zu machen, aber auch herauszufinden, wie sich Emotionen bei genauerer Betrachtung eines Films und einer Figur bzw. Figurenkonstellation verändern und verschieben können, wie sie entsprechend dem Verhalten bzw. der filmischen Darstellung der Figur oszillieren. Nur mit einer so genauen Reflexion und Selbstreflexion von Emotionen kann der Film mit seiner komplexen Sympathielenkung verstanden werden.

Als letztes erfolgt die Auflistung der Arbeitsschritte nach Phasen (vgl. Abb. 4). Neben der vorbereitenden Phase und der zentralen Erarbeitungsphase ist als dritte Arbeitsphase eine umfassende Reflexion vorgesehen.

Die zentrale Erarbeitungsphase öffnet sich von enger Struktur- und Inhaltsanalyse zu kreativen und Rechercheaufgaben. In dieser Form der Darstellung wird deutlich, dass der besonderen Struktur des Episodenfilms durch eine ausgesprochen kleinschrittige Arbeitsweise im Bereich Figuren- und Strukturanalyse Rechnung getragen wird. Bei den Arbeitsschritten in der zentralen Arbeitsphase sollte der Unterricht alternierend im Plenum und in kleinen Gruppen bis zu vier Lernenden durchgeführt werden, die einen möglichst unabhängigen und flexiblen Zugang zum Film haben und sich ihn als Ganzes oder in relevanten Teilen immer wieder anschauen können. Wie bei einem Puzzle werden die Film- und die Strukturanalyse aus Teilanalysen der Einzelepisoden zusammengesetzt. Die Gruppenarbeitsphasen werden durch Plenumsphasen ergänzt, damit die Ergebnisse abgeglichen und zu einem Gesamtergebnis zusammengetragen werden können.

In der abschließenden Reflexion werden die Lernenden aufgefordert, ihren eigenen Lernprozess noch einmal zu beurteilen. Sie erhalten die Gelegenheit,

Episodenfilme im Fremdsprachenunterricht

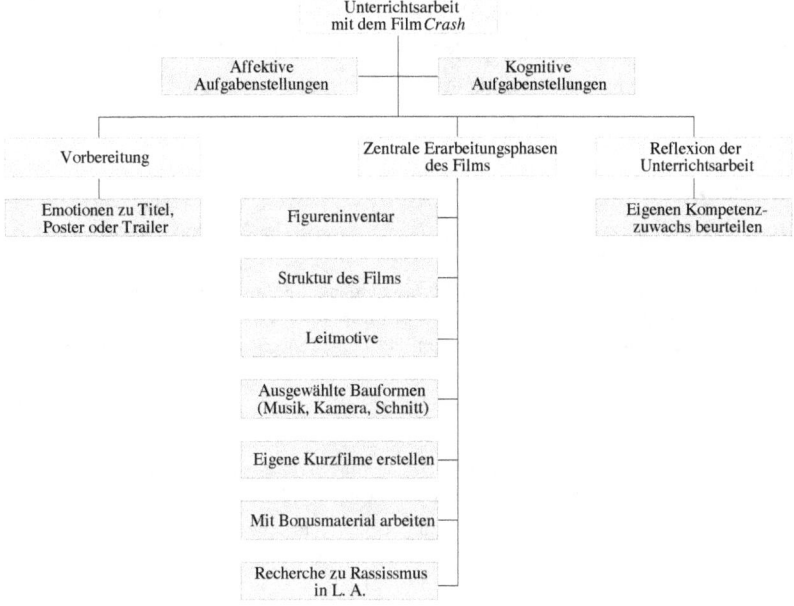

Abb. 4: Der Episodenfilm *Crash*: Unterrichtsarbeit in Phasen

ihren Kompetenzzuwachs zu evaluieren. Gleichzeitig besteht auch die Möglichkeit, die Unterrichtseinheit mit bereits vorausgegangenen Einheiten in anderen Fächern (andere Fremdsprachen, Deutsch etc.) zu vergleichen, auf andere Filme Bezug zu nehmen oder weitere filmische Unterrichtseinheiten zu planen. In dieser Phase kann darüber gesprochen werden, was und wie gelernt wurde; bereits bekannte Inhalte, neu erlernte Inhalte und weitere Lernplanung können hier vernetzt werden. Gerade in Bezug auf komplexe Filmstrukturen bieten sich sicher viele Anknüpfungspunkte für zukünftiges Arbeiten mit dem Medium.

4. Fazit

Der Episodenfilm als Spezialgattung des Spielfilms ist eine komplexe Materie, die sich nur in den Grund- und Leistungskursen der Oberstufe adäquat erarbeiten lässt. Seine Multiperspektivität, die ein Thema vielfach gebrochen darstellt, eignet sich sehr gut für eine unterrichtliche Aufarbeitung im Fremdsprachenunterricht, da mit diesen Filmen Gesprächsanlässe geboten werden, die eine authentische Auseinandersetzung in der Zielsprache über Strukturen und Inhalte erfordern. Damit kann der Episodenfilm ein Puzzleteil darstellen auf dem Weg zu einer anspruchsvollen kompetenz- und lernerorientierten Unterrichtskultur, die Lernende kognitiv und emotional herausfordert, ohne sie zu überfordern.

Literaturverzeichnis

Beaver, Frank Eugene (1995). Dictionary of Film Terms: The Aesthetic Companion to Film Analysis. Rev. ed. New York: Twayne Publ.

Blell, Gabriele/Lütge, Christiane (2008). Filmbildung im Fremdsprachenunterricht: Neue Lernziele: Begründungen und Methoden. In: Burwitz-Melzer, Eva (Hg.). Fremdsprachen Lehren und Lernen: Themenheft: Lehren und Lernen mit literarischen Texten. Tübingen: Narr, 124-140.

Burger, Günter (1995). Fiktionale Filme im fortgeschrittenen Fremdsprachenunterricht. Die Neueren Sprachen, 94/6, 592-508.

Burwitz-Melzer, Eva (2003). Allmähliche Annäherungen: fiktionale Texte im interkulturellen Fremdsprachenunterricht der Sekundarstufe I. Tübingen: Narr.

Burwitz-Melzer, Eva (2008). Emotionen im fremdsprachlichen Literaturunterricht. In: Burwitz-Melzer, Eva (Hg.). Fremdsprachen Lehren und Lernen: Themenheft: Lehren und Lernen mit literarischen Texten. Tübingen: Narr, 27-62.

Carné, Tristan (2007 [2006]). Paris je t'aime. TF 1 Vidéo (DVD und Begleitbuch).

Decke-Cornill, Helene/Luca, Renate (Hg.) (2007). Jugendliche im Film – Filme für Jugendliche: Medienpädagogische, bildungstheoretische und didaktische Perspektiven. München: kopaed.

Faulstich, Werner (2002). Grundkurs Filmanalyse. München: Fink.

Haggis, Paul (2006 [2004]). Crash. Universal Film (DVD).

Hickethier, Knut (2007). Film- und Fernsehanalyse. Stuttgart: Metzler.

KMK (2005). Bildungsstandards für die erste Fremdsprache (Englisch/Französisch) für den Hauptschulabschluss. München: Luchterhand.

KMK (2004). Bildungsstandards für die erste Fremdsprache (Englisch/Französisch) für den Mittleren Schulabschluss. München: Luchterhand.

KMK (2002). Einheitliche Prüfungsanforderungen in der Abiturprüfung Englisch. München: Luchterhand.

Auf der Suche nach dem filmischen Erzähler: *Paris je t'aime* im Französischunterricht

Ulrike C. Lange

Die komplexe Vermittlung von Inhalten und Sprache durch Film stellt eine besondere Herausforderung dar, aber, wie ich ausdrücklich betonen möchte, auch eine enorme Chance für den schulischen Französischunterricht. Fremdsprachenunterricht im Gefüge eines schulischen Erziehungsauftrages will nicht nur direkt einsetzbare und wirtschaftlich nutzbare Sprachfähigkeiten vermitteln, sondern visiert ein umfassendes Bildungsziel an, das junge Menschen befähigen soll, durch die Erlangung sprachlicher und interkultureller Kompetenzen einen wertschätzend (medien-)kritischen Blick zu entwickeln, der mit dem nötigen Maß an Selbstreflexion und Fremdwahrnehmung zur Vermittlung zwischen Fremd und Selbst führt. In diesem Lernprozess stellt das Medium Film ein exzellentes Material für den Französischunterricht dar, wie im Folgenden am Beispiel von *Paris je t'aime* ausgeführt wird.

1. Film im Französischunterricht als Teil der Zielkultur

Kino und Film spielen in Frankreich im Alltag eine wichtige kulturelle Rolle und stellen, wie Wilts zurecht erläutert, „ein wesentliches Element der kulturellen Identität der Zielkultur" dar (Wilts 2008: 5). Nicht ohne Grund spricht der Franzose vom Kino als *le septième art*. Ein Beispiel dafür, dass Lernende diese Erfahrung bei Auslandsaufenthalten machen können, mag folgender Auszug aus dem Bericht einer Schülerin über ihren sechsmonatigen Aufenthalt in Frankreich im Rahmen des Voltaire-Programms zeigen: „J'ai aussi l'impression que le cinéma est plus important en France. Dans les cours parfois c'est important de connaître des films. Je trouve que ce n'est pas aussi important en Allemagne, parce qu'ici, les films sont plus vus comme un plaisir divertissant que comme une partie de la culture." (Dermann 2009)

Sollte diese Erfahrung repräsentativ sein, ist das Medium Film im Französischunterricht nicht nur ein probater Unterrichtsgegenstand, sondern auch ein

Stück französisches Kulturgut, dessen Kenntnis dem Lernenden die Teilhabe am kulturellen Geschehen im Zielland verstärkt ermöglicht. Hinzu kommt, dass Filme oftmals typische Alltagssituationen der Zielkultur vorführen, die dem Lernenden selbige eingängig vor Augen führen.

2. Film als authentisches Dokument im Unterricht

Natürlich stellt die authentische Sprechgeschwindigkeit und gegebenenfalls die regionale und individuelle Einfärbung der Sprache oft eine Hürde für die Lernenden dar. Das Verständnis eines solchen authentischen Dokuments wie eines Filmausschnitts wird aber durch seine mehrkanalige Komplexität erleichtert: die erzählte Geschichte ist in der Redundanz ihrer Darstellung von Ton und Bild leichter zu erfassen als ein reines Audiodokument (vgl. Wilts 2003: 6-9). Hinzu kommen non- und paraverbale Elemente im Verhalten der Filmfiguren, die das Erfassen der erzählten Welt erleichtern. Wenn darüber hinaus auf eine klare Progression in der Arbeit mit Filmen geachtet wird, lässt sich hier bei den Lernenden die so wichtige Kompetenz des Hörsehverstehens schrittweise aufbauen. So ist es sinnvoll, vom ersten Lernjahr an die Lehrbucharbeit zu ergänzen durch kurze Filmausschnitte, die sich in Bild und Tonspur in der Aussage bestärken. Sukzessive kann dann die Länge und die Komplexität des Films gesteigert werden, um die Schülerinnen und Schüler in der Rezeption dahingehend anzuleiten, dass sie im Umgang mit mehrfach kodierten Texten „Entschlüsselungstechniken und produktive Verwendungsmöglichkeiten von Text, Ton und Bild" erwerben auf dem Weg zu einem medienkritischen Urteilsvermögen, wie es die Einheitlichen Prüfungsanforderungen für das Abitur zurecht fordern (EPA 2004: 10). „Denn das Verstehen eines Werks – die eingefleischten Nörgler, die Analyse mache das Werk kaputt, mögen mir verzeihen – ist Teil des Vergnügens an der Kunst", wie Bergala in seiner Studie zur Filmvermittlung an der Schule postuliert (Bergala 2006: 55). Es gilt also, die Lernenden nicht nur fremdsprachlich zu schulen, sondern ihnen auch die Fabriziertheit der Bilder nahezubringen.

3. Kriterien für die Auswahl der Filme

Nach welchen Kriterien sollen die Filme oder Filmausschnitte für den Unterricht ausgewählt werden? Es scheint sinnvoll, neben der Beachtung der Progression auch praktische und natürlich inhaltliche Aspekte zu berücksichtigen. Die Arbeit mit dem Film sollte zeitlich machbar sein, das bedeutet unter Umständen auch, nur mit Ausschnitten zu arbeiten. Die gezeigten Inhalte sollten für die Lernenden motivierend und relevant sein. Das muss nicht unbedingt heißen, dass die Thematik jeweils dem Leben der jugendlichen Lerner möglichst nahe sein soll, da auch durch Differenzerfahrung das Bewusstsein des Selbst gestärkt werden kann. Des Weiteren wäre es schade, die Chance, für die Zielkultur typische Alltagssituationen zu zeigen, ungenutzt zu lassen. Filme, die solche Situationen vorführen, eignen sich daher besonders gut.

Ein weiteres Kriterium sind die curricularen Vorgaben der Unterrichtssituation. Inwieweit ein Film sich thematisch sinnvoll einbinden lässt oder gar exemplarischen Charakter für die vorgesehene Thematik hat, spielt also eine wichtige Rolle. Die Arbeit mit Film ist darüber hinaus besonders ergiebig, wenn der Gegenstand auf der narrativen Ebene interessant und abwechslungsreich dargeboten wird, sodass der Lernende viel zu entdecken hat.

4. Der Film *Paris je t'aime*

All diese Kriterien erfüllt der 2006 von Tristan Carné produzierte Film *Paris je t'aime* (als DVD 2007 erschienen) in hervorragender Weise, wie das umfangreiche didaktische Material dokumentiert, das bereits zu dem Film vorliegt (vgl. Blume 2008, Di Luca 2008, Lange 2008a, Lange 2009, Saathoff 2008 sowie der Beitrag von Adelheid Schumann im vorliegenden Band). Als Episodenfilm[1] konzipiert, reihen sich 18 etwa fünfminütige, von unterschiedlichen Regisseuren gedrehte Kurzfilme aneinander, die jeweils ein Pariser Arrondissement zum Schauplatz des Geschehens machen, durch einen kurzen Gesamtvorspann unter ein Motto gestellt: „Romances de quartier". Inhaltlich und formal scheinbar unverbunden, offenbart sich aber dennoch im Abspann eine inhaltliche Klammer, wenn in kurzen Bildern Bezüge und Begegnungen zwischen den Figuren der unterschiedlichen Episoden geschaffen werden.

Des Weiteren schaffen die Bilder bekannter Pariser Sehenswürdigkeiten, die in fast allen Episoden an unterschiedlichen Stellen auftauchen, einen Zusammenhang: Der Zuschauer erkennt hier die wie auf einem Postkartenständer[2] präsentierten allzu bekannten Bilder der Stadt wieder. Diesen Aspekt des Films kann man natürlich auch kritisch sehen:

> Die Schmonzette ist fast allen diesen Produktionen, wie ein Virus, eingeschrieben. [...] Ob ein Bezug zu Paris da ist oder nicht, die 18 Filme werden in 18 Arrondissements gepackt, und alle Ikonen von Paris (Montmartre, Concorde usw.) werden schnulzig zu Anfang des Gesamtfilms und am Schluss von jedem Einzelfilm wieder durchgespielt. [...] Alle genannten Filme kranken also, so meine ich, tatsächlich am selben Virus. Sie spielen leichtfertig mit Clichés, mit Mustern der Darstellung, mit Persönlichkeitsbildern aufgelöst in Sentimentalität. Ein gefährliches Spiel, wenn einem nichts anderes einfällt. Eine Menge Leute fallen darauf herein.

(Schüle 2007)

Natürlich muss man dem erfahrenen Pariskenner Schüle insofern zustimmen, als dass der Film zuweilen recht plakativ daher kommt, dennoch ist die Antwort auf seine Kritik im Hinblick auf eine schulische Analyse des Films ein klares: „Ja, aber...". Das Durchspielen gängiger Parisklischees funktioniert, da sie Assoziationen auslösen, die das kollektive, durch die Medien, Literatur und Filme vermittelte, symbolisch aufgeladene Parisbild bestätigen und damit gefallen. Paris, die Stadt der Liebe, des Lichts. Das positive Paris, der Mythos. Und genau an dieser Stelle ergibt sich ein interessanter Ansatz für die Behandlung des Films in der Schule: Es gilt auszuloten, wie diese Bilder vermittelt werden und wodurch der Effekt des Gefälligen entsteht, um eben nicht „darauf hereinzufallen". Gerade die auf der Kollektivsymbolik beruhenden Stereotype zu Paris bieten für die Lernenden Sprechanlässe vor der Folie des eigenen ‚Film im Kopf'. Die kritische Beurteilung der Stereotype setzt ihrerseits deren analytisches und produktives Verständnis voraus, das am Film erarbeitet werden kann. Der Film ermöglicht es so, analytisch und produktiv das Funktionieren der Symbole und Stereotype (und damit der Mythenbildung) sowie ihrer Brechung zu erproben, indem sich die Lernenden auf die Spur des filmischen Erzählers begeben.

5. Die Vielfalt von *Paris je t'aime*

Der Film *Paris je t'aime* bietet hingegen deutlich mehr als nur eine Ansammlung von gängigen Klischees. So macht einen besonderen Reiz des Films die Vielfältigkeit der Genres sowie der narrativen und filmischen Techniken aus, die er präsentiert. Neben üblichen personalen und allwissenden Erzählhaltungen,

Flashback, Raffung und Rahmenhandlung, finden sich Pantomime, Gucklochtechnik und Vampirgeschichte, *Mise en abyme* und Intertext, surreale Elemente, dialogische und erzählende Formen, bis hin zur Begleitung des Bildes durch einen narrativen Text im Passé simple und als fremdsprachiger Klassenaufsatz, jeweils vorgelesen von einer *Voix off*.

Das inhaltliche Angebot des Films lässt sich auf vielen Ebenen mit relevanten, curricular vorgesehenen Thematiken verknüpfen und die zum Teil zweisprachigen Episoden ermöglichen die sprachübergreifende Arbeit. Nicht zuletzt die Kürze der Episoden von je etwa fünf Minuten machen die Bearbeitung inhaltlich und technisch gut leistbar. Vom sprachlichen Niveau her lassen sich der Vorspann und Teile des Films bereits in der früheren Spracherwerbsphase einsetzen. Die hier dargestellte Arbeit mit dem Film bezieht sich jedoch auf die Sekundarstufe II.

6. Verfahren im Unterricht

Wie sieht nun die konkrete Arbeit mit dem Film im Unterricht aus? Zur Analyse eines Films (vgl. Wilts 2003, 2008) oder Filmausschnitts empfiehlt sich die auch bei anderen Textsorten übliche Gliederung in *activités avant, pendant et après le visionnement*. So kann das Vorwissen und die Erwartungshaltung der Lernenden in vorbereitenden Aufgaben eingeholt werden, indem beispielsweise mit dem Filmplakat gearbeitet wird. Dies kann ggf. kontrastiv geschehen, indem die unterschiedlichen Plakate verschiedener Länder zum gleichen Film verglichen werden, was u.U. nicht nur Aufschluss über den Film selbst, sondern auch über die jeweils vermuteten Zuschauer gibt. Außerdem lassen sich gerade beim Thema ‚Paris' leicht bereits vorhandene Wissenseinheiten abrufen (vgl. Lange 2008a: 40).

Hier sollen vor allem die *activités pendant le visionnement* im Mittelpunkt der Betrachtung stehen, da sie sich besonders um die filmische Darstellung bemühen. Ein paar allgemeine Bemerkungen seien der Detailschilderung allerdings vorausgeschickt. Um der Progression Rechnung zu tragen, ist es empfehlenswert, mit Standbildern oder aber Ausschnitten zu beginnen, die erzählerisch vor allem auf die Kraft der Bilder setzen oder bei denen sich Bild und Ton erzählerisch unterstützen.

Zur Analyse besonders dialog- bzw. sprachlastiger Passagen bietet es sich an, mit *phrases-clé* zu arbeiten, wozu, wie Wilts (vgl. 2008: 5) erläutert, Schlüsselsätze zur sprachlichen Vorentlastung von der Lehrkraft transkribiert und – wenn nötig – annotiert werden, damit sie zur Hypothesenbildung vor der Filmschau dienen können (vgl. Lange 2008a: 42, 44). Um die Komplexität des Films zu entschlüsseln, kann es sinnvoll sein, die Tonspur und die Bilder arbeitsteilig getrennt zu begutachten und anschließend in einer *mise en commun* zusammenzufügen. Auf diese Weise wird das Zusammenwirken der einzelnen Elemente besonders deutlich.

Bei all diesen Vorgehensweisen *avant, pendant et après* gilt es, möglichst handlungsorientiert zu arbeiten, sodass die Lernenden im aktiven Dialog mit dem Film stehen, wobei sich analytisch-kognitive und kreativ-produktive Aktivitäten im Hinblick auf eine Förderung der unterschiedlichen Kompetenzen sinnvoll abwechseln. Im Folgenden werden einige Möglichkeiten der Filmanalyse an unterschiedlichen Episoden erläutert, immer auf der Suche nach dem filmischen Erzähler.

Arrêt sur image: Mit einem Standbild arbeiten zu „Place des fêtes"

Die Episode „Place des fêtes" von Oliver Schmitz erzählt die Geschichte eines Mannes, der nach einem Messerstich im Beisein der Ersthelferin stirbt. Wie der Zuschauer in einer *retour en arrière* erfährt, erkennt der Mann die *sécouriste* aus einem anderen Zusammenhang wieder, in dem er den Wunsch hatte, sie zu einem Kaffee einzuladen. Nun spricht er dieses Angebot aus, woraufhin die junge Frau um zwei Tassen Kaffee bittet, die jedoch erst eintreffen, als der Mann bereits tot ist. Am Ende sieht der Zuschauer, wie ihre Hände, die die Tassen halten, zu zittern anfangen (vgl. Abb. 1).

Dieses Bild wird den Lernenden als *arrêt sur image* vorgelegt, mit der Bitte um eine präzise Beschreibung. Die genauen Arbeitsaufträge lauten wie folgt:

- *Décrivez très précisément l'image et commentez la prise de vue.*
- *Quel détail de l'image dérange l'idée d'une rencontre innocente autour d'une tasse de café ?*
- *Quelle histoire l'image raconte-t-elle alors selon vous ?*

Paris je t'aime – Auf der Suche nach dem filmischen Erzähler

Abb. 1: „Place des fêtes": Der Blick als Absturz (Schmitz in Carné 2007, 01:08:34)

In einer Sicht *en plongée* zeigt das Standbild zwei kleine Tassen Kaffee, der typische *petit noir*, gehalten von jemandem, von dem ansonsten nur eine rote Anorakjacke und lange Afrozöpfe zu erkennen sind. Auf den zweiten Blick offenbart sich, dass die Hände der Person in leicht mit Blut verschmierten Latexhandschuhen stecken. Dieses Detail wirkt verstörend, ebenso die Art der Aufnahme von oben, die aus den Kaffeetassen schwarze Löcher macht, die in ihrer starken Bilddominanz einen ähnlichen Effekt erzeugen wie Rimbauds „Deux trous rouges au côté droit" des *Dormeur du val*[3]. Hier wird klar, dass es sich nicht um ein ungezwungenes Rendezvous zum Kaffeetrinken handeln kann, da einer der Partner gerade gestorben ist, und der Traum des Kennenlernens jäh zerstört wird, wobei die Kameraperspektive diesen Absturz vor Augen führt. Die Episode lässt sich natürlich auch gewinnbringend im Ganzen analysieren (vgl. Di Luca 2008: 32). Zur Sensibilisierung für die Durchbrechung der Paris-Mythen ist die Standbildanalyse allerdings bereits tauglich.

Der Zuschauer als Voyeur: Kameraführung in „Quais de Seine"

Die Episode „Quais de Seine" von Gurinder Chadha[4] führt zu Beginn männliche Jugendliche vor, die die vorbeigehenden jungen Frauen begaffen und deren Aussehen in recht direkter Sprache kommentieren. Die Kameraführung ganz zu Anfang dieser Sequenz ist so angelegt, dass der Zuschauer gleichsam zum Voyeur wird (vgl. Abb. 2). Um den Lernenden dies sinnfällig zu machen, wird ihnen

Abb. 2: „Quais de Seine": Der voyeuristische Blick (Chadha in Carné 2007, 00:07:41)

zunächst nur diese sehr kurze Sequenz (00:07:31-00:07:43) vorgeführt, mit dem Auftrag, anhand zuvor eingeführter Begrifflichkeiten zur Filmanalyse (vgl. Lange 2008b: 77-79), diese Einstellungen genau zu beschreiben:

- *Regardez la scène suivante et décrivez-en les plans de manière très précise. Quelle est la fonction des prises de vues ?*

Eine mögliche Antwort auf die Fragestellung wird hier modellhaft wie folgt ausgeführt:

> Le court-métrage « Quais de Seine » de Gurinder Chadha est la deuxième partie du film *Paris je t'aime*. Au début de cet épisode, on voit les toits de Paris dans un plan d'ensemble, avec en arrière fond l'église Sacré-Cœur sur la butte Montmartre. La musique classique de piano de l'épisode précédent joue encore au fond de cette prise de vue qui donne une image romantique de Paris de par une luminosité dorée créée par le soleil couchant. En un zoom arrière, la caméra s'éloigne lentement du plan initial. Dans une coupure très sèche qui arrête aussi la musique de fond et laisse entendre des voix de jeunes hommes en conversation, on a vue en gros plan sur un sous-vêtement très sexy : le string rose décoré d'un papillon au-dessus d'un jean qui laisse apparaître la peau bronzé et le début du pull d'une jeune femme ainsi que son bras droit qui repose sur sa hanche. La personne s'avance de manière que le spectateur voit petit à petit son corps entier de derrière et, au fond, un groupe de trois jeunes hommes assis sur le muret des quais de la Seine. La coupure très nette retire le spectateur brusquement de l'ambiance romantique du début de la scène. Le mouvement est provoqué uniquement par la personne qui bouge, la caméra reste fixe et fait du spectateur un voyeur malgré lui puisque le gros plan se rapproche tellement de son objet - normalement plus éloigné de la vue - que cela crée une certaine indécence qui peut plaire ou mettre mal à l'aise mais qui en aucun cas ne laisse le spectateur indifférent. Le plan moyen qui suit montre les trois garçons dont les regards et le ton indiquent qu'ils observent les femmes qui passent ce qui confirme instantanément l'impression du voyeur.

Im Anschluss daran können in einer kreativ-produktiven Arbeitsphase andere mögliche Einstiege in die Episode von den Lernenden erwogen werden, wobei sich die Verortung des Zuschauers entsprechend verändert: Er kann als neutraler Beobachter, als Mitglied der Gruppe der Jungen oder der der Mädchen fungieren Auf diese Weise lernen die Schülerinnen und Schüler aktiv die Funktion der Kameraführung und Schnitttechnik gezielt einzusetzen.

Das Bild im Spiegel: Perspektive und Bildausschnitt in „Montmartre"

Bei dem Kurzfilm „Montmartre" von Bruno Podalydès handelt es sich um eine interkulturell interessante Episode[5] rund um das Wortspiel „pas une de libre", das der Protagonist des *court-métrage* sowohl auf die Parkplatz- als auch die Partnersuche in Paris bezieht. In dieser Sequenz (00:02:19-00:03:54) sieht man das den Durchschnittsdeutschen schockierende, typisch Pariserische Einparken, bei dem die Stoßfänger des Autos als Einparkhilfe genutzt werden. Nebenbei fragt sich der Autofahrer, nach erfolgreichem Parkmanöver, warum alle Frauen bereits vergeben sind, während er noch allein ist. Dabei schaut er in seinen Außenspiegel und verfolgt den Weg der Passanten, die an seinem Wagen vorbeigehen (vgl. Abb. 3). Als eine einzelne Frau, die er interessiert betrachtet, nicht auf der anderen Seite des Spiegels auftaucht, vermutet er zu Recht eine Unregelmäßigkeit und findet die Passantin ohnmächtig auf der Straße liegen. Es kommt zu einer Annäherung der beiden in einer nicht gerade typisch verlaufenden Kennenlernsituation, die im Abspann des Gesamtfilms als erfolgreiche Begegnung bewertet wird, da die beiden Figuren nunmehr als glückliches Paar gezeigt werden.

Abb. 3: „Montmartre": Der Blick in den Spiegel (Podalydès in Carné 2007, 00:03:48)

Filmisch interessant an dieser Sequenz (00:03:32-00:03:54) ist die subjektive Perspektivierung durch die Wahl des Spiegels im Bildausschnitt. Dazu wird den Lernenden folgende Aufgabe gegeben, die die Erzählhaltung erhellt:
- *Décrivez la perspective de la caméra. Quels effets produit-elle ?*

Falls nötig, lässt sich hier differenziert arbeiten, indem schwächeren Schülern als Hilfe eine Zusatzfrage an die Hand gegeben wird:
- *Quels objets voit-on sur l'image? Pourquoi le réalisateur a-t-il choisi ce plan et cette perspective selon vous ?*

Wenn den Lernenden die personale Erzählhaltung klar geworden ist, kann auf dieser Ebene mit einer Transferaufgabe weiter gearbeitet werden. Dazu wird ihnen entweder ein Perspektivwechsel abverlangt (*Créez un scénario de la perspective de la femme*) oder aber ein Wechsel der Fokalisierung (*Ecrivez l'histoire vue par un narrateur externe*).

Verfremdung durch Narration: Bild und Ton in „Bastille"

Die Episode „Bastille" von Isabel Coixet erzählt vom Treffen eines Ehepaares in einem Restaurant, bei dem der Ehemann, der sich eigentlich von seiner Frau zugunsten seiner jüngeren Geliebten trennen wollte, von der schweren, unheilbaren Krankheit seiner Ehefrau erfährt. Daraufhin entschließt er sich, seine Geliebte zu verlassen und sich hingebungsvoll um seine kranke Frau bis zu deren Tod zu kümmern (vgl. Abb. 4). Indem er sie umsorgt, keimt in ihm neue Liebe zu

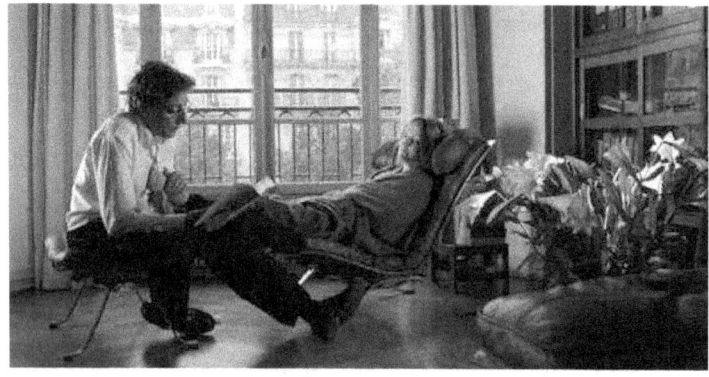

Abb.4: „Bastille": Der wiedergefundene Blick (Coixet in Carné 2007, 00:39:01)

seiner Frau auf. Sein Blick auf die Ehegattin, der sich über die Jahre abgenutzt und Neues gesucht hatte, erfährt eine Wandlung, da er in Anbetracht des bevorstehenden Verlustes der Partnerin an ihr Liebgewonnes und Vertrautes nun wieder entdeckt und positiv besetzen kann. Als sie stirbt, bleibt er als ein Mann mit gebrochenem Herzen zurück[6].

Das Besondere der Episode liegt darin, dass die Bilder begleitet werden von einem aus dem Off vorgelesenen narrativen Text im *passé simple* in einer auktorialen Erzählhaltung. Keine der Filmfiguren spricht während des ganzen Kurzfilms. Lediglich in einer sehr kurzen Einstellung, die bewusst überzeichnet, kommentieren die übrigen Anwesenden im Restaurant die Begebenheit, wobei mit einem Verfremdungseffekt gearbeitet wird, da die Figuren im Chor sprechend präsentiert werden. Dieser bewusst verfremdete und verfremdende Blick (vgl. Abb. 5) unterstreicht in nahezu grotesker Weise den Wendepunkt der filmischen Erzählung. Die zunächst von der männlichen Filmfigur intendierte Veränderung seines Lebens weist nun in eine völlig andere Richtung, die seiner Ehe zwar erneut Sinn, aber durch den Verlust der gerade wieder liebgewonnenen Partnerin kein langfristiges Glück gibt.

Aufgrund dieser Tatsache scheint es hier sinnvoll, die Episode arbeitsteilig in zwei Gruppen zu rezipieren. Die erste Gruppe hört nur den Ton des Films, während die zweite Gruppe nur das Bild sieht. Die Gruppen werden dabei mit folgenden *consignes* versehen:

Abb. 5: „Bastille": Der verfremdete Blick (Coixet in Carné 2007, 00:38:04)

- *Groupe 1: Sur la base de l'histoire et des bruits que vous avez entendus, imaginez les images et les plans du film.*
- *Groupe 2: Ecrivez le dialogue entre la femme et l'homme au restaurant.*

Anschließend tauschen sich die Lernenden jeweils in Kleingruppen, die aus mindestens je zwei Mitgliedern der beiden Arbeitsgruppen 1 und 2 gebildet werden, aus und erreichen so einen Eindruck der beiden Elemente des Gesamtfilms, den alle gemeinsam daraufhin ansehen und in einer Diskussion bewerten.

Als Weiterführung, ggf. auch als Hausaufgabe, formulieren alle Lernenden einen Erzähltext aus der Perspektive der Frau:

- *Racontez l'histoire du point de vue de la femme.*

Die Schülerinnen und Schüler haben so, erneut durch aktives Tun, die Möglichkeiten der Erzählperspektiven des Mediums Film ausgelotet, wodurch sie eben jenes kritische Bewusstsein erlangen, das zu Beginn postuliert wurde. Sie erproben rezeptiv und auch produktiv die Komplexität des Films, üben sich mündlich und schriftlich in der Formulierung unterschiedlicher Textsorten in der Zielsprache und erwerben Wissen über interkulturelle Unterschiede, das sie in ihrer eigenen individuellen kulturellen Positionierung unterstützt. Auf diese Weise kann ein umfassender Beitrag zu den Zielen eines modernen Fremdsprachenunterrichts geleistet werden.

[1] Zur Kategorisierung des Episodenfilms vgl. den Beitrag von E. Burwitz-Melzer im vorliegenden Band.
[2] In einer weiterführenden, genreübergreifenden Analyse lässt sich hier die Arbeit zu „En abyme" aus dem Text-Foto-Band *Paris l'instant* (Delerm 2002) anschließen.
[3] *Le dormeur du val* ist eines der bekanntesten Gedichte von A. Rimbaud (1854-91).
[4] Vgl. zu dieser Episode auch den Beitrag von A. Schumann im vorliegenden Band.
[5] Zur Analyse des interkulturellen Aspekts vgl. Lange (2009: 13).
[6] Die Episode ist inhaltlich übrigens typisch für die Filme Coixets, da in ihnen oft Frauen an einer schweren Krankheit leiden, vgl. *My Life Without Me* (2003), *Elegy* (2008).

Literaturverzeichnis

Bergala, Alain (2006). Kino als Kunst. Filmvermittlung an der Schule und anderswo. Bonn: Schriftenreihe der Bundeszentrale für politische Bildung.

Burwitz-Melzer, Eva (2009). *Film-Puzzles*. Episodenfilme im Fremdsprachenunterricht (im vorliegenden Band)

Blume, Otto-Michael (2008). *Loin du 16ème*. Kompetenzorientiertes Arbeiten mit einer Episode aus *Paris je t'aime*. In: Der fremdsprachliche Unterricht Französisch 94, 46-47.

Carné, Tristan (2007 [2006]). Paris je t'aime. TF 1 Vidéo (DVD und Begleitbuch).

Chadha, Gurinder (2007 [2006]). Quais de Seine. In: Carné (2007) (DVD).

Coixet, Isabel (2007 [2006]). Bastille. In: Carné (2007) (DVD).

Delerm, Philippe und Martine (2002). En abyme. In: Paris l'instant. Paris: Fayard, zitiert nach: Le livre de Poche, 152-155.

Dermann, Katharina (2009). Unveröffentlichter Bericht zum Voltaire-Austausch.

Di Luca, Sonja (2008). Amour naissant, amour mourant: Vorstellungen von Liebe in *Paris je t'aime*. In: Der fremdsprachliche Unterricht Französisch 91, 30-35.

EPA (2004): Einheitliche Prüfungsanforderungen in der Abiturprüfung Französisch. München: Luchterhand.

Lange, Ulrike C. (2008a). Mythes et réalités, Mythenbildung verstehen in *Paris je t'aime*. In: Der fremdsprachliche Unterricht Französisch 91, 40-44.

Lange, Ulrike C. (2008b). Filme. In: Blume, Otto-Michael et al. Horizons. Atelier. Sicher ins Abitur Französisch. Stuttgart: Klett, 77-79.

Lange, Ulrike C./Di Luca, Sonja (2009). *Paris je t'aime*. Unterrichtsvorschläge. Kopiervorlagen. Stuttgart: Klett.

Podalydès, Bruno (2007 [2006]). Montmartre. In: Carné (2007) (DVD).

Saathoff, Olaf (2007). Mieux connaître Paris avec *Paris je t'aime*. Eine landeskundliche Unterrichtsreihe für die 11. bis 13. Klasse. RAAbits 56.

Schmitz, Oliver (2007 [2006]). Place des fêtes. In: Carné (2007) (DVD).

Schüle, Klaus (2007). Die Seichtigkeit des Seins. Die Filme *Paris - je t'aime*, *La vie en rose*, *Chanson d'amour* und *Herzen*. France-Mail-Forum 45, http://www.france-mail-forum.de/fmf45/neuf/45schuel.htm (Aufruf 01.09.09).

Schumann, Adelheid (2009). Interkulturelles Lernen mit Filmen im Fremdsprachenunterricht (im vorliegenden Band).

Wilts, Johannes (2008). *C'est du cinéma!* In: Der fremdsprachliche Unterricht Französisch 91, 2-9.

Wilts, Johannes (2003): Vom bewegten Bild zum bewegten Klassenzimmer. In: Der fremdsprachliche Unterricht Französisch 62, 4-10.

Überraschende Begegnungen der kurzen Art:
Zum Einsatz von Kurzspielfilmen im Fremdsprachenunterricht

Andrea Rössler

Während kurze erzählende Texte im fremdsprachlichen Literaturunterricht seit Jahrzehnten eine zentrale Rolle spielen, fristet der Kurzspielfilm dort nach wie vor ein Schattendasein. Auch die Fremdsprachendidaktik hat sich diesem Genre bisher nur vereinzelt gewidmet. Dabei ist der Kurzspielfilm nicht nur wegen seiner Kürze attraktiv für den Fremdsprachenunterricht: Ähnlich wie die Kurzgeschichte zeichnet sich deren filmisches Pendant inhaltlich durch die Fiktionalisierung einer verallgemeinerbaren (meist) aktuellen Alltags- oder Grenzsituation und formal durch seine filmästhetische und narrative Dichte aus. Der Kurzspielfilm eignet sich deshalb in besonderer Weise zur Schulung filmästhetischer Kompetenz einerseits und für handlungs- und prozessorientierte Zugänge andererseits.

1. Was zeichnet den Kurzspielfilm formal und erzähltechnisch aus?

Der Kurzfilm hat ebenso wie der Langfilm vielfältige Erscheinungsformen: Hier wie da lassen sich Gattungen, Genres und Subgenres ausdifferenzieren. Abzugrenzen sind Spielfilm, Animationsfilm und Dokumentarfilm (darstellerischer Modus) auf der einen Seite und Werbefilm, Lehrfilm und Experimentalfilm (funktionaler Modus) auf der anderen. Innerhalb der Gattung Kurzspielfilm bzw. fiktionaler Kurzfilm lassen sich wiederum anhand spezifischer inhaltlich-struktureller Charakteristika unterschiedliche Genres ausmachen: Melodrama, Kriminalfilm, Komödie, Science-Fiction-Film, Trickfilm, Musikfilm etc. Die Zuordnung eines Kurzspielfilms zu genau einem Genre ist indes oft schwierig, weshalb sich bisher Genrebegriffe wie Kurzkrimi oder Kurzkomödie nicht etablieren konnten. Das dürfte u.a. daran liegen, dass Kurzspielfilme nicht selten bestimmte Genres nur anzitieren und Strukturen bzw. Elemente verschiedener Genres miteinander mischen, sodass Hybridgenrefilme entstehen, die sich einer eindeutigen Klassifikation entziehen. Freilich sind auch Langspielfilme nicht immer auf ein bestimmtes Genre festgelegt, auch hier gibt es vor allem in der jüngeren und jüngsten Filmgeschichte zunehmend mehr Beispiele für Hybridisierungen (vgl. Schweinitz 2006: 91f.). Doch erweist sich der Genrebegriff für Kurzspielfilme offenbar als besonders problematisch.

Ähnlich schwierig ist es, angesichts der ästhetischen und thematischen Vielfalt aktueller fiktionaler Kurzfilmproduktionen, Charakteristika bzw. Stilmerkmale dieser Gattung auszumachen. Heinrich (1997) bestimmt als kennzeichnend für den Kurzspielfilm dessen äußere und innere Kürze. Der Begriff der ‚äußeren Kürze' meint die Kürze der Erzählzeit (in der Regel 3 bis 15 Minuten), d. h. der diskursiven Zeit, in der sich die Erzählung entfaltet. Viel häufiger als bei Langspielfilmen ist bei Kurzspielfilmen die Erzählzeit zudem mit der erzählten Zeit, d.h. der Zeit, die erzählerisch geformt wird, (weitgehend) identisch. Das verwundert nicht, denn ein solches erzählerisches Prinzip ist eher über zehn bis fünfzehn Minuten als über zwei Stunden durchzuhalten. Vgl. dazu Heinrich (1997):

> Unter der inneren Kürze einer Narration versteht man die Auswirkungen, die die formgebende, äußere Kürze auf die Darstellung bzw. die Umsetzung einer Narration in der Erzählzeit hat.
>
> (Heinrich 1997: 54)

Die innere Kürze manifestiert sich im Kurzspielfilm als Reduktion und Verdichtung auf verschiedenen narrativen Ebenen. Dazu gehören zum einen die Reduktion des Figurenarsenals und der Handlung und Handlungsorte: Die handelnden Personen sind oft auf eine geringe Anzahl begrenzt, die Handlung ist häufig reduziert auf einen oder zwei Hauptstränge, das dramaturgische Erzählmuster ist vergleichsweise wenig verschachtelt und komplex. Zum anderen zeigt sich die ‚innere Kürze' in einem besonders hohen Grad an sprachlicher bzw. filmästhetischer Verdichtung und einer konzentriert-komplexen Gestaltung. Der Kurzspielfilm hat wenig Zeit sein Thema zu entfalten und zu gestalten; die Darstellung muss häufig ausschnitthaft und fragmentarisch bleiben, Anfang und Ende sind nicht selten abrupt. Der Höhepunkt der Erzählung fällt im Kurzspielfilm oft mit dem Ende zusammen, das meist offen oder zumindest überraschend ist. Die konzentriert-komplexe Gestaltung manifestiert sich in einer besonders hohen Dichte und Intensität filmästhetischer Mittel; dabei kommt der Montage, der

Kamerabewegung, der Licht- und Musikgestaltung und nicht zuletzt der Verwendung von Metaphern und Symbolen eine besondere Bedeutung zu. Kurzspielfilme zeichnen sich deshalb durch eine hohe Suggestivkraft und einen hohen Überschuss an impliziter Bedeutung aus. Darüber hinaus sind Kurzspielfilme überdurchschnittlich oft formal innovativ und zeugen von Experimentierfreude.

> Es gibt kaum eine filmästhetische Neuerung, die nicht zuerst im Kurzfilm ‚erfunden' und erprobt wurde. Dies wird in der Filmgeschichtsschreibung oder von der Filmkritik mangels entsprechender Forschung und Kenntnis meist übersehen. Innovationen erscheinen dort als überraschende ‚Revolutionen' oder werden einem Genius zugeschrieben (obwohl vielleicht ein kleiner Kurzfilm dahintersteckt!). Ob Stopptrick, Großaufnahme, Jump-Cuts, Direct Cinema, non-lineares Erzählen, hybrider Film, die Handkamera und der Dogma-Stil – dies alles hat es zuerst im Kurzfilm gegeben und wurde vom Mainstream zur eigenen Erneuerung osmotisch aufgesogen.
> (http://www.shortfilm.de/index.php?id=2645&L=0&print=1; Aufruf 01.09.09)

Auch diese Innovationskraft und Experimentierfreude des Kurzspielfilms verdankt sich zu einem Großteil seiner äußeren Kürze; filmästhetische Experimente und formale Innovationen lassen sich auf begrenztem Raum besser realisieren und durchhalten – und dies auch aus ökonomischen Erwägungen:

> Je geringer Aufwand und Kosten für die Herstellung eines Films, desto geringer sind der ökonomische Druck und das finanzielle Risiko. Ökonomische Unabhängigkeit schafft Spielraum für Experimente und Innovationen. Das ist die Stärke des Kurzfilms.
> (http://www.shortfilm.de/index.php?id=2645&L=0&print=1; Aufruf 01.09.09)

2. Was zeichnet den Kurzspielfilm inhaltlich aus?

Im Unterschied zum Langspielfilm, der tendenziell eine größere Komplexität des Handlungsverlaufs und der Charaktere aufweist, ist für den Kurzspielfilm häufig das Thema bedeutsamer als die Handlung (vgl. Heinrich 1997: 115f.). Die reduzierte Handlung versinnbildlicht ein Thema, das es zu entschlüsseln und zu verbalisieren gilt. „Das Thema eines Kurzfilms wird nicht selten von einem außergewöhnlichen Ereignis getragen, das nicht in einer langen Kette von Handlungselementen steht wie im Langspielfilm" (Heinrich 1997: 119). Im Ausgefallenen und Besonderen, das sich durchaus auch im Alltäglichen und Realitätsnahen manifestieren kann, wird das Allgemeine aufgespürt und eben dadurch werden existenzielle Fragestellungen aufgeworfen. Der Zugang zu diesen Fragestellungen erwächst dabei eher aus bedeutsamen und außergewöhnlichen Momenten und Pointen und weniger aus komplexen narrativen Spannungsbögen, die aufgrund der zeitlichen Beschränkung im Kurzspielfilm schwerer zu entwickeln sind. Allerdings gibt es auch Kurzspielfilme, die durchaus als episch charakterisiert werden können und alle Elemente eines traditionellen Plots (in welcher Abfolge auch immer) enthalten. Diese eher narrativen Kurzspielfilme bedienen sich entweder traditioneller Erzählmuster, um sie aufzubrechen und zu einer pointiert herausgearbeiteten Provokation hinzuführen, oder sie nutzen sie in affirmativer, ihre Wirkung bekräftigende Weise. Nicht alle Kurzspielfilme spielen mit narrativen Mustern, um sie zu dekonstruieren.

Dem gegenüber stehen eher poetische Kurzspielfilme, die mehr einem multimedial inszenierten Gedicht als einer Erzählung gleichen. Hier dominieren Metaphern, Symbole und Allegorien, ausdrucksstarke Handlungsräume, Licht- und Musikeffekte; es geht um die Kreation einer atmosphärischen Dichte, um die Erzeugung suggestiver, stimmungsreicher Bilder, die ausschnitthaft, verdichtet in einem ästhetisierten Moment, ein Lebensgefühl, eine Erinnerung, eine Erfahrung evozieren. Doch nicht nur für den poetischen, sondern auch für den narrativen Kurzspielfilm gilt zumeist, dass nicht „die Entwicklung der Geschichte im Vordergrund [steht], sondern der Eindruck, den sie beim Leser bzw. Zuschauer hinterlässt" (Heinrich 1997: 57).

3. Worin liegt das besondere didaktische Potenzial des Kurzspielfilms für den Fremdsprachenunterricht?

Die Entwicklung von *film literacy* als Zusammenspiel von Wahrnehmungs- und Differenzierungskompetenz, filmästhetischer, interkultureller und kommunikativer Kompetenz (vgl. Blell/Lütge 2004) hat in den letzten Jahren im Fremdsprachenunterricht zunehmend an Bedeutung gewonnen. Bevorzugt eingesetzte Medien sind dabei neben den verschiedenen Genres des Langspielfilms Episodenfilme, Dokumentarfilme, (Musik-)Videoclips und Serien. Der Kurzspielfilm ist erst in jüngster Zeit für den Fremdsprachenunterricht entdeckt worden (vgl. Welke 2007). Eine Auslotung seines didaktischen Potenzials in Theorie und Praxis steht noch weitgehend aus. Dabei wird vor allem zu klären sein, für welche Lehr- und Lernziele des Fremdsprachenunterrichts der Einsatz von Kurzspielfilmen besonders geeignet ist.

Einen besonderen didaktischen Reiz des Mediums macht zunächst seine äußere Kürze aus. Sie ermöglicht auch in einer Einzelstunde die ununterbrochene, gegebenenfalls sogar mehrmalige komplette Rezeption des filmischen Kunstwerks, sodass der Kurzspielfilm seine Wirkung auf den Rezipienten – emotional und kognitiv – voll entfalten kann. Das ästhetische Produkt kann jeweils in seiner Gesamtheit mit verschiedenen Rezeptionshaltungen aufgenommen werden: unvorbereitet und noch ohne lenkenden (Hör-)Sehauftrag wie ein Vorfilm im Kino oder ein Teil einer Kurzfilmrolle, gesteuert und fokussiert bei einem zweiten oder dritten Sehen durch konkrete Fragestellungen, die formale und/oder inhaltliche Aspekte in den Blick nehmen und zu tiefergehenden Rezeptionsgesprächen oder schriftlichen Auseinandersetzungen mit dem Thema des Films und dessen Gestaltung anregen.

Die ‚innere Kürze' wiederum erscheint didaktisch attraktiv, weil sie in den allermeisten Fällen – z. B. aufgrund des *in medias res*-Prinzips – einen voraussetzungslosen Einstieg in die Filmhandlung erlaubt und durch oft überraschende Ausstiege authentische Anlässe für Rezeptionsgespräche bietet. Die durch die ‚innere Kürze' bedingte hohe Dichte und Intensität filmästhetischer Mittel ermöglicht in besonderer Weise die Förderung filmästhetischer Kompetenz, also die Sensibilisierung für die spezifischen Gestaltungsmittel des Films und die Möglichkeiten ihrer Dechiffrierung und Deutung. Die konzentriert-komplexe Gestaltung (im Zusammenspiel mit einer eher weniger komplexen, reduzierten Handlungsführung) stimuliert die intellektuelle und imaginative Mitarbeit des Zuschauers, bleibt aber aufgrund der äußeren Kürze auch für Ungeübte bewältigbar – sie ist jedenfalls besser bewältigbar und gegebenenfalls weniger demotivierend als die Struktur eines Langspielfilms.

Innovative und experimentelle Darstellungsformen erhöhen die Aufmerksamkeit und wecken Interesse, sorgen für rezeptionsstimulierende Effekte und wirken oft nachhaltiger als traditionelle Erzähl- und Darstellungsweisen. Damit sind sie für das Fremdsprachenlernen und die Ausbildung von *film literacy* in zweifacher Hinsicht attraktiv: Ihre von der Norm zum Teil signifikant abweichenden Gestaltungsprinzipien erfordern ein besonders intensives Hinhören und -sehen, das den Fremdsprachenlernprozess nachhaltig fördert und außerdem den Blick und das Verständnis für die Bedeutung formalästhetischer Elemente fiktionaler Welten schärft. Innovative und experimentelle Kurzspielfilme sind aber nicht nur kognitiv anspruchsvoll, sie können z. B. durch Skurrilität, groteske oder komische Elemente auch affektiv besonders eindrucksvoll sein. Sie können so Emotionen hervorrufen, die ansonsten im Fremdsprachenunterricht noch immer zu wenig Platz finden, sie können deshalb allerdings auch ablehnende Reaktionen provozieren.

Die der ‚inneren Kürze' geschuldete Skizzenhaftigkeit der Charaktere und das Reduzierte, bisweilen sogar Fragmentarische der Handlung im Kurzspielfilm erzeugt ein hohes Maß an Unbestimmtheits- und Leerstellen, die die Sinnbildungsprozesse der Lerner besonders aktivieren. Kognitive Operationen des Rezipienten sind hier genauso gefordert wie dessen Imaginationsfähigkeit. Dass sich dem Fremdsprachenunterricht hier vielfältige Möglichkeiten zur Formulierung authentischer Sprech- oder Schreibanlässe bieten, liegt auf der Hand.

Hervorgehoben wurde bereits die Bedeutung des Themas für den Kurzspielfilm. Der Zuschauer eines Kurzspielfilms bleibt eher mit einem Gefühl für das Thema als mit der Erinnerung an eine Geschichte oder einen beeindruckenden Charakter zurück. Dieses Gefühl bleibt allerdings oft unbestimmt, es muss präzisiert und zur Sprache gebracht werden und das Thema muss im Dialog mit anderen Zuschauern ausgehandelt werden. Die Notwendigkeit aus einer formalästhetisch verdichteten Handlung ein Thema zu abstrahieren, stellt einen authentischen und kognitiv anspruchsvollen Gesprächsanlass dar.

Eher poetische Filme, die durch intensive, außergewöhnliche Bilder (Lebens-)Gefühle, Erinnerungen und Erfahrungen, Stimmungen und Haltungen evozieren, ermöglichen individuelle und emotionale Zugänge, die auch und gerade zu prozessorientiertem Schreiben genutzt werden können.

Die häufig ausgefallene und doch zugleich an Alltagssituationen und -erfahrungen anknüpfende Themenwahl vieler Kurzspielfilme aktiviert überdies eigenes Welt- und Erfahrungswissen der Lernenden und kann zu persönlichkeitsbildenden Reflexionsprozessen anregen.

4. Was zeichnet den Kurzspielfilm *El columpio* aus?

El columpio von Alvaro Fernández Armero, der 1993 den renommierten *Premio Goya al mejor cortometraje* erhielt, ist eine „überraschende Begegnung der kurzen Art" (vgl. Kremski 2005) par excellence. Eine junge Frau und ein junger Mann – offensichtlich einander unbekannt – warten in einer Madrider Metrostation auf den nächsten Zug (vgl. Abb.1). Die Handlung erstreckt sich über etwas mehr als acht Minuten, die Wartezeit bis zum Eintreffen der U-Bahn, Erzählzeit und erzählte Zeit sind so identisch. Während des Wartens beäugen sich die beiden Protagonisten (weitere Personen treten nicht auf) interessiert, bewegen sich aufeinander zu und entfernen sich wieder voneinander im begrenzten, unterirdischen Raum der Metrostation. Aber sie sprechen einander nicht an; es gibt eine äußere Handlung, aber keinen direkten Dialog zwischen den Hauptfiguren. Nur der Zuschauer hört ihre inneren Stimmen aus dem Off und erfährt so ihre Gedanken, die umeinander und um eine mögliche Beziehung miteinander kreisen. Als am Ende die U-Bahn einfährt, steigen der junge Mann und die junge Frau abwechselnd ein und aus, nie sind beide gleichzeitig in der U-Bahn, die gleich losfahren wird. Ihr gegenseitiges Interesse aneinander wird bei diesem ‚Ein- und Aussteigespiel' auch in Blicken und Gesten offenbar, die Aufnahme einer direkten Beziehung scheitert jedoch am Filmende: Der junge Mann bewegt sich mit der U-Bahn fort, die junge Frau bleibt auf dem Bahnsteig zurück; ihre Blicke sprechen Bände.

Abb. 1: Werbeplakat zum Kurzfilm *El Columpio* (Quelle: Fernández Armero 1993)

Dieser goyaprämierte spanische Kurzspielfilm weist viele der oben genannten Charakteristika der Gattung auf: nur zwei handelnde Personen, einen voraussetzungslosen Einstieg und ein überraschendes, offenes Ende, die Deckungsgleichheit von Erzählzeit und erzählter Zeit, einen symbolträchtigen Handlungsort und Titel und nicht zuletzt eine hohe Dichte an spezifisch filmästhetischen Mitteln.

Die Analyse und Interpretation der filmästhetischen Mittel kann in diesem Rahmen nur exemplarisch erfolgen. Bereits eine exemplarische Analyse kann aber das Spektrum und die Aussagekraft der Darstellungsformen und Gestaltungsmittel verdeutlichen. Besonders hervorzuheben sind die folgenden Aspekte:

- Der Titel *El columpio* und der Vorspann sind symbolisch bzw. allegorisch zu verstehen. Der Vorspann zeigt eine sich drehende, metallene Spielzeugschaukel, auf der zwei sitzende Figuren fest installiert sind, so dass sie sich immer in demselben Abstand zueinander befinden und einander nicht näher kommen können, während sich die Schaukel im Kreis dreht.
- Im gesamten Kurzspielfilm gibt es keinen direkten Dialog zwischen den beiden Figuren. Wir sehen eine äußere Handlung ohne Dialog (nur Bewegungen, Blicke, Gestik und Mimik), die durch eine innere Handlung mit aneinander vorbeilaufenden und zugleich ineinander verschränkten inneren Monologen konterkariert bzw. ironisch kommentiert wird. Während die Bildspur eine zögerliche, letztlich scheiternde Annäherung darstellt, offenbart die Tonspur die Gedanken und Wünsche der beiden Figuren, die zu Unrecht vom jeweils anderen annehmen, er habe kein Interesse.
- Das spezifische Zusammenspiel von Bild- und Tonspur (zu der auch die auf unterschiedliche Weise eingesetzte Filmmusik gehört, von der unten noch die Rede sein wird) erzeugt einen komischen Effekt: Durch die Tonspur erhält nur der Zuschauer, nicht aber die andere handelnde Figur Einblick in die Innenwelt der Figuren (qualitativer *point of view*), sodass er mehr weiß als die Figuren und Äußeres und Inneres zueinander in Bezug setzen kann (quantitativer *point of view*).

- Hohe Symbolkraft hat auch der Handlungsort: ein geschlossener Raum in der Stadt unter der Erde, ein Ort der zufälligen, flüchtigen Begegnungen, ein Ort des Wartens und gleichzeitig des Transitorischen.
- Die *mise en scène* beschränkt sich auf wenige aussagekräftige Elemente, die zum Szenario einer U-Bahn-Station gehören: eine Uhr, Werbeplakate, Schienen, ein Bahnsteig, eine Sitzbank, eine Tunnelwölbung. Besonders auffällig ist hier ein Plakat, das ein riesiges Augenpaar zeigt, das die Bedeutung des Blicks symbolisiert (vgl. Abb. 1). Zur *mise en scène* gehört auch die für den Handlungsort untypische Abwesenheit anderer Personen (weder auf dem Bahnsteig noch in der am Ende einfahrenden U-Bahn sind weitere Personen zu sehen). So entsteht die Atmosphäre eines Kammerspiels, eines Zwei-Personen-Stücks auf der Bühne einer U-Bahn-Station.
- Die Bewegung der Figuren im geschlossenen, unterirdischen Raum der U-Bahn-Station ist von einer hohen Dynamik geprägt. Die Figuren bewegen sich aufeinander zu, voneinander weg, umeinander herum, setzen (wie im Tanz) Akzente mit einzelnen pointierten Schritten bzw. Fußbewegungen.
- Der Film gewinnt durch eine bestimmte Dramaturgie zusehends an Geschwindigkeit, denn er beginnt mit einem extrem langsamen Kameraschwenk, der Details der U-Bahn-Station fokussiert, alterniert dann andere Kameraeinstellungen (wie Großaufnahme, Amerikanische, Halbtotale und Totale) und setzt (Parallel-)Schnitte in immer kürzeren Abständen ein; zugleich wird die Dramatik mit der sich langsam erhöhenden Sprechgeschwindigkeit in den ineinander verschränkten inneren Monologen gesteigert. Diese zunehmende Dynamik der Bild- und Tonspur zeigt sich auch in der *mise en scène*, die in dem bereits erwähnten Ein- und Aussteigespiel gipfelt. Ganz am Ende wird diese Spannung aufgelöst und die Geschwindigkeit auf allen Ebenen signifikant gedrosselt: u.a. durch eine langsame Kamerafahrt, die eine Totale zur Panoramaaufnahme gerinnen lässt, aber auch durch die lakonisch-langsame Musik, die das Filmende untermalt.

- Neben dem dominanten Dialog gehören auch Musik und Geräusche zur Tonspur: Als Geräusch ist gelegentlich ein kurzes, metallenes Klingeln (aus dem Off) wahrnehmbar, das entscheidende Handlungsmomente akustisch markiert und auf die Schaukel im Vorspann bezogen und als Erzählerkommentar gewertet werden kann. Die Instrumentalmusik hat in der Regel eine *Mickey-Mousing*-Funktion – eine besondere Form der Paraphrase, die die Bewegungen und Gedanken der Figuren akzentuiert – oder wendet die *Mood*-Technik an, d.h. sie färbt die Filmhandlung atmosphärisch ein und lädt sie stimmungsmäßig auf.

In thematischer Hinsicht haben wir es hier mit einer alltagsnahen Situation zu tun, wie sie zumindest in der Großstadt nicht selten ist: einer zufälligen, zeitlich begrenzten Begegnung an einem öffentlichen Ort. Sie wird mit einem hohen Überschuss an impliziter Bedeutung aufgeladen, die es zu dechiffrieren und zu verbalisieren gilt. Das an sich bedeutungslose alltägliche Warten zweier Personen auf die U-Bahn wird – durch bestimmte filmästhetische und narrationsspezifische Mittel – bedeutsam gemacht. Die konkrete Alltagssituation weist über sich hinaus auf Allgemeinmenschliches, auf existenzielle Fragestellungen. Die auch auf Komik angelegte Kontrastivität von Bild- und Tonspur versinnbildlicht audiovisuell, wie die Geschlechter aneinander vorbeireden oder – um das Bild der Schaukel aus dem Vorspann aufzunehmen – sich im Kreis drehen, ohne einander wirklich näher kommen zu können.

In den Köpfen der beiden Figuren läuft – so zeigen es die inneren Monologe – ein jeweils eigener ‚Film' ab, der mit geschlechtsrollenspezifischen Erwartungen jeder der beiden Personen an sich selbst und an den jeweils anderen beim Anbahnen und Führen einer Paarbeziehung gespickt ist. Ganz anders funktioniert da die Sprache der Blicke und Gesten, in ihren Blicken offenbaren sich die beiden einander und doch kann die Bedeutung der Blicke am Ende nicht in die entsprechende Handlung umgesetzt werden. Der eine entfernt sich im Zug, die andere bleibt allein auf dem Bahnsteig zurück, ein aussagekräftiges Bild und zugleich ein filmisches Zitat (auch was die Kameraperspektive und -bewegung angeht).

5. Die Schulung filmästhetischer Kompetenz: Vorschläge für handlungs- und prozessorientierte Aufgaben

Es dürfte bereits deutlich geworden sein, dass sich der Kurzspielfilm *El columpio* in besonderer Weise für die Schulung filmästhetischer Kompetenz im Spanischunterricht der Sekundarstufe II eignet. Freilich sollte sich der Umgang mit diesem Film auch im Fremdsprachenunterricht der gymnasialen Oberstufe nicht auf die Auseinandersetzung mit seinen formal-ästhetischen Besonderheiten beschränken. Es muss zudem – am besten miteinander verzahnt – Raum gegeben werden für eine Auseinandersetzung mit seinem Thema. Form und Inhalt müssen aufeinander bezogen, ihr Bedeutungsspektrum ausgelotet werden. Kognitive und affektive Zugänge müssen integriert werden und die Schüler müssen Gelegenheit bekommen, ihren individuellen Sinnbildungsprozess und ihre emotionalen Reaktionen zu verbalisieren. Nur im Zusammenspiel kognitiver und affektiver Zugänge kann die Wirkkraft des Filmes sich voll entfalten und zur Persönlichkeitsbildung der Schüler beitragen.

Handlungs- und prozessorientierte Aufgabenstellungen können diesen Anspruch erfüllen, insofern sie einerseits einen aktiven, auch kreativitätsfördernden Umgang mit dem Filminhalt und seiner Form initiieren und andererseits einen individuellen Sprachgebrauch und individuelle Sinnbildungsprozesse in der Auseinandersetzung mit einem Medientext und dadurch auch die Nachhaltigkeit des Sprachlernprozesses fördern. Gleichzeitig stellen sie inhaltsorientierte und kognitiv anspruchsvolle Sprech- und Schreibanlässe im Fremdsprachenunterricht dar.

Aufgabenstellungen und mögliches Unterrichtsszenario

Das besondere Verhältnis von Ton- und Bildspur legt es nahe, *El columpio* zunächst komplett, aber ohne Ton zu zeigen und damit die Aufmerksamkeit der Schüler auf die *mise en scène*, die Gestik und Mimik der Protagonisten und die äußere Handlung zu lenken. So verbleiben die Schüler zunächst auf demselben Wissensstand wie die Figuren des Films, der quantitative *point of view* wird also künstlich reduziert und damit eine Sensibilisierung für das besondere Verhältnis von Bild- und Tonspur bei audiovisuellen Medien angebahnt, die mit späteren

Aufgabenstellungen weiter ausgebaut werden soll. Die Aufgabenstellung fördert zum einen das Sehverstehen und zum anderen die Fertigkeit Sprechen.

AUFGABE 1:
Mire atentamente el cortometraje "El columpio". No va a escuchar su banda sonora. Fíjese en el escenario, los personajes (sobre todo en sus gestos, su mímica/sus miradas y sus movimientos en el espacio) y la acción. ¿Cómo son los protagonistas? ¿Cómo actúan? ¿Cómo es su relación y cómo se desarrolla a lo largo del filme? Tome apuntes y presente y justifique luego su versión de los acontecimientos en clase.

Alternativ zu Aufgabe 1 oder auf ihr aufbauend (je nach zur Verfügung stehender Unterrichtszeit) kann folgender Arbeitsauftrag erteilt werden:

AUFGABE 2:
Mire (otra vez) atentamente el cortometraje "El columpio". (Aún) No va a escuchar su banda sonora. La banda sonora original se compone de voces, música y ruidos. ¿Quién(es) hablará(n), cuándo y cómo? ¿Qué ruidos se escucharán y cuándo? ¿Habrá música? En el caso de que sí: ¿qué tipo de música se usará y cuándo se escuchará(n) la(s) melodía(s) correspondiente(s)? Divida la película en secuencias y escriba el guión de la banda sonora distinguiendo entre voces, sonidos y ruidos.

Die zweite Aufgabenstellung verfolgt zum Teil ähnliche Lehr- und Lernziele wie Aufgabe 1, erfordert aber insgesamt betrachtet eine tiefergehende Auseinandersetzung mit der Bildspur (also ein noch intensiveres und detaillierteres Sehverstehen) und zudem nicht das (mehr oder minder) freie Sprechen, sondern kreatives Schreiben, Imaginationskraft und die Anwendung künstlerischer Gestaltungsmittel (z. B. bei der Musik- und Geräuschauswahl und der Bestimmung ihres Einsatzortes). Wenn man die Schüler zudem die *banda sonora* in Kleingruppen tatsächlich produzieren und dann zusammen mit der Bildspur präsentieren lässt, nimmt das Ganze bereits den Charakter eines kreativitäts- und handlungsorientierten Projekts an, wofür sich der ausgewählte Kurzspielfilm in besonderer Weise eignet. Gleichzeitig kommt auch hier die Förderung der Kompetenz Sprechen zum Tragen, wenngleich mit einer anderen Akzentsetzung als oben. Zudem werden die Schüler für Form und Wirkung spezifisch filmästhetischer Gestaltungsmittel (wie Musik, Geräusche etc.) und natürlich für das besondere Zusammenspiel von Bild- und Tonspur sensibilisiert.

Weniger geeignet ist der ausgewählte Film für die Schulung des Hörverstehens, denn der Textteil der *banda sonora* ist aufgrund der wachsenden Sprechgeschwindigkeit und der extrem idiomatischen, alltagssprachlichen (zum Teil auch vulgärsprachlichen) Lexik nicht eben leicht zu verstehen. Aber hier soll auch gerade nicht der didaktische Schwerpunkt liegen. Um die Schüler nicht zu frustrieren und außerdem das Hörverstehen zu sichern, wird deshalb vor dem Vorspielen des kompletten Filmes (einschließlich der Tonspur) der gesprochene Textteil als Lesetext ausgeteilt und erst still und dann laut in verteilten Rollen gelesen (Text: vgl. Anhang).

Nach dem Sehen und gleichzeitigen Hören des Films wird es zunächst darum gehen, das besondere Zusammenspiel von Bild- und Tonspur des Originalfilms zu analysieren und zu interpretieren. Dazu werden die Schüler aufgefordert, ihre Versionen der *banda sonora* mit der Originalversion zu vergleichen und Besonderheiten der letzteren herauszuarbeiten und zu interpretieren.

In einem zweiten Schritt – und darauf aufbauend – sollen die Schüler zu einer Auseinandersetzung mit dem Thema/den Themen des Films angeregt werden, ohne die besonderen cinematographischen Gestaltungsmittel aus dem Blick zu verlieren. Nur so können sie auch im Umgang mit dem Medium Film ein Gespür dafür entwickeln, dass Darstellungsformen mit Bedeutung aufgeladen sind und dass Form und Inhalt miteinander verbunden und aufeinander zu beziehen sind.

Mögliche Aufgaben im Anschluss an die Filmrezeption

- *¿Qué asociaciones o sentimientos evoca el cortometraje en usted? ¿Qué le ha (dis)gustado especialmente?*
- *¿Cuál es en su opinión el tema de la película?*
- *Relacione el título o el avance con el cortometraje. ¿Le parecen convincente/adecuado el título y el avance? ¿O cambiaría el uno o/y el otro? ¿Por qué (no)?*
- *Mire otra vez atentamente la última secuencia del cortometraje, cuando el metro se adentra en el túnel y se ve a la chica alejándose en el andén. ¿Qué sentimientos y/o pensamientos evoca ese final en usted? ¿Cómo lo*

ve? ¿Es para usted un final (más bien) abierto o (más bien) cerrado? Justifique su opinión basándose tanto en el ‚diálogo' como en los recursos cinematográficos que se usan en la última secuencia (luz, colores, enfoques, movimiento de la cámara, música etc.).
- Fíjese especialmente en el lugar de acción y la mise en scène. ¿Qué elementos le llaman la atención? ¿Por qué optó el director por una estación de metro como lugar de acción?
- ¿A qué género pertenece ese cortometraje (tragedia, comedia, tragicomedia, otro ...)? Justifique su opinión.
- Si pudiera cambiar algún elemento del cortometraje (los personajes, el lugar de acción, la música, el desenlace ...), ¿qué le gustaría cambiar y por qué?
- Esboce un remake para el cortometraje que se desarrolle en otro lugar, otra época o con otros personajes.
- El cortometraje obtuvo el premio Goya en 1993. Escriba la justificación del jurado.
- Si duda de la decisión del jurado, escriba una crítica en contra de la premiación.

Die spezifische künstlerische Gestaltung und Perspektivierung eines Themas wird oft erst aus dem Vergleich mit anderen künstlerischen Umsetzungen desselben oder eines ähnlichen Themas deutlich. Durch das Einbetten eines Kunstwerks in eine intertextuelle bzw. intermediale Reihe können daher neue Sichtweisen und thematische Akzentuierungen und damit nicht zuletzt neue Impulse für Rezeptionsgespräche gegeben werden. Abschließend sei deshalb vorgeschlagen, *El columpio* als Teil einer intermedialen Textreihe im Spanischunterricht der gymnasialen Oberstufe zu behandeln und zwar zusammen mit den Erzählungen *El semáforo* von Manuel Vicent und *Cómo evitar un terremoto* von Juan José Millás.[1] Auch in diesen Erzählungen geht es um ‚Überraschende Begegnungen der kurzen Art', um das Individuum im Großstadtdschungel und um Geschlechterbeziehungen, um Sehnsüchte und Träume. Die Anknüpfungspunkte zwischen den Texten und dem Kurzspielfilm sind vielfältig. Zugleich ermöglicht der Wechsel des Mediums einen kontrastiven Blick auf die Funktionsweise literarischer Kurztexte und auf deren spezifische narrative Gestaltungsmittel.

¹ Beide Kurzprosatexte sind in Anthologien leicht zugänglich (vgl. Millás 2008 und Vicent 1990). *El semáforo* von Manuel Vicent ist zudem ein Beispieltext für eine literarische Textaufgabe im Abitur; vgl. EPA Spanisch (2004: 47).

Literaturverzeichnis

Blell, Gabriele/Lütge, Christiane (2004). Sehen, Hören, Verstehen und Handeln. Filme im Fremdsprachenunterricht. Praxis Fremdsprachenunterricht 6, 402-405 und 430.

EPA Spanisch (2004): Einheitliche Prüfungsanforderungen in der Abiturprüfung Spanisch. München: Luchterhand.

Fernández Armero, Álvaro (1993). *El columpio*. In: Los mejores cortos del cine espanol. Volumen 3 – Especial Premios Goya (DVD).

Heinrich, Katrin (1997). Der Kurzfilm. Geschichte Gattungen Narrativik. Alfeld: Coppi.

Kremski, Peter (2005). Überraschende Begegnungen der kurzen Art. Gespräche über den Kurzfilm. Köln: Schnitt.

Schweinitz, Jörg (2006). Film und Stereotyp: eine Herausforderung für das Kino und die Filmtheorie. Berlin: Akademie-Verlag.

Welke, Tina (2007). Ein Plädoyer für die Arbeit mit Kurzfilmen im Unterricht Deutsch als Fremdsprache. Fremdsprache Deutsch 36, 21-25.

http://www.interfilm.de/texte/der_kurzfilm.pdf (Aufruf 01.09.09)

http://www.shortfilm.de/index.php?id=2645&L=0&print=1(Aufruf 01.09.09).

Anhang: *El columpio*: Text der *banda sonora* (Fernández Armero 1993)
(Transkription: Rebecca Nagel)

Él: Sí, es que todo es mentira. Estoy harto de cinismos, de fachadas de mierda, de tías bordes y tíos babosos. Con lo fácil que sería dejar las cosas claras ...

,¡Hola! Te estaba observando y creo que tienes una sonrisa maravillosa y un cuerpo estupendo. Me encantaría pasar contigo esta noche y si todo sale bien no tendría inconveniente en amarte el resto de mi vida.'

Eso es lo fácil. Pero no, siempre ocurre lo contrario:

,¡Hola! ¿Cómo te llamas?'

,Me llamo Adela. Tengo muy mala leche. Estoy harta de cerdos como tú así que si no te importa, haz el favor de largarte ...'

¿Le pregunto cómo se llama y ya por eso soy un cerdo? ¡Qué asco!

Ella: Otra noche que duermo sola. ¡Estoy hasta las narices! Encima la gorda de Ana se estará poniendo morada ... Y lo peor de todo no es acostarme sola. Sino despertarme por la mañana sin que nadie me prepare el desayuno. Es muy duro ser romántica y ninfómana a la vez.

Él: ¡Autoconfianza! ¡Esa es la clave! El único problema es saber dónde, coño, se esconde esa confianza. Yo puedo estar muy seguro de mí mismo – ¿pero ellas? ¿Cómo lo notan? ¿Será una cuestión de electricidad? Si fuera así, esta tía estaría chicharreándose.

Ella: Lleva un buen rato mirándome. Yo podría enamorarme de él sólo por la mirada. La vaca de Ana pensará que son chorradas, pero, es que esa mirada...

Él: Ni se entera. ¿Por qué no notará mis vibraciones?

Ella: Parece un osito de peluche. No me importaría nada dormir con él... con mi osito.

Él: ¡Labios rojos! ¡Me vuelve loco! De todas formas tendrá un novio diseñador. Como todas.

Ella: Además es bastante atractivo. Parece buen tío y tiene personalidad. Lo de la personalidad es fundamental. ¿Será bueno en la cama?

Él: Se está poniendo como una moto. Sólo falta que lleve liguero.

Ella: Ya estoy enamorada. Es un flechazo.

Él: ¡Cómo somos los tíos - siempre salidos! Si ella supiera que ya estoy caliente como una estufa...

Ella: No aguanto más. ¡Ven conmigo, ven con mamá!

Él: ¿Para qué? Si al menos me mirase ... aunque también me queda la masturbación o el suicidio. Claro que con este empalme no hay quien se suicide.

Ella: Tío, ¿es que no te enteras? ¡Acércate!

Él: ¡Olvídala, olvídala, olvídala! ¡No la mires, no la mires! Ahora lo importante es exigir la película porno. Quizá aquella de la masajista que tenía unas tetas enormes.

Ella: Perdone, señor osito. ¿Podría usted darme fuego?

Él: ¡Oportunidad perdida! ¿Por qué habré dejado de fumar? ¡Qué putada!

Ella: ¡Nada! No hay manera.

Él: Te amo. Aunque esta noche me acueste con una masajista.

Ella: Y encima quedo como una imbécil. Este cabrón no piensa darse por aludido.

Él: ¿Pero cómo puedo ser tan gilipollas?

Ella: Soy estúpida.

Él: Soy un cobarde.

Ella: ¡Un autista!

Él: ¡Subnormal!

Ella: ¡Reprimida!

Él: ¡Pajillero!

Ella: Pues, ¡se acabó!

Él: ¡Se va a enterar!

Ella: ¡Qué horror, qué horror, qué vergüenza! Y qué bien huele. Es lo que me faltaba. Aléjate, que me va a dar algo.

Él: ¡Qué pelo, qué culo, qué ojos, qué todo!

Ella: ¡Vete, vete, vete!

Él: Ni hablar, ni hablar, ¿pero qué digo?

Ella: Soy frígida, soy frígida. No siento nada, no siento nada.

Él: A ver, äh –äh ... ¿Qué tal? ¿Cómo te llamas? ¿Hacia dónde vas?

Ella: Me llamo Maite y te quiero llevar al cuarto.

Él: Desde que te vi supe que eres la mujer de mi vida.

Ella: ¿Sabes que me encanta tu forma de andar?

Él: ¿Roncas por las noches?

Ella: Sólo ....pijama de hombre.

Él: Me gusta desayunar cereales con leche.

Ella: Siempre quise ser bailarina aunque ahora soy secretaria.

Él: Odio a la gente que se pone chandales los domingos.

Ella: Todas mis bragas son negras. ¿Usas calzoncillos largos?

Él: ¿Conoces la teoría del ...?

Ella: Los perros me dan alergia.

Él: ¿Cómo llamaremos a nuestro hijo?

(Llega el metro)

Él: ¡Mierda! Tenía que venir ahora. ¿Sube? ¿Se queda?

Ella: ¿Qué hago? ¿Por qué no se mueve? ¡Sígueme, sígueme!

Él: ¡No te vayas! ¡Quédate conmigo!

Ella: ¡Venga, venga!

Él: ¿Subo?

Ella: ¿A qué esperas?

Él: O, shhhh...

Ella: ¿Pero qué más quieres que te diga? ¡Mi vida!

Él: ¡Mi amor! ¡No!

Ella: ¡No!

Él: Te quiero. Algún día volveré y formaremos una familia.

Ella: Siempre te esperaría, amor mío.

Él: ¡Hasta siempre!

Story of a Beautiful Country:
Ein Dokumentarfilm aus dem Neuen Alten Südafrika

Helene Decke-Cornill

1. Einführung

In dem Dokumentarfilm *Story of a Beautiful Country* (2004, 73 Min., englisch) begibt sich der Regisseur Kahlo Matabane mit seinem Chauffeur/Kameramann auf eine Reise quer durch Südafrika, um Eindrücke über den Zustand des Landes zehn Jahre nach der Verabschiedung der neuen Verfassung und den ersten allgemeinen Wahlen 1994 zu sammeln. Unterwegs interviewt und filmt er mit einer Handkamera eine Reihe von überwiegend jungen Menschen, viele von ihnen Angehörige einer neuen Mittelklasse. Der Film zeigt eine Gesellschaft im Aufbruch. Drehort ist das Reisegefährt, ein Minibus. Zwischen den Begegnungen sind die wechselnden Landschaften Südafrikas zu sehen, auch sie aus dem Fahrzeug heraus gefilmt. Gelegentlich begleitet Jazzmusik die Fahrt, manchmal hört man auch Hörersendungen aus dem Autoradio. Im Mittelpunkt des mit kleinem Budget gedrehten Films stehen die Äußerungen der jungen Südafrikaner/innen, mit denen der Regisseur Interviews führt.

Kahlo Matabane wurde 1974 in Ga Mphahlele geboren, einem Dorf in der Provinz Limpopo, im äußersten Nordosten Südafrikas. Er begann als Autodidakt und ist mittlerweile ein bekannter Dokumentarfilmer. Seine Filme befassen sich mit der Apartheid und ihrer Kontinuität im heutigen Südafrika, aber auch mit dem Wirtschaftsliberalismus und der Fremdenfeindlichkeit der *ANC/IFP*-Politik. Südafrikanische Filmschaffende haben es nicht leicht, ihre Filme in Südafrika bekannt zu machen. Die Filme, die gezeigt werden, kommen überwiegend aus den USA. *Titanic* hält bis heute den Zuschauerrekord. In einem Land, dessen Bevölkerung zu achtzig Prozent schwarz ist, sind achtzig Prozent der Kinobesucher weiß, erklärt William Kirsh, Direktor von *Primedia*, einem südafrikanischen Medienkonzern. Die meisten Kinos befinden sich in Einkaufszentren, weit entfernt von den Bezirken, in denen unterprivilegierte Schwarze wohnen (vgl. Calvert 2006: 66).

Der Film bietet eine Reihe von Lerngelegenheiten
(1) auf inhaltlicher Ebene, z.B.
- mehrperspektivische Einblicke in die südafrikanische Vergangenheit und Gegenwart aus der Sicht von fast ausschließlich jungen Erwachsenen;
- Einblicke in die Schwierigkeiten des Aufwachsens und Zusammenlebens unter den Bedingungen extremer Heterogenität und einer gewalttätigen und repressiven Vergangenheit;

(2) auf formal-ästhetischer Ebene, z. B.
- die Begegnung mit einem Dokumentarfilm, und zwar einer Variante, die an subjektiven Blickwinkeln, Einstellungen und Wahrnehmungen interessiert ist;
- die Auseinandersetzung mit einer (transferierbaren) Form des *road movie*;

(3) auf sprachlich-kommunikativer Ebene, z. B.
- Hörverstehen verschiedener *Englishes*;
- Kennenlernen der Möglichkeiten und Grenzen der Form des Interviews;
- interpretative Auseinandersetzung mit Unbestimmtheit; Bedeutungsaushandlung.

Einige Lerngelegenheiten werden im Folgenden ausgeführt.

2. Lerngelegenheit (1): Historisch-politischer Kontext des Films

Südafrika wurde im 17. Jahrhundert von Holland und später England kolonisiert. Die britische Übernahme der Kolonialmacht trieb die holländischen Siedler (Buren oder Afrikaaner genannt) ins Landesinnere. Nachdem dort Gold und Diamanten entdeckt wurden, kam es ab 1880 zu zwei Kriegen zwischen den Kolonisatoren (Burenkriege). 1910 wurde Südafrika unabhängig. 1949 kam die offen rassistische Burenpartei, die *National Party*, an die Regierung und entwickelte die Politik der Rassentrennung (Apartheid), nach der die Bevölkerung in Rassenkategorien klassifiziert wurde: *Whites* und *Non-Whites* (*Blacks, Coloureds, Indians*). Die umfassende Diskriminierung und Unterdrückung der *Non-Whites* führte zur Entstehung von Widerstandsbewegungen, die ab 1960 verboten und in den Untergrund verdrängt wurden. 1990, nach mehr als einem Jahrzehnt des fast permanenten politischen Ausnahmezustands, hob Präsident de Klerk das Verbot der Widerstandsbewegungen auf. Nach 27 Jahren der Haft kam Nelson

Mandela frei. Ein umfangreicher Transformationsprozess begann, in dessen Verlauf die Apartheidsgesetze außer Kraft gesetzt und an einem Runden Tisch die Grundlagen für ein demokratisches Südafrika geschaffen wurden. Mandela wurde 1994 der erste frei gewählte Präsident Südafrikas.

Mit ihrer Unterscheidung zwischen *Whites* und *Non-Whites* traf die Apartheidspolitik eine Unterscheidung, die sich auf Sichtbarkeit stützte, Gewaltverhältnisse zu Naturverhältnissen erklärte und ihre Herstellung verleugnete. Sichtbare Unterschiede wie die Hautfarbe gelten gemeinhin als gegeben und nicht produziert. Diese Vorstellung der Vorgesellschaftlichkeit von Farben und Rassen wird von der Weißseinsforschung bestritten. „Der Begriff Weißsein bezieht sich nicht auf natürlich gegebene Sichtbarkeit, sondern auf hergestellte, interpretierte und praktizierte Sichtbarkeit", so etwa Susan Arndt (2005: 343). Wahrnehmung ist nie unvermittelt möglich, sondern immer kulturell bestimmt, Sichtbarkeit ist also keine Eigenschaft, sondern ein gesellschaftliches Konstrukt. Arndt, die sich mit dem Konstrukt und Mythos Rasse befasst, zitiert Colette Guillaumins Erkenntnis: „Race does not exist. But it does kill people." (ebd. 342).

Der Film bietet für politische Bildung und Demokratiepädagogik eine wichtige Lerngelegenheit, weil er Fragen aufwirft, die nach Klärung drängen. Ihn durchzieht latent die große Frage nach den Möglichkeiten einer versöhnten, nicht-rassistischen Gesellschaft. Aber auch wichtige Detailfragen verlangen Antwort: Was meint der interviewte burische Farmer, wenn er sagt, die Buren hätten den Schwarzen ihr Land zurückgegeben? Warum behauptet ein junger Mann, Südafrika habe die Jahre nach dem Ende der Apartheid mit „butchering the past" verbracht? Was meint die junge Burin, wenn sie sagt: „I will always be Afrikaans"? Wie kann jemand ‚weiß' aussehen, aber nicht ‚weiß' sein? Wie konnte jemand im Apartheidstaat „the only black kid in a white class" sein? Was sind *Townships*? Was haben Panzer dort zu suchen? Wer war Vasco da Gama und was verschaffte ihm ein Denkmal im Süden Afrikas? Die Schüler/innen können Unverständliches und weiterführende Fragen zusammentragen, Rechercheaufgaben untereinander aufteilen, Antworten suchen und sich auf diese Weise gemeinsam ein genaueres Bild von Südafrikas Gesellschaft und den ungleichen Bedingungen des Aufwachsens dort machen.

3. Lerngelegenheit (2): Zusammenspiel von Inhalt und Form

Inhalt und Form greifen in diesem Film bedeutungsvoll ineinander. Das betrifft sowohl die Form der Reise als auch die Form des Interviews.

Mit der Konzeption als Reise greift *Story of a Beautiful Country* ein Merkmal der fiktionalen Initiations- und Bildungsreise auf: den Aufbruch eines Unerfahrenen aus der Provinz in die Fremde, die weite Welt, die Zivilisation. Die Filmreise beginnt in einer abgelegenen ländlichen Region. Sie führt vom Rand der Gesellschaft zu ihren Schaltstellen, aus der ‚schwarzen' Provinz Limpopo schließlich ans weißeste Weiß am Kap der Guten Hoffnung, und sie endet am Denkmal für Vasco da Gama.

Es wäre ertragreich, mit den Lernenden darüber zu sprechen, was den Regisseur wohl bewogen hat, nicht etwa junge Leute vor Ort in Johannesburg oder Bloemfontein oder Kapstadt oder auf dem Land in ihrer eigenen Umgebung zu interviewen, sondern sie in seinen Minibus einzuladen und diesen zum Drehort zu machen.

Die Komplexität des Themas Reise und Mobilität in Südafrika erschließt sich Schüler/innen in Deutschland aber nicht ohne Weiteres. Deshalb ist hier landeskundliches Wissen – etwa durch einen Lehrer/innenvortrag oder einschlägige Texte – erforderlich. Wichtiges Kontextwissen sind dabei zwei Aspekte:

- Der Minibus, der als Drehort fungiert, ist ein für Südafrika typisches Transportmittel, vor allem für Menschen, die in Armut leben. Da das öffentliche Verkehrswesen mangelhaft ist, ist diese Mehrheit der Bevölkerung auf Minibus-Taxis angewiesen. Weiße benutzen solche Kleinbusse kaum, für sie sind diese so etwas wie eine *no-go area*. Im Film steigen bis auf die junge Burin, die gerade solche Grenzüberschreitungen zum Thema macht, nur Schwarze in den Bus.[1]
- Fünfzehn Jahre vor Entstehen des Films hätte Matabane nicht ohne Weiteres das Land durchqueren können. Die Passgesetze der Apartheid hätten dies verhindert. Seit den 1960er Jahren wurde schwarzen Südafrikaner/innen systematisch die südafrikanische Staatsbürgerschaft aberkannt, und sie wurden zu Bürger/innen sogenannter *Homelands* erklärt – abgelegener, oft unwirtlicher Landstriche, die weit entfernt von den Arbeitsplätzen ihrer Bewohner/innen lagen. Außerhalb dieser *Homelands* muss-

Story of a Beautiful Country: Ein Dokumentarfilm aus Südafrika 331

ten sie ständig die verhassten *pass books* mit Fingerabdruck, Foto und Informationen über ihre Aufenthaltserlaubnis mit sich führen. Noch zwischen 1976 und 1981 wurden vier weitere *Homelands* eingerichtet, die 9 Millionen Südafrikanerinnen zu Ausländer/innen im eigenen Land machten (eine Karte Südafrikas mit den *Black Homelands* findet sich z.B. unter http://www.1uptravel.com/worldmaps/south-africa10.html).

Auch die Form der vom Regisseur geführten Interviews ist inhaltlich signifikant; hierfür bedarf es ebenfalls des Kontextwissens durch Recherche oder Vortrag. Matabane hat sich nach eigenen Angaben von zwei Quellen besonders inspirieren lassen:

- Von den *radio talk shows*, die in Südafrika als *national obsession* gelten und in denen Anrufer/innen sich zu einem Thema äußern können; mehrfach sind Fetzen solcher Hörersendungen aus dem Radio des Kleinbusses zu hören.

- Von den Anhörungen der *Truth and Reconciliation Commission*; die *TRC* war der eindrucksvolle, wenngleich unvollendete Versuch, die gewalttätige, rassistische Vergangenheit des Landes aufzuarbeiten. Eines der Vorbilder waren die Nürnberger Prozesse, in denen allerdings die Siegerjustiz die Aufarbeitung in Gang brachte, während sie in Südafrika im eigenen Land als Versöhnungsprozess initiiert wurde. Die Anhörungen der Kommission waren öffentlich und wurden in Rundfunk und Fernsehen übertragen.

Die Form der Reise wie auch die Form des Interviews haben also einen klaren Bezug zum Gegenstand des Films, dessen Bedeutsamkeit für Außenstehende aber nur durch Bereitstellen von Kontextwissen erklärlich wird.

4. Lerngelegenheit (3): Einzelportraits und Gesamtaufbau

Der Aufbau des Films bietet eine gute Zugangsmöglichkeit dadurch, dass er als Aneinanderreihung von Begegnungen und Einzelportraits konzipiert ist. Diese klare, zerlegbare Struktur kann in der Unterrichtsarbeit aufgegriffen werden. Die Stationenstruktur des Films bietet also ein kongeniales unterrichtsmethodisches Arrangement.

Die Reise besteht aus sechzehn Stationen von unterschiedlicher Länge:
1. Khalo Matabane bricht in Ga Mphahlele auf.
2. Er interviewt einen jungen Mann in Soweto.
3. Zwei amerikanische Touristinnen an einer Tankstelle schwärmen von ihren Reiseeindrücken.
4. Eine junge burische Frau erzählt über ihr Aufwachsen und ihre sprachliche und kulturelle Identität.
5. Im Vorbeifahren ist eine Viehauktion unter Farmern auf dem Land zu sehen und zu hören.
6. Ein burischer Farmer, bereit und bewaffnet für den Kampf gegen den *ANC*, erregt sich über den ungerechten Gang der südafrikanischen Geschichte nach der Apartheid.
7. Ein Mädchen mit einer Afrika-Tätowierung beschreibt sich als Bürgerin nicht nur Südafrikas, sondern ganz Afrikas.
8. Ein Cellist spielt eine Suite von Bach.
9. Ein junges Ehepaar erzählt von den Schwierigkeiten und Demütigungen, die sie durch die Apartheid erfuhren und erfahren.
10. Eine Frau hält das Foto ihres ermordeten Sohnes in der Hand, fährt zu dessen Grab und sagt ihm, dass seine Mörder festgenommen seien.
11. Vor einer Kirche auf dem Land singt ein Jugendchor *Lord, I give you my heart*.
12. An einer Tankstelle preisen zwei Männer Südafrika.
13. Ein Straßentänzer tritt auf.
14. Eine junge Frau erklärt, warum sie stolz auf ihre *coloured mixed heritage* ist.
15. Eine junge Frau aus der schwarzen *jeunesse dorée* in Kapstadt stellt ihre Sicht der Post-Apartheid-Ära dar.
16. Regisseur und Fahrer kommen am *Cape of Good Hope* beim Vasco da Gama-Gedenkkreuz an, das an die erste Umsegelung Südafrikas auf dem Weg nach Indien 1497 erinnert.

Der Film operiert durch seine Anlage auf zwei perspektivischen Ebenen. Zum einen porträtiert er nacheinander einzelne Menschen. Ihre individuellen Äußerungen, ihre Sichtweisen stehen auf dieser Ebene im Mittelpunkt – die O-Töne unterstreichen den Eindruck der Unmittelbarkeit und Authentizität ihrer Rede. Es ist ihre Rede, freilich provoziert durch die Fragen des Interviewers. Zum anderen ist der Interviewer zugleich Regisseur. Die Auswahl der Interviewpartner/innen, die Organisation der Gespräche, die Kameraführung, der Schnitt, die Montage liegen in seiner Hand, und er fügt so die Vielfalt, die er gewonnen hat, zu einem Ganzen, zu einem diskursiven Zusammenhang, zum Film. „Erst wer die Bausteine der Wirklichkeit so arrangiert, dass sie in ihrer Summe mehr vermitteln, als konkret zu sehen ist, macht ‚Film'" (Hügler 1990: 120). Für das Publikum bleibt der Regisseur fast während des ganzen Films im Hintergrund, er ist allenfalls am Rande der Kamera zu erahnen, nur durch seine Fragen präsent. Erst am Ende des Films wird dieses Arrangement aufgehoben, als seine letzte Interviewpartnerin (Station 15) ihn vor die Kamera zwingt.

Die Doppeldimension der Perspektive der Einzelnen und der polylogischen Gesamtperspektive des Films kann im Unterricht gespiegelt und durch ein vierschrittiges Vorgehen erweitert werden:

- In einem ersten Schritt könnten sich einzelne Schüler/innen, möglichst in Kleingruppen, mit einer der porträtierten Personen beschäftigen. Das könnte mit der genauen Transkription des Interviews (Hörverstehen verschiedener *Englishes*) oder einer genauen Beschreibung der nonverbalen Begegnungen (Station 8 und 13) beginnen; mit der Charakterisierung der jeweiligen Person, ihrer Gestik, Mimik, Sprache und Äußerungen weitergehen; und schließlich zu Spekulationen über den Kontext ihres Aufwachsens und Recherchen zu unverständlichen Äußerungen und offenen Fragen führen.
- In einem zweiten Schritt könnten dann je zwei Gruppen einander ihre Personen vorstellen und eine Begegnung zwischen ihnen inszenieren, eine Aufgabe, die Bedeutungsaushandlung, Perspektivenwechsel und Empathie verlangt, aber auch sprachlich-darstellerische Kompetenzen schult.
- In einem dritten Schritt käme der Film als Ganzes in den Blick. Die Art und Weise des Miteinanderwirkens der Einzelportraits ließe sich nun thematisieren, z.B. unter der Fragestellung: Wo steht ‚meine' Person im Ganzen des Films? Wie sind die Portraits angeordnet? Auf diese Weise

könnte der Plan rekonstruiert werden, der dem Arrangement des Films zugrunde liegt.
- In einem vierten Schritt könnte eine Talkshowsimulatiuon, in der Schüler/innen in die Haut ausgewählter Filmpersonen schlüpfen, als eine weitere Form die Auswertung vertiefen.

5. Lerngelegenheit (4): Dokumentarfilm

Am Beispiel von *Story of a Beautiful Country* lässt sich die Frage bearbeiten, was eigentlich einen Dokumentarfilm ausmacht. Dass diese Frage nicht durch eine Untersuchung des Filmobjekts allein zu klären ist, zeigt die filmtheoretische Debatte um den Begriff.

Die Bezeichnung Dokumentarfilm weist auf ein spezifisches Verhältnis eines Films zur Wirklichkeit hin. Sie spricht dem Film den Status eines Dokuments zu, das für die Wahrheit des Dargestellten bürgt. Auffallend häufig wird der Dokumentarfilm ex negativo definiert. In diesem Sinn schreibt etwa Schadt (2002: 21): „Mit seiner grundsätzlichen Definition ‚Nonfiktion' bildet er den Gegenpol zum Spielfilm mit der grundsätzlichen Definition ‚Fiktion'". Dass ein Dokumentarfilm äußere Wirklichkeit nicht mimetisch abbilden kann, wusste schon Grierson, als er in den 1920er Jahren von „creative treatment of actuality" (zit. nach Corner 1996: 17) sprach. Und Metz brachte die Skepsis gegenüber den Realismuserwartungen, die die Gegenüberstellung Nonfiktion/Fiktion evoziert, in seiner vielzitierten Feststellung zum Ausdruck, dass jeder Film fiktional sei (vgl. 1975: 31). In solchen Polarisierungen sieht Neubert den Grund für die Geringschätzung des Dokumentarfilms im Fremdsprachenunterricht: Missverstanden als ein ‚Spiegel der Wirklichkeit', als Abbild von Gegebenem, das ohne viel eigene Gedankenarbeit rezipiert werden kann, wird ihm von der einen Seite allenfalls der Status eines Hilfsmittels zuerkannt, das die Funktion der Illustrierung oder des Belegs eines Sachverhalts übernehmen kann, der schriftlichen Quelle jedoch an Vielschichtigkeit und Informationsreichtum unterlegen bleiben muss. Die andere Seite betont den Konstruktionscharakter von Filmbildern und sieht ihr primäres Ziel in der Offenlegung von Manipulationsmechanismen und Lenkungsstrategien filmischer Codes. Auf ein bloßes rhetorisches Mittel reduziert, das ‚Wirklichkeit erfindet', wird dem Dokumentarfilm von dieser Position aus letztlich jeder Erkenntnisanspruch verweigert (vgl. Neubert 1999: 408). Auch Neubert liefert hier Bestimmungen von dem, was Dokumentarfilme nicht sind: Sie sind weder Spiegel der Wirklichkeit noch fiktionale Konstruktion. Was aber sind sie dann?

Odin nähert sich der Frage einer Definition nicht über den Wirklichkeitsbezug, sondern über zwei Annahmen: erstens, dass ein Film erst durch „dokumentarisierende Lektüre" (im Gegensatz zu „fiktivisierender Lektüre") zum Dokumentarfilm werde, und zweitens, dass es Filme gebe, die ausdrücklich verlangen, auf dokumentarisierende Weise gelesen zu werden (Odin 1984: 286). Odin geht davon aus, dass Zuschauer/innen sich bei der Betrachtung eines Films Vorstellungen von seinem „Enunziator" (ebd. 287), vom ‚Ursprungs-Ich' des Films machen. Während die fiktivisierende Lektüre durch die „Weigerung der Konstruktion eines ‚Ursprungs-Ichs' durch den Leser" charakterisiert sei, zeichne sich die dokumentarisierende durch die „Konstruktion eines als real präsupponierten Enunziators durch den Leser" (ebd. 291) aus. Als real angenommene Aussageinstanz kann z.B. für die Zuschauenden die Kamera gelten oder die Regie oder einfach auch diejenigen, die gesellschaftlich den Diskurs des Films vertreten. Die dokumentarisierende Lektüre müsse sich dabei übrigens nicht auf den ganzen Film beziehen, sie könne sich auf Fragmente beschränken. Zwar entscheide am Ende das Publikum über den eigenen Lektüremodus, aber eine Reihe von Einflussfaktoren wirken massiv auf diese Entscheidung ein, so etwa der Kontext, in dem der Film gezeigt wird, die Überschrift, unter der er präsentiert wird, das Werbematerial, das ihn ankündigt, usw. Und auch filminterne Aspekte erteilen dem Publikum Anweisungen in Bezug auf den erwarteten Lektüremodus. Hierbei spielen der Vorspann, aber auch andere „textuelle Anweisungen" (ebd. 296) eine wichtige Rolle. Fehlende Schauspielernamen, direkt in die Kamera blickende und sich an das Publikum wendende Personen, Musikenthaltsamkeit u.ä. können als Aufforderung zur dokumentarisierenden Lektüre verstanden werden. Odin sieht in solchen Signalen das Gemeinsame des Dokumentarfilms, den er deshalb Ensemble, nicht aber Genre nennt.

Ist *Story of a Beautiful Country* ein Dokumentarfilm? Zu Beginn des Films zeigt die Handkamera aus dem Kleinbus heraus, begleitet von leiser Musik, eine

Abb. 1: Station 1: Ga Mphahlele, Ausgangspunkt der Reise (Matabane 2004)

dürre Landschaft, weit auseinander liegende, armselige Behausungen, vereinzelt Ziegen und Hunde, Wäsche auf den Drahtzäunen, gelegentlich auch ein großes, gediegeneres Haus, ab und zu einen Menschen am Rand der unbefestigten, rotstaubigen Straße (vgl. Abb.1).

Nach einer Weile erklärt eine Stimme:

> For the first 15 years of my life, this is what I knew of my country.
>
> I grew up with the saying that the best way to understand the world is by going on a journey.
>
> My journey started in this landscape I'm familiar with, my village Ga Mphahlele in the North.

Dann hört man aus dem Autoradio eine Sendung, in der sich Hörer über jemanden ereifern, der einen anderen mit *black bastard* bezeichnet hat. Der DVD-Umschlag weist den Film als *documentary* aus, und am Beginn fehlen die für Spielfilme charakteristischen Star- und Regienamen. Die Aufnahmen mit der Handkamera sowie der autobiographische Hinweis des regieführenden, interviewenden ‚Ursprungs-Ichs' in den ersten gesprochenen Sätzen, seine anfangs fast nur auditive, am Ende des Films aber auch ganz visuelle Präsenz (vgl. Abb. 2) sowie schließlich der Charakter des Spontanen, Unvorbereiteten der Interviews sind filminterne Aufforderungen zur dokumentarisierenden Lektüre. Ob das Publikum sie so interpretiert, ist eine andere Frage.

Story of a Beautiful Country: Ein Dokumentarfilm aus Südafrika

Abb. 2: Station 16: Der Filmemacher wird gefilmt (Matabane 2004)

Auf der Ebene der Interviews tut sich die Frage nach der Haltung des Publikums in vergleichbarer Weise auf. Hier sind die Interviewten ‚Ursprungs-Ichs' ihrer Aussagen, und es ist dem Publikum anheim gestellt, ob es sie dokumentarisierend aufnimmt.

Für den Unterricht bieten sowohl der Film insgesamt wie auch die einzelnen Interviews den Schüler/innen die Gelegenheit, sich – auch anhand eigener Versuche – mit Möglichkeiten und Schwierigkeiten des Dokumentierens auseinanderzusetzen, mit der Frage: Kann es gelingen, etwas wahrheitsgetreu darzustellen, zu erzählen, zu berichten?

6. Lerngelegenheit (5): Empathie im Dokumentarfilm

Nichols zählt den Dokumentarfilm zu den „Diskursen der Nüchternheit" (zit. nach Hesler, www.filmtext.com, Aufruf 01.09.09). Wir gehen in einen Spielfilm, um uns anrühren zu lassen; wir gehen in einen Dokumentarfilm, um zu lernen.

> Je mehr wir über das Innenleben einer Figur wissen, je mehr Einblick wir in Gefühle, Wertvorstellungen, Hoffnungen und Pläne besitzen, desto enger können wir auf sie reagieren und desto genauer werden wir sie emotional ausloten

schreibt Brinckmann (2005: 340) in ihrer Studie über Empathie im Dokumentarfilm und findet zwei gewichtige Unterschiede gegenüber dem Spielfilm:

Zum einen die geringere formale Kontrolle über die dokumentarische Drehsituation, ihre geringere Planbarkeit, die auch den Einsatz von Intensivierungsstrategien und Gefühlsverstärkern betrifft. Georg Stefan Troller zufolge jagt der Dokumentarfilm „auf freier Wildbahn", während der Spielfilm „auf dem Schiessstand" agiert (zit. nach Brinckmann 2005: 341).

Zum anderen die Nicht-Professionalität der Beteiligten: den Figuren im Spielfilm stehen die Personen im Dokumentarfilm gegenüber. Im Vergleich zur Spielfilmfigur ist die Person im Dokumentarfilm unberechenbar, will oft gar nicht gefilmt werden, will ihr Innerstes nicht offenbaren. Das heißt nicht, dass uns die Personen des Dokumentarfilms unzugänglich bleiben. Der Dokumentarfilm kann nach Brinckmann

> auf die Fähigkeit der Zuschauer vertrauen, auch im realen Leben aus relativ einsilbigen und mimisch unergiebigen Zeitgenossen Aufschlüsse über ihre Gefühle abzuleiten oder eine ungewohnte Gestik nach und nach adäquat zu deuten. [...] Während sich der Spielfilm also üblicherweise auf das Wahrscheinliche und Plausible stützt (um Glaubwürdigkeit zu erreichen), dürfen dokumentarische Personen durchaus eine unwahrscheinliche, individuelle Expressivität entwickeln und werden meist trotzdem verstanden, weil wir uns besonders um sie bemühen.
>
> (Brinckmann 2005: 344)

Für Brinckmann sind fiktionale Figuren Kunstgestalten, sie besitzen nur diejenigen Eigenschaften, Gefühle und Erfahrungen, die der Text für sie bereithält und die im Gesamt des Films relevant sind (2005: 345):

> Dokumentarische Personen dagegen sind so unauslotbar wie wirkliche, jede ein eigenes Universum, zeigen im Film aber nur einen Bruchteil ihres Wesens. [...] Die dokumentarische Person ist also opaker als die fiktionale Figur, aber zugleich reichhaltiger, aufschlussreicher und geheimnisvoller. Auch ihr emotionaler Ausdruck ist weniger kodiert und weniger eindeutig, weniger ausbalanciert und nur punktuell mitreißend, dann aber umso überraschender, überzeugender und intensiver. Viele Dokumentarfilme setzen auf solche unerwartete, spontane Augenblicke: Sternmomente, die sich nicht planen lassen.

Ziemlich genau in der Mitte des Films (Station 9) findet sich ein solcher intensiver Augenblick. Er ereignet sich während eines etwa fünf Minuten langen Interviews Khalo Matabanes (KM) mit einem jungen Ehepaar (Abb. 3), von dem der Abspann verrät, dass es sich um Henry (H) und Sinta (S) Mokoka handelt, offenbar Bekannte des Regisseurs.

Story of a Beautiful Country: Ein Dokumentarfilm aus Südafrika 339

Abb. 3: Station 9: Henry und Sinta Mokoka (Matabane 2004)

Sinta „looks white", ist aber Kind einer „mixed racial marriage"; Henry wuchs als Ziehsohn einer weißen Frau auf, bei der seine Mutter als Haushaltshilfe („domestic") arbeitete. Auf dem Land war es in Südafrika auch während der Zeit der Apartheid möglich, als ‚schwarzes' Kind in die ‚weiße' Dorfschule zu gehen. Hier ein Auszug aus dem Interview:

> KM: I want to know: Do you feel sometimes that all eyes are on you when you're walking around with her?
>
> H: All the time. I walk around, I mean I hold her hand, and I find myself very scared, a lot of the time, very scared. But I hold her hand and I feel to myself like, I have to, you know – She's my wife and I've got to protect her, regardless. And, yes, it's the brothers that look at me and it's white boys that have issues, it's everybody.
>
> KM: Who are you, where do you come from? What are your families like?
>
> S: Oh, now I'm in the spotlight.
>
> H: Go.
>
> S: Okay. Basically, my mom and dad met here in South Africa. They got married, they moved to – actually they had to move, they had to get married in Swaziland because of apartheid and stuff. And I'm sure they had a lot of issues when they got married. Oh yeah, that's the other thing: My mum and dad are from a mixed racial marriage anyway, and I was born in Singapore. And we lived in Swaziland for a little bit. And we lived in Japan for about seven years. And we lived in Pretoria for a little bit and the States for a little bit.
>
> KM: Do you use phrases like I'm glad I'm coloured or I'm white?

S: You see, that's the thing: If I was in the States, I would get slapped if I said the c-word – coloured. Here, apparently, people don't seem to have a problem. However, because I look white, they still have an issue. So I don't know what I'm supposed to say at any point at any time. So I've given up. I try not to involve myself in things like that.

H: I was brought up by a white family. My mother was a domestic. And, yeah, she's been working for this family for about 34 years. And I'm the - what would you call it? – the result of a very, very interesting family. And the funniest thing about it is going to schools where you are the only black kid and play contact sports and you get these kids that do not like kids of colour, and you're playing rugby and they say "Grab that fucking kaffir". You run down. And there's a wing. It's not very easy. But, well, shit, we – I managed.

KM: You also told me about how you would go down to the supermarket.

H: Oh yeah, when I was a kid. That was scary. [...] One day I went to the supermarket with my mother, and I was screaming: "Mummy, Mummy, Mummy!" and she turned around and said "hey", whatever. And we're in the same aisle. And this Afrikaaner woman turned around and went: "Sies" [dt. 'Pfui!', HDC]

On my 21st birthday my mother told me exactly what that was all about and it was not nice. She told me this woman did not accept that being a black kid, being brought up by a white woman, she could have any feelings towards me. I thought f... –

Don't, Khalo. Because I'm gonna start getting angry.

It's not fair. It's not fair. Because, I mean, what, these people just looked after me ...

Fuck it.

Turn off.

Henry treten Tränen in die Augen. Er schiebt die Kamera beiseite, die auf ihn hält. Ihr Blick ist zudringlich geworden, ähnlich dem Blick, den die Frau im Supermarkt auf ihn warf, als er Kind war. Wer weint, kann nicht sehen, er fühlt vor der Kamera in besonderer Weise, dass er betrachtet wird, dass er Blickobjekt ist. Michel Foucault hat die Kamera als „Maschine zur Trennung des Paares Sehen/ Gesehen werden" bezeichnet (1976: 259). Auf dieser Trennung beruht der Kinovoyeurismus. Die Zuschauer/innen sehen, ohne gesehen zu werden, eine Konstellation, die ihnen Macht verleiht. Schneider/Laermann (1977) halten den Blick für eines der wichtigsten Herrschafts- und Distanzierungsmittel; mit dem Blick halten wir Distanz, machen das Erblickte zum Objekt, halten es unter Kontrolle. Henry Mokoka ist genau dies als Kind widerfahren:

> Das Wissen und Gefühl über sich selber ist für die Entwicklung von Kindern und Jugendlichen außergewöhnlich wichtig, denn sie sind ja noch nicht abgerundet oder ‚fer-

tig', sie suchen vielmehr ihre eigenen Fähigkeiten wie auch ihren Platz in der Gruppe, unter den Freunden, kurz gesagt ihren Platz in der Gesellschaft und im Leben

schreibt Willenberg (1999: 14). Henry ist mit einem Blick dieser Platz streitig gemacht worden. Im Kontext des Rassismus, der in diesem Film und dem Interview mit dem Ehepaar verhandelt wird, ist der ‚weiße' Blick auf ‚Schwarze' traumatisierend.

Wie erleben die Schüler/innen diesen Augenblick im Film? Wie deuten sie ihn? Berührt er sie? Gelingt ihnen das, was Brinckmann Empathie nennt? Warum (nicht)? Schließt er an eigene lebensweltliche oder literarische/filmische Erfahrungen an? Ist es überhaupt möglich, jemanden zu verstehen, dessen Erfahrungen man nicht kennt, nicht geteilt hat?

Ausblick

Story of a Beautiful Country bietet zahlreiche Lerngelegenheiten. Sie betreffen u.a. Südafrikas Geschichte und Gegenwart; die Erfahrungen und die Psychologie des Heranwachsens in einer rassistischen Gesellschaft; Aspekte des Dokumentarfilms, seiner Ästhetik und seines Wahrheitsversprechens; Hörverstehen im Englischen; Deutungswege und Perspektivenübernahme und -aushandlung. Er eignet sich für den Englischunterricht ebenso wie für den (bilingualen) Geschichts- und Politikunterricht. Zugleich kann er auch als Modell für eigene Filmproduktionen dienen, einer Interviewreise durch Deutschland etwa. Mit seiner Struktur bietet er sich für eine kooperative Erarbeitung in einer Lerngruppe an. Auch wenn er sich vor allem auf junge und ausgebildete Menschen konzentriert, die im neuen Südafrika mehr oder weniger Fuß gefasst haben, die in Armut und Bildungsferne lebende Bevölkerung also ganz beiseite lässt, so vermittelt er doch etwas von der Tiefe der Gräben, die sich zwischen diesen in Alter und Bildungsstand gar nicht so unterschiedlichen Menschen auftun. Ob und wie ein Dialog zwischen ihnen möglich sein könnte, das könnte das Thema einer Abschlussdiskussion sein.[2]

---

[1] Die Idee, ein Taxi als Drehort zu benutzen, hat filmische Vorbilder, z.B. Abu-Assads Dokumentarfilm *Ford Transit* (2002), der in einem Taxi zwischen Jerusalem und Ramallah gedreht ist, oder Jim Jarmuschs *Night on Earth* (1992), ein Episodenfilm, der aus Taxifahrten zusammengesetzt ist.

² *Story of a Beautiful Country* ist als DVD (€20 plus Porto) erhältlich unter: PO Box 21545, Kloof Street, Cape Town, South Africa 8008. E-Mail: dayzero@dayzero.co.za

Literaturverzeichnis

Arndt, Susan (2005). Mythen des weißen Subjekts: Verleugnung und Hierarchisierung von Rassismus. In: Eggers, Mareen Maisha et al. (Hg.). Mythen, Masken und Subjekte: Kritische Weißseinsforschung in Deutschland. Münster: UNRAST, 340-362.

Brinckmann, Christine N. (2005). Die Rolle der Empathie oder Furcht und Schrecken im Dokumentarfilm. In: Brütsch, Matthias et al. (Hg.). Kinogefühle. Emotionalität und Film. Marburg: Schüren, 333-360.

Calvert, Scott (2006). Conversations on a Sunday Afternoon. http://www.berlinale.de/external/de/filmarchiv/doku_pdf/20060308.pdf (Aufruf 01.09.09)

Corner, John (1996). The Art of Record. A critical introduction to documentary. Manchester: University Press.

Foucault, Michel (1976). Überwachen und Strafen. Frankfurt/M.: Suhrkamp.

Hesler, Jakob. Das Prinzip Erzählen. http://www.filmtext.com/start.jsp?mode=1&key=564 (Aufruf 01.09.09)

Hügler, Elmar (1990). Vom Ansehen des Dokumentarfilms im Fernsehen. In: Heller, Heinz-Bernd/Zimmermann, Peter (Hg.). Bilderwelten, Weltbilder. Dokumentarfilm und Fernsehen. Marburg: Schüren, 114-126.

Matabane, Kahlo (2004). *Story of a Beautiful Country*. Dayzero (DVD).

Metz, Christian (1975). Le Signifiant imaginaire. Communications 23, 3-55.

Neubert, Ingo (1999). Sichtweisen des Fremden: Der amerikanische Dokumentarfilm und das Lernziel interkulturelle Kompetenz. In: Diller, Hans-Jürgen/Otto, Erwin/Stratmann, Gert (Hg.). English via Various Media. anglistik & englischunterricht 62, 407-430.

Odin, Roger (1998 [1984]). Dokumentarischer Film - dokumentarisierende Lektüre. In: Hohenberger, Eva (Hg.). Bilder des Wirklichen. Texte zur Theorie des Dokumentarfilms. Berlin: Vorwerk 8, 286-303.

Schadt, Thomas (2002). Das Gefühl des Augenblicks. Zur Dramaturgie des Dokumentarfilms. Bergisch Gladbach: Lübbe.

Schneider, Gisela/Laermann, Klaus (1977). Augen-Blicke. Über einige Vorurteile und Einschränkungen geschlechtsspezifischer Wahrnehmung. Kursbuch 49, 36-58.

Willenberg, Heiner (1999). Sprachliche Signale für komplexe persönliche Identitäten: Menschen haben nicht nur eine kulturelle, sondern auch eine persönliche Identität. In: Decke-Cornill, Helene/Reichart-Wallrabenstein, Maike (Hg.). Sprache und Fremdverstehen. Frankfurt/M.: Lang, 13-36.

The Corporation:
Zum reflektiert-kritischen Einsatz von Dokumentarfilmen im Englischunterricht

Nancy Grimm

> We like nonfiction and we live in fictitious times.
> (Michael Moore, Oscar Acceptance Address, 2003)

1. Die Renaissance des Dokumentarfilms in Kino und Schule

Der Dokumentarfilm hat in den letzten Jahren eine bedeutsame Massenwirkung erreicht. Michael Moores satirisch-provokative Ausformungen des Genres mit *Bowling for Columbine* (2002), *Fahrenheit 9/11* (2004) oder zuletzt *Sicko* (2007) sind gar zu Doku-Blockbustern avanciert. Nicht zuletzt ist gerade Moores Filmwerk aufgrund der unterhaltsamen Adaption des Dokumentarfilm-Genres und des kritischen Blicks auf die USA sowohl bei Lehrenden als auch bei Lernenden äußerst beliebt – ein Umstand, der jedoch durchaus kritisch bewertet werden sollte (vgl. Grimm/Petersohn 2006: 9). Auch weitere, weniger populistische Dokumentarfilm-Produktionen verzeichnen internationalen Erfolg – man denke beispielsweise an den österreichischen Dokumentarfilm *We Feed the World – Essen global* (2005) oder an die Oskar-prämierte Dokumentation *Eine unbequeme Wahrheit (An Inconvenient Truth*, 2006).

Die Krux beim schulischen Einsatz von Dokumentarfilmen liegt jedoch darin, dass Lernende, die auch im Alltagsleben verstärkt durch dokumentarische Formen wie Doku-Soaps oder Doku-Dramas beeinflusst werden, der Form der dokumentarischen Darstellung hinsichtlich ihres Wahrheitsgehaltes wenig kritisch gegenüberstehen (vgl. Volkmann 2007: 362). Dies ist teils auch der Schulpraxis geschuldet, die Dokumentarfilme im Englischunterricht und in anderen Fächern in erster Linie zur Informationsvermittlung einsetzt (vgl. Grimm 2007: 140). Diese rein inhaltsgebundene, die kritische Filmanalyse ausblendende Ausrichtung der filmischen Betrachtungsweise zeigt sich gerade bei den Dokumentarfilmen Moores als problematisch:

> No matter whether we find Michael Moore's view of America apt or even correct, if we
> do not reveal the subjectivity of his point of view as expressed in his products we leave
> ourselves open to the charge of succumbing to one-sided approaches to America and
> thus foster anti-Americanism.
>
> (Volkmann 2007: 371)

Im Sinne der „kulturwissenschaftlichen Filmdidaktik" (Surkamp 2004a: 241) erscheint daher eine mehrdimensionale Herangehensweise an Dokumentarfilme notwendig, welche soziokulturelle Aspekte kritisch diskutiert, ideologische Färbungen des Dokumentarfilms hinterfragt und dies in einen fruchtbaren Zusammenhang mit medienpädagogischen Erkenntnissen sowie mit Fragen der Entstehungsbedingungen von Dokumentarfilmen setzt – vor allem in Bezug auf die Relation von Objektivität und Subjektivität (vgl. Schreier/Appel 2002: 231f.).

Der kanadische Dokumentarfilm *The Corporation* (Achbar/Abbott 2003), ein kapitalismuskritisches Filmwerk über die Funktions- und Arbeitsweise internationaler Konzerne, erweist sich in diesem Zusammenhang als besonders aufschlussreich. Zunächst, weil er sich selbst einen Bildungs- und Aufklärungsauftrag auf die Fahnen schreibt und diesen auf dem Film-Cover („Talk-Learn-Act"), durch den Film direkt sowie in schulischen Begleitmaterialien auf der eigenen Homepage zu vermitteln versucht (vgl. www.thecorporation.com). Ferner auch, weil er hierzulande bereits als Unterrichtsfilm für die Fächer Politik, Wirtschaft und Englisch vorgeschlagen und dabei primär inhaltlich betrachtet wird (vgl. Bildungsserver Hessen). Dies eröffnet zwei zentrale Fragenkomplexe:

(1) Ist der vermeintlich authentische Charakter von Dokumentarfilmen ein Vorzug oder eher ein Problem für den schulischen Einsatz?

(2) Muss die Auseinandersetzung mit einem Dokumentarfilm nicht auch klarstellen, dass hier Objektives bzw. Sachliches häufig nicht als Wirklichkeit zur Abbildung kommt, sondern dass teilweise mit fiktionalen Aspekten und Polemik gearbeitet wird, gestaltungstechnische Stilmittel eingesetzt werden und somit eine neue filmische Realität entsteht?

Dieser medienkritische Zugang – so mögen Lehrende befürchten – drängt die inhaltliche Auseinandersetzung an den Rand oder führt gar dazu, dass Lernende sich manipuliert fühlen und sich in der Folge vom Inhalt abwenden:

> Wenn der Dokumentarfilm gerade dadurch eine kritische Funktion gewinnt, daß er das
> Unrecht der bestehenden Verhältnisse anklagt, kann es dann die Aufgabe der Didaktik

sein, die Anklage als bloßes rhetorisches Mittel zu entlarven? Wird es nicht die Konsequenz eines solchen Vorgehens sein, daß man sich nicht mehr ansprechen läßt? Einerseits wird man nicht wollen, daß Schüler und Studenten Filme unkritisch als Abbild der Wirklichkeit rezipieren, anderseits ist unbefriedigend, wenn Schüler und Studenten sich von dem aufklärerischen und gesellschaftskritischen Anspruch dieser Filme überhaupt distanzieren.

(Bredella 1994: 89)

Daher stellte sich die Frage, ob es einen Mittelweg im schulischen Umgang mit Dokumentarfilmen gibt, der sowohl deren filmischen Konstruktcharakter als auch die Filminhalte in ein produktives Wechselspiel bringt, wenn Lernende reflektieren, wie der subjektive Standpunkt des Filmschaffenden den Dokumentarfilm beeinflusst, ob oder wie man im Dokumentarfilm wirklichkeitsnah darstellen kann, welche Bedeutung ethische sowie ideologische Fragen haben und welche Wirkung das Gefilmte auf sie selbst hat. Daraus würde sich die Notwendigkeit ergeben, die inhaltliche Ebene des Filmwerks mit der gestalterischen zu verbinden sowie Überlegungen zu den Produktionsbedingungen des Dokumentarfilms einfließen zu lassen. Nach diesem Dreischritt sollten Lernende für die konstruierte Abbildung von Realität im Dokumentarfilm ausreichend sensibilisiert sein.

2. Dokumentarfilme – Herausforderungen für die Fremdsprachendidaktik

Der 1973 von Dieter Baacke geprägte Begriff ‚Medienkompetenz' ist heute allgegenwärtig – nicht nur in fachwissenschaftlichen Veröffentlichungen zur Medienpädagogik (vgl. Vollbrecht 2001, Groeben/Hurrelmann 2002, Vach 2005, Gapski 2006), sondern auch in der bildungspolitischen Diskussion in Deutschland. Als Schlüsselkompetenz stellt sie zudem eine Herausforderung für die Aus- und Fortbildung von (Hochschul-)Lehrern dar (vgl. Bett/Wedekind/Zentel 2004). Auch der Englischunterricht soll dabei in Verbindung mit kreativen und prozessorientierten Unterrichtsaktivitäten zu einer kritischen Urteilsfähigkeit im Zugang zu filmischen Repräsentationen und zu einem selbstbestimmten Umgang mit dem Medium Film beitragen (vgl. Schneider 2002, Surkamp 2004b, Blell/Lütge 2004, Grimm 2007). So betonen auch die einheitlichen Anforderungen für das Abiturfach Englisch die Schlüsselkompetenz der *media literacy*. Zu vermitteln sind dabei in der schulischen Lehre

> exemplarische Kenntnisse und Fertigkeiten in Bezug auf Entschlüsselungstechniken und produktive Verwendungsmöglichkeiten (im Zusammenwirken von Ton, Text und bildlicher Darstellung), Fähigkeit[en] zur kritischen Sichtung bei der Materialrecherche [und ein] medienkritisches Urteilsvermögen.
>
> (Kultusministerkonferenz 2002: 7)

So rückt auch die Filmanalyse verstärkt in den Blickpunkt des Fremdsprachenunterrichts. Angesichts der zunehmenden Forderungen nach einem kritischen Umgang mit kinematografischen Werken mögen Schulpraktiker kritisch anmerken, dass die Filmanalyse zeitlich nur schwer oder nicht immer mit einer Diskussion über die Inhalte des Filmes zu verbinden ist bzw. dass der medienkritische Zugang die emotionale Wirkung des Filmerlebnisses stört. Dies trifft jedoch verstärkt auf Spielfilme zu und zeigt sich als ambivalenter Umstand in der schulischen Arbeit mit Dokumentarfilmen, welche in der Schule vor allem zur Vermittlung von politischen, geografischen oder sozialhistorischen Informationen eingesetzt werden. Hinzu kommt ein mögliches filmanalytisches Defizit seitens der Lehrenden selbst (vgl. Surkamp 2004a: 240).

Doch gerade im Bereich des Dokumentarfilms ist es notwendig, die Aufmerksamkeit der Lernenden auch auf die kinematografische Ebene zu lenken. Vermitteln Spielfilme politische oder sozialhistorische Informationen eher implizit, so haben Dokumentarfilme – allgemein formuliert – den Anspruch, Realität und damit auch politische oder gesellschaftliche Inhalte als Abbild der Wirklichkeit zu vermitteln. Während auch der Spielfilm Reales im Rahmen einer fiktionalen Einbettung spiegelt, stellt sich gerade beim Dokumentarfilm die Frage, inwieweit dieser die Wirklichkeit perspektivisch oder subjektiv darstellt und damit selbst als Fiktion des Wirklichen zu betrachten ist:

> Documentary films [...] are part and parcel of the discursive formations, the language games, and rhetorical stratagems by and through which pleasure and power, ideologies and utopias, subjects and subjectivities receive tangible representation.
>
> (Nichols 1991: 10, vgl. auch Nichols 2001: 3)

Auch die didaktische Diskussion hat sich mit dieser Problematik beschäftigt – hier vor allem der 1994 erschiene Sammelband *Der amerikanische Dokumentar-*

film: Herausforderungen für die Didaktik. Hierin verweist Lothar Bredella auf den inhaltlichen Aspekt von Dokumentarfilmen, der einerseits Ausgangspunkt einer medienkritischen Auseinandersetzung sein kann; andererseits aber auch einen Anlass bietet, sich – im Rahmen der Ausbildung interkultureller Kompetenz – mit der Weltsicht der anderen Kultur auseinanderzusetzen:

> Man kann [Dokumentarfilme] als eine Form der Geschichtsschreibung auffassen, die wir dann kritisch auf ihren Wahrheitsgehalt bzw. auf ihren Manipulationscharakter untersuchen, oder als Zeugnis der anderen Kultur sehen, die wir daraufhin befragen, welche Auffassungen und Einstellungen in ihnen zum Ausdruck kommen.

(Bredella 1994: 91)

Eine kritische Auseinandersetzung mit einem Dokumentarfilm muss jedoch immer auch seine Entstehungsbedingungen hinterfragen – neben dem politischen, sozialen und kulturellen Umfeld sicherlich auch die Hintergründe der Autoren und Regisseure des Films sowie jener Interviewpartner, deren Ansichten – wie im Falle von *The Corporation* – ausgewählt und wohl durchdacht miteinander verbunden oder kontrastiert werden. In diesem Zusammenhang stellt Jürgen Donnerstag – ausgehend von den vielfältigen Ausformungen des Dokumentarfilms – eine für die Schulpraxis hilfreiche Unterscheidung des Dokumentarfilms in zwei Hauptformen vor:

> Auf der einen Seite stehen diejenigen Dokumentarfilme, die eine deutliche – überdeterminierte – Botschaft vermitteln wollen. Sie dokumentieren nicht so sehr eine vieldeutige Wirklichkeit, sondern sie möchten ihre Sichtweise der Welt dem Zuschauer nahe legen. [...] Auf der anderen Seite stehen diejenigen Filme, die eher den Prinzipien des *direct cinema* verbunden sind, die dem Rezipienten mehr Raum zur Bedeutungsfindung lassen [...].

(Donnerstag 1994: 178)

Ausgehend von diesen didaktischen Positionen, welche die Forderung nach einer Auseinandersetzung mit Dokumentarfilmen auf drei Ebenen – der inhaltlichen, der gesellschaftspolitischen und der gestalterischen – untermauert, soll vor allem die Klassifizierung Donnerstags zu der Frage hinführen, welcher Form des Dokumentarfilms *The Corporation* zuzuordnen ist und wie man ihn als solchen im Englischunterricht einsetzen kann.

3. Unterrichtspraktische Überlegungen: *The Corporation* im Englischunterricht der Sekundarstufe II

Das Drehbuch des Dokumentarfilms *The Corporation* entstand in der Zusammenarbeit der kanadischen Filmschaffenden Mark Achbar und Jennifer Abott mit dem kanadischen Rechtswissenschaftler Joel Bakan. Während der Arbeiten am Film entstand zudem Bakans Buch *The Corporation: The Pathological Pursuit of Profit and Power* (2004). Der Leitgedanke des Films und sein Resultat ist der Nachweis, dass Konzerne – entsprechend den Maßstäben psychologischer Untersuchungen – alle Kriterien für schwerste psychische Störungen aufweisen. Der Psychologie-Professor Robert Hare fungiert dazu als Interview-Experte und bestätigt, dass die Funktionsweise von Konzernen dem Krankheitsbild eines Psychopathen entspricht. Hierzu kontrastiert *The Corporation* Interviews mit bekannten Kritikern des kapitalistischen Wirtschaftssystems wie Noam Chomsky, Naomi Klein, Michael Moore und Howard Zinn mit den Meinungen etwa von Milton Friedman, ausgesprochener Befürworter der freien Marktwirtschaft, und Geschäftsführern von Konzernen wie Sir Mark Moody-Stuart, bis 2001 *Chairman* von *Royal Dutch Shell*. Die Filmkritik steht dem Dokumentarfilm weitestgehend positiv gegenüber. Dabei werden auch Verbindungen zu den Dokumentarfilmen Moores geknüpft, wobei man *The Corporation* jedoch attestiert, dass er „[i]ntelligenter als Moore" (Hillenbrand 2004: Spiegel Online) zu Werke geht: „[D]ie Fundamentalkritik an der wichtigsten Organisationseinheit des Kapitalismus [ist] in weiten Strecken beachtenswert gut durchargumentiert." (ebd.)

Geht man nun zurück auf die eingangs gestellte Frage, ob *The Corporation* ein Dokumentarfilm ist, der im Sinne seiner Überzeugung den Zuschauer beeinflusst oder der dem Rezipienten eher verstärkt Raum für die eigene Bedeutungsfindung lässt, so legt ein Interview mit Achbar Ersteres nahe. Auf die Frage, ob Filme helfen könnten, die Welt zu verändern und Menschen zu mobilisieren, antwortet dieser:

> [Ich] habe erlebt, dass dieser Film [*The Corporation*, N.G.] die Meinungen und das Verhalten von Menschen verändert hat. […] Die Menschen werden tief bewegt. Nach dem Film können sie die Welt nicht auf dieselbe Art und Weise betrachten. Sie erzählen mir, dass sie ihr Unternehmen anders führen werden, oder dass sie ihr Studienfach wechseln werden. Menschen, die behaupten, bisher apathisch gewesen zu sein, beteuern, dass sie

Aktivisten werden wollen […]. […] Ja, Filme können dabei helfen, die Welt zu verändern. Ob zum Guten – das wird sich zeigen.

(Achbar in Ott/Dalkowski 2005: o.S.)

Dass *The Corporation* die Wirkungsmacht besitzt, Rezipienten zum Handeln zu bewegen, beweisen die Regisseure gleich selbst auf ihrer Homepage. Quasi in Eigenwerbung zeigen sie hier den Mitschnitt eines Besuches in einer kanadischen *High School*. Hier wurde der Film mit dreizehnjährigen Schülerinnen und Schülern vor allem inhaltlich diskutiert, wobei die Bildungs- und Aufklärungsabsichten des Dokumentarfilms bei den Lernenden volle Wirkung erzielen; die gesamte Film-Homepage ist entsprechend ausgelegt.

Ohne Frage kann und sollte der Film im Unterricht eingesetzt werden – jedoch nicht ohne eine kritische Auseinandersetzung mit dessen Machart. Betrachtet man das unterrichtliche Potenzial des Dokumentarfilms zunächst inhaltlich, so erleichtert seine episodische Struktur die Einbeziehung auch im Englischunterricht zu relevanten Themen in der Sekundarstufe II wie etwa *politics, economy, environment* oder *globalization*. Eine inhaltliche Auseinandersetzung, die auch die Erfahrungswerte der Lernenden miteinbezieht, könnte mit Ausschnitten aus folgenden Kapiteln des Dokumentarfilms durchgeführt werden: „Case Histories" (Kap. 5, 00:18:11-00:25:00) zum Schicksal der Billiglohnarbeiter in Entwicklungsländern und „A Private Celebration" (Kap. 14, 01:18:07-01:21:45) zum Phänomen des *undercover marketing*, zu Markenkleidung und speziellen Logos. Da diese Themen sich auch für die deutsche Schulrealität als wichtig erweisen, können diese Sequenzen auch im intertextuellen Rückgriff auf bereits existierende Schulmaterialen als Einstieg in den Film dienen. So bietet das *Viewfinder*-Schulbuch *The Global Village: Progress or Disaster?* (Volkmann 2007) eine reiche Quelle für unterrichtliche Überlegungen und Diskussionen zum Thema Markenkleidung und ihrer Herstellungsbedingungen.

Ein weiterer unterrichtlicher Fokus sollte darauf beruhen, mit Hilfe von Internetrecherchen Hintergrundinformationen über Personen zu sammeln, die in *The Corporation* mehrfach interviewt werden und deren Biografien Aufschluss darüber geben, inwieweit ihre Aussagen im Film von einer bestimmten politischen bzw. ideologischen Positionierung geprägt sind. Für diese Recherche könnten Milton Friedman, Noam Chomsky und Naomi Klein ausgewählt werden. Der

2006 verstorbene Nobelpreisträger Milton Friedman galt als der einflussreichste Ökonom des zwanzigsten Jahrhunderts. Friedman folgte einer liberalen Grundhaltung und forderte eine kleinstmögliche Einmischung des Staates in den Wirtschaftskreislauf. Dagegen wird der amerikanische Linguistik-Professor und Links-Intellektuelle Noam Chomsky weltweit als Kritiker neoliberaler Wirtschaftsordnungen und der Globalisierung wahrgenommen. Auch Naomi Klein gilt seit dem Erscheinen ihres Bucherfolgs *No Logo* (2000) als führende Konsum- und Globalisierungskritikerin. Untersucht man mit den Lernenden nun kritisch, wie oft und wann diesen Personen im Dokumentarfilm das Wort gegeben wird und inwieweit sie ihrer Position in einer verständlichen und nachvollziehbaren Breite Ausdruck verleihen können, so wird auffallen, dass gerade Noam Chomsky sehr häufig spricht. Es ist daher zu vermuten, dass sich der Film deutlich mit der links-intellektuellen Haltung Chomskys identifiziert, auch wenn er dies nicht explizit tut, sondern durch die Kontrastierung der in erheblicher Länge dargestellten Positionen Chomskys mit den divergierenden Meinungen anderer. Schnitt und Montage sowie der *voice-over*-Kommentar tragen im Film zudem dazu bei, dass einige politische, ethische oder moralische Positionen – wie beispielsweise die Chomskys – als richtig bzw. als zu bevorzugend dargestellt werden, wobei diese so eine moralische Überlegenheit erhalten.

So muss der Blick im Unterricht auch auf filmgestalterische Mittel fallen. Hierzu könnte man eine Schlüsselsequenz *en detail* analysieren – durchaus auch im Rückgriff auf einschlägige, teils auch didaktisierte Werke zur Filmanalyse (Hildebrand 2001, Steinmetz 2003, Phillips 2005, Hickethier 2007, Monaco 2007). Empfohlen seien hier zwei aufeinanderfolgende Schlüsselkapitel des Dokumentarfilms, „The Pathology of Commerce" und „Monstrous Obligations" (Kap. 6-7, 00:40:33-00:46:54). Der Blick der Lernenden sollte auf die Quellen des Filmmaterials, Kameraführung, Schnitt, Montage und Ton (*voice-over*-Kommentar, Musik, Interviews) gelenkt werden. Als hilfreich erweist sich hier ein Arbeitsblatt mit Standbildern aus dem Film, an dem Lernende Filmtechniken genau abgebildet sehen und diese analysieren können (vgl. Anhang: Abb. 1-12).

Eine Modellinterpretation zu dieser Sequenz könnte wie folgt lauten: Durch die Fallstudien in Kap. 5 des Dokumentarfilms entsteht der Eindruck, dass es sich bei der Vorgehensweise von Konzernen um psychopathisches Verhalten handelt. Die Beweisführung wird nun angestrebt und durch die Begriffsbestimmung des Psychologen Robert Hare (Abb. 1) sowie durch das psychologische Diagnoseinstrument, ‚*Personality Diagnostic Checklist*' (Abb. 2), erbracht. Der *voice-over*-Kommentar stellt während eines Kameraschwenks zu anonymen Individuen in einem Konzernbüro die Frage: „If the dominant institution of our time has been created in the image of a psychopath, who bears the moral responsibility for its actions?" Zur Beantwortung dieser Frage kommt zunächst Milton Friedman zu Wort (Abb. 3), der diese Diagnosestellung ablehnt und die Verantwortung in einem Konzern Individuen zuordnet. Es folgt ein Schnitt zu Archivmaterial: Eine Schwarz-Weiß-Einblendung zeigt Kinder und untermauert Friedmans Aussage, dass jedes Individuum eine moralisch-ethische Substanz besitzt. Im Kontrast dazu kommt nun Noam Chomsky zu Wort (Abb. 4), der erklärt, dass das moralisch-ethische Individuum innerhalb eines bestimmten Systems korrumpiert werden könne. Provokativ erklärt er, dass der Mensch im Privatleben durchaus ein ‚Heiliger' sein könne, während ein bestimmtes System – etwa das des Nationalsozialismus – das Schlechte in ihm hervorbringe. Nun folgt ein Überleitungsschnitt zu einem Luftschiff mit dem Logo des Reifenherstellers *Goodyear*. Offensichtlich zur Untermauerung der Aussagen Chomskys kommt der ehemalige CEO von *Goodyear*, Sam Gibara, zu Wort (Abb. 5). Dieser bedauert unmoralische Entscheidungen, die er in dieser Funktion zu treffen hatte und erklärt, wie frustrierend er diese Position empfand. Erneut blendet die Sequenz anonyme Individuen ein, vermutlich *CEOs* (Abb. 6). Das verschwommene Bild bestärkt den von Gibara vermittelten Eindruck, dass Hauptgeschäftsführer unmenschliche Entscheidungen ohne Rücksicht auf deren Auswirkungen auf Angestellte treffen. Gibaras Bedauern über seine eigene Vorgehensweise bei *Goodyear* wird in der Folge durch die Einblendung der folgenden Schriftzeile deutlich infrage gestellt (Abb. 7): „Since 1990, Goodyear has closed eight plants and laid off 20,000 workers." Diese Einblendung zeigt sich als in höchstem Maße einseitig, da die betriebswirtschaftlichen Rahmenbedingungen, die zu diesen Maßnahmen unter Umständen Anlass gaben, nicht beleuchtet werden. Vor diesem Hintergrund bestätigt sich ohne nähere Erläuterung Noam Chomskys dargestellte Folgemeinung (Abb. 8), dass *CEOs* in ihrer institutionellen Rolle Monster seien. Hierauf folgt ein weiteres Beispiel zur Untermauerung dieser Position

(Abb. 9): Sir Mark Moody-Stuart, ehemaliger *Chairman* von *Royal Dutch Shell*, bietet eine Anekdote dar und erzählt, wie er mit Aktivisten ins Gespräch kam, die gegen ihn wegen der Zerstörung des Niger-Deltas durch *Shell* vor seinem Privathaus demonstrierten. Moody-Stuart rekapituliert, dass er bei einem Kaffeekränzchen die Anschuldigungen entkräftete und die ‚frustrierten Aktivisten' von seiner Integrität, seinem Mitgefühl sowie seiner eigenen Besorgnis überzeugte. Diese Anekdote wird mit Originalaufnahmen vom Protest der Aktivisten und der Reaktion der Moody-Stuarts begleitet (Abb. 10). Erneut kommt nun Chomsky zu Wort, der erklärt, dass Konzerne wie *Royal Dutch Shell* sehr wohl zum Umweltschutz beitragen, gleichzeitig aber ihre inhumane Arbeitsweise fortsetzen (eingeblendet wird eine Internetquelle, die zeigt, dass *Royal Dutch Shell* eine Auszeichnung für Umweltschutz erhielt; Abb. 11). Chomsky untermauert nun weiter die Argumentationskette der Monstrosität von Konzernen. Der visuelle Input – hier die Einblendung einer monströsen Ölfördermaschine (Abb. 12) – bestärkt Chomskys Position und die gesamte Sequenz klingt im *voice-over*-Kommentar mit einer bitter-sarkastischen Note aus:

> [A]s the Moody Stuarts serve tea to protestors, Shell Nigeria can flare unrivalled amounts of gas making it one of the world's single worst sources of pollution. And all the professed concerns about the environment, do not spare Ken Saro Wiwa and eight other activists from being hanged for opposing Shell's environmental practices in the Niger Delta.

Es wird anhand dieser Sequenz deutlich, wie durch kinematografische Techniken des Schnitts und der Montage in Verbindung mit Archivquellen, Einblendungen und der Tonspur des teilweise höchst moralisierend klingenden *voice-over*-Kommentars ein konstruiertes Abbild der Wirklichkeit entsteht, welches – in diesem Fall – Konzernchefs im wahrsten Sinne des Wortes als Monster und Konzerne als Psychopathen erscheinen lässt. Die gesamte Sequenz ist darauf ausgelegt, die einleitende psychologische Diagnose zu bestätigen.

Eine solche Szenenanalyse sollte darauf hinführen, dass auch Lernende sich kritisch mit der Art und Weise der kinematografischen Darstellung in *The Corporation* auseinandersetzen. Obwohl man dem Film nicht unterstellen kann, er präsentiere Unwahrheiten, so setzt er doch teilweise auf verzerrende Effekthascherei und hat – ob der vielfältigen Fragestellungen, die aufgeworfen werden –

nur selten überzeugende und schlüssige Antworten parat (vgl. Hillenbrand 2004: o.S.).

4. Fazit und Ausblick

Filme sind ein in visueller wie auditiver Hinsicht höchst verschlüsseltes Medium, welches vor allem in der Phase der *post-production* (Nachbearbeitung) durch Schnitt und Montage des Filmmaterials und durch die Unterlegung desselben mit einer ergänzenden Tonspur (Soundtrack, *voice-over*-Kommentar, etc.) eine bestimmte Filmaussage generiert. In Bezug auf den Dokumentarfilm ergeben sich dabei folgende Schlussfolgerungen, die gerade für den Einsatz in der Schule bedacht und diskutiert werden müssen: Die Quellen des Dokumentarfilms mögen real sein und der Wirklichkeit entsprechen, doch wie im Fiktionsfilm entspricht ihre Anordnung nicht einer natürlichen oder kausalen Abfolge realer Ereignisse – man bedenke die Verweildauer eines Bildes auf dem Bildschirm, Kameraeinstellungen, Schnitt, Montage und insbesondere das Einschieben von Interviews oder Interview-Versatzstücken. *The Corporation* präsentiert als Dokumentarfilm also eine nachträglich bearbeitete, nicht immer sachliche Version der Wirklichkeit – nicht aber die Wirklichkeit selbst. Dies verdeutlicht – auch wenn in einem Dokumentarfilm eine große Anzahl divergierender Meinungen zum Ausdruck kommen – wie ein Standpunkt oder eine Ideologie die Oberhand gewinnt. Dies ist ein deutliches Zeichen jener ersten Kategorie von Dokumentarfilmen, die eine „Botschaft vermitteln wollen", die also das Ziel anstreben, „durch [ihre] Botschaft zumindest das Denken des Zuschauers [zu] verändern, wenn nicht gleich die Wirklichkeit selber" (Donnerstag 1994: 178).

Wenn Medienkompetenz eine der Schlüsselkompetenzen darstellt, die durch die Auseinandersetzung mit Filmen auszubilden ist, so zeigt sich in der inhaltlichen, vor allem aber in der medienkritischen Auseinandersetzung mit diesem Dokumentarfilm, dass es hier vor allem um eine differenzierte Rezeption dieses Mediums gehen sollte. Ein reflexiver wie kritischer Umgang mit dem Medium Dokumentarfilm verfolgt konkrete Zielstellungen: So geht es nicht nur darum, Filme als eigenständigen Unterrichtsgegenstand zu etablieren, sondern vor allem um die Schulung Lehrender und Lernender in der Filmanalyse, um Filmwerke aller Art ausreichend dekodieren zu können. Nur so können Filmaussagen hinterfragt und kritisch reflektiert werden. Auf Grundlage dieses tieferen Interpretationsspektrums können Lernende schlüssig nachvollziehen, dass auch Dokumentarfilme keine rein objektiven Abbildungen geschichtlicher, soziokultureller oder politischer Umstände darstellen.

Literaturverzeichnis

Achbar, Michael/Abbott, Jennifer (2003). The Corporation. Metrodome Distribution (DVD).

Baacke, Dieter (1973). Kommunikation und Kompetenz: Grundlegung einer Didaktik der Kommunikation und ihrer Medien. München: Juventa.

Bakan, Joel (2004). The Corporation: The Pathological Pursuit of Profit and Power. New York: Free Press.

Bett, Katja/Wedekind, Joachim/Zentel, Peter (Hg.) (2004). Medienkompetenz für die Hochschullehre. Münster: Waxmann.

Blell, Gabriele/Lütge, Christiane (2004). Sehen, Hören, Verstehen und Handeln. Filme im Fremdsprachenunterricht. Praxis Fremdsprachenunterricht 1, 402-405.

Bildungsserver Hessen. *The Corporation.* http://lernarchiv.bildung.hessen.de/sek_ii/powi/wi/konz/bili/edu_1200121930.html (Aufruf 01.09.09).

Bredella, Lothar (1994). Der amerikanische Dokumentarfilm: Zugang zur amerikanischen Wirklichkeit? In: Bredella/Lenz (1994), 81-107.

Bredella, Lothar/Lenz, Günter H. (Hg.). Der amerikanische Dokumentarfilm: Herausforderungen für die Didaktik. Tübingen: Narr

Donnerstag, Jürgen (1994). Medientexte und prozeßorientierte Fremdsprachendidaktik: Der amerikanische Dokumentarfilm im Englischunterricht. In: Bredella/Lenz (1994), 167-185.

Gapski, Harald (2006). Medienkompetenzen messen? Verfahren und Reflexionen zur Erfassung von Schlüsselkompetenzen. Düsseldorf: kopaed.

Grimm, Nancy/Petersohn, Roland (2006). Thank You For the Movies: Entwicklung von Sprachkompetenz, interkultureller Kompetenz und Medienkompetenz durch Filme im Englischunterricht der Klassenstufen 10-12 im Gymnasium. Bad Berka: ThILLM.

Grimm, Nancy (2007). Filme. In: Drumm, Julia (Hg.). Methodische Elemente des Unterrichts: Sozialformen, Aktionsformen, Medien. Göttingen: Vandenhoeck & Ruprecht.

Groeben, Norbert/Hurrelmann, Bettina (Hg.) (2002). Medienkompetenz: Voraussetzungen, Dimensionen, Funktionen. Lesesozialisation und Medien. Weinheim: Juventa.

Guggenheim, Davis (2006). Eine unbequeme Wahrheit (An Inconvenient Truth). Paramount Home Entertainment (DVD).

Hickethier, Knut (2007). Film- und Fernsehanalyse. Stuttgart: Metzler.

Hildebrand, Jens (2001). Film: Ratgeber für Lehrer. Köln: Aulis-Verlag Deubner.

Hillenbrand, Thomas (2004). Die Monster AG. Spiegel Online. http://www.spiegel.de/kultur/kino/0,1518,304353,00.html (Aufruf 01.09.09).

Kultusministerkonferenz (2002). Einheitliche Prüfungsanforderungen in der Abiturprüfung Englisch. München: Luchterhand.

Monaco, James (2007). How to Read a Film: Movies, Media, Multimedia. New York: Harbor Electronic Publishing.

Moore, Michael (2002). Bowling for Columbine. Universal (DVD).

Moore, Michael (2003). Oscar Acceptance Address for Best Documentary Film. http://www.americanrhetoric.com/speeches/michaelmooreoscaracceptance.htm (Aufruf 01.09.09).

Moore, Michael. Fahrenheit 9/11. Optimum Home Entertainment (DVD).

Moore, Michael. Sicko. Optimum Home Entertainment (DVD).

Nichols, Bill (1991). Representing Reality: Issues and Concepts in Documentary. Bloomington: Indiana University Press.

Nichols, Bill (2001). Introduction to Documentary. Bloomington: Indiana University Press.

Ott, Dennis/Dalkowski, Sebastian (2005). Filme können helfen die Welt zu verändern: Interview mit Michael Achbar. http://zmag.de/artikel/Filme-koennen-dabei-helfen-die-Welt-zu-veraendern (Aufruf 01.09.09).

Phillips, William H. (2005). Film: An Introduction. Boston: Bedford/St. Martin's.

Schneider, Werner (2002). Filmisches Erzählen: Analyse, Deutung und Evaluation. Praxis des neusprachlichen Unterrichts 49/4, 364-368.

Schreier, Margrit/Appel, Marcus (2002). Realitäts-Fiktions-Unterscheidungen als Aspekt einer kritisch-konstruktiven Mediennutzungskompetenz. In: Groeben/Hurrelmann, 231-253.

Steinmetz, Rüdiger (2003). Filme sehen lernen: Grundlagen der Filmästhetik. Frankfurt/M.: Zweitausendeins.

Surkamp Carola (2004a). Spielfilme im fremdsprachlichen Literaturunterricht: Beitrag zu einer kulturwissenschaftlichen Filmdidaktik. In: Bredella, Lothar (Hg.). Literaturdidaktik im Dialog. Tübingen: Narr, 239-267.

Surkamp, Carola (2004b). Teaching Films: Von der Filmanalyse zu handlungs- und prozessorientierten Formen der filmischen Textarbeit. Der fremdsprachliche Unterricht Englisch 38/68, 2-11.

Vach, Karin (2005). Medienzentrierter Deutschunterricht in der Grundschule: Konzeptualisierung, unterrichtliche Erprobung und Evaluation. Berlin: Frank & Timme.

Volkmann, Laurenz (2005). The Global Village: Progress or Disaster? Berlin: Langenscheidt.

Volkmann, Laurenz (2007). Our ‚Favorite American': Teaching Michael Moore. Amerikastudien/American Studies 52/3, 361-379.

Vollbrecht, Ralf (2001). Einführung in die Medienpädagogik. Weinheim: Beltz.

Wagenhofer, Erwin (2005). We Feed the World – Essen Global. UFA (DVD).

356 Nancy Grimm

Anhang: *The Corporation*: Screenshots zur Filmanalyse
(Achbar/Abbott 2003, Kap. 6-7, 00:40:33-00:46:54)

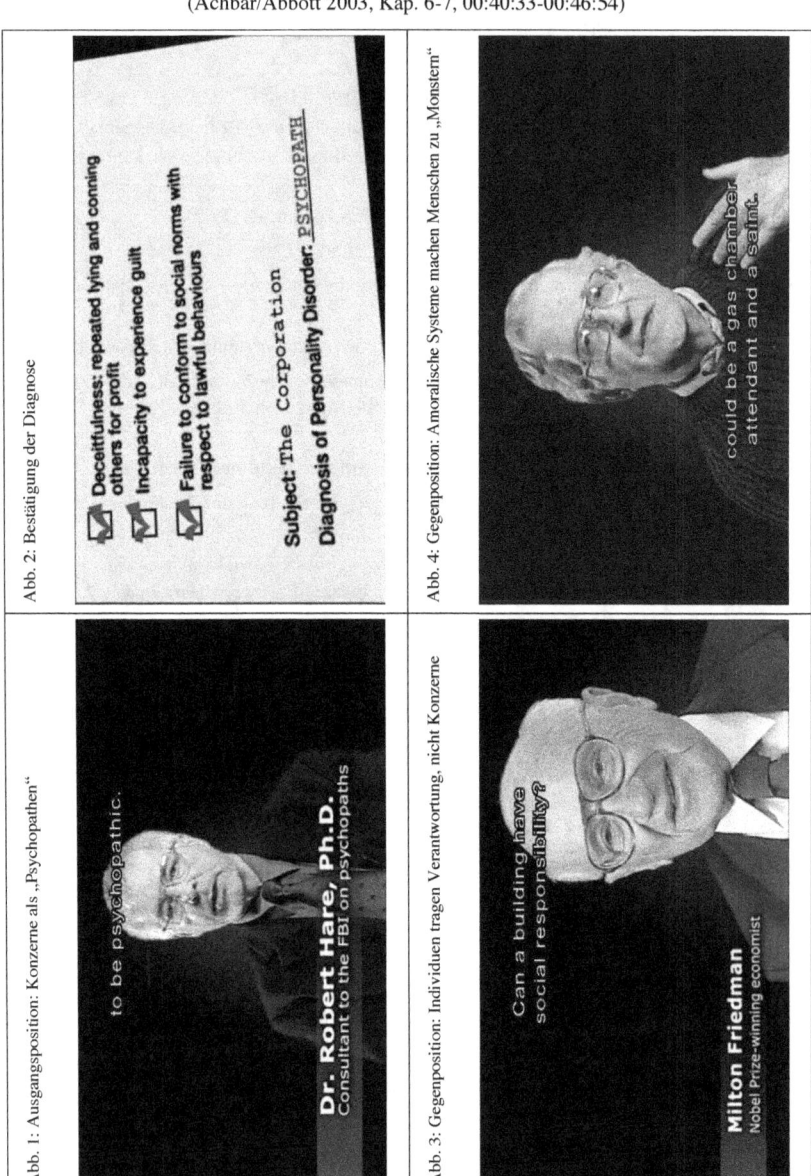

Abb. 1: Ausgangsposition: Konzerne als „Psychopathen"

Abb. 2: Bestätigung der Diagnose

Abb. 3: Gegenposition: Individuen tragen Verantwortung, nicht Konzerne

Abb. 4: Gegenposition: Amoralische Systeme machen Menschen zu „Monstern"

The Corporation: Dokumentarfilme im Englischunterricht 357

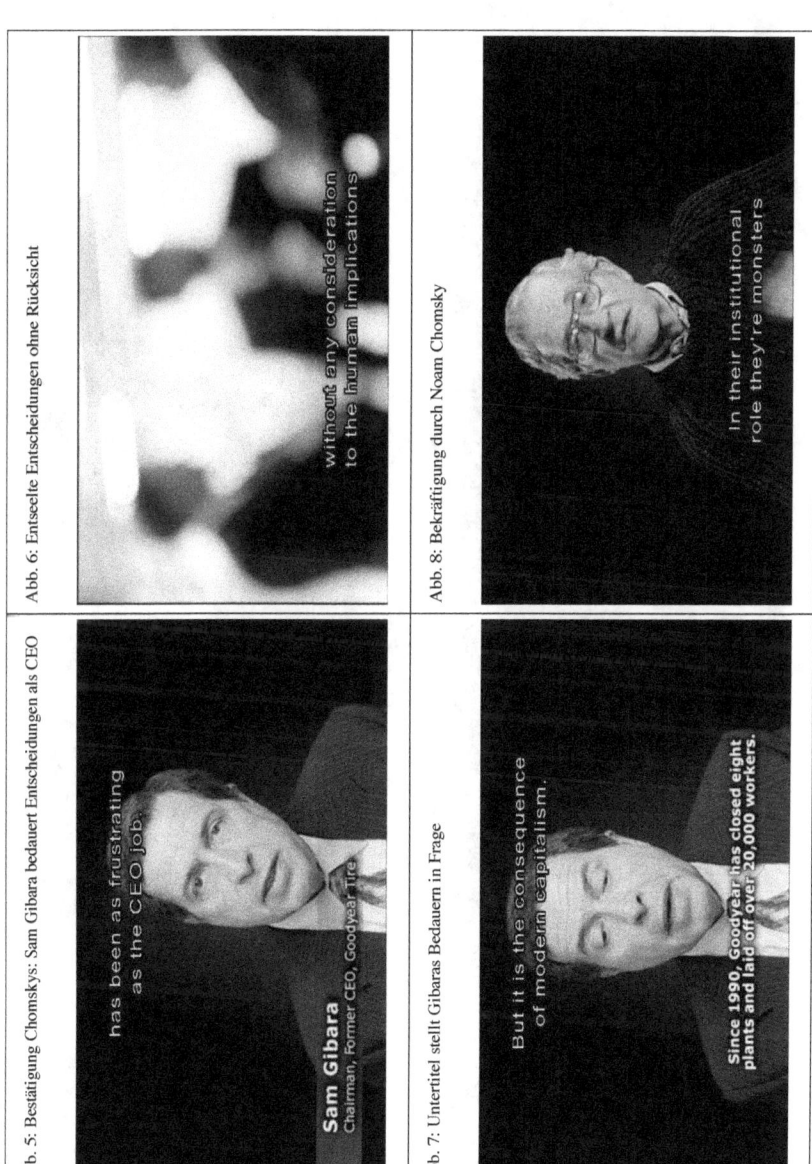

Abb. 5: Bestätigung Chomskys: Sam Gibara bedauert Entscheidungen als CEO

Abb. 6: Entseelte Entscheidungen ohne Rücksicht

Abb. 7: Untertitel stellt Gibaras Bedauern in Frage

Abb. 8: Bekräftigung durch Noam Chomsky

358 Nancy Grimm

Abb. 9: Weiterer Beweis: Fallstudie Royal Dutch Shell

Abb. 10: Archivbilder: Moody-Stuart als Menschenfreund?

Abb. 11: Einblendung Internetquelle: Humanität (Umweltschutz) vs. Inhumanität

Abb. 12: Monströse Maschine als Sinnbild der Unmenschlichkeit, *voice-over*

Screening the Green, Greening the Screen:
Umweltfilme im Fremdsprachenunterricht

Uwe Küchler

1. Einleitung

In den vergangenen Jahren haben zahlreiche Katastrophen und die Furcht vor dem Klimawandel zu neuem Interesse am Thema Umwelt geführt. Seine gesellschaftliche Relevanz wird auch im Fremdsprachenunterricht thematisch genutzt. Auf den folgenden Seiten möchte ich besonderes Augenmerk auf die populären Genres Dokumentarfilm und Hollywood-Thriller legen. Am Beispiel der Filme *An Inconvenient Truth* (2006) und *The Day After Tomorrow* (2004) soll die Ausbildung von analytischen Medienkompetenzen – *film* oder *media literacy* – mit der Konzeption *environmental literacy* verknüpft werden. Die Kombination von Faktizität und fiktionaler Ausgestaltung, die Präsentation von wissenschaftlichen Erkenntnissen und melodramatisch ausgestatteten Einzelschicksalen machen ein Nebeneinander von Dokumentarfilm und Thriller besonders interessant. Diese beiden werden vermutlich häufiger als andere Genres von Jugendlichen genutzt und bieten dadurch die Möglichkeit, an das Alltagsleben und vorhandenes Wissen anzuknüpfen.

Das Thema Umwelt im Fremdsprachenunterricht erlaubt verschiedene Zielstellungen. In der Formulierung der Lernziele wird allgemein auf *film* oder *media literacy* rekurriert. Zwar wird die Bearbeitung des Themas Klimawandel als Aufgabe der Geographie verstanden, aber kein Fach, insbesondere kein interkulturell und kommunikativ orientiertes, kann sich dieser Zukunftsaufgabe entziehen. Die große Bedeutung des Verhältnisses zwischen Menschen und ihrer nicht-menschlichen Umwelt als eines der Schlüsselthemen unserer Zeit erfordert es, dass auch *environmental literacy* in die Betrachtungen einbezogen wird. Das Wissen über korrektes Umweltverhalten ist längst vorhanden, aber die Bereitschaft und emotionale Notwendigkeit zur Verhaltensänderung geht damit nicht notwendigerweise einher. Dem Zusammenspiel von Kognition und Affekt, von Kreativität, sozialer Vernetzung und individuellem Erleben sollte daher größere

Aufmerksamkeit bei der Lösung von Umweltfragen eingeräumt werden. Eventuell werden statt technologischer Ansätze eher humanistische, sprachlich-kulturelle und geisteswissenschaftliche gebraucht. Hierin liegt möglicherweise die größte Notwendigkeit der Auseinandersetzung mit Umweltthemen.

2. Environmental Literacy

Da technologische Lösungen in vergangenen Jahrzehnten noch keine Trendwende im Umweltverhalten herbeiführen konnten, müssen insbesondere die Geisteswissenschaften dem Thema Umwelt eine stärkere Beachtung entgegenbringen. Um ihnen innerhalb der Umweltdebatte ein größeres Gewicht zu geben und sich nicht mehr nur auf natur- oder politikwissenschaftliche Zugänge zu verlassen, wurde von Keith Bishop und anderen die Konzeption *environmental literacy* entwickelt. Hierbei geht es explizit um die ökologische Auseinandersetzung mit literarischen Texten und anderen Medien. Dazu definierten sie drei Prämissen:

1. Umwelt ist als kulturelles Konstrukt zu verstehen. Indem die menschliche und nicht-menschliche Umwelt zur leichteren Wahrnehmung kategorisiert wird, indem Tiere, Pflanzen, Phänomene benannt werden, können die Repräsentationen der Umwelt konstituiert und als Konstrukte über Generationen hinweg weitergegeben werden.
    - Wie werden Phänomene der natürlichen Umwelt bezeichnet?
    - Welche Bilder machen wir uns von unserer Umwelt?
2. Die Auseinandersetzung mit der Umwelt ist als semiotisches Engagement zu verstehen. Sprache wird als arbiträres Zeichensystem aufgefasst. Auch die Bezeichnungen unserer nicht-menschlichen Umwelt sind somit als Zeichen zu begreifen. Die Lektüre der Umwelt, wie die von Texten und Filmen, ist damit die verbale Interpretation von Symbolen und Wahrnehmungskonventionen. Somit kann die Umwelt in ihren Zeichen auf verschiedenen Ebenen interpretiert werden. Komplexität entsteht durch Stereotype, Naturauffassungen, Vermutungen oder subjektive Theorien.
    - Welche Interpretationen oder Lösungen werden als angemessenen erachtet?
    - Welche werden in anderen Kulturen entwickelt?

3. *Environmental literacy* wird in eine funktionale, eine kulturelle und eine kritische Ebene unterteilt.
   a. Unter funktionaler *environmental literacy* wird das Basiswissen zu unserer nicht-menschlichen Umwelt verstanden, etwa zu unserer unmittelbaren Umgebung und ihren bedeutendsten Sachverhalten. Dies kann eingebettet sein in das Ergründen des persönlichen Bezugs zu diesen Themen.
      - Was weiß ich über das Klima und seine Veränderungen?
      - Welche klimatischen Besonderheiten hat unsere Region aufzuweisen?
      - Welche Gemeinsamkeiten und Unterschiede mit der filmischen Realität werden deutlich?
   b. Hinter kultureller *environmental literacy* verbirgt sich die Auseinandersetzung mit bestimmten Elementen innerhalb dominanter kultureller Praktiken einer Gesellschaft. Gemeint ist hier beispielsweise das Bewusstsein darüber, was Angehörige der eigenen oder einer anderen Kultur als wichtig und signifikant erachten. Wird die Auseinandersetzung mit Umwelt als semiotisches Engagement verstanden, dann gehört die Reflexion der kulturellen Konstruktion von Naturbildern oder Lösungsvorschlägen ebenso hierher wie deren interkultureller Vergleich.
      - Wie lässt sich Klima durch individuelles Verhalten beeinflussen?
      - Welche ‚Helden' und ‚Bösewichte' gibt es im Bezug auf den Klimawandel?
      - Welche Umweltthemen sind populär und welche nicht? Warum?
   c. Als dritte Ebene ist unter kritischer *environmental literacy* die bewusste und sachkundige Teilhabe an ideologischen und philosophischen Debatten zu Umweltthemen zu verstehen: Dazu kann es gehören, einen Text oder Film kritisch zu analysieren, seine Wirkungsweise im größeren gesellschaftlichen Kontext zu sehen und möglicherweise Argumente und Verhaltensweisen für ein effektiveres und nachhaltigeres Leben oder Handeln zu finden.

- Wie wird Umweltverhalten sprachlich-symbolisch und ikonografisch konstruiert? Welche Aussprüche, Bilder und Perspektiven zum Thema sind häufig oder selten anzutreffen?
- Wie verändert sich die Wahrnehmung eines Themas durch die Nutzung verschiedener sprachlicher oder filmischer Ausdrucksmittel, Diskursformen oder Genres?

3. Dokumentarfilm und Thriller

Der Dokumentarfilm repräsentiert die auf wissenschaftliche Erkenntnisse gestützte Sicht der Wirklichkeit. Ziel ist es, das Publikum zu informieren, aufzuklären, zu aktivieren und auch zu unterhalten. Zwar wird eine faktenreiche und auf wissenschaftliche Erkenntnisse gestützte Perspektive betont, aber auch dramatische und technische Elemente finden Beachtung. Dagegen nutzt der Thriller technische Möglichkeiten ganz explizit, insbesondere in Form von Spezialeffekten, um über eine melodramatische Herangehensweise und einen realistisch anmutenden Rahmen ein plausibles Szenario zu entwerfen. Viele kinematografische und dramatische Details dienen der Spannungserhöhung und der emotionalen Manipulation, dem Erzeugen des namensgebenden Nervenkitzels (*thrill*). Das Verhältnis zwischen Fakt und Fiktion könnte als gelockert bezeichnet werden: Der Fokus liegt auf der fiktionalen Vision, soll aber durch Fakten untermauert und vor allem plausibel gemacht werden. Das Thema Klimaveränderung erscheint als Staffage für die dramatische Handlungsführung. Die Filme bewegen sich in einem Spektrum, bei dem der Thriller vor allem die affektive Seite betont – das Erzeugen von Spannung, Höhepunkt und emotionaler Lösung – und der Dokumentarfilm die kognitive – die Einsicht in kausale Verknüpfung von Verhalten und dessen Folgen.

Roland Emmerichs Thriller *The Day After Tomorrow* (2004) und Albert Gores Dokumentarfilm *An Inconvenient Truth* (2006) sollen im Mittelpunkt der folgenden Überlegungen stehen. In beiden Filmen wird der Klimawandel aus einer Draufsicht dargestellt. Ausgehend von einer Globalperspektive (die Erde aus dem Weltall) werden letztlich regionale Geschichten erzählt. Im Laufe der Filme wird deutlich, dass hier trotz des größeren Rahmens lediglich US-amerikanische Sichtweisen und Lösungsvisionen aufgezeigt werden.

Al Gores *An Inconvenient Truth* ist zweifelsohne der einflussreichste Dokumentarfilm der vergangenen Jahre. Erstaunlich an diesem Film ist der Versuch, den Vortrag eines Politikers („*the slide show*") abzubilden. Interessant wird der Film durch den Fokus auf die Persönlichkeit Gores, des ehemaligen Vizepräsidenten und gescheiterten Präsidentschaftskandidaten, der sich seit den 1970er Jahren mit der Umweltthematik auseinandersetzt. Spannungssteigerung erfolgt durch paralleles Erzählen: Der auf Verhaltensänderung zielende Vortrag wird durch Mitschnitte sowie Rahmenbedingungen dokumentiert und gleichzeitig durch Gores eigene Bildungs- und Bewusstwerdungsgeschichte neu inszeniert (vgl. Abb. 1).

> You look at the river gently flowing by. You notice the leaves rustling with the wind. You hear the birds. You hear the tree frogs. In the distance, you hear a cow. You feel the grass. The mud gives a little bit on the river bank. It's quiet. It's peaceful. And all of a sudden, it's a gear shift inside you. And it's like taking a deep breath and going 'Oh yeah. I forgot about this.'
>
> (Kap. 1, 00:00:31-00:01:20)

Der Film wird durch reflektierendes Erzählen gerahmt. Darin wird das umweltphilosophische Gerüst des Vortrags dargestellt. Zwischen die langen Vortragspassagen zu Ursachen und Folgen des Klimawandels werden kurze, sehr persönliche und emotionale Einschübe aus dem Leben von Gore montiert. Zuerst der

Abb. 1: Romantisierte, kontemplative Weltwahrnehmung
in *An Inconvenient Truth* (Gore 2006, Kap. 1, 00:01:10)

Beinahe-Unfalltod seines Sohnes Albert, der im Vater einen Perspektivenwechsel auslöst: „it turned my whole world upside down" (Kap. 10, 00:24:43-00:26:02) und später der Lungenkrebstod von Gores Schwester Nancy (Kap. 25, 01:06:43). Biografische Erlebnisse werden in diesem Erzählstrang zu einer beispielhaften Verhaltensänderung der Gore-Familie (Tabakgroßanbauer) konstruiert und verleihen somit die moralische Instanz, mit der Gore sein Umweltengagement in der Politik darstellt und damit auch vom Publikum Moral und verändertes Verhalten fordert.

Erstaunlich ist, dass Gore sich ausschließlich auf technische Hilfsmittel zur Darstellung seines Natur- und Umweltbildes verlässt. Ein direktes Naturerleben oder die Interaktion zwischen Mensch und Natur findet nicht statt. Flora und Fauna dienen lediglich der Illustration der Klimafolgeschäden. Der Fokus auf die Erdkugel und auf die Atmosphäre führt zu einer sehr distanzierten Perspektive. Worüber gesprochen wird – dies ist eine der Vermittlungsschwierigkeiten – ist nicht greifbar und demgemäß entsteht ein recht technisiertes und abstraktes Naturbild (vgl. Abb. 2).

The Day After Tomorrow erzählt eine vergleichsweise plausible Geschichte mit vielfältigen Bezügen zur Realität und zu wissenschaftlichen Erkenntnissen (zur besseren Lesbarkeit werden die Filme ab hier als *Day* und *Truth* abgekürzt). Der Thriller nutzt die Vorstellungskraft der Zuschauer, indem er dem Publikum virtuelle Perspektivenwechsel in die Erzählsituation abverlangt. Die Wirkung

Abb. 2: Technisch vermittelte Weltwahrnehmung in
An Inconvenient Truth (Gore 2006, Kap. 1, 00:02:44)

des Films entsteht beim detaillierten, melodramatischen Ausmalen der Konsequenzen, die aus dem Klimawandel entstehen können. ‚Held' und ‚Bösewicht' werden deutlich voneinander abgegrenzt; die Handlung läuft auf ein glückliches kognitiver, aber viel stärker noch auf emotionaler Ebene. So sind die Symptome des Klimawandels, wie etwa Gore sie darstellt, auch den interessierten Laien bekannt, aber nicht unbedingt ihre weitreichenden Folgen. Für die Veränderungen gibt es bedrohliche Vorboten, die jedoch ignoriert und im Film maßlos übertrieben dargestellt werden. Die Menschen finden sich plötzlich inmitten der Katastrophe und müssen reagieren, so dass ihr Selbstverständnis untergraben wird und ggf. eine Rekonstruktion erfährt (vgl. Mayer 2006: 109, Faulstich 2002: 45f., Ingram 2000).

Kern und Ausgangspunkt der Filmhandlung ist eine verstörende Vorstellung: Eine blitzartige Eiszeit – paradoxerweise ausgelöst durch die globale Erwärmung – erfasst in einer apokalyptischen Ereignisabfolge die nördliche Hemisphäre. Angereichert durch Actionsequenzen, melodramatische und technische Tricks, nutzt der Film wissenschaftliche Erkenntnisse als Ausgangspunkt für die Entwicklung einer reißerischen Vision vom Klimawandel. Viele der Exposition folgende klimatologische Details sind im (natur-)wissenschaftlichen Sinne reine Fantasie. Sie dienen aber der dramatischen Spannungssteigerung und nutzen spektakuläre filmische Darstellungsmittel (durch zyklonische Stürme ausgelöste Tsunamis, das Schockgefrieren von Menschen, Tieren, Pflanzen und Landstrichen).

Als Held tritt der weitsichtige Paläoklimatologe Jack Hall auf. Er ahnt den Lauf der Ereignisse dank seiner Studie historischer Klimaperioden voraus. Sein Antagonist, der Vizepräsident der USA, schenkt aus ökonomischen Gründen seinen Warnungen keinerlei Beachtung. Dieser umweltpolitische Handlungsstrang wird verwoben mit einem mikrosozialen. Jack Hall ist Workaholic und zeigt sich zu Beginn als überbeschäftigter, wenig familienkompatibler Vater, dessen Ehe zerrüttet ist. Die hereinbrechende Katastrophe ist die nahezu willkommene Bewährungsprobe, in der er nicht nur die Regierung in Washington D.C. als Einziger kompetent berät, sondern auch heldenhaft seinen Sohn aus dem vereisten Manhattan befreit. Am Ende sind zwar ein Drittel der Bevölkerung erfroren, aber die Familie Hall glücklich in Mexiko zusammengeführt.

4. Didaktische Überlegungen zu *Multiple Literacies*: Sprache, Kultur, Film und Umwelt

Filme im Fremdsprachenunterricht sind als eine besondere Textsorte zu verstehen, die es mit ihren medialen Möglichkeiten und technischen Merkmalen zu ‚lesen' gilt. Sie erfordern die Ausbildung von verschiedenen Arten von *literacy*: Lesekompetenz bezogen auf das L2-Sprachsystem, auf die Zielkultur, auf das Medium Film und auf die Umwelt. Die folgenden Vorschläge sind darauf ausgerichtet, durch Verknüpfung verschiedener Wissensbereiche die kognitiven und kreativen Fähigkeiten von fortgeschrittenen Lernern zu fördern. Insbesondere differenzierte Sprachverwendung, selbständiges Erarbeiten von Wissen, die Auseinandersetzung mit der kulturellen Prägung nicht nur der sozialen sondern auch der natürlichen Umwelt ebenso wie die Förderung kritischer Fähigkeiten stehen im Mittelpunkt der Bemühungen (vgl. auch Küchler 2006).

Das Erarbeiten konkreter Handreichungen für die Unterrichtsplanung würde den Rahmen dieses Artikels sprengen, daher soll im Folgenden von Erläuterungen zu ideengenerierenden Fragen geführt werden. Daraus lassen sich praktikable Komponenten für eine individuelle Unterrichtsgestaltung herauslösen oder zusammenstellen. Die Modi der Filmpräsentation (vollständig, in Intervallen, etc.) sollen hier nicht vorgegeben werden. Die Unterteilung in die Phasen des Sprachen-, Kultur-, Film- und Umweltlernens ist tentativ. Sie entspricht grob der Ausbildung von *environmental literacy* im obigen Sinne.

Um die Erfahrungen der Schülerinnen und Schüler zum Ausgangspunkt der Betrachtungen zu machen, werden Vorwissen, Haltungen und Erwartungen thematisiert. Auch in der Auseinandersetzung mit Film soll das Erleben der natürlichen Umwelt nicht ausgeklammert werden. Von Beginn an sollen die Schüler/innen auch eigene Befindlichkeiten einbringen.

- Im Freien (Schulhof, größerer Platz, naher Park) wird die Aufgabe gestellt, unser Klima unter Einbeziehung aller Sinne zu erspüren. Die Konzentration liegt zunächst auf dem eigenen Körper: Was nehme ich wahr? Was sehe, höre, rieche, spüre und schmecke ich? Später richtet sich die Aufmerksamkeit auf die Umgebung: Was nehme ich hier war? Gibt es Menschen, Gebäude, Pflanzen oder Tiere?

- In einem Brainstorming werden die Eindrücke kreativ verarbeitet und vertiefend reflektiert (kreatives Schreiben, Visualisierungen). Mithilfe von Impulsen ordnen Kleingruppen ihre Wahrnehmungen und generieren weitere Ideen zum Thema (soziale und natürliche Umwelt, Natur in unserer Stadt/Schule, Klimawandel, Wetter). Die Arbeitsergebnisse werden der Klasse vorgestellt und erläutert (vgl. hierzu Eingangskapitel von *Truth*)
- Ausgehend von bisherigen Ergebnissen werden die Filme vorgestellt (ggf. Filmposter, Trailer, Pressemappen). Worum geht es? Welche Themen werden in den Filmen behandelt?

4.1 Sprachenlernen

Beim Sprachenlernen geht es um die Ausbildung von kommunikativen und anderen Kompetenzen entlang der linguistischen Subdisziplinen und Wissensbereiche, gerichtet auf die Entwicklung der vier Fertigkeiten und des Wissens um das Regelwerk der Zielsprache (funktionale *environmental literacy*). Wenn Erfahrungen im Allgemeinen und die Umwelt im Besonderen nicht bezeichnet und beschrieben werden können, dann ist auch ihre differenzierte Wahrnehmung oder die kritische Auseinandersetzung mit ihnen im Rahmen ihres sozialen, kulturellen und gesellschaftlichen Kontexts verstellt. Daraus folgt eine besondere, bisher nur zögerlich geltend gemachte Verantwortung der sprachlich-kulturellen und künstlerischen Fächer.

Bei der Arbeit mit Umweltfilmen liegt das Augenmerk auf dem Vokabular zur jeweiligen Umweltthematik und zur Filmanalyse. Auch Konversation und Argumentation lassen sich hervorragend an den Auseinandersetzungen im Film schulen, z.B. das Äußern, Begründen, Aushandeln von Perspektiven. Die rezeptiven und sukzessive auch die produktiven Fähigkeiten werden gefördert. Angelehnt an die Konzeption der *Language Awareness* sollen die affektiven, sozialen, politischen, kognitiven und performativen Dimensionen von Sprache zur Geltung gebracht werden (vgl. Gnutzmann 1997).

- Als Einstieg dient ein Kurzzitat der amerikanischen Autorin Annie Dillard, die sich intensiv mit der Wahrnehmung der Welt und dem Zusammenspiel von Mensch, Gesellschaft und Umwelt beschäftigt: „All those things for which we have no words are lost. The mind – the culture – has two little tools, grammar and lexicon: a decorated sand bucket and a matching shovel. With these we bluster about the continents and do all the world's work. With these we try to save our very lives" (Dillard 1982: 24). Die Erläuterung und Diskussion des Zitats kulminiert in der Frage, ob auch das Fremdsprachenlernen eine ähnlich wichtige Funktion erfüllt.

- Die Hälfte der Klasse eruiert nun, welches Vokabular zum Thema Klimawandel und Umwelt bereits zur Verfügung steht und welche (unbekannten) Wörter zur Kommunikation darüber hinaus erforderlich sind. Die andere Klassenhälfte erkundet den Wortschatz zur Filmanalyse (auch als Bibliotheks- oder Internetrecherche).
- Je ein Ausschnitt aus beiden Filmen wird gezeigt und in der Auswertung mit Blick auf die Sprachverwendung verglichen. Das Hauptaugenmerk liegt auf dem argumentativen Ausfechten individueller Standpunkte zur Klimakrise. In *Day* wird auf einer UNO-Konferenz über Zukunftsszenarien und -kosten gestritten (Kap. 3, 00:06:00-00:07:50), in *Truth* kommen die Gegner der Erzählers zu Wort (Kap.18, 00:47:24-00:49:21).
  1. Um welche sozialen Situationen handelt es sich? Welche sprachlichen Muster zeigen sich (Lexik, Grammatik, Rhetorik, non-verbale Interaktion)?
  2. Wie werden Zustimmung und Widerspruch, eigene Haltung zum Thema und soziale Beziehungen zu anderen ausgedrückt? Gibt es Momente der sprachlichen Manipulation, der Eskalation oder Harmonisierung?
- In Übungen zur Transformation einzelner sprachlicher Aspekte können die Schüler die beobachteten Phänomene vertiefen und reflektieren:
  1. Ist die Sprache in den Filmausschnitten eher neutral, wissenschaftlich oder emotional? Wie ließe sie sich für andere Kontexte verändern?
  2. Wie lassen sich emotionale, soziale, politische oder andere Ideen sprachlich alternativ herausarbeiten?
- Die Arbeit mit diskursiven Ausdrucksebenen erweitert die sprachlichen Möglichkeiten und dient als Übergang zum Filmlernen. Besonders produktiv kann die Arbeit mit verschiedenen Textsorten durch Kleingruppen

sein. Hier können Unterschiede zwischen Texttypen sowie mündlicher und schriftlicher Sprache herausgearbeitet und produktiv angewandt werden, beispielsweise Verfassen von Filmkritiken versus Inszenieren einer TV-Filmdebatte oder Talkshow zu beiden Filmen unter Verwendung erlernter sprachlicher Einheiten.

4.2 Kulturlernen

Das Kulturlernen zielt neben dem Erwerb von Fakten- und Orientierungswissen darauf, die Kultur der Sprachgemeinschaft zu erfassen (funktionale und insbesondere kulturelle *environmental literacy*). Die Schüler/innen lernen, in der Fremdsprache adäquat und zielgerichtet zu reagieren, zu handeln, zu interagieren. Zur Vermeidung von stereotypen Haltungen wird mithilfe der Stufen des Perspektivenwechsels die eigene Kultur didaktisch in den Blick genommen und zu einem interkulturellen Vergleich mit dem englischsprachigen Raum und der medial abgebildeten Kultur herangezogen. Perspektiven müssen erst wahrgenommen und differenziert werden, bevor eine virtuelle Übernahme zwischen ihnen möglich ist und die Koordination der Perspektiven auf höherer Ebene erfolgen kann (vgl. Nünning 1997, 2000).

- Im Rückgriff auf die Einstiegsübung werden die Schüler/innen zu eigenen Wahrnehmungen geführt: Wie werden das Klima, der Klimawandel und die Umwelt in unserer Region und in Deutschland allgemein gesehen? Welche Rolle spielt das Klima in Deutschland, Großbritannien, den USA? Wie wird darüber diskutiert: neutral, emotional oder wissenschaftlich?
- Eine Rechercheübung macht (kulturell) unterschiedliches Wahrnehmen und Differenzieren der Thematik bewusst: Welche kulturgeschichtlichen Naturkonzepte gibt es? Ist die Natur: (a) etwas Organisches oder Mechanistisches, (b) eine mächtige Kraft, die Gefühle der Angst und Ehrfurcht erzeugt, (c) eine Wildnis, die ursprünglich, von der Zivilisation nicht kontaminiert, aber auch völlig unkontrollierbar existiert, (d) eine schlichte, ländliche, romantische Idylle? Die Schüler/innen stellen Informationen zu den Naturauffassungen zusammen, suchen dafür Beispiele aus der englischsprachigen wie deutschen Kulturtradition und kontextualisieren eige-

ne Empfindungen aus vorherigen Übungen (zu Naturvorstellungen vgl. auch Mayer 2006: 112).
- Um die Übernahme von Perspektiven zu schulen, werden Aspekte der Wahrnehmung auf ihre sprachliche und kulturelle Bedingtheit hin untersucht. Dazu kann die kreativ-assoziative Auseinandersetzung mit dem Heldenbegriff dienen. Schüler schreiben einen ihrer Helden auf eine Karteikarte und notieren Eigenschaften, die ihnen diese Person vorbildhaft erscheinen lassen. Die Eigenschaften werden diskutiert und auf eine handhabbare Zahl reduziert. Abschließend steht die Frage im Mittelpunkt, ob es Unterschiede zwischen Heldenbildern in den USA und Deutschland gibt.
- Die Kriterien dienen im Folgenden als Analyseraster für die Filmszenen, in denen Protagonisten charakterisiert werden (vgl. *Day*, Kap. 5, 00:11:35-00:15:02 und *Truth*, Kap. 1, 00:01:20-00:06:20): Wie werden Helden dargestellt? Wo verorten sie sich in der Gesellschaft? Wie sprechen sie über Umwelt und interagieren mit ihr? (vgl. auch Mayer 2006: 109). Wessen Interessen vertreten sie? Welche Schwächen haben sie? Wie, wodurch und durch wen erfolgt ihre Charakterisierung im Film?
- Im Transfer auf die übergeordneten Anliegen des Kulturlernens muss gefragt werden, wie das kritische Wissen um die Perspektiven der Herkunfts- und Zielkulturen zur individuellen oder gemeinschaftlichen Erhaltung der natürlichen Lebensgrundlage koordiniert werden kann. In einer Transferübung sind die Schüler/innen aufgefordert, nun eine Filmszene zu verfremden. Sie lernen dabei, den Sachverhalt aus ungewohnter Perspektive zu betrachten bzw. situativ zu erweitern. Ergebnis soll ein Rollenspiel sein, bei dem ein anderer Erzähler oder Protagonist eingeführt wird und die Helden aus neuer Sicht charakterisiert werden. Denkbar wäre hier die Perspektive etwa der Ehefrauen der Helden, deren Kinder oder Mitarbeiter. Eine zweite Verfremdungsstufe ist vorstellbar durch Hinzuziehen einer deutschen Perspektive.
- Ein Rollenspiel dient als Übergang zu der Frage, wie (Anti-)Helden oder Heldenhaftigkeit dargestellt werden können. Nach der Reflexion des eigenen Vorgehens während der Vorbereitung des Rollenspiel, im Laufe

desselben und nach der Reflexion seiner Wirkung auf das Publikum versorgt eine Literatur- und Medienrecherche die Schüler/innen mit zahlreichen Darstellungskonventionen und -möglichkeiten (Fremdcharakterisierung, Wirkung auf andere, Darstellungen in Aktion, Überhöhung positiver und vernachlässigen unerwünschter Eigenschaften in Bild, Ton, Schrift und Film).

4.3 Filmlernen

Beim Filmlernen geht es darum, die Lernenden mit den Möglichkeiten und den Grenzen des Mediums vertraut zu machen sowie das Wissen und die Fertigkeiten für einen kritischen und produktiven Umgang anzubieten (kulturelle und kritische *environmental literacy*). Spezifisch technische Mittel werden auf ihre Beteiligung am Konstruieren von Bedeutung beleuchtet. An den gesellschaftlich-kulturellen und medialen Fragestellungen soll die kritische Analysefähigkeit geschult und später auf Umweltthemen bezogen werden. Daraus ergibt sich die übergeordnete Frage, ob der Film zu einer Auseinandersetzung mit dem Thema anregt oder das Szenario als Fait accompli darstellt, ob er zur Kommunikation anregt oder sie verstummen lässt.

Nach Nünning/Surkamp (2006: 251f.) lässt sich dies durch Betrachtung der kinematografischen, der literarischen und textbezogenen sowie der dramatischen Aspekte bewerkstelligen. Hier soll vorerst nur den kinematografischen Gesichtspunkten, den spezifischen technischen und technologischen Ausdrucksmöglichkeiten des Mediums Film besondere Aufmerksamkeit zuteil werden.

- Im Rückgriff auf die Charakterisierung der Protagonisten sollen die Schüler/innen besondere Merkmale der jeweiligen Filme benennen und begründen (Arbeitsblatt, Recherche): Welchen Filmgenres können sie zugeordnet werden? Wie schlägt sich dies im Poster, Trailer, Plot und in den Darstellungsmitteln des Films nieder? Auf welche Botschaft zielen der Film bzw. das Genre ab?

- An dieser Stelle kann auch auf Übungen zu Sprache und Kulturen zurückgegriffen werden, indem die filmische Darstellung von Eigenschaften und Weltsichten thematisiert wird: Wie lässt sich Heldenhaftigkeit fil-

misch darstellen? Welche Naturkonzepte leiten das Handeln der Protagonisten und Filmschaffenden?
- Die Erweiterung der Vokabulars und Wissens zur Filmanalyse erfolgt mittels Handout (vgl. hierzu Nünning/Surkamp 2006: 253-256) und wird an einem Filmausschnitt angewandt und gefestigt. Die Schüler/innen beschreiben mithilfe der Arbeitsmaterialien, welche technischen Möglichkeiten genutzt wurden. Wichtige technische Schritte, die im Filmausschnitt nicht vorkamen, werden auf Basis der Kurzerklärungen des Handouts in Form eines stilisierten Standbilds (auch als *Storyboard*) auf einer Karteikarte skizziert und im Plenum diskutiert.
- Mit den erarbeiteten filmanalytischen Instrumenten können Schlüsselszenen der Filme nun mit Blick auf das Wechselspiel von technischem Know-How und Bedeutungskonstruktion untersucht werden. Mit welchen filmischen Mitteln (Bildsprache) werden Bedeutungen konstruiert oder auf die Umwelt übertragen? Wann und wie wird welche Art von Musik genutzt? Wie wird das ökologische Thema medial dargestellt? Welche alternativen Darstellungen wären möglich? Welche Rolle spielt die Filmtechnik (oder Technik allgemein) bei der Vermittlung des Klimawandels oder Naturbildes?

Von besonderem Interesse ist die Frage nach der Wirkung der Technik auf unsere Wahrnehmung. Wie tragen filmische Mittel zur Bedeutungskonstruktion bei? Fanden grundlegenden Techniken, wie Einstellungsgröße, Perspektive oder Bewegung schon im vorherigen Abschnitt Beachtung, kann nun über Besonderheiten, z.B. die Nutzung des sog. *matching cut* in *Day* gesprochen werden (Kap. 2, 00:02:59-00:05:55 u. Kap. 23, 01:17:33-01:20:13; hieraus sind Abb. 3-4 bzw. Abb. 5-6 entnommen).

Die hier abgebildeten Standbilder (*freeze frames*; vgl. Abb. 3-6) stellen zwei Actionszenen dar, die durch zahlreiche Parallelen (*matches*) verknüpft sind. In beiden treten dieselben drei Protagonisten auf, es passiert jeweils Unvorhergesehenes und das Team kämpft um das Überleben eines der Männer. Im Setting, im Aufbau und teilweise gar in den sprachlichen Formulierungen gleichen sich die Szenen, jedoch verändern sich die Figurenkonstellation, das Handeln der Protagonisten und damit auch die Bedeutung der gesamten Szene. Nur durch Juxtaposition – den matching cut – wird die Bedeutungsübertragung deutlich: Während in der ersten Szene das Larsen-Schelfeis in der Antarktis bricht und damit den Katastrophenzyklus einleitet, bricht im zweiten Beispiel die vereiste Decke eines Einkaufszentrums und leitet letztlich trotz des Todes eines der Männer das Happy End des Films ein. Während sich das Dreierteam im ersten Beispiel rettet und somit den weiteren Verlauf des Films – inklusive der forschungsaffinen Lösungsfindung – ermöglicht, muss sich in der zweiten Szene einer der Männer opfern. Die Gleichsetzung des Einkaufsstempels mit dem Schelfeis deutet auf den drohenden Untergang der westlichen Zivilisation hin (im Film das Sterben allen Lebens auf der nördlichen Erdhemisphäre). Beispiele wie dieses können den Schülerinnen und Schülern die Notwendigkeit von Interpretation und Kenntnis technischer Termini verdeutlichen, sie aber auch zu eigenen filmischen Experimenten inspirieren.

- Finden *Storyboard* oder *freeze-frame*-Technik (vgl. Wilson 2006: 95f.) Anwendung, können Filmanalyse und eigene Erfahrungen verknüpft werden. Um den aktiven Umgang mit dem Medium einzuüben, werden eigene Minifilme projektiert und gedreht (als Bildabfolgen oder kleine Filmsequenzen auch ohne aufwendiges Schneiden möglich): Vom inszenierten Kurzvortrag im Klassenzimmer über Exkursionen in das Umfeld der Schule bzw. in die Natur bis hin zum (adaptierten) Nachspielen bestimmter Filmszenen aus deutscher Perspektive sind zahlreiche produktive und kreative Mischformen denkbar.

4.4 Umweltlernen

Die Möglichkeiten zum Umweltlernen liegen im Zusammenspiel aller zuvor erfassten Bereiche (kritische *environmental literacy*). Faktisch wurde das Thema Umwelt in allen bisherigen Lernphasen bereits berücksichtigt. Jetzt sollen die Bezüge zum Verhältnis Mensch und Umwelt vertieft und erweitert werden. Umweltlernen ist ebenso soziales Lernen, das sowohl Sprache als auch Kultur sowie Technik- und Medieneinsatz umfasst.

- Allgemeine Reflexion und Abstraktion mit diversen Rückbezügen bildete den Einstieg in diese Phase: Welche Rolle spielt das Erlernen von Sprachen und Kulturen bei der Auseinandersetzung mit der Umwelt (vgl. Zitat

Annie Dillard in 4.1)? Welche Vor- und Nachteile hat die Auseinandersetzung mit den technischen Möglichkeiten der Darstellung?
- Wie verknüpfen die Filme das Thema Umwelt mit sprachlichen, gesellschaftlichen, kulturellen oder wissenschaftlichen Sichtweisen? Welche Themen werden in Filmen nicht angesprochen, ignoriert oder möglicherweise gar nebulös gehalten? Auch das Nichterwähnen oder Verschweigen von Themen, Ansätzen und Alternativen transportiert soziokulturelle und ideologische Wertsetzungen. Die Auseinandersetzung mit Filmen kann verschiedene gesellschaftliche Positionen und Muster bewusst machen,

Abb. 3: *Matching Cut*: Larsen Schelfeis in *The Day After Tomorrow* (Emmerich 2004, Kap. 2, 00:05:22)

Abb. 4: *Matching Cut*: Larsen Schelfeis in *The Day After Tomorrow* (Emmerich 2004, Kap. 2, 00:05:26)

wie die gesellschaftliche Rolle einzelner Umweltaspekte, sozial erwünschte Verhaltensweisen oder die Bedeutung der Themen relativ zu anderen gesellschaftlichen Anliegen (Arbeitslosigkeit, Wirtschaftskrise).
- Welche Bedeutung haben Filmanalyse und Fremdsprachenlernen für unser eigenes Naturerleben? Was bedeutet es für uns, in einer gemäßigten Klimazone zu leben (vgl. Eingangsübung)? Welche Chancen und welche Schwierigkeiten ergeben sich daraus? Welche Umweltkatastrophen haben wir erlebt, was waren deren Ursachen und wie können sie zukünftig verhindert werden (Herbststürme, Überflutungen, Trockenperioden)? Welchen Beitrag leistet der Fremdsprachenunterricht dazu?

Abb. 5: *Matching Cut*: Einkaufszentrum in *The Day After Tomorrow* (Emmerich 2004, Kap. 23, 01:19:05)

Abb. 6: *Matching Cut*: Einkaufszentrum in *The Day After Tomorrow* (Emmerich 2004, Kap. 23, 01:19:20)

- Wenn die ökologische Prämisse „Everything is connected to everything else" (Glotfelty 1996: xix) stimmt, dann müsste sich bei jedem Individuum und jedem Schulfach auch ein Bezug zu Umweltthemen finden lassen. In einer kreativen Übung werden die Schüler/innen zu einer produktorientierten Verarbeitung des Gelernten angeregt. Sie verfassen einen Aufsatz, üben das Geschichtenerzählen (*storytelling*), fertigen künstlerische Bildcollagen oder einen kurzen Filmbeitrag an. Folgende Fragen geben dabei Orientierung: Wer beeinflusst das Ökosystem und wie? Wie werden Einflussmöglichkeiten dargestellt? Welche Argumente bringen die Einflussgruppen hervor (oder könnten sie hervorbringen)? Welche Rollen spielen andere ‚Bewohner' des Ökosystems, etwa die Flora und Fauna? Wie verhält es sich mit dem Verhältnis zwischen Mensch, Natur und Technik?

5. Schlussbetrachtungen: Analysekategorie Umwelt

Bei der Reflexion von Nützlichkeit und Notwendigkeit ökologischer Betrachtungen auch im geisteswissenschaftlichen Bereich hat die amerikanische Literaturwissenschaftlerin Cheryl Glotfelty in *The Ecocriticism Reader* die Entwicklung der Analysekategorie Umwelt an die Erfahrungen des Feminismus angelehnt. Ein erster Schritt ist das Aufdecken und Ergründen von Repräsentationen: Wie wird das Verhältnis Mensch und nicht-menschliche Umwelt in den Medien dargestellt? Als zweiter Schritt folgt die Bewusstheitsbildung: Welche Traditionen (oder Auslassungen) gibt es und in welchen Genres wurde bisher (nicht) auf Umweltthemen geachtet? Schließlich erfolgt in einer dritten Phase die Theoriebildung: Wie wird die nicht-menschliche Umwelt durch kulturelle Produktion konstruiert und durch Sprache definiert? Wie lassen sich beispielsweise Fremdsprachenlernen und Umweltlernen verknüpfen und welche Vorteile bringt das für den einen und für den anderen Lernbereich?

In der Bewusstwerdung des Verhältnisses zwischen Mensch und nicht-menschlicher Umwelt in Bezug auch auf unvorhergesehene kulturelle Bereiche liegt der transformatorische Impetus dieses Ansatzes. Jeder Film (nicht nur Umweltfilme) entwirft ein bestimmtes Bild von Mensch und Natur. Das Medium Film vermittelt dabei Informationen, vor allem jedoch kulturelle Bilder, Einstellungen oder auch Lösungswege. In der derzeitigen globalen Umweltsituation reicht es nicht mehr aus, sich auf die drei Analysekategorien Hautfarbe, soziale Herkunft und Geschlecht zu beschränken. Die Kategorie Umwelt wird in jeglicher Analyse und in allen Wissensbereichen eine zunehmende Rolle spielen und sollte daher auch in allen Schulfächern Beachtung finden. Die Konzeption *environmental literacy* bietet hierfür Wege und Möglichkeiten.

Literaturverzeichnis

Bishop, Keith et al. (2000). Developing Environmental Awareness through Literature and Media Education: Curriculum Development in the Context of Teachers' Practice. Canadian Journal of Environmental Education 5 (Spring), 268-286.

Dillard, Annie (1982). Teaching a Stone to Talk: Expeditions and Encounters. New York: Harper Perennial.

Emmerich, Roland (2004). The Day after Tomorrow. XYXY20th Century Fox (DVD).

Faulstich, Werner (2002). Grundkurs Filmanalyse. München: Fink.

Glotfelty, Cheryll (1996). Introduction: Literary Studies in an Age of Environmental Crisis. In: Glotfelty, Cheryl/Fromm, Harold (Hg.). The Ecocriticism Reader: Landmarks in Literary Ecology. Athens: University of Georgia Publications.

Gnutzmann, Claus (1997). Language Awareness: Geschichte, Grundlagen, Anwendungen. Praxis des neusprachlichen Unterrichts 44, 227-236.

Gore, Albert/Guggenheim, Davis (2006). An Inconvenient Truth. Paramount Classics (DVD).

Ingram, David (2000). Green Screen: Environmentalism and Hollywood Cinema. Exeter: University of Exeter Publications.

Küchler, Uwe (2006). 'How Deep the Woods Are and Lightless'. Seeking Opportunities for Environmental and Intercultural Teaching. In: Mayer/Wilson (2006), 163-177.

Mayer, Sylvia (2006). Teaching Hollywood Environmentalist Movies: The Example of *The Day after Tomorrow*. In: Mayer/Wilson (2006), 105-120.

Mayer, Sylvia/Wilson, Graham (2006) (Hg.). Ecodidactic Perspectives on English Language, Literatures and Cultures. Münster: Rodopi.

Nünning, Ansgar/Surkamp, Carola (2006). Englische Literatur unterrichten: Grundlagen und Methoden. Seelze-Velber: Kallmeyer/Klett.

Nünning, Ansgar (1997). Perspektivenübernahme und Perspektivenkoordination: Prozeßorientierte Schulung des Textverstehens und der Textproduktion bei der Behandlung von John Fowles' *The Collector*. In: Jarfe, Günther (Hg.). Literaturdidaktik – konkret: Theorie und Praxis des fremdsprachlichen Literaturunterrichts. Heidelberg: Winter, 137-161.

Nünning, Ansgar (2000). 'Intermisunderstanding': Prolegomena zu einer literaturdidaktischen Theorie des Fremdverstehens. In: Bredella, Lothar et al. (Hg.). Wie ist Fremdverstehen lehr- und lernbar? Tübingen: Narr, 84-133.

Surkamp, Carola (2004). Teaching Films: Von der Filmanalyse zu handlungs- und prozessorientierten Formen der filmischen Textarbeit. Der fremdsprachliche Unterricht Englisch 68, 2-11.

Wilson, Graham (2006). Nature Documentaries in the Language Classroom: From Critical Media Literacy to Environmental Competence. In: Mayer/Wilson (2006), 87-103.

Découvrir Saint-Denis
à travers un clip du slameur Grand Corps Malade
Michael Frings & Jens F. Heiderich

Videoclips der *scène slam* – ein zeitgenössisches Kulturphänomen, das kürzlich für den Französischunterricht entdeckt wurde – bieten ein enormes Potential, die Lernerinteressen und -motivation zu steigern. Der Beitrag stellt neben theoretischen Aspekten eine kurze Unterrichtssequenz ab dem fünften Lernjahr vor, die im Rahmen unterschiedlicher Reihen zum Einsatz kommen kann. Ausgehend von einem Zeitungsartikel, der Hintergründe zum Genre ‚Slam' sowie zum *slameur* Fabien Marsaud alias Grand Corps Malade liefert, beschäftigen sich die Lernenden mit dessen Slam *Saint Denis*. Im Rahmen der authentischen, multimedialen Begegnung mit diesem Slam erarbeiten sie inhaltliche Informationen zu jener geschichtsträchtigen Stadt und setzen sich ferner mit spezifischen Phänomenen der Nähesprache auseinander. Als optionale Vertiefung bietet sich das autobiographische Lied *Du côté chance* an, in dem Marsaud seine bisherige Karriere Revue passieren lässt. Zum Abschluss der Sequenz besteht für die Lernenden die Möglichkeit, einen eigenen Slam über Paris, ihre *ville natale* oder eine Stadt ihrer Wahl zu verfassen.

1. *Poetry Slam* – E i n Kulturphänomen und viele Definitionsversuche

Poetry Slam – so lautet das Zauberwort, das Lust auf Lyrik macht, zum Produzieren, ‚Performen' sowie Partizipieren anregt und mittlerweile zu einem internationalen Kulturphänomen avanciert ist, das sich insbesondere bei Jugendlichen großer Beliebtheit erfreut. In Frankreich geht diese Beliebtheit so weit, dass die kostenlose Zeitung *Métro* eigens eine Rubrik unter dem Titel *Le slam du jour* eingerichtet hat (vgl. Leupold 2007: 84-85).

Doch so bedeutsam diese ‚neue Literatur' auch ist, so wenig konkret ist sie zu fassen. Fabien Marsaud alias Grand Corps Malade stellt auf seiner Homepage das subjektive Moment der Definitionsversuche heraus: „Il y a évidemment autant de définitions du slam qu'il y a de slameurs et de spectateurs des scènes slam" und erläutert, was er selbst darunter versteht:

> Le slam est peut-être un art, le slam est peut-être un mouvement, le slam est sûrement un Moment [sic] ... Un moment d'écoute, un moment de tolérance, un moment de rencontres, un moment de partage. Enfin bon, moi je dis ça ..."
>
> (www.grandcorpsmalade.com)

Damit verbindet er rezeptionsästhetische Aspekte und *Slameur*-Intention miteinander. Letztere mag sich auch in dem Eingangsslogan des Internetportals des *Ministère de L'Education et des Sports* unter der Kurzformel „La poésie démocratisée" wiederfinden (www.slameur.com bzw. Leupold 2007: 85). Eine weitere Definition referiert Skinazy (2008: 12):

> ‚Parler, c'est slamer et conter, c'est slamer'. C'est cette définition qu'a choisi Monsieur Mouch, l'un des slameurs français les plus prometteurs. Pour lui, le slam n'est ni un genre, ni un format, mais se définit par rapport à un lieu ou une circonstance. Ainsi le slam traverse les époques et les styles, cohabitant avec d'autres genres scéniques comme le hip hop, le one-man-show et le stand-up.

Während Monsieur Mouch *Poetry Slam* nicht als Gattung ansieht, versteht Nowoselsky (2007: 8) darunter eine ‚Zwischengattung' und versucht sich ex negativo an einer Definiton: „Un genre entre poésie et performance, ni chanson, ni rap". Es wäre ein Leichtes, weitere Versuche der Begriffsklärung anzuführen, die die inhaltliche und stilistische Vielfalt des *Poetry* Slam mit unterschiedlicher Schwerpunktsetzung fokussieren. Gemein jedoch ist allen, dass sie auf ein Phänomen rekurrieren, das als inszenierte Bühnenpoesie im Zeichen des Dichterwettstreits durch ein hohes Maß an Medienaffinität und Mündlichkeit[1] sowie durch den ‚Sitz im Leben' in der Eventkultur geprägt ist (vgl. Anders 2008: 5).

2. Von der Genese zum global vernetzten Dichterwettstreit

Dichterwettstreite sind kein Novum in der Literaturlandschaft. Bereits Homers und Hesiods Auseinandersetzung sowie später die höfisch-literarischen Begegnungen des Mittelalters standen immer wieder unter agonalen Vorzeichen. Der *Poetry Slam* ist eine ungleich jüngere Erscheinung dieser dichterischen Wettkämpfe. In den fünfziger Jahren entstand in den USA fernab des etablierten Literaturbetriebes eine alternative Ausdrucksform von Dichtung, die man als *Spoken Word* bezeichnet (vgl. Westermayr 2004: 12-15). Sie ist als eine von marginalisierten ethnischen Gruppen praktizierte Ausdrucksform zu verstehen, deren spezifisches Merkmal die Oralität darstellt und die aufgrund experimenteller Kunstformen einen Weg bereitete, der die Genese von HipHop und *Poetry Slam* begünstigen sollte. Bald schon wurde *Spoken Word* über ‚Ghetto-Grenzen' hinaus bekannt. Abseits des akademischen Literaturbetriebes entwickelte sich eine *Poetry-Reading*-Szene in Manhattan, die durch die Musik und Sprache des Jazz beeinflusst wurde. Es wurden erste Regeln (gleichsam als Vorreiter dessen, was später als *Poetry Slam* in die Kulturgeschichte eingehen sollte,) im Rahmen dieser ‚Lesungen' eingeführt.

Die Entstehung des *Poetry Slam* selbst ist untrennbar mit einem einzigen Namen verbunden: Marc Smith (vgl. Westermayr 2004: 15-20). Heute als Kultfigur bekannt, war der Bauarbeiter einst Besucher von Jazz- und Blues-Konzerten. Ebenso frequentierte er regelmäßig Dichterlesungen. Er monierte, dass letztere im Vergleich zu ersteren stets begeisterungslos abgehalten wurden. Mit dem Ziel, Dichtung zu einem Erlebnis zu machen, gründete er 1985 in einer Chicagoer Jazzbar eine Lesereihe. Die *Open-Mike*-Abende wurden bald zum Erfolg. Das Programm wurde erweitert, der letzte Teil mit einem Dichterwettkampf, *The Uptown Poetry Slam*, belegt und das Publikum in eine Jury-Funktion versetzt. Von nun an konnte jeder als Poet auf der Bühne oder als Juror im Publikum tätig werden:

> Das grundsätzlich Innovative an der Slam-Bewegung ist die direkte, durch Punkte von 1-10 oder durch Applaus geäußerte Publikumsrückmeldung auf einen Auftritt, die Verbindung von Inhalt und mündlicher Vortragskunst (Performance) und die selbstorganisierte, auf gegenseitigen Einladungen und Auftritten basierende, literarisch motivierte Gemeinschaft der Slam-Poeten und der Veranstalter.
>
> (Anders 2008: 6)

Bald schon bildete sich in den USA ein Netz von *Slam-Events* aus. New York galt dabei als erste Hochburg und wird daher heute fälschlicherweise häufig als die Geburtsstätte des *Poetry Slam* angesehen. Die ersten nationalen Wettkämpfe wurden 1990 in San Francisco ausgetragen. Andere Länder, darunter auch Frankreich und Deutschland, importierten das Kulturphänomen, wo es heute beeinflusst von Rap, HipHop, teilweise auch von der puertoricanischen Lyrik sowie der jeweiligen ‚National-Lyrik' als Hybrid Erfolge feiert. Mittlerweile haben die nationalen Wettkämpfe auf internationaler Ebene ein Pendant gefunden.

Der Siegeszug der neuen Ausdrucksform spiegelt sich auch im Internet wider: So liefert die Suchmaschine yahoo.fr unter *Poetry Slam* über 9,5 Millionen Einträge.

3. *Poetry Clip* als Hybrid-Medium

Mit dem Erfolg des *Poetry Slam* geht auch seine weitere Entwicklung einher. *Poetry Clips* des US-weiten *Slam-Festivals* wurden erstmals 1997 von Christina Lissmann gedreht (vgl. Abraham/Anders 2008: 8). Im Jahre 2002 wurde dann bereits im Rahmen des *Berliner Sommerfest der Literaturen* weltweit zum ersten Mal der ZEBRA *Poetryfilm* Award verliehen, der sich in der Zwischenzeit zu d e m Forum für den internationalen *Poetry Clip* etabliert hat:

> Er macht Poesie über Sprach- und Kulturgrenzen hinweg erlebbar und bietet eine Plattform für ein neues, dynamisches Filmgenre, das sich zwischen Literatur, Film und Neuen Medien zu einer eigenständigen Kunstform entwickelt hat.
>
> (Westermayr 2004: 90)

Mit dieser Einschätzung wird deutlich, dass es sich bei *Poetry Clips* keineswegs um etwaige Mitschnitte von Live-Performances oder Dokumentationen handelt. Der *Poetry Clip* ist ein Hybrid-Medium, das Anleihen bei der Live-Performance, dem Musikclip, der Gedichtverfilmung und der Audio-CD nimmt (vgl. Abb. 1).

Abb. 1: *Poetry Clips* als Hybrid-Medium (Abraham/Anders 2008: 9)

Ungeachtet der konkreten Umsetzungen kann man – in enger Anlehnung an Abraham/Anders (vgl. 2008: 8) – folgende Kriterien als charakteristisch für *Poetry Clips* ansehen:

- ‚Ein Text – ein Performer/Autor – ein Ort' lautet das Konzept, das vielen *Poetry-Clips* zu Grunde liegt.
- Text und Performance, d.h. Mimik, Gestik und Körperbewegung, stehen im Zentrum der Clips.
- Die filmsprachlichen Mittel sind meist auf einige wenige Aspekte reduziert, so dass der Produktionsaufwand überschaubar bleibt.
- Die Kamera erlaubt, den Performer aus unterschiedlichen Perspektiven in Szene zu setzten, figuriert jedoch nicht als ‚Erzählerin', da man in der Regel nicht von einer komplexen Handlung sprechen kann.
- Der Schnitt kann sich Montageformen und damit einhergehend des Spiels mit Nähe-Distanz-Relationen sowie Rhythmisierungen bedienen.
- Das Trägermedium der DVD ermöglicht das ‚Vor-' und ‚Zurückblättern', vergleichbar mit einem Gedichtband. Textheftedition ergänzen häufig das Angebot, wodurch der Text des im Ursprung oralen Mediums eine Aufwertung erfährt.

4. *Poetry Slam* und *Poetry Clip* im Unterricht

Die Arbeit an schriftlichen Dokumenten ist zweifelsohne die traditionsreichste Variante der Textarbeit im Französischunterricht und hat unbestreitbare Berechtigung. Jedoch besitzen gesprochene Texte, wie z.B. die Werke der *scène slam*, ein enormes Potential für einen „kreativen, motivierenden und kommunikationsorientierten und letztlich ganzheitlichen Literaturunterricht in der gymnasialen Oberstufe" – so Mertens (2007a: 44), der an anderer Stelle (2007b: 28) aufzeigt, dass die Beschäftigung mit Slam sogar einen Beitrag zu leisten vermag, dem viel beklagten Teilnehmerschwund des Französischen entgegenzuwirken:

> L'enseignement du français dans son état actuel semble mal adapté aux exigences et aux attentes des jeunes. Que faire pour motiver les apprenants, pour les livrer à des expériences encourageantes en classe ? Une solution envisageable se situe dans le contexte du mouvement slam qui a pris une véritable ampleur ces dernières années non seulement en France, mais également dans d'autres pays d'Europe.

Auf Grund der Tatsache, dass beim Slam die Textgrundlage durch mimisch-gestisch-stimmliche Elemente bereichert wird, ist neben dem kognitiven Zugang auch eine affektiv-emotionale Herangehensweise gegeben, so dass unterschiedliche Lernertypen ihren individuellen Verstehensprozess durchlaufen können.

Eine große Chance bei der Behandlung von Slam ist die Gegenwartsbedeutung und die Nähe zur Lebenswelt der Lernenden[2]. Ferner lässt auch der Einsatz der Neuen Medien eine gute Motivationslage erhoffen. Dass ‚Motivation fördern' ein besonderes Leitmotiv darstellt, hat auch Leupold verdeutlicht, indem er seiner 2007 erschienenen Monographie *Textarbeit im Französischunterricht* den Untertitel *Aufgaben entwickeln – Motivation fördern* gegeben hat. Im Kapitel *Textes littéraires* (2007: 83-119) kommt er zu dem Schluss, dass die Arbeit mit Chansons im Unterricht oft für methodische Abwechslung in der täglichen Spracharbeit sorgt, allerdings verschweigt er nicht, dass es oft schwierig ist,

> Texte zu finden, die geeignet sind, gehört und analysiert zu werden. Aber es gibt sie durchaus und die *chansons* von Grand Corps Malade, einem *slameur*, lohnen die kritische Analyse. [...] Es liegt in der Verantwortung des einzelnen Kollegen, eine inhaltliche und thematische Auswahl zu treffen, die einerseits den Lernerinteressen Rechnung trägt, die aber andererseits auch von der Absicht getragen sein muss, einen authentischen Einblick in die Inhalte, Themen und Formen der heutigen Musikszene in Frankreich zu geben.
>
> (Leupold 2007: 83)

Im Einzelnen eignen sich *Poetry Slams* und Clips zur Vermittlung folgender übergeordneter Lerninhalte und -ziele:

- Schulung von Präsentationstechniken, die verstärkt Berücksichtigung in Lehrplänen finden
- Schulung kreativ-prozessorientierten Arbeitens im Rahmen eigener Schreib- und Inszenierungsversuche sowie deren Überarbeitung
- Stärkung der sozialen Kompetenz und der Persönlichkeitsentwicklung durch respektvolle und faire Bewertung der Performances der Mitschülerinnen und -schüler sowie durch die Präsentation eigener Darbietungen
- Vermittlung von Basiswissen der Videoanalyse
- Schulung der Medienkompetenz (und -kritik) unter Einbezug medialer Vorerfahrungen
- Vermittlung von Strategien des Dekodierens medialer Texte

- Schärfung (inter-)kultureller Schlüsselkompetenzen bei der Analyse medial repräsentierter Themenkomplexe
- Vermittlung sprachlicher Kompetenzen (z.b. Aussprache, Rhythmus, Register, Stil, Vokabular)
- Schärfung analytischer und interpretatorischer Fähigkeiten

5. Einbettung der Unterrichtssequenz

Die Unterrichtssequenz, die wir im Folgenden vorstellen, haben wir in einer Reihe zum Thema *Paris je t'aime – je ne t'aime pas* im Grundkurs Französisch erprobt. Die Sequenz kann aber auch in diversen anderen Kontexten eingesetzt werden.

Der Einstieg in die Reihe erfolgt über den gleichnamigen Text aus dem thematischen Dossier *Paris entre hier et demain* (vgl. Blume/Dannert 2005: 6), dessen dialektische Thematik sinnstiftend für die weiteren Schwerpunkte der Reihe ist. In einem zweiten Schritt wird mit einem Ausschnitt aus dem Film *La haine* die nach wie vor virulente Thematik in den *banlieues* fokussiert und mit einem Artikel aus *Aujourd'hui* (04.12.2007) vertieft. Eine Alternative hierzu wäre mittlerweile auch das Video *stress* der Gruppe Justice, das im Sommer 2008 eine heftige Debatte ausgelöst hat. Im Anschluss setzen sich die Lernenden mit Rassismus und Fremdverstehen anhand der Pariser Szene des Filmes *Night on earth* auseinander und erkennen, dass Toleranz gegenüber Alterität auch und besonders in der multikulturellen und -ethnischen Stadt Paris eine wichtige Kompetenz darstellt und selbst intrakulturell nicht per se gegeben ist. Ferner sind bereits hier sprachliche Besonderheiten, wie z.B. *jeux de mots* (vgl. *un Ivoirien – Y voit rien*) Gegenstand des Unterrichts.

Als unmittelbare Vorbereitung auf die hier vorzustellende Stunde beschäftigen sich die Lernenden sowohl mit dem Genre *Slam* im Allgemeinen als auch konkret mit dem *slameur* Fabien Marsaud alias Grand Corps Malade (vgl. Nowoselsky 2007). Eine vertiefende und authentische Beleuchtung von *l'homme et l'œuvre* wäre alternativ über ein Interview Marsauds möglich, das online unter www.toutici.org/interview-de-grand-corps-malade-4646.html abgerufen werden kann, bzw. über das bereits in der Einleitung erwähnte autobiographische Lied (und den *Clip*) *Du coté chance* auf der 2008 erschienenen CD *Enfant de la ville*.

6. Didaktische Überlegungen

Der Slam *Saint Denis* von Grand Corps Malade ist unserer Meinung nach für den Französischunterricht sehr gut geeignet.³ Durch die Tilgung dreier sprachlich schwieriger und inhaltlich nicht sonderlich fruchtbarer Stellen (vgl. Auslassungszeichen im Liedtext, siehe Anhang A3) ist der Text für Schüler der anvisierten Zielgruppe (ab 5. Lernjahr) sprachlich gut zu bewältigen. Die inhaltliche Zugänglichkeit ist insofern gegeben, als Text und Videoclip im Gleichklang den nördlichen Vorort von Paris in ‚lockerer' und dennoch fundierter Art und Weise vorstellen und so ein den Schülerinnen und Schülern ungewohnter Zugang zu wichtigen landeskundlichen Inhalten geboten werden kann, die „die Gegenwart beeinflussen und prägen" (Lehrplan Rheinland-Pfalz 1998: 18). Dass Grand Corps Malade auch in Zukunft die Pariser Slam-Szene bereichern wird, zeigt sein 2008 erschienenes, zweites Album *Enfant de la ville* sowie die aktuelle Einschätzung Marie-Françoise Vignauds: „Grand Corps Malade est le premier à avoir popularisé le slam en France, ses concerts attirent un public très varié, de tous âges et de toutes conditions sociales" (2008: 44).

Neben dem reizvollen Inhalt – die Lernenden erarbeiten historische (Basilika, Grabstätte der französischen Könige), soziokulturelle (Multiethnizität, Markt) und sportgeschichtliche (*Stade de France*) Informationen zu dem Pariser Vorort – muss bei der Behandlung des Slams freilich auch das Schlaglicht auf die Form und Sprache geworfen werden: „une accentuation sur le contenu sans toutefois négliger la forme" (Mertens 2007b: 35). Schließlich sind Kenntnisse der „Markiertheit der gesprochenen Sprache" (Lehrplan Rheinland-Pfalz 1998: 12) im Allgemeinen und sprachlicher Verfahren der Jugendsprache im Besonderen wesentliche Bestandteile für die erfolgreiche Bewältigung von authentischen Kommunikationssituationen.

Bereits vor fünf Jahren hat Meißner (2003: 65) darauf hingewiesen, dass Lernende mit dem didaktisierten *code parlé* der Lehrwerke im Zielsprachenland oft nicht weit kommen. Aktuell beschäftigt sich Almut Keller im Rahmen ihrer am Lehrstuhl von Daniela Caspari (FU Berlin) im Entstehen begriffenen Doktorarbeit mit der französischen Jugendsprache und hat 2007 in ihrem Plädoyer für die *langage des jeunes* gefordert, dass sich der Französischunterricht mit verschiedenen frankophonen Sprachvarietäten und insbesondere mit dem Register der

Jugendsprache auseinandersetzen muss, da selbige für eine altersgemäße Kommunikation unter Jugendlichen unabdingbar ist. Ferner hat sie charakteristische Elemente der Jugendsprache zusammengestellt, von denen zahlreiche bei der Analyse des Slams herausgearbeitet werden können (vgl. Keller 2007: 41-42).

Da die Gattung ‚Slam' auch Parallelen zur Poesie enthält, erweist sich ferner eine Analyse der Stilmittel – hier lediglich exemplarisch der Strophen eins bis vier – als fruchtbar (u.a. Anaphern, Parallelismus, Umrahmung, (Binnen)Reim, ferner Personifizierung des Stadtteils Saint-Denis). Allerdings ist bei stilistischen Untersuchungen insbesondere im Französischunterricht Vorsicht geboten, denn die

> Erfahrung zeigt, dass es für die Schülermotivation durchaus hilfreich ist, wenn man bei einem poetischen Text die Analyse nicht bis in die Bedeutungszuweisung der letzten Anapher vorantreibt.
>
> (Leupold 2007: 99)

bzw.

> Insgesamt sollte man als Unterrichtender den Mut haben, sich bei der Gedichtbesprechung [und gleiches gilt für die Slambesprechung, M.F. & J.H.] auf einige Aspekte zu beschränken und nicht den (vergeblichen) Versuch machen, ein Gedicht [einen Slam, M.F. & J.H.] formal und inhaltlich in extenso besprechen zu wollen.
>
> (Leupold 2003: 330)

Im Rahmen des von Mertens (2007a: 45) skizzierten Grundkonzeptes – (1) Informationsphase, (2) Vorbereitungsphase, (3) Produktionsphase, (4) Präsentationsphase, (5) Nachbereitungsphase – zur Beschäftigung mit Slam im Französischunterricht ist die Unterrichtsstunde, in der *Saint Denis* behandelt wird, im Bereich Vorbereitungsphase anzusiedeln; die Informationsphase geht der Stunde voraus und wird im Einstieg gesichert (vgl. dazu die Methodische Überlegungen in Abschnitt 7). Die Produktionsphase, in der ein Slam zu Paris oder einer beliebigen anderen Stadt gestaltet werden soll, ist eine optionale Phase, da Schüler, insbesondere die leistungsschwächeren, zu dieser kreativen Aufgabe nicht verpflichtet werden sollen, und wird in die Hausaufgabe verlagert (vgl. Mertens 2007a: 47), um den Lernenden individuelle und zeitlich flexible Gelegenheit zur Entfaltung der eigenen Kreativität zu geben. Als Alternative zur kreativen Arbeit bietet sich eine Internetrecherche zu historischen Hintergrundinformationen zu Saint-Denis an (z.B. unter www.ville-saint-denis.fr; vgl. Anhang A1). In der sich anschließenden Stunde finden die Präsentations- und Nachbereitungsphasen statt.

7. Methodische Überlegungen

Zum Stundeneinstieg reaktivieren die Lernenden mittels Bildimpuls ihre Kenntnisse aus der Informationsphase (vgl. Abb. 2 und folgender, in Stichpunkten formulierter Erwartungshorizont):

Abb. 2: Grand Corps Malade
(Nowoselsky 2007: 8)

Grand Corps Malade est le pseudonyme de Fabien Marsaud / il a 29 ans / il voulait être prof d'éducation physique ou basketeur professionnel, mais dû à un mauvais plongeon dans une piscine en 1997 il est devenu handicapé : il marche avec une béquille / le slam est un genre entre poésie et performance / ni chanson ni rap / on a importé ce genre des Etats-Unis dans les années 90 / les slameurs utilisent souvent des éléments du langage parlé ou des jeunes comme le verlan et l'argot / au Gabon, on a même inscrit les textes du Grand Corps Malade au bac de français.

Überleitend von der Textinformation, dass Fabien Marsaud in seinen *Slams* von sich und seiner Geburtsstadt Saint-Denis erzählt, wird den Lernenden der gleichnamige *Slam* vorgestellt, so dass sie – ohne Hörauftrag und auf ein Globalverstehen zielend – ihre Hörsehverstehenskompetenz trainieren. Im Anschluss an die Präsentation des Clips stellen die Lernenden selbige Kompetenz unter Beweis, indem sie verstandene Elemente versprachlichen, wobei insbesondere die vier Schwerpunkte *marché* (*interculturel*), *la Basilique Saint-Denis*, *le Stade* und *Rue de la République* zu akzentuieren sind und diese mit einem visuellen Impuls gesondert fokussiert werden (vgl. Abb. 2), so dass mit dieser Phase, die dem Anforderungsbereich I der EPA (Einheitlichen Prüfungsanforderungen in der Abiturprüfung Französisch) zuzurechnen ist, alle Lernenden ‚mitgenommen' werden.

Im Anschluss steht der Anforderungsbereich II der EPA im Zentrum des Interesses. Die Lerngruppe wird in zwei arbeitsteilige Gruppen eingeteilt und die Texte zu dem Slam werden ausgeteilt (Grands Corps Malade 2006; vgl. Anhang A3). Innerhalb dieser beiden Gruppen arbeiten die Lernenden jeweils in Zweiergruppen. Die erste Gruppe erhält den Auftrag, Stilmittel (Verse 1-4) und Elemente der Jugendsprache herauszuarbeiten (vgl. Anhang A4 zum Erwartungshorizont):

- *Quels éléments (a) du langage des jeunes et (b) de style [vers 1-4 et 39-42] Marsaud emploie-t-il dans le slam ?*

Die zweite Gruppe beschäftigt sich damit, wie der *slameur* den Pariser Vorort Saint-Denis präsentiert (vgl. Anhang A5 zum Erwartungshorizont):

- *Comment le slameur présente-t-il sa ville natale ?*

Die Analysephase wird gesichert, indem sich die Gruppen ihre Ergebnisse gegenseitig vorstellen und etwaige Nachfragen oder Ergänzungen anbringen. Eine Visualisierung am OHP bzw. an der Tafel ist dringend anzuraten.

An die Präsentation und Auswertung der Partnerarbeit schließt sich eine Transferphase an, in der die Lernenden persönlich und begründet Stellung nehmen, ob a) der *slameur* sie überzeugen konnte, dass Saint-Denis eine Stadt mit hoher Lebensqualität ist und b) sie sich vorstellen können, in diesem Pariser Vorort zu wohnen.

8. Ausblick

Um die weltweite Verbreitung des Kulturphänomens *Poetry Slam* zu verdeutlichen, bietet es sich an – nachdem Saint-Denis mit den Augen Grand Corps Malades entdeckt wurde – auf eine Entdeckungsreise des Slams durch die Frankophonie zu gehen. Erfolgversprechend scheinen derzeit insbesondere Quebec, Algerien und Belgien zu sein. Ein interkultureller Vergleich mit Blick auf inhaltliche Ausrichtungen und mediale Umsetzungen, angelegt als Lernzirkel, könnte die in der hier vorgestellten Unterrichtsstunde erworbenen Kenntnisse vertiefen und Einblick geben in die globale interkulturelle und intertextuelle Verfasstheit eines florierenden Kulturphänomens.

[1] Zwar werden Slam-Texte in der Regel schriftlich konzipiert, allerdings medial mündlich präsentiert. Der Zugang zu schriftlichen Dokumenten wie beispielsweise in der oben zitierten Zeitung *Métro* oder als Beigabe zu audiovisuellen Medien hat sich erst im Zuge des zunehmenden Erfolgs des Veranstaltungsformats *Poetry Slam* und zu Rezeptionszwecken jenseits der Bühnenkultur entwickelt.

[2] Hier gibt es in zahlreichen Städten authentische Anknüpfungspunkte, die – auch in fächerübergreifenden Projekten – nicht ungenutzt bleiben sollten. So haben z.B. die Schülerinnen und Schüler eines unserer Kurse nicht nur die hier vorgestellte Unterrichtsreihe in Französisch erlebt; die Thematik wurde auch im Deutschunterricht aufgegriffen. Als ‚Highlight' der Unterrichtsreihe erfolgte sodann eine reale Erstbegegnung in Form eines Besuchs des Trierer *Comedy Slam* in der *produktion am Dom* (03.05.08).

[3] Der Slam *Les voyages en train* wurde im vergangenen Jahr von Mertens didaktisiert (vgl. 2007a: 44-48 bzw. Arbeitsblätter auf der Homepage von *Praxis Fremdsprachenunterricht*, vgl. Web-Adressen im Literaturverzeichnis).

Literaturverzeichnis

Abraham, Ulf/Anders, Petra (2008). Poetry Slam und Poetry Clip. Formen inszenierter Poesie der Gegenwart. In: Praxis Deutsch 208, 6-15.

Anders, Petra (2008). Anmoderation. In: Dies. (Hg.). Slam Poetry. Stuttgart: Reclam, 5-10.

Blume, Otto-Michael/Dannert, Dorothea (2005). Horizons. Paris entre hier et demain. Stuttgart: Klett.

Grand Corps Malade (2006). Saint Denis. In: midi 20 (DVD).

Leupold, Eynar (2003). Französisch unterrichten. Grundlagen – Methoden – Anregungen. Seelze-Velber: Kallmeyer.

Leupold, Eynar (2007). Handlungswissen Unterricht. Band 3: Textarbeit im Französischunterricht. Aufgaben entwickeln – Motivation fördern. Seelze-Velber: Kallmeyer/Klett.

Keller, Almut (2007). Ein Plädoyer für die *langage des jeunes*. In: Praxis Fremdsprachenunterricht 5, 41-45.

Meissner, Franz-Joseph (2003). Landeskunde versus interkulturelles Lernen und ihre zielsprachlichen Implikationen. In: Französisch heute 1, 58-86.

Mertens, Jürgen (2007a). *Le slam* – gesprochene Poesie im Französischunterricht. In: Praxis Fremdsprachenunterricht 6, 44-48.

Mertens, Jürgen (2007b). Le slam – phénomène culturel, format littéraire, chance pédagogique. In: Französisch heute 38/1, 28-37.

Nowoselsky, Sonja (2007). Découvrir le slam avec Grands Corps Malade. In: Revue de la Presse 5, 8.

Ministerium für Bildung, Wissenschaft und Weiterbildung des Landes Rheinland-Pfalz (Hg.) (1998). Lehrplan Französisch. Grund- und Leistungsfach Jahrgangsstufe 11 bis 13 der gymnasialen Oberstufe (Mainzer Studienstufe). Worms: Fischer.

Skinazy, Cyril (2008). Le slam ou la guerre des mots. Klett Magazin V.2, 12-13.

Vignaud, Marie-Françoise (2008). Grand Corps Malade, Midi 20. In: Der fremdsprachliche Unterricht Französisch 92, 44.

Volkmann, Laurenz (2008). Popular Culture im Fremdsprachenunterricht: Musikvideoclips, Popsongs und Werbung. In: Hallet, Wolfgang/Nünning, Ansgar (Hg.). Neue Ansätze und Konzepte der Literatur- und Kulturdidaktik. Trier: Wiss. Verlag, 277-291.

Westermayr, Stefanie (2004). Poetry Slam in Deutschland. Theorie und Praxis einer multimedialen Kunstform. Marburg: Techtum.

www.grandcorpsmalade.com (Aufruf 01.09.09).

www.oldenbourg.de/osv/zeitschriften/fsu/index.htm (Aufruf 01.09.09).

www.slameur.com (Aufruf 01.09.09).

www.toutici.org/interview-de-grand-corps-malade-4646.html (Aufruf 01.09.09).

Anhänge A1-A5

A1: *Saint-Denis: 2000 ans d'histoire*
(Quelle: http://www.ville-saint-denis.fr/jsp/site/Portal.jsp?page_id=71, Aufruf 01.09.09)

Saint Denis
Saint Denis, premier évêque de Paris, fut martyrisé à Montmartre vers 250 après J.-C. La légende veut qu'après sa décapitation, il se dirigea lui-même vers le lieu de sa sépulture en portant sa tête dans les mains. C'est dans le cimetière gallo-romain de Catolacus (aujourd'hui Saint-Denis) qu'il fut enterré. Au Ve siècle, sainte Geneviève fit élever une chapelle au-dessus du tombeau, qui devint rapidement un lieu de pèlerinage. Celle-ci est le noyau primitif des églises successives et l'embryon de la ville actuelle. Au VIIe siècle, Dagobert est enterré selon ses vœux dans la basilique primitive, donnant ainsi naissance à la nécropole royale qui accueillera dorénavant la plupart des rois de France.

Abbaye et nécropole royale
C'est à partir du VIIe siècle et grâce au roi Dagobert que Saint-Denis devient une abbaye royale. Dagobert lui accorde en effet une indépendance par rapport à l'évêque de Paris, une foire franche, des privilèges fiscaux, et, surtout, le privilège d'accueillir sa tombe. Ainsi naît la nécropole royale, qui accueillera ensuite presque tous les rois de France.

L'abbé Suger
L'abbé Suger, conseiller du roi au XIIe siècle, renforce l'indépendance et la puissance de l'abbaye. Le commerce se développe et la Foire du Lendit accroît son importance. Dès 1144, Suger fait reconstruire la basilique selon des normes architecturales nouvelles : c'est la naissance du gothique. Les travaux commencés par Suger sont terminés au XIIIe siècle par l'architecte Pierre de Montreuil.

Du XIIIe au XVIIIe siècle
Avec la guerre de Cent Ans, Saint-Denis, assiégé et occupée, est en grande partie dévasté. La population est réduite de 10 000 à 3 000 habitants. En 1593, c'est dans la basilique de Saint-Denis que le futur Henri IV abjure la foi protestante pour devenir roi de France. Sous le règne de Louis XIII, plusieurs couvents sont installés dans la ville. Louis XV s'intéresse particulièrement à Saint-Denis grâce à la présence de sa fille Louise de France au couvent des Carmélites. Sous son règne s'achèvent les travaux des nouveaux bâtiments de l'abbaye, et une chapelle est construite au couvent des Carmélites.

L'industrialisation
Dès le XVIIIe siècle, une première manufacture de toiles peintes s'installe à Saint-Denis. Après le tournant de la Révolution française, où la ville connaîtra son lot d'espoirs et d'excès, l'industrialisation va changer le visage et le caractère de Saint-Denis. Le canal est ouvert en 1824, le chemin de fer arrive en 1843 et de grandes entreprises s'installent, notamment dans le quartier de La Plaine. L'histoire de la ville ouvrière commence alors et la "ville rouge" s'inscrit dans tous les mouvements sociaux qui secouent l'époque. En 1892, les Dionysiens élisent leur première municipalité socialiste, qui prend valeur de symbole national.

Le XXe siècle
Dans les années 1920, Saint-Denis est au cœur des mouvements sociaux. On la surnomme "la ville rouge". Son maire devient communiste ; une tradition qui ne sera interrompue que par l'épisode douloureux de Jacques Doriot, puis par la seconde guerre mondiale.
A la Libération vient l'époque de la reconstruction. L'architecte André Lurçat construit les premières cités, associant déjà logement social et architecture de qualité. Ce principe se poursuivra pour prendre toute son ampleur avec la reconstruction du centre-ville, accompagnée d'un programme de fouilles archéologiques qui durera 17 ans. En 1976, le métro arrive au centre de Saint-Denis, en même temps que s'ouvre au public le parc de la Légion d'honneur. En 1986, Saint-Denis renforce sa tradition commerciale en inaugurant le centre commercial Basilique. Elle accueille en décembre 1992 le premier tramway d'Ile-de-France.
La décision d'implanter le grand stade (80 000 places) à Saint-Denis est prise le 19 octobre 1993. Le stade de France sera inauguré le 28 janvier 1998. Il accueillera le tournoi des Cinq Nations avant d'accueillir 9 matches de la Coupe du Monde de football en juin-juillet 1998. La réalisation du stade de France s'accompagne d'importants travaux d'infrastructures, dont la couverture tant attendue de l'autoroute A1 sur La Plaine, la création de deux nouvelles gares RER, le prolongement de la ligne 13 de métro jusqu'à l'Université Paris 8.

Un clip du slameur Grand Corps Malade 393

A2: Bildimpulse zum Stadtviertel *Saint Denis*

Quellen (Aufruf: 01.09.09):
Stade de France: http://www.footballgroundsofengland.co.uk/images/Stade_de_France.jpg
Rue de la République:
http://upload.wikimedia.org/wikipedia/commons/d/dc/Rue_de_la_R%C3%A9publique_Saint-Denis_93.jpg
Cathédrale: http://www.kaipahl.de/dogfood-old/_images_dogfood/paris0303_stdenis01.jpg
Marché : http://www.pps.org/graphics/gpp/jean-talon_1_large
Logo ‚Saint Denis': http://www.ville-saint-denis.fr/saint-denis/accueil.html

> A3: Liedtext zum Slam *Saint Denis* von Grand Corps Malade
> (Grand Corps Malade 2006)

1 J'voudrais faire un slam pour une grande dame que j'connais depuis tout petit
2 J'voudrais faire un slam pour celle qui voit ma vieille canne[1] du lundi au samedi
3 J'voudrais faire un slam pour une vieille femme dans laquelle j'ai grandi
4 J'voudrais faire un slam pour cette banlieue nord de Paname[2] qu'on appelle Saint-Denis

5 Prends la ligne D du RER[3] et erre dans les rues sévères d'une ville pleine de caractère
6 Prends la ligne 13 du métro et va bouffer au McDo ou dans les bistrots d'une ville pleine de bonnes gos[4] et de gros clandos[5]
7 Si t'aimes voyager, prends le tramway et va au marché. En une heure, tu traverseras Alger et Tanger.
[...]

8 Au marché de Saint-Denis, faut que tu sois sique-phy. Si t'aimes pas être bousculé[6] tu devras rester zen[7]
9 Mais sûr que tu prendras des accents plein les tympans[8] et des odeurs plein le z-e-n
10 Après le marché on ira ché-mar rue de la République, le sanctuaire[9] des magasins pas chers
11 La rue préférée des petites re-beus bien sapées[10] aux petits talons[11] et aux cheveux blonds peroxydés[12]
[...]
12 La rue de la République mène à la Basilique où sont enterrés tous les rois de France, tu dois le savoir ! Après Géographie, petite leçon d'histoire
13 Derrière ce bâtiment monumental, j't'emmène au bout de la ruelle, dans un petit lieu plus convivial, bienvenu au Café Culturel
14 On y va pour discuter, pour boire, ou jouer aux dames. Certains vendredi soir, y'a même des soirées Slam
15 Si tu veux bouffer pour 3 fois rien, j'connais bien tous les petits coins un peu poisseux[13]
16 On y retrouvera tous les vauriens[14], toute la jet-set des aristocrasseux[15]
17 Le soir, y'a pas grand chose à faire, y'a pas grand chose d'ouvert
18 A part le cinéma du Stade, où les mecs viennent en bande : bienvenue à Caille-ra[16]-Land
[...]

Un clip du slameur Grand Corps Malade 395

19 C'est pas une ville toute rose mais c'est une ville vivante. Il s'passe toujours quel-qu'chose, pour moi elle est kiffante[17]
20 J'connais bien ses rouages[18], j'connais bien ses virages, y'a tout le temps du passage, y'a plein d'enfants pas sages,
21 j'veux écrire une belle page, ville aux cent mille visages, St-Denis-centre mon village
22 J'ai 93200[19] raisons de te faire connaître cette agglomération. Et t'as autant de façons de découvrir toutes ses attractions.
23 A cette putain de cité j'suis plus qu'attaché, même si j'ai envie de mettre des taquets[20] aux arracheurs de portables de la Place du Caquet
24 St-Denis ville sans égal, St-Denis ma capitale, St-Denis ville peu banale ... où à Carrefour tu peux même acheter de la choucroute Hallal[21] !
25 Ici on est fier d'être dyonisiens, j'espère que j't'ai convaincu. Et si tu m'traites de parisien, j't'enfonce[22] ma béquille dans l'...

26 J'voudrais faire un slam pour une grande dame que j'connais depuis tout petit
27 J'voudrais faire un slam pour celle qui voit ma vieille canne du lundi au samedi
28 J'voudrais faire un slam pour une vieille femme dans laquelle j'ai grandi
29 J'voudrais faire un slam pour cette banlieue nord de Paname qu'on appelle Saint-Denis.

VOCABULAIRE

1	la canne : la bequille	14	le vaurien (fam.) : Taugenichts
2	Paname : surnom familier de Paris	15	l'aristocrasseux (fam.) : 'articocrates crasseux' (composition des éléments contradictoires) → pseudo-aristocrates
3	RER : le Réseau Express Régionale (S-Bahn-Netz in Paris u. Umgebung)		
4	le gos (fam.) : le gosse (fam.)	16	la racaille : Gesindel, Abschaum
5	le clando (fam.) : le clochard	17	elle est kiffante : ich fahr voll auf sie ab
6	être bousculé : être poussé avec force		
7	zen (fam.) : détendu	18	le rouage : Zahnrad
8	le tympan : Trommelfell	19	93200 : code postale de Saint-Denis
9	le sanctuaire *ici* : endroit de préférence	20	le taquet : le coup
10	bien sapé : herausgeputzt	21	le halal : korangemäße korrekte Nahrung (vgl. ‚koschere' Nahrung des Judaismus)
11	le talon : Absatz		
12	blond peroxydé : wasserstoffblond	22	enfoncer : planter, mettre
13	poisseux : klebrig		

A4: Erwartungshorizont zur sprachlich-stilistischen Analyse

- *le verlan*

sique-phy	physique
z-e-n	le nez
ché-mar	marcher
re-beus	les beures (enfants nés en France de parents maghrébins)
Caille-ra	la racaille (voir *Vocabulaire*, Anhang A3)

- *le langage non-standard*
  bouffer (2x), gos, zen, jet-set des aristocrasseux, kiffante, putain, vauriens

- *les abréviations*
  clandos [clochards], gos [gosses]

- *Contraction des pronoms personnels et des pronoms réfléchis*

j'voudrais / t'aimes / etc.	↔	je voudrais / tu aimes / etc.
il s'passe	↔	il se passe

- *« y a » au lieu de « il y a »*
  lignes 20 et 28

- *Ommission des lettres / syllabes finales*

quelqu'chose	↔	quelque chose

- *Omission du « ne » de négation*

c'est pas	↔	ce n'est pas

- *« on » au lieu de « nous »*
  lignes 13, 20 et 23

- *les moyens de styles*
  - *anaphores* : « J'voudrais faire un slam pour » (l. 1-4 et 39-42)
  - *parallélisme* : « J'voudrais faire un slam pour « (l. 1-4 et 39-42)
  - *cadre* : début et fin (l. 1-4 et 39-42)
  - *personnification* de la ville Saint-Denis : « grand dame », « qui voit », « vieille femme dans laquelle on peut grandir » (l. 1-3 et 39-41)
  - *rime continue et rime intérieure* : (l. 1-4 et 39-42)

A5: Erwartungshorizont zur inhaltlichen Analyse

Dans la présentation du slameur, Saint-Denis

- ressemble à une grande dame / vieille femme (l. 1 et 3)
- est une banlieue nord de Paris (l. 4)
- a beaucoup de caractère (l. 5)
- dispose d'un bon réseau de moyens de transport en commun (RER, métro, tramway, l. 5-6)
- unit des couches sociales désavantagées (bonnes gos, gros clandos, rues sévères, l. 5 et 7-8)
- jouit d'un marché fréquenté (on court le risque d'être bousculé) et multiculturel (représentants d'Alger et Tanger, des accents et odeurs différents) (l. 10-12)
- a une grande rue de la République au bord de laquelle il y a de nombreux magasins pas chers (l. 13)
- a un bâtiment monumental, la Basilique, dans laquelle on a enterré tous les rois de France (l. 16-17)
- derrière la Basilique, il y a un café culturel où on discute, boit, joue aux dames et organise des soirées slam (l. 18)
- a des endroits où on peut manger pour peu d'argent (l. 22)
- n'offre pas grand chose pour les soirs sauf le cinéma du Stade (l. 24-25)
- un immense Stade (parce qu'il y a même un cinéma, l. 25)
- souffre d'un taux de criminalité élevé (Caille-ra-Land, l. 25 / des enfants pas sages, l. 29 / les arracheurs de portable de la Place du Caquet, l. 34)
- une ville pas toute rose, mais vivante (l. 26)
- a cent mille visages (l. 30)
- vaut le coup de la connaître (93200 raisons / beaucoup d'attractions, l. 31 et 32)
- la vraie capitale (ville sans égal / ma capitale, mon village, l. 30 et 36)
- une ville dont les habitants sont fiers de pouvoir y vivre (l. 37)
- une ville indépendante de Paris (il ne veut pas être traité comme Parisien, l. 37-38)

Tout yeux, tout oreilles –
Musikvideoclips zu Bénabar im Französischunterricht

Jochen Willwer

1. Die Bedeutung von Musikvideoclips im Alltag der Schülerinnen und Schüler

Ob bei der täglichen Autofahrt zur Arbeit oder bei der Betrachtung eines Films im Kino: in unserem Alltag sind wir stets der Beschallung durch Musik ausgesetzt. Melodien, Rhythmen und die dazu gehörenden Texte übertragen Botschaften, rufen Stimmungen hervor und dienen als Identifikations- und Abgrenzungskriterium gegenüber anderen Menschen oder Menschengruppen. Dass diese Wirkungsweisen nicht nur Erwachsene, sondern gerade auch Jugendliche betreffen, weiß jeder, der schon einmal während einer der sog. ‚Großen Pausen' auf einem Schulhof Schülergespräche aufgeschnappt hat: Jugendliche setzen sich in ihrem Alltag oft bewusster als Erwachsene mit Erzeugnissen der Musikindustrie auseinander.

Dieser Prozess wird nicht nur begünstigt durch die Menge von Produkten der Musikindustrie, die Jugendlichen heute zur Verfügung stehen, sondern auch durch die Vielzahl der Übertragungskanäle. Als Beispiele sind neben ‚klassischen', auditiv rezipierten Musikausstrahlungen via Radio auch Fernsehprogramme zu nennen, insbesondere diejenigen, die von speziellen TV-Sendern übertragen werden. MTV beispielsweise strahlt seit 1981 Lieder in Form von Musikvideoclips aus und erreicht dabei nach eigenen Angaben mittels seiner rund 50 Stationen weltweit etwa 480 Millionen Haushalte. Zu diesem internationalen Angebot kommen die für einzelne Sprachräume oder Staaten speziell konzipierten Programme von Sendern wie VIVA. Und schließlich darf ein Medium nicht vergessen werden, das für die Verbreitung von Musikprodukten eine mindestens ebenso große Bedeutung besitzt wie das Fernsehen: das Internet mit seinen vielfältigen Foren, allen voran diejenigen der genannten TV-Sender und eigenständige Plattformen wie Youtube, die neben Videos allgemeiner Natur auch Musikvideoclips im Angebot haben.

Die Popularität von Musiksendern und Internetangeboten zeigt nicht nur, wie stark Musik im Alltag Jugendlicher präsent ist. Sie macht darüber hinaus auch eine Veränderung in ihrem Rezeptionsverhalten deutlich: Ein Lied wird häufig nicht nur auditiv konsumiert, beliebt sind vielmehr auch Musikvideoclips als Teil der sog. ‚Neuen Medien' (vgl. Münchow 2007: 191-192), die der Musik und dem Text eine visuelle Komponente hinzufügen: „Es gibt heute kaum ein erfolgreiches Album, das nicht mittels eines Videoclips – meist zum Titellied – in den TV-Musikprogrammen, in Diskotheken und auch in U-Bahn-Stationen vermarktet wird" (Oberhuber 1997: 136).

In Anbetracht dieser Entwicklung erstaunt es, dass diese bei Jugendlichen überaus beliebte Gattung im Bereich der Didaktik der romanischen Sprachen bislang ein Schattendasein fristet. Zwar existiert eine (überschaubare) Anzahl sehr konkreter Unterrichtsvorschläge zu einzelnen Clips; es mangelt jedoch an einem theoretischen Überblick über Möglichkeiten und Grenzen für den analysebezogenen Einsatz von Musikvideoclips im Fremdsprachenunterricht.

Insofern versteht sich der vorliegende Beitrag nicht nur als Darstellung eines erprobten Unterrichtsbeispiels, sondern vielmehr auch als ein Anstoß für die vertiefte Auseinandersetzung mit dem Potenzial des Musikvideoclips. Warum aber erfährt diese Gattung im fachdidaktischen Kontext so wenig Beachtung? Erste Hinweise auf die Gründe kann sicherlich eine Betrachtung der Charakteristika des Musikvideoclips geben.

2. Die Charakteristika des Musikvideoclips

Angedeutet wurde bereits, dass der Musikvideoclip als audiovisuell wirkende Gattung verschiedene Wahrnehmungskanäle anspricht, da er „Bilder oder Bildfolgen mit Sprache, Musik und Geräuschen" zusammenführt (Raabe 2003: 423). Begriffen als Botschaft zwischen Sender (Sänger, Produzent, Regisseur etc.) und Empfänger (Fernsehzuschauer, Internetuser, Produktkonsument), lässt sich der Musikvideoclip als plurimediale Gattung vereinfacht wie in Abb. 1 darstellen (vgl. Oberhuber 1997: 137).

Deutlich wird, dass der Musikvideoclip auf drei verschiedenen Ebenen arbeitet: Der Empfänger wird nicht nur durch den Text und die Musik, sondern auch

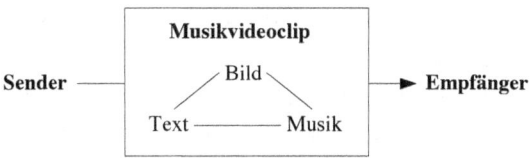

Abb. 1: Der Musikvideoclip als plurimediale Botschaft (vgl. Oberhuber 1997: 137)

durch deren Zusammenspiel mit der jeweiligen Bildfolge beeinflusst. Wichtig für die Art dieser Einflussnahme ist dabei zweifelsohne das Verhältnis der drei Ebenen, anhand dessen man die Fülle der existenten Musikvideos – freilich ebenfalls vereinfacht – in drei Großgruppen einteilen kann.

Eine recht große Zahl von Clips zeigt den oder die jeweiligen Interpreten beim Akt des Musizierens, wobei es sich um einen Zusammenschnitt authentischer Live-Aufnahmen (z. B. Konzert) oder in Szene gesetzter Momente (z. B. Bilder aus dem Tonstudio) handeln kann. Hierbei berücksichtigt die Bildebene in den seltensten Fällen die Textebene des Liedes, die Verbindung zwischen beiden ist schwach bzw. nicht existent – dem Regisseur geht es um die Inszenierung des Künstlers und seines Auftretens, weshalb Boiron (vgl. 1997: 335) für diese Gruppe die Bezeichnung des *performance*-clip geprägt hat.

Eine zweite und quantitativ vielleicht stärkste Gruppe von Clips verzichtet nicht auf diese Elemente, stellt sie jedoch neben Bildfolgen, die einen narrativen Kontext bilden, der die Textebene einbezieht oder sogar getreu abbildet. So kann der Interpret beim Akt des Musizierens in eine um ihn herum ablaufende Geschichte ‚eingebaut' oder von ihr losgelöst vor einem erzählenden Szenario (z. B. Zeichnungen, Zeichentrick, Landschaften etc.) dargestellt werden. Auf Grund dieser Mischung der Elemente bezeichnet Boiron diesen Typus, der eine partielle Verbindung von Bild- und Textebene aufweist, als „semi-narrative Clips" (1997: 335).

Eine dritte Gruppe geht diesbezüglich noch einen Schritt weiter, indem sie den Textinhalt mehr oder weniger getreu abzubilden sucht; es handelt sich hierbei um „les clips qui présentent le scénario fragmenté d'une histoire, dont la chanson paraît être une illustration musicale. Suivant le cas, le contenu du clip et les paroles de la chanson sont plus ou moins proches" (Boiron 1997: 335). Es liegt auf der Hand, dass in diesen sog. „narrativen Clips" (ebd.) die engste Verbindung zwischen Text- und Bildebene vorherrscht.

Dass die Gestaltung der Videoclips im Einzelnen stark variiert, hängt nicht zuletzt mit der Intention zusammen, die jeweils mit der Produktion und Ausstrahlung eines Videoclips verknüpft wird. Zwei Haupttendenzen lassen sich hier ausmachen: Einerseits geht es – vor allem in (semi-)narrativen Clips – darum, eine Transposition von Text und Musik in Bilder bzw. Bildfolgen vorzunehmen, und zwar mit dem interpretatorischen Anspruch, mögliche Lesarten des Liedes zu bieten. Andererseits dient die gezielte Inszenierung des Interpreten in *performance-* und semi-narrativen Clips dem Zweck, sowohl den Künstler als auch das Lied in den Fokus der Konsumentenaufmerksamkeit zu rücken; der Empfänger soll dadurch zum Kauf des entsprechenden Produktes animiert werden. Es ergibt sich zwangsläufig für die didaktische Behandlung eines Musikvideoclips stets eine Gratwanderung zwischen der Bewusstmachung seiner kommerziellen Orientierung und der Analyse seines künstlerischen Gehalts (vgl. Oberhuber 1997: 136f.).

Dies macht zweifelsfrei die besondere Schwierigkeit, aber auch den einzigartigen Reiz dieses Genres für den Fremdsprachenunterricht aus. Es resultiert daraus aber auch, dass sich nicht alle Musikvideoclips in gleicher Weise didaktisch fruchtbar machen lassen. So erscheint es auf Grund der oft mangelnden Einbeziehung des Liedtextes oft nicht sinnvoll, *performance*-Videos in den Unterricht zu integrieren, die lediglich Mitschnitte und Aufarbeitungen von Live-Konzertaufnahmen sind und als solche vermarktet werden (vgl. Gourvennec 2006b: 21). Daher konzentriert sich der vorliegende Beitrag auf den didaktischen Einsatz (semi-)narrativer Musikvideoclips im Fremdsprachenunterricht.

3. Musikvideoclips im Französischunterricht?

Wie oben ausgeführt, sind die Einsatzmöglichkeiten dieses Mediums in der modernen Fremdsprachendidaktik im Gegensatz zu denen des Chansons bislang allerdings wenig systematisiert oder diskutiert worden. Dies mag an der Komplexität liegen, die dem Genre von Natur aus innewohnt, aber vom Lehrenden auch als Herausforderung begriffen werden kann und sollte. Darüber hinaus sind weitere Einwände gegen eine Verwendung von Musikvideoclips vorstellbar:

Erstens wird schon der Einsatz von Chansons in der Fachdidaktik des Französischen als nicht ganz unproblematisch betrachtet wird: So macht beispielsweise Leupold (2004: 336) geltend, dass Lieder genuin nicht dem Arbeits-, sondern dem Freizeitbereich der Jugendlichen zuzuordnen seien. Außerdem sei Musik stark vom individuellen Geschmack abhängig; die Charakteristik französischer Chansons entspreche schließlich weder sprachlich noch musikalisch dem Geschmack der heutigen Schülergeneration, da dieser in erster Linie von angloamerikanischer Musik geprägt sei. Man riskiere somit, dass „die Schüler durch das Hören dieser Fragmente einer entfernten Vergangenheit den Eindruck mitnehmen, Frankreich sei ein Museum" (Böckmann 1996: 4). Dem muss man allerdings entgegensetzen, dass letztlich auch jede Form literarischer Texte als subjektiv schön oder eben als nicht zugänglich empfunden werden kann. Außerdem stellt das Chanson als kulturelles Objekt im Herzen der Zielsprachenkultur und als deren *reflet privilégié* ein wichtiges Element bei der Vermittlung des Französischen dar. Es ist somit ein unabdingbarer Bestandteil des Fremdsprachenunterrichts (vgl. Boiron 2001: 4; Gourvennec 2006a: 6).

Zweitens benötigt die Lehrkraft natürlich den passenden Clip, der sich für die jeweilige Lerngruppe und das entsprechende Thema eignet – andernfalls könnte man einwenden, dass nicht genügend passendes Material zur Integration französischer Musikvideoclips in den Fremdsprachenunterricht zur Verfügung steht. Auch diesbezüglich kann aber Entwarnung gegeben werden, denn für den französischsprachigen Kontext existiert neben dem einschlägigen Internet- und Fernsehangebot inzwischen eine große Menge von bereits didaktisiertem Ausgangsmaterial. So strahlt *TV5 Monde* an jedem Wochenende die Produktion *Paroles de clips* aus, in der fremdsprachlichen Zuschauern drei frankophone Musikvideoclips mit französischen Untertiteln präsentiert werden. Die dazugehörigen Texte sind, teils durch pädagogisches Begleitmaterial ergänzt, im Internet erhältlich (www.tv5.org/TV5Site/musique/paroles.php; vgl. Overmann 2002: 31). Außerdem werden Sammlungen von Musikvideoclips mit französischen Untertiteln eigens zum schulischen Gebrauch produziert – als Beispiel genannt sei die Reihe *Des clips pour apprendre*, deren Produkte vom *Ministère des Affaires étrangères* an deutsche Schulen ausgegeben werden (vgl. Nieweler 2006: 223).

Drittens könnte der Einsatz des Clips, der ja zu kommerziellen Zwecken produziert wird, den Verdacht erwecken, einer Didaktik Vorschub zu leisten, die mehr auf den Spaßgewinn denn auf fundiertes sprachliches und inhaltliches Arbeiten abzielt (Sarter 2006: 53). Dass dieser Einwand unberechtigt ist, kann am besten ein konkretes Unterrichtsbeispiel verdeutlichen: Die Behandlung des Musikvideoclips zum Titel *Dis-lui oui* des französischen Sängers Bénabar.

4. Bénabars *Dis-lui oui* – Lied und Clip

Bekannt ist der knapp vierzigjährige Bruno Bénabar der breiten französischen Öffentlichkeit erst seit dem Erscheinen seines Albums *Bénabar* im Jahr 2001; zuvor arbeitete er als Dialogautor für TV-Serien und Kurzfilme, in denen er witzige, skurrile und traurige Szenen aus dem Alltagsleben teils ironisch-karikierend darstellte. Diesem Stil folgend, schreibt Bénabar Lieder, die empfunden werden als „écrites pour la plupart avec le souci d'être drôle et décrivant des faits de la vie quotidienne ou des traits de la société" (wikipedia.fr). Dabei gelingt es ihm besonders gut, Gedanken und Gefühle, die jedem Hörer vertraut sind, in kurzen Anekdoten wiederzugeben:

> La description impitoyablement précise de ces petits éléments qui font de la vie quotidienne ce qu'elle est, constitue le fil conducteur de ses chansons. Si le thème général varie peu, les sujets sont liés : les copains, les filles, l'amour, la mort ...

(wikipedia.fr, vgl. Gauthey 2006: 198)

Dieses Rezept legt Bénabar vielen Liedern zu Grunde: Ob er in *Le dîner* (2005) beschreibt, wie ein Mann seine Freundin vergeblich darum bittet, die Einladung zum Abendessen bei unangenehmen ‚Freunden' abzusagen oder ob ein Angeber in *Tout vu, tout lu* (2008) alle Gäste eines Empfangs mit seinem soliden Halbwissen unverbesserlich belehrt: Stets dominieren geistreich erzählte Geschichten aus dem Alltag, die oft in einer subjektiven Ich-Perspektive dargelegt werden.

Dies gilt auch für das hier ausgewählte Video bzw. Lied, das 2003 auf dem Album *Les risques du métier* erschienen ist und *Dis-lui oui* heißt (vgl. Anhang: Liedtext). Der Titel ist durchaus Programm, richtet doch ein Erzähler diese Aufforderung beharrlich an eine Dame namens Muriel. Diese hat nämlich die Beziehung zu ihrem langjährigen Freund beendet und ihn aus der gemeinsamen Wohnung geworfen. Der Ex-Freund ist inzwischen beim Ich-Erzähler untergekommen; dieser versucht nun, zunächst unter dem Anschein uneigennützigen Einsatzes, Muriel zur Einsicht zu bewegen und das Paar so wieder zusammenzuführen. Deutlich wird, dass Muriel die Beziehung zu ihrem Freund nicht ohne Hintergrund beendet hat. Denn erstens muss er, wie ein kleines, ich-bezogenes Kind, ständig unterhalten und ‚therapiert' werden. Dem Gesprächsteilnehmer kommt dabei zudem nur der Part des Zuhörens zu („il veut toujours qu'on parle et qu'on parle que de lui"). Darüber hinaus muss das lyrische Ich die ausschweifenden lyrischen Ergüsse des liebeskranken Freundes ertragen („les poèmes de cinq pages, après il me les lit"). Wenig poetisch stellt sich hingegen das übrige Verhalten des Freundes in Liebesangelegenheiten dar: er informiert den Erzähler nicht nur über alle intimen Details bezüglich des gemeinsamen Liebeslebens, sondern unterhielt obendrein eine Affäre mit Muriels Mutter. Schließlich vermindert der neue Mitbewohner die Lebensqualität des Erzählers massiv: er kehrt zu Unzeiten nach Hause zurück und hat auch keine Hemmungen, das Zimmer seines Gastgebers dann noch heimlich zu durchwühlen („Il fouille dans ma chambre pendant que je dors"). Diese Beschreibung weckt also keinerlei Sympathien, sondern zeichnet den Freund als lächerlichen und dreisten Charakter, der sich für eine Wiederaufnahme der Beziehung nicht wirklich empfiehlt.

Daraus ergibt sich das zunächst widersprüchlich wirkende Verhalten des Erzählers: Allgemein betont er seine Neutralität und gibt sich somit den Anschein des unvoreingenommenen Beraters („c'est pas lui qui m'envoie"), den Verdacht der Parteinahme versucht er durch Aussagen wie „je respecte ton choix" zu zerstreuen. Allerdings betont er die große emotionale Bindung, die er zum Freund unterhält („c'est mon ami quand même"). Damit begründet er, warum er sich zur Fürsprache verpflichtet fühlt und dabei unterschiedliche, sachlich wie emotional gefärbte Strategien entfaltet, um Muriel zur Versöhnung mit ihrem Ex-Freund zu bewegen. Er betont erstens das große Glück des Paares, das Muriel aufs Spiel setze, wodurch sie einen quasi einmaligen Verlust erleide („vous alliez si bien ensemble", „six ans de vie commune"). Außerdem sei sein Freund auf Grund seiner finanziellen Situation ja ein guter ‚Fang' („il gagne pas mal sa vie"), was sich für Muriel bei der Zahlung der Miete vorteilhaft auswirke. Daraufhin führt er das emotionale Leid seines Freundes ins Feld, versucht also, Muriels Mitleid zu wecken („combien il souffre"), auch wenn er – ganz im Sinne der vorgeschobenen Neutralität – betont, dass er darüber aus ethischen Gründen („ça serait du chantage") ja gar nicht sprechen möchte. Auch richtet er das Augenmerk auf Muriels Person, indem er ihr ein – eher zweifelhaftes – Kompliment ob ihres Äußeren macht und damit den Versuch startet, sie durch ihre Eitelkeit ‚einzuwickeln' – der Hörer argwöhnt jedoch, dass dies ob der nicht wirklich geschickten Formulierung „t'es pas non plus terrible" scheitern muss. Darüber hinaus versucht er auch, das Gefühl der Verpflichtung Muriels zu wecken, indem er insinuiert, dass er sich aus Sympathie für sie engagiere („je t'aide parce que je t'aime bien"); daher müsse doch sie als Betroffene erst recht ihren Beitrag zur Wiederherstellung der Beziehung leisten: „mais on ne s'en sortira pas si t'y mets pas du tien". Und da alle Überredungsversuche offenbar nicht fruchten, gibt der Erzähler im Refrain seine vorgeschobene Neutralität vollständig auf, indem er Muriel inständig bittet, ihren Ex-Freund wieder bei sich aufzunehmen („je te prie, je t'en supplie"). Diese Gegenüberstellung verdeutlicht den Widerspruch, dass der Freund Muriel zu einer Beziehung mit einem Mann rät, der für sie – objektiv betrachtet – nicht förderlich sein kann. Eigentlich kann der Erzähler die Anwesenheit eines solchen ‚Freundes' nicht länger ertragen und würde diesen lieber heute als morgen aus seiner Wohnung verbannen. Seine Ratschläge sind also nicht, wie er trotz wiederholter Beteuerungen glauben machen möchte, altruistisch oder freundschaftlich motiviert, sondern entspringen reinem Egoismus.

Somit wirkt das Chanson Bénabars auf den Hörer bzw. Leser weder traurig noch dramatisch, sondern vielmehr komisch und ironisch. Dies liegt auch an dem für Bénabar typischen Musikstil: „La musique est quant à elle basique, avec une forte présence de cuivres façon fanfare, alternant avec des morceaux de piano accompagnés par la voix de Bénabar" (wikipedia.fr). Auch in diesem Fall hat er sich für ein mittelschnelles Popwerk heiteren Charakters entschieden. Bénabars Stimme ist teils melodisch, ähnelt in manchen Passagen hingegen einem Sprechgesang, der auch durch Schreie („Dis-lui oui") unterbrochen wird. Begleitet wird der Interpret durch Schlagzeug, Gitarre und Bass; im Refrain und am Liedende kommt zusätzlich eine Bläsergruppe, bestehend aus Trompeten und Posaunen, zum Einsatz. Musik und Interpretation unterstreichen somit nicht nur den Appell, den der Ich-Erzähler sendet, sondern verdeutlichen obendrein die lustige, heitere Wirkung, die der Textinhalt auf den Hörer ausübt.

Einen ähnlichen Effekt erzielt der Musikvideoclip, wenngleich durch andere Mittel: seine Handlung ist in einem Zirkus angesiedelt; Muriel wird dabei von einer Artistin, ihr Ex-Partner von einem Artisten verkörpert. Bénabar tritt in der Rolle des nicht zum Zirkus gehörigen Ich-Erzählers auf, der Muriel in verschiedenen Situationen, z. B. bei einer Übung auf dem Trapez, vor einem Tigerkäfig oder in ihrem Wohnwagen, durch seine (synchron nachgesungenen) Worte zum Einlenken zu bewegen versucht. Darüber hinaus zeigen andere Szenen, dass Bénabar seinem Freund Trost und Mut zuspricht. Schließlich tanzen die drei Hand in Hand in die Manege, wobei sie sich gegenseitig anlächeln und den Applaus des Publikums entgegennehmen. Über die Kreation dieses konkreten Handlungshintergrundes hinaus werden noch kurze, im Text nicht vorkommende Szenen gezeigt – z. B. dass Bénabar vom Tiger angegriffen wird und daraufhin theatralisch das Bewusstsein verliert.

5. *Dis-lui oui* im Französischunterricht

Nach diesen Ausführungen stellt sich die Frage, inwiefern eine Behandlung des Musikvideoclips die Analyse des Lieds im Unterricht zu bereichern vermag. Dazu skizziere ich im Folgenden die dreistündige Sequenz, die ich als Abschluss einer Unterrichtsreihe zum Thema *Chanson(s) de France* im Leistungskurs 12 durchgeführt habe.

Im Rahmen dieser Einheit werden chronologisch verschiedene Chansons behandelt, beginnend von den ‚Evergreens' der Edith Piaf bis hin zu Chansons und Musikvideoclips von Patrick Bruel (*Au café des délices*) und Patricia Kaas (*Une fille de l'est*). Somit besitzen die Schülerinnen und Schüler bereits das für die Analyse und Beschreibung notwendige sprachliche Vorwissen und sind mit den drei Ebenen eines Clips vertraut (vgl. Raabe 1997: 26; Werum 1997: 343f.).

Es muss nicht ausführlich dargelegt werden, dass der authentischste Zugang zu einem Musikvideoclip das gleichzeitige Hören und Sehen ist, da er der Rezeption des Muttersprachlers entspricht (vgl. Werum 1997: 343). Dieses Vorgehen birgt jedoch das Risiko, die Lernenden zu überfordern, da drei Ebenen zugleich aufgenommen werden müssen. Daher erscheint die Entscheidung zu deren Trennung sinnvoll.

Zur nun festzulegenden Auswahl einer Ebene bieten sich im Allgemeinen der Text und die musikalische Interpretation an (vgl. Werum 1997: 343). Dies gilt beispielsweise für *Une fille de l'est*, dessen Videogestaltung für einen ersten Zugang zum Lied viel zu offen ist und sich somit besser über die Musik und den Text erschließen lässt. Es empfiehlt sich auf Grund der divergierenden Elemente zwischen Bild- und Textebene hingegen, *Dis-lui oui* über die Bildebene anzugehen. So wird den Lernenden in einem ersten Schritt der Musikvideoclip zweimal in voller Länge vorgeführt und der Auftrag erteilt, in Einzelarbeit eine Beschreibung des Clips vorzunehmen. Die darauf folgende Sammlungsphase ergibt eine Schilderung des Schauplatzes sowie der Handlungen der Figuren. Im Folgenden analysieren die Schüler in Kleingruppen Gesichtsausdrücke und Gestik einer der drei Figuren, um ihre Ergebnisse in Form eines Tafelbilds den übrigen Lernenden vorzustellen: *Examinez les gestes et les expressions du visage de votre personnage pour en décrire les sentiments*; vgl. dazu Abb. 2).

Eine solche Übersicht, vor allem der Vergleich zwischen Beginn, Verlauf und Ende des Videos, liefert zum Stundenausstieg eine Spekulation der Schüler über die im Liedinhalt dargestellte Situation und ihre Entwicklung. Dabei argwöhnen einige Kursteilnehmer i.d.R. bereits die unglückliche Liebesbeziehung zwischen Muriel und dem Artisten; sehr unklar ist häufig aber die Rolle des Sängers Bénabar im Beziehungsgeflecht. Zur Auflösung und gleichzeitigen Vorbereitung der folgenden Doppelstunde erhalten die Lernenden daher als Hausaufgabe den Liedtext mit dem Auftrag, Notizen zu den wichtigsten Inhalten zu machen.

Zu Beginn der nächsten Stunde wird der Liedinhalt zunächst mündlich vorgestellt, wobei die Schüler skizzieren, dass der verlassene Freund durch ein

LES PERSONNAGES DU CLIP VIDEO		
ARTISTE FEMININE	NARRATEUR	ARTISTE MASCULIN
au début: indifférente (hausse les épaules), sérieuse, triste	*au début:* sérieux, impatient, en colère, souriant malicieusement	*au début:* agressif, triste (pleure), dépressif, désespéré
à la fin: confiante, convaincue, résolue, contente, joyeuse	*à la fin:* content, très joyeux	*à la fin:* craintif, timide, mais content

Abb. 2: Tafelbild zur Bildbeschreibung von *Dis-lui oui*

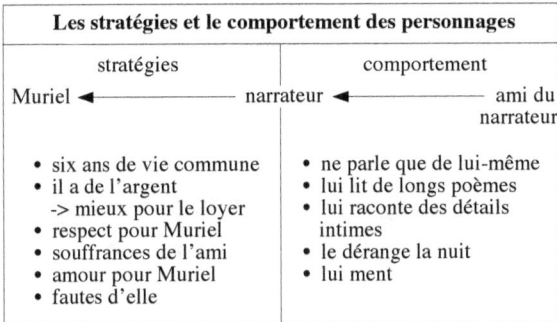

Abb. 3: Tafelbild zur Textanalyse von *Dis-lui oui*

unangenehmes Sozialverhalten, der Erzähler hingegen durch verschiedene Strategien Muriel gegenüber negativ auffalle. Somit erfolgt anschließend eine arbeitsteilige Analysephase in Form einer Partnerarbeit: Die Lernenden lesen den Text erneut und notieren auf Kärtchen die Informationen zum Verhalten des Freundes oder die verschiedenen Strategien des Erzählers. Aus der folgenden Präsentation ergibt sich ein weiteres Tafelbild (vgl. dazu Abb. 3).

Aus dem dargestellten Inhalt – den verzweifelten Überzeugungsversuchen eines genervten Erzählers – kann sich eine Spekulation über den vom Interpreten gewählten Musikstil entwickeln. Dabei ist zu erwarten, dass die Meinungen weit auseinandergehen: während einige Schüler den traurigen Anlass auch in einer tristen musikalischen Stimmung wiederzufinden glauben, tippen andere – nicht zuletzt durch ihre Kenntnisse der Videobilder – auf eine heitere Atmosphäre. Ein Hören und anschließendes Beschreiben des Liedes kann eben diese letztgenannte Vermutung bestätigen.

Nachdem nun alle Ebenen des Chanson einzeln analysiert sind, zielt die dritte Unterrichtsstunde auf deren Synopse. Dazu wird der Kurs in drei Arbeitsgruppen eingeteilt, denen das Video zur Verfügung gestellt wird, damit sie jeweils zwei Ebenen (Text und Musik, Musik und Bilder, Text und Bilder) im Hinblick auf Unterschiede und Parallelen untersuchen können: *Comparez la musique et les paroles en notant les éléments qui (ne) marchent (pas) bien ensemble.* Die anschließende Präsentation an der Tafel (vgl. Abb. 4) macht deutlich, dass die

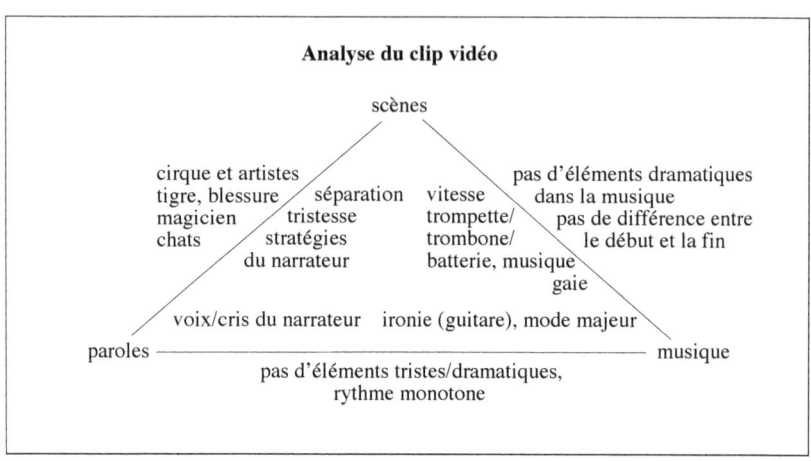

Abb. 4: Tafelbild zur Gesamtanalyse des Musikvideoclips *Dis-lui oui*

Dimensionen teils gut zusammenwirken, wie die Schlagworte zu den Gemeinsamkeiten in der Mitte des Dreiecks verdeutlichen. Die außen stehenden Begriffe beschreiben stichwortartig aber auch Divergenzen zwischen den drei einzelnen Ebenen.

Das Schaubild ermöglicht es, abschließend Gründe für die Differenzen zwischen Musik, Text und Bildern zu finden. In Frage kommt einmal der metaphorische Charakter des Musikvideoclips: Danach symbolisiert der Zirkus das Leben; das Auffangen Muriels durch den Erzähler am Trapez steht für das Vertrauen, das sie ihm schenkt; der Tanz am Ende ist ein Zeichen für die gelungene *intermédation* des Erzählers, der ja schließlich auch zwischen den beiden Artisten und im Zentrum des (eigenen) Interesses steht.

Es kann aber auch der kommerzielle Charakter des Clips thematisiert werden, der die Divergenzen bewirkt: Der Zirkus macht neugierig, der Biss des Tigers reizt zum Lachen, man kann sich Bénabar und das Lied somit besser einprägen und ist geneigt, das Album zu kaufen.

Somit können die Lernenden die drei Ebenen des Clips nicht nur einzeln analysieren und zueinander in Beziehung setzen, sondern daraus auch die wichtigsten Intentionen eines Videos benennen.

6. Fazit: Die Grenzen und Möglichkeiten des Musikvideoclips

An diesem konkreten Unterrichtsbeispiel wird deutlich, dass der analysebezogene Einsatz von Musikvideoclips im Fremdsprachenunterricht durchaus nicht etwa eine Didaktik favorisiert, die den Spaßgewinn vor fundiertes sprachliches und inhaltliches Arbeiten stellt. Ganz im Gegenteil: dieses Vorgehen fordert von Lehrenden wie Lernenden viele Fähigkeiten, nicht zuletzt weil es einer Reihe von Bedingungen und Grenzen unterliegt.

Allgemein ist zunächst der vergleichsweise hohe organisatorische Aufwand für die Lehrperson zu nennen. Da viele Videos nur als ‚Prozessmedium' zur Vorführung, nicht aber als ‚Produktmedium' zur eigenen Anschaffung hergestellt werden (vgl. Raabe 2003: 423), ein Clip aber zur didaktischen Aufbereitung und Vorführung als Produktmedium verfügbar sein muss, scheidet ein großer Teil des vorhandenen Materials aus – es sei denn, ein Computerraum mit Internetanschluss steht in den entsprechenden Unterrichtsstunden zur Verfügung und kann von der Lehrperson entsprechend eingerichtet und genutzt werden. Selbst dies birgt jedoch die Gefahr, dass Clips, auf die man angewiesen ist, kurzfristig von öffentlich zugänglichen Plattformen gelöscht werden.

Zweitens müssen mit einer Analyse des Clips stets exakte Aufgaben und Vorgaben verbunden sein, so dass die Lernenden nicht nur die „passive Konsumentenrolle" ausfüllen (Raabe 2003: 423). Darüber hinaus sind sprachlich oder inhaltlich vorbereitende Aktivitäten vor dem Sehen je nach Musikvideoclip unbedingt notwendig – im Falle der vorliegenden Stunden ist das entsprechende Zirkusvokabular vorentlastet worden (vgl. Raabe 2003: 425). Daraus ergibt sich für die Lehrperson ein hoher Vorbereitungsaufwand, denn sie muss die unterschiedlichen Ebenen des Clips und ihr Zusammenwirken zunächst analysieren, die entsprechenden Arbeitsmaterialien anfertigen bzw. anpassen und vor allem die für die eigene Lerngruppe geeignete Zugangsebene auswählen. Generell ist es hierbei einerseits möglich, eine Analyse von Text und Musik vorzunehmen und abschließend die Bildebene hinzuzuziehen – dies empfiehlt sich bei schnellen Liedern, sprachlich schwierigen Texten, rasch wechselnden Bildfolgen und Clips, die eine einzige Interpretation relativ eng vorgeben (vgl. Raabe 2003: 424). Andererseits ist es – wie im vorliegenden Unterrichtsbeispiel – gut möglich, über die Bildebene Zugänge zum Lied zu schaffen. Dies ist dann ratsam, wenn die

Bildfolgen nicht zu schnell sind. Darüber hinaus müssen sie offen genug sein, also eine Deutung des Textes widergeben, jedoch nicht zu detailliert ausführen. Nur so entstehen genügend Leerstellen und Reibungen zwischen Text, Musik und Bild, die die Schüler beschreiben und ausfüllen können.

Drittens ist darauf zu verweisen, dass die Thematisierung von Musikvideoclips an die Schüler nicht nur im Bereich des analytischen Sehens und Interpretierens hohe Ansprüche stellt. Vielmehr wird den Lernenden eine Reihe (meta)sprachlicher Kenntnisse wie das entsprechende technische Fachvokabular abverlangt, das eingeführt und geübt werden muss. Die These, dass Musikvideoclips mit verschiedenem Grad der intendierten Durchdringung in allen Altersstufen sinnvoll einsetzbar sind (vgl. Overmann 2002: 34), ist kritisch zu hinterfragen. Die „Analyse der Textaussage, der Bedeutung der Instrumentierung und Rhythmisierung zur Unterstützung des Textes" jedenfalls (Leupold 2004: 340) kann frühestens im vierten Lernjahr, in der Regel in der Sekundastufe II, in der Zielsprache vorgenommen werden. In Unter- und Mittelstufe erscheint ein Einsatz von Clips zur Steigerung der Motivation mit deutscher Besprechung die realistischste Möglichkeit.

Diesen Grenzen stehen die vielfältigen Möglichkeiten von Musikvideoclips gegenüber. Erstens wirkt ein Musikclip schon durch seine Abwechslung zum ansonsten eher textlastigen Fremdsprachenunterricht im wahrsten Sinne des Wortes ‚anschaulich' und motivationsfördernd, zumal er verschiedene Wahrnehmungskanäle anspricht (vgl. Werum 1997: 355). Darüber hinaus repräsentiert er eine bei Jugendlichen überaus beliebte Gattung, was für den Stellenwert des Unterrichts nur förderlich sein kann: „Wollen wir einen Zugang zu den Schülern finden, sind wir gezwungen, Erzeugnisse der Jugendkultur, oder besser, der für die Jugendlichen gemachten Kultur, mit in den Unterricht einzubeziehen" (Böckmann 1996: 6).

Zweitens handelt es sich bei französischen Musikvideoclips um aktuelle und repräsentative, authentische Produkte der Zielsprachenkultur („documents vivants", Boiron 1997: 229), die fest im Alltag gleichaltriger Franzosen verankert sind. Dies belegt die Tatsache, dass die Verkaufszahlen für nationale Musikprodukte in Frankreich etwa 50 Prozent aller Käufe in diesem Sektor betragen, in Deutschland hingegen weniger als 20 Prozent (vgl. Boiron 1997: 335).

In diesem Kontext ist weiterhin darauf zu verweisen, dass Musikvideoclips auch in Frankreich künstlerisch und kommerziell eine Einheit mit dem Lied bilden, die ohne die Betrachtung des Videos oftmals nicht vollständig wäre: „Utiliser une chanson en classe, c'est donc intégrer ces différents niveaux et non se cantonner seulement aux paroles" (Gourvennec 2006a: 5; vgl. Gauthey 2006: 197). Boiron spricht gar von „de vraies œuvres artistiques indissociables de la chanson" (2001: 9). Die Tatsache, dass es sich häufig eben um nicht bearbeitete oder bereits didaktisierte Dokumente handelt, kann die Attraktivität für Schüler zudem steigern – ihnen wird das Gefühl vermittelt, ein noch nicht ‚erkundetes' Thema bearbeiten zu können (vgl. Sarter 2006: 53).

Von Bedeutung ist außerdem, dass Musikvideoclips verschiedene inhaltliche Bereiche der Lehrpläne (z.B. Rheinland-Pfalz) abdecken, da sie an der Schnittstelle zwischen landeskundlichen und literarischen Inhalten zu verorten sind.

Ferner sind Musikvideoclips durch ihr Wirken auf drei Ebenen methodisch vielfältig einsetzbar, da sie verschiedene Zugänge bieten: vor der Textanalyse mag ein Clip zum Aufbau und Abfragen von Erwartungshaltungen dienen, danach ermöglicht er den Abgleich mit den Ergebnissen der Textanalyse (vgl. Gourvennec 2006b: 21). Trotz der inhaltlichen Komplexität ist sein Einsatz zudem gegenüber demjenigen anderer Medien wie des Spielfilms durch seine Kürze einfacher.

Außerdem liefert er Sprech- und Schreibanlässe – zum Beispiel ermöglicht die Betrachtung von *Dis-lui oui* eine Spekulation über den Inhalt des Textes und die musikalische Gestaltung des Lieds. In der Sekundarstufe II trägt er somit zur Schulung der oberstufenspezifischen, analytischen und komparativen Fähigkeiten bei, da er weitere Interpretationsebenen zu einem Text eröffnet, also für eine vertiefte Auseinandersetzung mit dem Lied sorgt.

Darüber hinaus ist es bei einer geeigneten Clipauswahl gut möglich, die Dekodierung des bewegten Bildes und damit auch das in allen Lehrplänen und den EPAs (Einheitliche Prüfungsanforderungen für das Abitur) geforderte Sehverstehen zu schulen. Wie das Beispiel Bénabars deutlich macht, entwickeln die Schüler darüber hinaus auch die Fähigkeit zum kritischen Umgang mit Texten und Medien, insbesondere die erforderliche Distanz zu den Effekten neuer Medien (vgl. Münchow 2007: 190). Schließlich sei – über die dargestellte Unterrichtssequenz hinausgehend – auf die produktionsanregende Komponente des Videoclips verwiesen. Ein solches „filmproduktives Arbeiten" (Raabe 2003: 423 und 425) fordert und fördert nicht nur das eigenverantwortliche Tun, sondern auch die aktive Auseinandersetzung mit den behandelten Liedinhalten und ermöglicht fachübergreifendes Arbeiten mit Disziplinen wie der Bildenden Kunst, dem Darstellenden Spiel oder der Informatik (vgl. von Koppenfels 1993: 37).

Deutlich wird in jedem Fall, dass das Schattendasein des Musikvideoclips im Fremdsprachenunterricht unberechtigt ist, denn dieses Medium bietet vor allem für die Sekundarstufe II einen breiten Fächer von Inhalten, Methoden und Einsatzmöglichkeiten. So mag man den Lehrenden, die vor der Frage stehen, ob ein Einsatz des Clips in ihrem Französischunterricht sinnvoll ist, mit Bénabar getrost zurufen: „Dis-lui oui"!

Literaturverzeichnis

Bénabar (2003). Dis-lui oui. In: Les risques du métier. Zomba Records (CD).

Böckmann, Ralf (1996). Chansons in der Schule – von Brassens und Brel zu Rap und Bruel. Der fremdsprachliche Unterricht Französisch 21, 4-13.

Boiron, Michel (1997). Approches pédagogiques de la chanson contemporaine. Französisch heute 4/1997, 334-341.

Gauthey, Sylvie/Morel-Groove, Catherine (2006). Fundgrube Französisch. Berlin: Cornelsen.

Gourvennec, Ludovic (2006a). La nouvelle chanson française. Der fremdsprachliche Unterricht Französisch 81/82, 4-13.

Gourvennec, Ludovic (2006b). Faisons connaissance avec un groupe français – La chanson J't'emmène au vent de Louise Attaque. Der fremdsprachliche Unterricht Französisch 81/82, 20-24.

Koppenfels, Cornelia von (1993). Videoworkshop für FremdsprachenlehrerInnen – ein Erfahrungsbericht. Der fremdsprachliche Unterricht Französisch 2/1993, 37-39.

Leupold, Eynar (2004). Französisch unterrichten. Grundlagen, Methoden, Anregungen. Seelze-Velber: Kallmeyer.

Münchow, Sabine (2007). Umgang mit den ‚Neuen Medien'. In: Krechel, Hans-Ludwig (Hg.), Französisch-Methodik. Berlin: Cornelsen, 190-210.

Nieweler, Andreas (Hg.) (2006). Fachdidaktik Französisch – Tradition, Innovation, Praxis. Stuttgart: Klett.

Oberhuber, Andrea (1997). Chanson(s) de femme(s) und Videoclip – zwei Stiefkinder des französischen Chanson. Französisch heute 2/1997, 122-139.

Overmann, Manfred (2002). La chanson française: Paroles de Clips (TV5). Neusprachliche Mitteilungen aus Wissenschaft und Praxis 1, 31-36.

Raabe, Horst (1997). Schüler verfilmen Gedichte – Jacques Prévert: *Déjeuner du matin*. Der fremdsprachliche Unterricht Französisch 27, 26-31.

Raabe, Horst (2003). Audiovisuelle Medien. In: Bausch, Karl-Richard/Christ, Herbert/Krumm, Hans-Jürgen (Hg.). Handbuch Fremdsprachenunterricht. Tübingen/Basel: UTB, 423-426.

Sarter, Heidemarie (2006). Einführung in die Fremdsprachendidaktik. Darmstadt: Wissenschaftliche Buchgesellschaft.

Thaler, E. (1999). Musikvideoclips im Englischunterricht. München: Langenscheidt.

Werum, Thomas (1997). Erprobung methodischer Zugänge bei der Behandlung französischer Chansons. Französisch heute 4/1997, 342-357.

wikipedia.fr: http://fr.wikipedia.org/wiki/B%C3%A9nabar (Aufruf 01.09.09).

Anhang: Liedtext *Dis-lui oui* von Bénabar (2003)

1   Je sais bien, Muriel, que ça ne me regarde pas.
    Tu l'as foutu dehors et je respecte ton choix.
    Mais il voudrait revenir ... d'accord, j'insiste pas.
    C'est mon ami quand même ! Non, c'est pas lui qui m'envoie !

5   Ça me fait de la peine, vous alliez si bien ensemble.
    Six ans de vie commune, mais je veux pas le défendre.
    Avec tout ce que vous avez vécu, avoue que c'est dommage !
    Et j'te dis pas combien il souffre, ça serait du chantage.
    Muriel, je t'en prie, je t'en supplie: Dis-lui oui !

10 Dis-lui oui ! Dis-lui oui !
    Depuis que tu l'as quitté, il habite chez moi.
    Je ne peux plus le supporter, Muriel aide-moi !

    Il veut toujours qu'on parle et qu'on parle que de lui.
    La discussion consiste à l'écouter, à dire „oui".
15 Le seul moment tranquille, c'est quand il t'écrit –
    Mais les poèmes de cinq pages, après il me les lit.

    Il me raconte votre vie dans les moindres détails.
    Ce qui s'passe dans votre lit depuis vos fiançailles.
    Je suis un gentleman, j'répéterai pas, c'est intime.
20 Rassure-toi, Muriel – espèce de petite coquine !

    Dis-lui oui ! Dis-lui oui !
    Depuis que tu l'as quitté, il habite chez moi.
    Je ne peux plus le supporter, Muriel aide-moi !

    Il va et vient la nuit, à n'importe quelle heure.
25 Il fouille dans ma chambre pendant que je dors.
    J'ai frôlé la crise cardiaque, j'en ai encore mal dans le bras.
    Il a fait semblant d'être somnambule pour que je l'engueule pas.

Tu sais, c'est un mec bien, mais j'veux pas t'influencer
Il gagne pas mal sa vie, à deux c'est mieux pour le loyer.
30   Voyons les choses en face, t'es pas non plus terrible.
Regarde-toi dans une glace, Muriel, faut être lucide.

Dis-lui oui ! Dis-lui oui !
Depuis que tu l'as quitté, il habite chez moi.
Je ne peux plus le supporter, Muriel aide-moi !

35   Bon, il a des torts, il t'a trompée, c'est vrai ...
Avec ta mère, d'accord, mais ramène pas tout à toi!
Muriel, mon enfant, je t'aide parce que je t'aime bien.
Mais on ne s'en sortira pas si t'y mets pas du tien.

Dis-lui oui ! Dis-lui oui !
40   Depuis que tu l'as quitté, il habite chez moi.
Je ne peux plus le supporter, Muriel aide-moi !

Sitcoms und Pragmatik

Randi Gunzenhäuser & Angela Hahn

1. Grundidee und Ziel

In der Theorie zum Fremdsprachenunterricht, hier genauer: im Englischunterricht liegt bereits seit den 1970er Jahren ein Schwerpunkt im kommunikativen Bereich (vgl. Hymes 1972). Das Ziel dieses kommunikativen Ansatzes ist es, kommunikative Kompetenz im Fremdsprachenunterricht auszubilden (vgl. Savignon 1991; Richards/Rogers 2001). Die Lehrpraxis fällt häufig hinter dieses Ziel zurück; ein deutlicher Schwerpunkt liegt im Unterricht nach wie vor auf der grammatischen Kompetenz (vgl. Hahn 2007). Andere Bereiche des kommunikativen Ansatzes wie pragmatische, soziolinguistische sowie kulturelle Kompetenz und Diskursfähigkeiten bleiben ein Desiderat.

An dieser Stelle möchten wir mit unserem Artikel ansetzen und zeigen, wie der Einsatz von Sitcoms im Englischunterricht pragmatische und soziolinguistische Kompetenz fördern kann.[1] Sitcoms eignen sich, so unsere These, aufgrund ihrer Geschichte und Form in besonderer Weise für die Ausbildung dieser Teilbereiche der kommunikativen Kompetenz. Durch den Einsatz von Sitcoms wie *Coupling* (Dennis 2001) lässt sich demnach idealerweise ein sogenannter ‚neokommunikativer' Unterricht[2] realisieren.

2. Pragmatik

Die linguistischen Bereiche Pragmatik und Soziolinguistik spielen im häufig kommunikativ genannten Fremdsprachenunterricht eine eher untergeordnete Rolle.[3] Pragmatik als linguistische Teildisziplin beschäftigt sich mit dem Gebrauch sprachlicher Ausdrücke in Äußerungssituationen (vgl. Bußmann 2002: 534; Levinson 1994). Es wird untersucht, wie und mit welchen Folgen Äußerungen getätigt werden, d. h. der Sprachgebrauch steht im Mittelpunkt. Die Pragmatik beschäftigt sich erst in zweiter Linie mit dem, was gesagt wird; in erster Linie befasst sie sich mit dem ‚Wie', mit den Bedeutungen und Effekten, die Sprache in der kontextspezifischen Praxis haben kann. Nicht was, sondern wie man etwas sagt, ist wichtig.

Die Soziolinguistik fasst Sprache konsequent als soziales Phänomen auf und untersucht das wechselseitige Bedingungsgefüge von Sprach- und Sozialstruktur bzw. die soziale Bedeutung des Sprachsystems und des Sprachgebrauchs (vgl. Bußmann 2002: 608). Beide Bereiche spielen in der sprachlichen Kommunikation eine bedeutende und sich gegenseitig beeinflussende Rolle. In der für den Fremdsprachenunterricht aufzubauenden pragmatischen Kompetenz – als Teilgebiet der kommunikativen Kompetenz (vgl. Savignon 1991) – werden beide Teile als zwei Seiten einer Medaille zusammengeschweißt: Pragmatische Kompetenz besteht aus a) der *illocutionary competence* – die sich auf das Wissen bezieht, wie Sprache verwendet werden muss, um gewisse Ziele zu erreichen – und aus b) der soziolinguistischen Kompetenz, die einen Sprecher in die Lage versetzt, kontextuell relevant zu sprechen, nämlich *knowing to say what when to whom and in which way* (vgl. Hedge 2001).

Die pragmatische Kompetenz baut auf verschiedenen Regeln und Prinzipien auf, etwa

- auf den Griceschen Maximen (vgl. Grice 1975)
- auf Kommunikationsmodellen (vgl. Falkner 1997)
- auf den Höflichkeitstheorien von Leech, die sowohl universale wie auch kulturspezifische interaktive Konventionen des Sprachgebrauchs beschreiben
- auf der *Face-Saving*-Theorie von Goffmann (1986), die Brown/Levinson (1987) aufgenommen und weiter entwickelt haben.

Unter dem Begriff *face* versteht Goffmann innerhalb eines interaktiven Rahmens eine Form der Selbstpräsentation (individuelles Selbstwertgefühl), die von den Kommunikationsteilnehmern angenommen werden muss. Es geht darum, sowohl das eigene *face* wie das *face* des anderen zu wahren: „the person will have two points of view: a defensive orientated toward saving his own face and a protective orientated toward saving the other's face" (Goffmann 1986: 127).

In einigen besonderen Sprechsituationen – zum Beispiel dem *breaking-up*, das im Mittelpunkt unseres Beitrags steht – befinden sich Höflichkeit und Direktheit im Widerspruch bei dem Versuch, das eigene *face* und das *face* des anderen zu retten. Nimmt der Grad an Höflichkeit zu, nimmt das Maß an Direktheit ab und umgekehrt; je direkter eine Äußerung formuliert ist, desto unhöflicher erscheint sie. Diese Beziehung von Höflichkeit und Direktheit spiegelt die Konvention der Sprechsituation *breaking-up* wider. Unter einer Konvention verstehen wir eine Menge sozial akzeptierter Normen und Standards, die häufig den Status eines Brauchs (*custom*) erlangen. Bei einer konventionalisierten Sprechsituation wie dem *breaking-up* handeln die Beteiligten konventionell, indem sie Dinge äußern, die typischerweise in solch einer Situation gesagt werden.

Die Sitcom führt traditionell solche Situationen vor, in denen sich nicht nur Höflichkeit und Direktheit im Widerspruch befinden, sondern auch der Versuch, das eigene *face* und zugleich das des anderen zu wahren. Mit jemandem Schluss zu machen heißt immer, den anderen zu verletzen. Jeder Versuch, in dieser Situation noch höflich zu bleiben, scheitert zwangsläufig. Das Schlussmachen stellt also eine Grenzsituation der Pragmatik dar, die aber eben deshalb die Funktion der Pragmatik deutlich macht.

Bisher haben die Erkenntnisse der Pragmatik nur unzureichend Eingang in den Unterricht gefunden (vgl. Rose 1997). Im Fremdsprachenunterricht spielt immer noch das ‚Was' die Hauptrolle; ‚Zwischentöne', d. h. nicht direkt ausgesprochene Sprech(er)absichten und Konventionalisierungen werden hingegen bis heute dem ‚Was' untergeordnet, obwohl sie sich in der täglichen Sprachpraxis als überaus wichtig erweisen. Neben der pragmatischen Kompetenz bleiben linguistische Kompetenz, Sozialkompetenz, kulturelle Kompetenz und Medienkompetenz Desiderate des (neo-)kommunikativen Fremdsprachenunterrichts. Wir wollen im Folgenden zeigen, wie gut sich Sitcoms eignen, im Fremdsprachenunterricht die pragmatische Kompetenz aufzubauen, indem wir eine typischerweise konventionalisierte Sprechsituation wie das *breaking-up* in einer Sitcom als Ausgangspunkt wählen.

3. Sitcom

Die Sitcom, d. h. die *situation comedy* ist ein stark konventionalisiertes Genre und Teil verschiedenster nationaler Populärkulturen. Im englischsprachigen Raum, speziell in den USA und England, erwies sich dieses Genre bereits in der ersten Hälfte des 20. Jahrhunderts als besonders erfolgreich. Baker (2003: 17) merkt zur Geschichte des Genres an:

> Like many of television's genres, the roots of sitcom lie in the development of radio programming during 1930s and 1940s. In turn, radio comedy owes a huge dept to the content, if not the form, of the vaudeville and music hall shows of the early 20th century. As with many media, the development of US and UK TV sitcom are closely related to one another.

Sitcoms nehmen bis heute durch die Übersetzung oder Übertragung von einem erfolgreichen medialen und nationalen Konzept in ein anderes Medium, eine andere Sprache und Kultur die unterschiedlichsten Wege. Sie sind einerseits über lange Zeiträume hinweg als Sitcoms wiederzuerkennen, verändern sich andererseits je nach nationalen und historischen Umständen, sind also generationen- und zielgruppenspezifisch geprägt. Jane Feuer (2001: 69) spricht von

> a framework so simple and so easy to recognise that the sitcom is, literally, child's play. And yet the form shows no sign of being exhausted or of not being adaptable to all kinds of socially and comically complex circumstances.

So verdankt die Sitcom ihren Siegeszug um die Welt diesem Zusammenspiel von einfachem, leicht wiedererkennbarem Schema und ihrer Anpassungsfähigkeit an spezifische Kontexte und Veränderungen. Es finden sich Sitcoms, die in den verschiedensten Lebensbereichen angesiedelt sind, von der Familie (*Frasier, Roseanne, How I Met Your Mother*) über den Freundeskreis (*Friends, Coupling*) und die Arbeitswelt (*The Office, Scrubs*) bis zum Krieg (*M*A*S*H*).

Ein Vorteil der Sitcom ist ihre Bekanntheit und Beliebtheit. In der westlichen Welt werden fast alle Schülerinnen und Schüler mit dem Genre in Kontakt gekommen sein und es wiedererkennen. Bekannte Sitcoms wie *Friends* oder *Frasier, Coupling* oder *Roseanne* sind über einen langen Zeitraum hinweg populär und auf DVD erhältlich. Zur Geschichte der Sitcom gibt es Literatur. Hintergrundwissen zu den Produktionsbedingungen einzelner Sitcoms lässt sich aber auch im Netz finden. Baker (2003) liefert außer Material zur Geschichte und zu Themengebieten rund um Sitcoms auch konkrete Übungen im Netz. Dialoge zu den beliebtesten Sitcoms und Folgen kann man in transkribierter Form herunterladen (siehe etwa zu *Friends* unter http://friendscafe.org/scripts oder http://www.freewebs.com/couplingscirptsseries1/episode1flushed.htm zu *Coupling*). Außerdem kann man sich in Foren zu einzelnen Sitcoms über allerlei Themen austauschen (siehe http://www.radioandtelly.co.uk/cgi-bin/forum/YaBB.pl?num =1101773644 für *Coupling*).

Die Länge einzelner Sitcom-Folgen ist mit 30 bis 45 Minuten überschaubar, Figuren und *setting* sind einheitlich, die Form ist situationsbezogen – wie der Name *situation comedy* nahelegt – und episodisch, so dass sich eine Folge in Einzelszenen beliebiger Länge zerlegen lässt. Innerhalb einer Sitcom lassen sich Szenen zu unendlich vielen sozialen und ideologischen Themen und Konflikten finden. Was sie allerdings zu einem idealen Studienobjekt für konventionalisierte Sprechakte macht, ist ihre besondere Art des Humors.

4. Funktion von Humor und Lachen in der Sitcom

Jane Sherman spricht davon, dass die Sitcom pro Episode mit denselben Hauptfiguren am selben Ort eine neue komische Situation durchspielt (vgl. 2003: 38). Dabei dominiert das Spiel mit Norm, Tabu, Inkongruenzen und Grenzüberschreitung. Die Sitcom stellt Kommunikationssituationen vor, die misslingen. Sie zieht ihre Komik aus Tabuthemen wie Tod oder Grausamkeit, aus Missverständnissen und Falschinterpretationen. In der Sitcom erweist sich Sprache als vielschichtig und trügerisch, Konventionen erscheinen schwer durchschaubar, kontextabhängig und deshalb schlüpfrig. Verstehen ist grundsätzlich problematisch. Die einfachsten Situationen entwickeln eine Doppelbödigkeit, wenn sich die Parameter plötzlich ändern, weil etwa ein unerwünschter Zeuge eine Aussage mithört oder sich eine Beteiligte entschließt, alle Höflichkeitsregeln zu brechen und geplant und offensichtlich weder das *face* des Gesprächspartners noch ihr eigenes zu schützen.

Sitcoms setzen das ‚Wie' von Aussagen effektvoll in Szene und eröffnen damit eine hervorragende Möglichkeit, pragmatische Fragestellungen zu beleuchten und zu hinterfragen. Außerdem behandeln sie Sprache konsequent als soziales Phänomen. Die soziale Bedeutung des Sprachsystems und des Sprachgebrauchs (soziolinguistische Fragestellung) steht im Vordergrund. Sitcoms bieten demnach eine Möglichkeit, die sozialen Elemente der Kommunikation anschaulich, mehrkanalig und motivierend zu vermitteln.

Sherman betont, dass Sitcoms auf Insider-Wissen setzen (2003: 38). Sie sind nur dem Publikum verständlich, das die Konventionen kennt und die Normüberschreitungen als solche wahrnimmt. So wird die Komödie selbst zum sozialen Ereignis: „We laugh because we are in the know when a brief cultural reference taps a pool of knowledge [...] Participation is indicated by the laughter" (Sherman 2003: 38). Das Einstimmen in das gemeinsame Lachen bedeutet, dass wir an einer Gruppenerfahrung teilhaben, dass wir Teil einer Gruppe werden. Das oft aus der Konserve eingespielte, hörbar künstliche Lachen markiert die Leerstelle (‚Hier jetzt lachen!'), die zur Lehrstelle wird: Die Erfahrung mit dem Genre lehrt uns, dass es an dieser Stelle etwas gibt, worüber wir lachen können, wenn wir das Prinzip von Konvention und Konventionsbruch erkennen.

Die Sitcom setzt also Wissen voraus; umgekehrt fordert sie bei Unwissenden einen Lerneffekt ein. Wie andere Medien, vom Theater als Lehranstalt des späten 18. Jahrhunderts bis zu Computerspielen heute, erfüllt auch sie eine kulturelle Erziehungsaufgabe (zum Lerneffekt von *popular culture* vgl. Johnson 2006, Storey 2006.) Diese Funktion macht populäre Sitcoms zum idealen Medium in der Lehre.

5. Sprachkompetenz + kulturelle Kompetenz + Medienkompetenz

Im kollektiven Lachen manifestieren sich sprachliche, kulturelle und mediale Kompetenz. Für den praktischen Unterricht bedeutet die soziale Dimension des Lachens eine besondere Herausforderung, denn wer nicht mitlachen kann, fühlt sich ausgeschlossen. Mehrere Faktoren begünstigen dieses Gefühl des Ausgeschlossenseins. Zum einen fordert die authentische Sprachsituation Sprachenlerner in besonderem Maße heraus. Die Umgangssprache, das schnelle Hin- und Herwechseln zwischen verschiedenen sprachlichen Registern, zwischen formeller und informeller Sprache in hyperbolischen Situationen ist für Sprachenlerner oft schwer verständlich. Mehrdeutige Sprache und doppelbödige Situationen sind nicht ohne weiteres zu entschlüsseln, zumal die Lerner im traditionellen Fremdsprachenunterricht häufig nicht mit solchen Situationen konfrontiert sind und nicht die Chance haben, sich darin zu üben.

6. Praktische Umsetzung

Bei der Auswahl einer geeigneten Sitcom haben wir uns für die britische Serie *Coupling – Wer mit wem?* (Dennis 2001) entschieden. Sie lief von Dezember

2000 bis 2004 mit vier Staffeln auf *BBC two*. In der Serie stehen die Alltagserlebnisse von sechs befreundeten Mittdreißigern im Mittelpunkt, wobei es im engeren und weiteren Sinne um Beziehungen geht. Der Autor der Sitcom, Steven Moffat, setzt auf das Wissen seines Publikums, wie er selbst sagt:

> When writing comedy, you have to have the confidence to believe that there is only one type of relationship in the world, and we are all having it; that all men behave in the same way and so do all women; I fill the script with universals, and people seem to watch!
>
> (BBC homepage. http://www.bbc.co.uk/comedy/coupling/Aufruf 01.09.09)

Bei der praktischen Umsetzung gilt es, verschiedene Variablen einzuführen, um den Sprachlernern einen Einstieg zu vermitteln, der ihrer Schulart und Klassenstufe, ihrem Lernniveau und Alter entspricht. Da die oben bereits besprochenen pragmatischen und sozialen Elemente der Sprache im Alltagsgebrauch des Englischen eine bestimmende Stellung einnehmen, sollte die Konfrontation mit diesem Teil der Sprache in keinem Falle auf das Gymnasium beschränkt bleiben, vor allem nicht auf die Kollegstufe bzw. den Englisch-Leistungskurs. Hier sind die Diagnosefähigkeiten der Lehrkräfte gefordert. Sie müssen nicht nur einschätzen (lernen), welche Szene welcher Sitcom sie verwenden können, sondern vor allem auch, wie sie diese Szene in einer bestimmten Unterrichtssituation einsetzen können.

Die Vorbereitung ist wie immer besonders wichtig und muss je nach Leistungsstand länger oder kürzer gestaltet werden. In dieser Phase können neben den spezifischen Vokabeln – einem Grundlagenwortschatz – auch bereits ausgewählte Aktionen oder Einzelszenen vorgestellt und beleuchtet werden (vgl. Vorschlagsliste in Thaler 2005: 36-37). Sherman macht darauf aufmerksam, dass es bei Sitcoms wichtig ist, *running gags*, Wortspiele und kulturelle Hintergrundinformationen zu erarbeiten, um die witzigen Situationen zu verstehen (vgl. 2003: 39).

Es ist ein Vorteil von Sitcoms, dass sie unter den Lernern unter Umständen bereits bekannt sind, dass sich also bestehendes Vorwissen über die Hauptcharaktere und die Figurenkonstellation, aber auch über typische Alltagssituationen und behandelte Probleme abrufen und gemeinsam erarbeiten lässt. Die Lehrkraft kann diese Punkte in einem Beziehungsdiagramm an der Tafel, auf einer Folie bzw. einer Datei festhalten, so dass sie als Grundlage des Verstehens dienen können (vgl. Sherman 2003: 39). Auf diese Weise sehen sich auch Schüler ohne Vorwissen in der Lage, sowohl Brüche auf den verschiedenen sprachlichen Ebenen als auch Abweichungen von den ihnen bekannten Alltagssituationen zu erkennen. Sherman betont, dass es gerade bei Komödien wichtig ist, alle Kenntnislücken zu füllen und so möglichst alle Teilnehmer in den Lernprozess einzubeziehen (vgl. ebd. 40). Es muss klar werden, warum einzelne Szenen und Wortspiele für wen lustig sind oder sein können.

Die Lehrenden haben vor diesem Hintergrund die Möglichkeit, die kulturellen Spezifika der eigenen und der fremden Kultur bzw. Kulturen nicht nur erkennbar, sondern durch Gruppenarbeit und gemeinsames Lachen auch erfahrbar zu machen und so die Pragmatik interkulturell zu verankern (vgl. Barron 2003). Am Ende dieses Lernens steht, wie Byram (1997: 12) es ausdrückt,

> a learner with the ability to see and manage the relationships between themselves and their own cultural beliefs, behaviours and meanings, as expressed in a foreign language.

Diese Unterrichtsziele lassen sich in drei Schritten erreichen: im sogenannten *pre-viewing*, *while-viewing* und *post-viewing*, die sich bei der Verwendung von Filmen im Unterricht bereits bewährt haben. In unserem konkreten Beispiel des *breaking-up* schlagen wir als *pre-viewing activity* vor, dass Gruppen von vier oder fünf Lernern gemeinsam einen *breaking-up*-Dialog schreiben. Beim Schreiben werden die Schüler auf die ihnen bekannten Konventionalisierungen einer solchen Sprechsituation zurückgreifen und diese auch bewusst diskutieren. Jeweils zwei Schülerinnen oder Schüler einer Gruppe präsentieren ihren Dialog der Klasse. In einer offenen Diskussion werden die entsprechenden Äußerungen gesammelt und zeigen unmittelbar, wie sehr den Lernern diese stark konventionalisierte Sprechsituation bewusst ist.

Bei einem Lehr-/Lernversuch im Rahmen eines Hauptseminars an der Universität München gab es auf die Frage nach typischen Ausdrücken Mehrfachnennungen bei folgenden Sätzen:

But we can still stay (be) friends.
I think it is only for the best for both of us.
Breaking up – what are you talking about, I never thought that we were going out in the first place.

Sitcoms und Pragmatik

Abb. 1: Steve zu Jane: "It's over between us." (Dennis 2001)

Nicht nur im studentischen Seminar, sondern auch bei Schülerbefragungen (in der 8., 9. und 10. Klasse) war der erstgenannte Satz: *We need to talk.*

Im *while-viewing* wird es dann darum gehen, die gesammelten Äußerungen bzw. Dialog-Einheiten mit denen zu vergleichen, die in den Sitcom-Szenen tatsächlich vorkommen, und Abweichungen bzw. Entsprechungen zu notieren. Als *post-viewing activity* bietet sich die Diskussion über die gesammelten Ergebnisse an. Den Lernern wird dabei nicht nur ein Erfolgserlebnis beschert, wenn sie feststellen, dass z.B. Patrick in der *breaking-up*-Szene mit Susan „We need to talk" tatsächlich verwendet und auch andere Teile der von ihnen gesammelten Sprecheinheiten auftauchen (vgl. Transkription im Anhang). Sie haben auch eine Möglichkeit, aus dieser Erfahrung heraus Konventionalisierung zu erkennen und vor allem zu verstehen, warum welche Äußerungen in der Sitcom Lachen auslösen.

Wenn etwa Steve zu Jane sagt: „It's over between us" (vgl. Abb. 1) und auf Janes Nachfrage „You want us to split up?" scheinbar erleichtert mit „Yes, I do!" antwortet, wählt Jane mit ihrer Antwort „I don't accept!" eine Möglichkeit, die im Repertoire der Sprecher und Zuhörer nicht existiert und löst mit diesem Konventionsbruch das Lachen aus.

Die zweite *breaking-up*-Szene zwischen Susan und Patrick (vgl. Abb. 2) führt hingegen den Versuch, höflich zu bleiben, ad absurdum:

PATRICK: We need to talk.

SUSAN: Sure.

PATRICK: **About our relationship**. I'm just starting to think it's all getting a bit hot and heavy and we both need to back off and cool down. Y'know maybe we should just both think about where this is going and whether we're starting to commit more than we intend to or want to.

SUSAN: **What relationship?**

(vgl. Transkription im Anhang; Hervorhebungen: R.G. & A.H.)

Patrick versucht, die Direktheit zu minimieren, um so den Grad an Höflichkeit möglichst hoch zu halten und sein Gegenüber nicht zu verletzen. Susans Antwort zeigt direkt und unmittelbar, dass der Versuch gescheitert ist: In ihrer Betroffenheit wählt sie einen sehr direkten und damit automatisch einen wenig höflichen Weg der Antwort.

Hier bietet sich die Möglichkeit, sowohl die Höflichkeitsprinzipien wie ihre sprachliche und kulturelle Umsetzung praktisch zu veranschaulichen und zu diskutieren. Zusätzlich lassen sich die dahinter liegenden metalinguistischen Informationen zu den Themen Höflichkeit und Konventionen im Sinne des neokommunikativen Unterrichts veranschaulichen und ganzheitlich vermitteln bzw. erfahrbar machen.

Die Lehrkraft selbst muss im Einzelfall entscheiden, welche Ziele sie in der jeweiligen Unterrichtssituation zu erreichen hofft, muss ihre Filmausschnitte entsprechend auswählen und sie sprachlich und kommunikativ in den Unterricht

Abb. 2: Susan zu Patrick: "What relationship?" (Dennis 2001)

einbetten. Erscheint das Nachspielen einer *breaking-up*-Szene für einige Klassenstufen bzw. Lerngruppen hilfreich, um erarbeitete Fähigkeiten weiter zu verwenden und zu festigen, kann diese Übung andere Schüler über- oder unterfordern.

Mit höheren Klassen lassen sich Spekulationen über die Fortsetzung einer Konversation anstellen (vgl. Sherman 2003: 40). Während in den hier behandelten *breaking-up*-Szenen die ‚aktive' Rolle den Männern zufällt und die Frauen auf die männlichen Gesprächsvorgaben reagieren, ließe sich mit älteren Lernern die soziolinguistische Variable *gender* herausarbeiten und im Rahmen des *breaking-up* hinterfragen. Alternative Szenarien zu erarbeiten wäre ebenfalls eine mögliche Aufgabenstellung.

Mit der Verwendung und Vorbereitung von ausgewählten Sitcom-Szenen eröffnen sich für die Lehrkräfte unzählige Möglichkeiten, eine Szene für verschiedenartige Lernergruppen unterschiedlich aufzuarbeiten und Folgestunden zu gestalten. Diese vielfältigen Adaptionsmöglichkeiten relativieren den Arbeitsaufwand, der in der Auswahl- und Vorbereitungsphase zunächst anfällt.

7. Fazit

Alle hier vorgestellten Szenen mit ihren sprachlichen, pragmatischen, kulturellen und sozialen Besonderheiten lassen für das Genre Sitcom folgende allgemeine Schlüsse zu, die seinen Einsatz im Fremdsprachenunterricht nicht nur rechtfertigen, sondern in hohem Maße einfordern:

- Sitcoms betonen im Gegensatz zu Schulbüchern Missverständnisse und Misskommunikation in verschiedenen Kontexten
- Sitcoms verdeutlichen unklare bzw. mehrdeutige Stellen durch Lachen des (fiktiven) Publikums; sie fordern Verstehen heraus
- Sitcoms zeigen sprachliche, kulturelle und soziale Normen, machen deutlich, dass Sprachverstehen von medialen und sozialen Konventionen abhängt
- Sitcoms wirken selbst sozial integrierend
- Sitcoms können zur Entspannung und Integration im Unterricht beitragen.

Der Einsatz von Sitcoms ermöglicht es den Lehrenden, den (neo-)kommunikativen Unterricht im Bereich der pragmatischen und soziolinguistischen Teilkompetenzen zu stärken. Sie regen den Sprachlernprozess an, indem sie zu Erlernendes persönlich erfahrbar machen. Die Lehrenden sehen sich nicht gezwungen, fertige Rezepte zu suchen und auszuprobieren. Sie können ihrer eigenen Kreativität und selbständigen Entscheidung folgen und damit einen weiteren Schritt in Richtung ‚autonomer Lehrer' (vgl. Hahn 2007) machen.

[1] Unser Dank für die Inspiration zu diesem Thema geht an die Studierenden des Hauptseminars *Using films and sitcoms for Teaching* von Angela Hahn im WS 2007/08, insbesondere an Herrn Andrew Boot.
[2] Neokommunikativer Fremdsprachenunterricht im Sinne der auf dem mediendidaktischen Kolloquium 2008 (Jena) ausgehandelten Definition ist geprägt durch die Leitprinzipien Handlungs- und Lernerorientierung, ganzheitliche Spracherfahrung und fächerübergreifendes Lernen, was auch den Medieneinsatz, vor allem von authentischen Materialien einschließt (vgl. Reinfried/Volkmann 2009).
[3] Vgl. Vellenga 2004, die diesen Umstand in einer Textbuchanalyse für EFL und ESL deutlich aufzeigt.

Literaturverzeichnis

Baker, James (2003). Teaching TV sitcom. London: British Film Institute.

Barron, Anne (2003). Acquisition in interlanguage pragmatics: Learning how to do things with words in a study abroad context. Amsterdam: John Benjamins.

BBC. Homepage zu *Coupling*. http://www.bbc.co.uk/comedy/coupling/ (Aufruf 01.09.09).

Brown, Penelope/Levinson, Stephen C. (1987). Politeness. Some universals in language usage. Cambridge: Cambridge University Press.

Bußmann, Hadumod (Hg.) (2002). Lexikon der Sprachwissenschaft. Stuttgart: Kröner.

Byram, Michael (1997). Teaching and assessing intercultural communicative competence. Clevedon: Multilingual Matters.

Dennis, Martin (2001). Flushed – *Coupling* Season 1, Episode 1. 2 Entertain Video (DVD).

Falkner, Wolfgang (1997). Verstehen, Missverstehen und Missverständnisse. Tübingen: Niemeyer.

Feuer, Jane (2001). Situation comedy, part two. In: Creeber, Glen/Miller, Toby/Tulloch, John (Hg.). The television genre book. London: British Film Institute, 67-70.

Green, Georgia M. (1989). Pragmatics and natural language understanding. Mahwah: Lawrence Erlbaum.

Grice, H. Paul. (1975). Logic and conversation. In: Cole, Peter/Morgan, Jerry L. (Hg.). Syntax and semantics 3, 41-58.

Hahn, Angela (2007). Learning and Teaching Processes. Teachers' learning and teaching strategies for tense and aspect. München: Langenscheidt.

Hedge, Tricia (2001). Teaching and learning in the language classroom. Oxford: Oxford University Press.

Johnson, Steven (2006). Everything bad is good for you: How popular culture is making us smarter. New York: Riverhead.

Levinson, Stephen C. (1994). Pragmatik. Tübingen: Niemeyer.

Reinfried, Marcus/Volkmann, Laurenz (Hg.) (2009). Medien im neokommunikativen Fremdsprachenunterricht: Einsatzformen, Inhalte, Lernerkompetenzen. Frankfurt/M.: Lang.

Richards, Jack/Rodgers, Theodore S. (2001). Current communicative approaches. In: Dies. (Hg.). Approaches and methods in language teaching. Cambridge: Cambridge University Press, 151-257.

Rose, Kenneth R. (1997). Pragmatics in the classroom: Theoretical concerns and practical possibilities. In: Bouton, Lawrence F. (Hg.). Pragmatics and language learning. Urbana-Champaign/Il.: University of Illinois Press, 267-295.

Savignon, Sandra (1991). Communicative language teaching: State of the art. TESOL Quarterly 25, 261-277.

Sherman, Jane (2003). Sitcoms. In: Using authentic video in the language classroom. Cambridge: Cambridge University Press, 38-42.

Storey, John (2006). Cultural theory and popular culture: An introduction. Athens/Ga.: The University of Georgia Press.

Thaler, Engelbert (2005). The trend's your *Friends* – Methoden zur Arbeit mit TV-Sitcoms. Der fremdsprachliche Unterricht Englisch 75, 36-37.

Vellenga, Heidi (2004). Learning pragmatics from ESL & EFL textbooks: how likely? Teaching English as a Second or Foreign Language (TESL-EJ) 8, 2 (online unter: http://www.writing.berkeley.edu/TESL-EJ/ej30/a3.html, Aufruf 01.09.09).

Anhang: Transkription von *Coupling* Season 1, Episode 1
(Quelle: http://www.freewebs.com/couplingscirptsseries1/episode1flushed.htm,
Aufruf 01.09.09, Text korrigiert von R.G. & A.H.)

Steve and Jane sitting across from each other at a table.
JANE: And then my sister said 'no,' so I said 'yes,' and then she said 'no' again, so I just said 'yes,' but then she said 'no,' so I said 'yes, yes, yes!'
STEVE: (*annoyed*) How does this story end, exactly?
JANE: She said I had an answer for everything.
STEVE: Right.
JANE: And I just said 'yes'.
STEVE: Jane! Okay, listen to me, okay? Um, I know I've tried to say this before and I know I never seemed to get anywhere, but this time, Jane, I'm going to put it very, very simply – it's over between us.
Audience laughs.
JANE: You want us to split up?
STEVE: Yes, yes I do.
JANE: I don't accept.
STEVE: What?
JANE: I don't accept it.
STEVE: No, no, you can't not accept it, I'm breaking up with you.
JANE: But don't I get a say in it?
STEVE: Of course you don't!
JANE: Well, if I don't get a say in it, then I don't accept it. Anyway, then my sister just looked at me and she said 'no, no, no!'
Black screen – Sally and Patrick are sitting on the couch together.
SALLY: Mary Kelly does not fancy you.
PATRICK: I can tell from the way she acts around me she finds me attractive.
SALLY: Is there any form of female behaviour you don't interpret as finding you attractive?
PATRICK: It's never really come up.
Audience laughs.
SUSAN (*to Patrick*): Er, if you two are finished, I thought you wanted to speak to me.
PATRICK: Yeah, yeah I do. (*To Sally*) Could you give us a minute?
SALLY: Mary Kelly thinks you're a complete idiot.
PATRICK: Then why does she keep looking at my arse when we're talking?
SALLY: She's lip reading.
Sally walks off.
PATRICK: We need to talk.
SUSAN: Sure.
PATRICK: About our relationship. I'm just starting to think it's all getting a bit hot and heavy and we both need to back off and cool down. Y'know maybe we should just both think about where this is going and whether we're starting to commit more than we intend to or want to.
SUSAN: What relationship?
Audience laughs.

Jane and Steve are sitting together.
JANE: Then my sister said 'absolutely not,' so I said 'absolutely yes!'
STEVE: It doesn't matter whether you accept it or not. It's over – you're dumped.
Jane reels back looking hurt.
STEVE: Look, er, it's not you, ok? It's me.
JANE: Then why am I the one that's getting dumped? You should be the one that gets dumped!
STEVE: Exactly, it's all my fault, so dump me!
JANE: Nooo.
STEVE: What?
JANE: We can work on your problems!
Patrick and Susan are sitting on the sofa together.
PATRICK: I can't believe you!
SUSAN: I didn't mean to hurt your feelings. I just never thought of it as a relationship as such. I just thought we were having a bit of fun, a bit of sex.
PATRICK: Well, yeah, that's what I thought. That's pretty much the way I see it.
SUSAN: Well, there you are then, I mean it's not like we're being faithful or anything.
(*Laughs*)
Patrick looks hurt.
SUSAN: Oops.
Jane and Steve again.
STEVE: You have got to let me out, please!
JANE: Look, why don't we give it a year.
STEVE: Because if we give it a year, I will end up horribly murdering you and hacking up your body.
JANE: Okay, how long do you suggest?
Patrick and Susan are on the sofa together.
SUSAN: I am so sorry, I had no idea.
PATRICK: It's fine.
SUSAN: We were only seeing each other once a week. That's not exactly a sex life. You must have been doing a lot of, em, solo flights.
PATRICK: No I wasn't!
SUSAN: Oh come on!
PATRICK: I certainly was not; I was saving it all up for you!
Susan snorts.
SUSAN: No, really? Oops.
Steve and Jane are sitting together.
STEVE: Some relationships are supposed to end. There are some relationships the world is better off without. Remember Cripin!
JANE: Here we go, bring up Cripin again. You seem to forget, Steve, the Cripins enjoyed many happy years of marriage before he murdered her!
STEVE: Please, listen to me!
JANE: They didn't give up straight away; they worked at it, that's the real lesson of the Cripins.

STEVE: He killed her and was hanged for her murder.
JANE: Well, yes, eventually.
Susan and Patrick are on the sofa together.
SUSAN: Look, I'm not saying it wasn't good. I'm just saying it didn't seem like a week's worth.
Audience laughs.
SUSAN: No, don't look like that. Not everyone has my level of sex drive. I mean for a start you're a bloke.
PATRICK: Alright, alright, I wasn't going to say anything. But actually, I've been seeing someone else, too.
SUSAN: You've been cheating on me?
PATRICK: What?
SUSAN: Is this true, Patrick?
PATRICK: But you were cheating on me.
SUSAN: I wasn't cheating. I wasn't being faithful, you were being faithful and that means you were cheating! And I thought I knew you!
Steve and Jane are sitting together.
STEVE: You know what I'm gonna do? I'm gonna walk out of here.
Steve gets up.
STEVE: Whether you accept it or not, I am never gonna speak to you or see you again. That is it, over.
JANE: Steve, we just...
STEVE: Don't, don't, don't! Stop suggesting things or telling me what you're wearing or doing the thing with your breasts. I'm going!
JANE: I just wanted you to know something.
STEVE: It's not going to work, Jane!
JANE: I experienced a passionate connection with you that I've never encountered before.
STEVE: I'm not listening.
JANE: I've never known love making so electric.
STEVE: No, it's having no effect!
JANE: Except perhaps once with Arthur, y'know, the night before he left for the golf.
STEVE: There is no level of cheap manipulation that will work, Jane.
Steve goes to door.
JANE: And maybe a couple of times with Elizabeth.
Steve turns back to look at Jane.

Autorinnen und Autoren

DR. MARTINA BENDER ist Wissenschaftliche Mitarbeiterin für hispanistische Literaturwissenschaft und Fachdidaktik an der Martin-Luther-Universität Halle.
Arbeitsbereiche: Spanische Literatur der Aufklärung, spanisches Theater im 17. und 18. Jh.; Fachdidaktik Spanisch, Italienisch und Französisch.
E-Mail: martina.bender@romanistik.uni-halle.de

DR. GABRIELE BLELL ist Professorin für Didaktik des Englischen (Schwerpunkt Literatur- und Kulturdidaktik) an der Leibniz-Universität Hannover.
Arbeitsbereiche: Literaturdidaktik, Film- und Mediendidaktik, *Cultural Studies*, Musik und Kunst/*Audio Literacy* und *Visual Literacy* im Fremdsprachenunterricht, Lehrerbildungsforschung.
E-Mail: gabriele.blell@engsem.uni-hannover.de

DR. EVA BURWITZ-MELZER ist Professorin für Didaktik des Englischen an der Justus-Liebig-Universität Gießen.
Arbeitsbereiche: Literatur- und Filmdidaktik, *Visual literacy* im Fremdsprachenunterricht, Fremdsprachenfrühbeginn und Didaktik des Übergangs, interkulturelles Lernen, Kompetenzorientierung, Bildungs- und Sprachlehrforschung.
E-Mail: eva.burwitz-melzer@anglistik.uni-giessen.de

DR. INEZ DE FLORIO-HANSEN ist Professorin i.R. für Fremdsprachenlehr- und -lernforschung/Interkulturelle Kommunikation an der Universität Kassel.
Arbeitsbereiche: Empirische Fremdsprachenforschung, Selbstbestimmtes Lernen, Inter-/Transkulturelle Kompetenz, Medienpädagogik, Mehrsprachigkeit und Migration, Lehrerfortbildung, Entwicklung von Unterrichtsmaterialien.
E-Mail: deflorio@uni-kassel.de; deflorio@t-online.de

DR. HELENE DECKE-CORNILL ist Professorin für Erziehungswissenschaft und Didaktik des Englischen an der Universität Hamburg.
Arbeitsbereiche: Literatur- und Filmdidaktik, *Gender Studies*, Kooperatives Lernen und Interaktion, Bildungsforschung, Authentizität im Fremdsprachenunterricht.
E-Mail: decke-cornill@erzwiss.uni-hamburg.de

DR. MICHAEL FRINGS ist Studienrat für Französisch, Mathematik und Latein am Gutenberg-Gymnasium in Mainz sowie Lehrbeauftragter für Didaktik der Romanischen Sprachen an den Universitäten Trier und Mainz.
Arbeitsbereiche: Mehrsprachigkeit und Varietäten des Französischen aus linguistischer und didaktischer Sicht, Authentizität im Fremdsprachenunterricht, Film- und Mediendidaktik.
E-Mail: mail@michaelfrings.de

DR. NANCY GRIMM ist Wissenschaftliche Mitarbeiterin für englische Fachdidaktik an der Friedrich-Schiller-Universität Jena.
Arbeitsbereiche: Literaturdidaktik (Schwerpunkt: indigener Roman Nordamerikas), Film- und Mediendidaktik, interkulturelles Lernen und *Cultural Studies*, Lehrerfortbildung, Tätigkeit als Lehrwerkautorin.
E-Mail: nancy.grimm@uni-jena.de

DR. ANDREAS GRÜNEWALD ist Professor für Didaktik der romanischen Sprachen (Schwerpunkt Spanisch) an der Universität Hamburg.
Arbeitsbereiche: Film- und Literaturdidaktik, Qualitative Forschungsansätze zur Evaluation von Unterricht, Multimedia und Motivation im Fremdsprachenunterricht, Lehrwerkanalyse, Tätigkeit als Lehrwerkautor.
E-Mail: Andreas.Gruenewald@uni-hamburg.de

DR. RANDI GUNZENHÄUSER ist Professorin für Amerikanistik und Medien an der Universität Dortmund.
Arbeitsbereiche: Medien vom 18. bis zum 21. Jh., Film- und Mediendidaktik, *Gender Studies, Postcolonial Studies*, Ästhetische Theorien, Körperkonzepte in Zeiten medialen Wandels.
E-Mail: randi.gunzenhaeuser@uni-dortmund.de

DR. ANGELA HAHN ist Professorin für Englische Mediendidaktik und Angewandte Linguistik an der Ludwig-Maximilians-Universität München.
Arbeitsbereiche: Mediendidaktik, E-Learning, Aufgabenorientiertes Lernen, Zweitsprachenerwerbsforschung, Fachsprachenerwerb und -vermittlung, Korpuslinguistik, Phonologie und Aussprache.
E-Mail: Angela.Hahn@anglistik.uni-muenchen.de

JENS F. HEIDERICH ist Studienrat für Deutsch und Französisch am Frauenlob-Gymnasium in Mainz sowie Lehrbeauftragter für Fachdidaktik Französisch an der Johannes-Gutenberg-Universität Mainz.
Arbeitsbereiche: Literatur-, Kultur-, Film- und Mediendidaktik, Authentizität im Fremdsprachenunterricht, fächerverbindendes Arbeiten, *Gender* und *Queer Studies* (Hubert Fichte), Väter in der Literatur, Autor von Unterrichtsmaterialien.
E-Mail: mail@jensheiderich.de

DR. ACHIM HESCHER ist Akademischer Oberrat am Institut für Fremdsprachliche Philologien (Fach Anglistik) der Universität Koblenz-Landau, Campus Landau.
Arbeitsbereiche: Literaturtheorie, amerikanischer Roman des 20. Jh., Literatur- und Filmdidaktik, Wortschatzarbeit, Lehrerfortbildung, Tätigkeit als Lehrwerkautor und -berater.
E-Mail: hescher@uni-landau.de

DR. UWE KÜCHLER ist Wissenschaftlicher Mitarbeiter für englische Fachdidaktik an der Martin-Luther-Universität Halle.
Arbeitsbereiche: Fremdsprachendidaktik und Ökologie, interkulturelles Lernen und Fremdverstehen; multikulturelle Literaturen, Hochschuldidaktik.
E-Mail: uwe.kuechler@anglistik.uni-halle.de

DR. GERHARD LAMPE ist Professor für Medien- und Kommunikationswissenschaften an der Martin-Luther-Universität Halle.
Arbeitsbereiche: Medienwissenschaft, insbesondere Dramaturgie und Ästhetik des Films sowie Mediengeschichte und Literaturwissenschaft, Tätigkeit als Dokumentarfilmer.
E-Mail: gerhard.lampe@medienkomm.uni-halle.de

ULRIKE C. LANGE ist Oberstudienrätin für Deutsch und Französisch am Carl-Duisberg Gymnasium in Wuppertal.
Arbeitsbereiche: Film im Französischunterricht, Literatur- und Mediendidaktik, *Québec*, Lehrerfortbildung, Tätigkeit als Lehrwerkautorin und -beraterin.
E-Mail: uclange@hotmail.com

DR. CHRISTIANE LÜTGE ist Professorin für Englische Literatur und ihre Didaktik an der Universität Hildesheim.
Arbeitsbereiche: Literatur- und Kulturdidaktik, Mediendidaktik (insbes. *Film literacy* und *Audio literacy*), Kinder- und Jugendliteratur im Fremdsprachenunterricht, interkulturelles Lernen, Wortschatzerwerb, Lehrerbildungsforschung.
E-Mail: luetge@uni-hildesheim.de

DR. DANIEL REIMANN ist Akademischer Rat für Didaktik der romanischen Sprachen und Literaturen an der Universität Würzburg.
Arbeitsbereiche: Literatur- und Mediendidaktik, Mehrsprachigkeitsdidaktik, nonverbale Kommunikation, Geschichte des Unterrichts der romanischen Sprachen in Deutschland.
E-Mail: daniel.reimann@uni-wuerzburg.de

DR. ANDREA RÖSSLER ist Juniorprofessorin für die Didaktik der romanischen Sprachen an der Ruhr-Universität Bochum.
Arbeitsbereiche: Intertextualität, Literatur- und Filmdidaktik, interkulturelles Lernen, bilingualer Unterricht, Sprachmittlung und Bildungsstandards.
E-Mail: Andrea.Roessler@ruhr-uni-bochum.de

DR. STEFANO SASSO ist Leiter des Lektorats für Italienisch an der Martin-Luther-Universität Halle.
Arbeitsbereiche: Politische, soziokulturelle, literarische und sprachliche Entwicklung in Italien, Autoren des *Trecento*, Prosa und Dichtung des 19. und 20. Jh., Hochschuldidaktik.
E-Mail: stefano.sasso@romanistik.uni-halle.de

FRANK SCHÖPP ist Studienrat für Französisch und Italienisch am Gymnasium Augustinerschule in Friedberg/Hessen und Lehrbeauftragter für Didaktik der Romanischen Sprachen an der Universität Innsbruck.
Arbeitsbereiche: Mehrsprachigkeitsdidaktik, insbes. Interkomprehension im Französisch- und Italienischunterricht, Filmdidaktik, Mündlichkeit und Nähesprache, Lehrwerkanalyse.
E-Mail: schoepp@uni-mainz.de

DR. ADELHEID SCHUMANN ist Professorin i. R. für Didaktik der romanischen Sprachen an der Universität Siegen.
Arbeitsbereiche: Interkulturelles Lernen und interkulturelle Kommunikation, Eigen- und Fremdwahrnehmung Frankreichs, Literaturdidaktik, *Littérature Beur* im Französischunterricht, Film- und Mediendidaktik.
E-Mail: schumann@romanistik.uni-siegen.de

DR. CAROLA SURKAMP ist Professorin für Didaktik der Englischen Sprache und Literatur an der Georg-August-Universität Göttingen.
Arbeitsbereiche: Literatur- und Filmdidaktik, dramenpädagogische Ansätze im Fremdsprachenunterricht, interkulturelles Lernen, fremdsprachlicher Kulturunterricht.
E-Mail: carola.surkamp@phil.uni-goettingen.de

URSULA VENCES ist Oberstudienrätin i. R. für Deutsch und Spanisch und Stellvertretende Vorsitzende des Deutschen Spanischlehrerverbands.
Arbeitsbereiche: Interkulturelles Lernen, Mehrsprachigkeitsdidaktik, Literaturdidaktik, Film- und Mediendidaktik, Lehrerfortbildung, Tätigkeit als Lehrwerkautorin.
E-Mail: uvences@t-online.de

DR. JOCHEN WILLWER ist Studienrat für Französisch, Latein und Portugiesisch am Stefan-George-Gymnasium Bingen.
Arbeitsbereiche: Regional- und Minderheitensprachen, Mehrsprachigkeitsdidaktik (Latein und romanische Sprachen), Musik im Fremdsprachenunterricht, Filmdidaktik.
E-Mail: Willwerj@aol.com

DR. ANKE WORTMANN ist Wissenschaftliche Mitarbeiterin für französische und italienische Literatur- und italienische Kulturwissenschaft an der Martin-Luther-Universität Halle.
Arbeitsbereiche: Drama der französischen Klassik, französischer Roman des 18. und 19. Jh., das *Risorgimento* in Literatur und Film, italienische Dichtung des 20. Jh., Hochschuldidaktik.
E-Mail: anke.wortmann@romanistik.uni-halle.de

Übersicht über die Beiträge nach Sprachen

Aus Platzgründen sind die Titel der Beiträge in Stichworten angegeben.

Englisch	Französisch	Spanisch	Italienisch
BLELL/LÜTGE Gender-Aspekte in Teenage-Filmen	FRINGS/HEIDERICH Musikvideoclip: Saint-Denis	BENDER Literaturverfilmung: ¡Ay, Carmela!	DE FLORIO-HANSEN Italienischer Film: Publikum und Inter-/Transkulturalität
BURWITZ-MELZER Episodenfilm: Crash	LANGE: Episodenfilm: Paris je t'aime	GRÜNEWALD Seh-Verstehen und referenzsemantische Zeichen: Machuca	REIMANN Literaturverfilmung: Tre metri sopra il cielo u.a. Filme
DECKE-CORNILL Dokumentarfilm: Story of a Beautiful Country	SCHÖPP Literaturverfilmung: Je vais bien, ne t'en fais pas	RÖSSLER Kurzfilm: El columpio	SASSO Doku-Drama: La meglio gioventù
GRIMM Dokumentarfilm: The Corporation	SCHUMANN Interkulturelles Lernen mit Filmen	VENCES Schüler-Filmprojekt Deutschland / Nicaragua	WORTMANN Literaturverfilmung: Senso
GUNZENHÄUSER/HAHN Sitcoms und Pragmatik	WILLWER Musikvideoclip: Dis-moi oui		
HESCHER Intercultural Encounters: Anita and Me			
KÜCHLER Umweltfilm: An Inconvenient Truth, The Day after Tomorrow			
LAMPE Bauformen audiovisuellen Erzählens: Die Vögel			
SURKAMP Literaturverfilmungen			

Romanische Sprachen und ihre Didaktik (RomSD)

Herausgegeben von Michael Frings und Andre Klump
ISSN 1862-2909

1   *Michael Frings und Andre Klump (edd.)*
    Romanische Sprachen in Europa. Eine Tradition mit Zukunft?
    ISBN 3-89821-618-7

2   *Michael Frings*
    Mehrsprachigkeit und Romanische Sprachwissenschaft an Gymnasien?
    Eine Studie zum modernen Französisch-, Italienisch- und Spanischunterricht
    ISBN 3-89821-652-7

3   *Jochen Willwer*
    Die europäische Charta der Regional- und Minderheitensprachen in der Sprachpolitik
    Frankreichs und der Schweiz
    ISBN 3-89821-667-5

4   *Michael Frings (ed.)*
    Sprachwissenschaftliche Projekte für den Französisch- und Spanischunterricht
    ISBN 3-89821-651-9

5   *Johannes Kramer*
    Lateinisch-romanische Wortgeschichten
    Herausgegeben von Michael Frings als Festgabe für Johannes Kramer zum 60. Geburtstag
    ISBN 3-89821-660-8

6   *Judith Dauster*
    Früher Fremdsprachenunterricht Französisch
    Möglichkeiten und Grenzen der Analyse von Leneräußerungen und Lehr-Lern-Interaktion
    ISBN 3-89821-744-2

7   *Heide Schrader*
    Medien im Französisch- und Spanischunterricht
    ISBN 978-3-89821-772-9

8   *Andre Klump*
    „Trajectoires du changement linguistique"
    Zum Phänomen der Grammatikalisierung im Französischen
    ISBN 978-3-89821-771-2

9   *Alfred Toth*
    Historische Lautlehre der Mundarten von La Plié da Fodom (Pieve di Livinallongo,
    Buchenstein) und Col (Colle Santa Lucia), Provincia di Belluno unter Berücksichtigung der
    Mundarten von Laste, Rocca Piétore, Selva di Cadore und Alleghe
    ISBN 978-3-89821-767-5

10   *Bettina Bosold-DasGupta und Andre Klump (edd.)*
     Romanistik in Schule und Universität
     Akten des Diskussionsforums „Romanistik und Lehrerausbildung: Zur Ausrichtung und
     Gewichtung von Didaktik und Fachwissenschaften in den Lehramtsstudiengängen
     Französisch, Italienisch und Spanisch" an der Johannes Gutenberg-Universität Mainz
     (28. Oktober 2006)
     ISBN 978-3-89821-802-3

11   *Dante Alighieri*
     De vulgari eloquentia
     mit der italienischen Übersetzung von Gian Giorgio Trissino (1529)
     Deutsche Übersetzung von Michael Frings und Johannes Kramer
     ISBN 978-3-89821-710-1

12   *Stefanie Goldschmitt*
     Französische Modalverben in deontischem und epistemischem Gebrauch
     ISBN 978-3-89821-826-9

13   *Maria Iliescu*
     Pan- und Raetoromanica
     Von Lissabon bis Bukarest, von Disentis bis Udine
     ISBN 978-3-89821-765-1

14   *Christiane Fäcke, Walburga Hülk und Franz-Josef Klein (edd.)*
     Multiethnizität, Migration und Mehrsprachigkeit
     Festschrift zum 65. Geburtstag von Adelheid Schumann
     ISBN 978-3-89821-848-1

15   *Dan Munteanu Colán*
     La posición del catalán en la Romania según su léxico latino patrimonial
     ISBN 978-3-89821-854-2

16   *Johannes Kramer*
     Italienische Ortsnamen in Südtirol. La toponomastica italiana dell'Alto Adige
     Geschichte – Sprache – Namenpolitik. Storia – lingua – onomastica politica
     ISBN 978-3-89821-858-0

17   *Michael Frings und Eva Vetter (edd.)*
     Mehrsprachigkeit als Schlüsselkompetenz: Theorie und Praxis in Lehr- und
     Lernkontexten
     Akten zur gleichnamigen Sektion des XXX. Deutschen Romanistentages an der Universität
     Wien (23.-27. September 2007)
     ISBN 978-3-89821-856-6

18   *Dieter Gerstmann*
     Bibliographie Französisch
     Autoren
     ISBN 978-3-89821-872-6

19 *Serge Vanvolsem e Laura Lepschy*
    Nell'Officina del Dizionario
    Atti del Convegno Internazionale organizzato dall'Istituto Italiano di Cultura
    Lussemburgo, 10 giugno 2006
    ISBN 978-3-89821-921-1

20 *Sandra Maria Meier*
    „È bella, la vita!"
    Pragmatische Funktionen segmentierter Sätze im *italiano parlato*
    ISBN 978-3-89821-935-8

21 *Daniel Reimann*
    Italienischunterricht im 21. Jahrhundert
    Aspekte der Fachdidaktik Italienisch
    ISBN 978-3-89821-942-6

22 *Manfred Overmann*
    Histoire et abécédaire pédagogique du Québec avec des modules multimédia prêts à l'emploi
    Préface de Ingo Kolboom
    ISBN 978-3-89821-966-2 (Paperback)
    ISBN 978-3-89821-968-6 (Hardcover)

23 *Constanze Weth*
    Mehrsprachige Schriftpraktiken in Frankreich
    Eine ethnographische und linguistische Untersuchung zum Umgang mehrsprachiger Grundschüler mit Schrift
    ISBN 978-3-89821-969-3

24 *Sabine Klaeger und Britta Thörle (edd.)*
    Sprache(n), Identität, Gesellschaft
    Eine Festschrift für Christine Bierbach
    ISBN 978-3-89821-904-4

25 *Eva Leitzke-Ungerer (ed.)*
    Film im Fremdsprachenunterricht
    Literarische Stoffe, interkulturelle Ziele, mediale Wirkung
    ISBN 978-3-89821-925-9

Abonnement

Hiermit abonniere ich die Reihe **Romanische Sprachen und ihre Didaktik** (RomSD) **(ISSN 1862-2909)**, herausgegeben von Michael Frings und Andre Klump,

❏ ab Band # 1

❏ ab Band # ___

    ❏ Außerdem bestelle ich folgende der bereits erschienenen Bände:

    #___, ___, ___, ___, ___, ___, ___, ___, ___, ___, ___

❏ ab der nächsten Neuerscheinung

    ❏ Außerdem bestelle ich folgende der bereits erschienenen Bände:

    #___, ___, ___, ___, ___, ___, ___, ___, ___, ___, ___

❏ 1 Ausgabe pro Band   ODER   ❏ ___ Ausgaben pro Band

Bitte senden Sie meine Bücher zur versandkostenfreien Lieferung innerhalb Deutschlands an folgende Anschrift:

Vorname, Name: _____

Straße, Hausnr.: _____

PLZ, Ort: _____

Tel. (für Rückfragen): _____ *Datum, Unterschrift:* _____

Zahlungsart

❏ *ich möchte per Rechnung zahlen*

❏ *ich möchte per Lastschrift zahlen*

bei Zahlung per Lastschrift bitte ausfüllen:

Kontoinhaber: _____

Kreditinstitut: _____

Kontonummer: _____ Bankleitzahl: _____

Hiermit ermächtige ich jederzeit widerruflich den *ibidem*-Verlag, die fälligen Zahlungen für mein Abonnement der Reihe **Romanische Sprachen und ihre Didaktik** (RomSD) von meinem oben genannten Konto per Lastschrift abzubuchen.

Datum, Unterschrift: _____

Abonnementformular entweder **per Fax** senden an: **0511 / 262 2201** oder 0711 / 800 1889 oder als **Brief** an: *ibidem*-Verlag, Julius-Leber Weg 11, 30457 Hannover oder als **e-mail** an: **ibidem@ibidem-verlag.de**

***ibidem*-Verlag**

Melchiorstr. 15

D-70439 Stuttgart

info@ibidem-verlag.de

www.ibidem-verlag.de
www.ibidem.eu
www.edition-noema.de
www.autorenbetreuung.de

www.ingramcontent.com/pod-product-compliance
Lightning Source LLC
Chambersburg PA
CBHW071235300426
44116CB00008B/1039